职业院校汽车类"十三五"
微课版创新教材

汽车构造

（发动机部分）

第2版 | 微课版

惠有利 宋孟辉 付凯 / 主编

人民邮电出版社

北 京

图书在版编目（CIP）数据

汽车构造：微课版. 发动机部分 / 惠有利，宋孟辉，
付凯主编. -- 2版. -- 北京：人民邮电出版社，2016.12（2023.1重印）
职业院校汽车类"十三五"微课版创新教材
ISBN 978-7-115-43106-6

Ⅰ. ①汽… Ⅱ. ①惠… ②宋… ③付… Ⅲ. ①汽车－
构造－高等职业教育－教材②汽车－发动机－高等职业教
育－教材 Ⅳ. ①U463

中国版本图书馆CIP数据核字(2016)第166235号

内 容 提 要

本书共分 8 个项目，包括汽车和发动机总体构造、曲柄连杆机构、配气机构、汽油机燃料供给系统、电控汽油机辅助控制系统、柴油机燃料供给系统、冷却系统和润滑系统、汽油机点火系统，并按此顺序详细讲述了各总成（或部件）的功用、组成及相关零部件的结构与工作原理。根据内容需要，各项目下设置了不同数量的任务，用以实现上述内容的学习，并设置了相应的拆装实操练习。

本书为高职高专汽车类相关专业的教材，也可作为成人教育等汽车类相关专业的教材，还可作为汽车应用维修、汽车保险等相关行业的培训教材。

- ◆ 主　　编　惠有利　宋孟辉　付　凯
　　责任编辑　刘盛平
　　执行编辑　王丽美
　　责任印制　焦志炜
- ◆ 人民邮电出版社出版发行　　北京市丰台区成寿寺路 11 号
　　邮编　100164　电子邮件　315@ptpress.com.cn
　　网址　http://www.ptpress.com.cn
　　北京九州迅驰传媒文化有限公司印刷
- ◆ 开本：787×1092　1/16
　　印张：19　　　　　　　　　　2016 年 12 月第 2 版
　　字数：485 千字　　　　　　　2023 年 1 月北京第 8 次印刷

定价：45.00 元

读者服务热线：(010)81055256　印装质量热线：(010)81055316
反盗版热线：(010)81055315

本书第 1 版自 2009 年 10 月出版发行以来，深受用书院校广大师生的欢迎，并已多次重印，在此对长期使用本书的院校师生表示感谢。为更好地适应职业院校汽车相关专业课程开发和建设的需要，根据广大用书单位的要求，在充分调研论证的基础上，对此书进行修订。修订内容主要包括以下几方面。

（1）对本书的结构做了适当调整。采用"项目引领，任务驱动"的编写方式，便于学生掌握相关知识，能够进行零部件的拆装、检查与调整。

（2）为突出教材先进性，保证教材建设与汽车新技术同步发展，本书第 2 版增加了近年来发展成熟且广泛应用的汽车新技术内容，如柴油机共轨式电控燃油喷射系统等。

（3）为突出教材的实用性，第 2 版以常见车型丰田卡罗拉轿车各总成（或零部件）为拆装实例，同时也删除了一些过时或应用很少的教学内容。

（4）考虑到教学内容的连续性和系统性，对第 1 版汽油机燃料供给系统、进排气系统及控制系统内容做了调整，并增加了电控汽油机辅助控制系统项目内容。

（5）为方便读者对知识和技能的理解和掌握，本书中重点内容配备了相应的动画和视频，以二维码的形式插入到书中，读者可通过手机等移动终端设备扫描后观看。读者也可扫描封底二维码或直接登录"微课云课堂"（www.ryweike.com）→用手机号码注册→在用户中心输入本书激活码（8aed6fc0），将本书包含的微课资源添加到个人帐户，获取永久在线观看本课程微课视频的权限。

本书共包括 8 个项目，每个项目设有不同的学习任务，系统地介绍发动机各组成部分的结构、工作原理及相关零部件的拆装。本书配备了 PPT 课件、视频、动画等教学资源，各院校师生可登录人邮教育社区（www.ryjiaoyu.com）免费下载使用。

本课程建议教学学时数为 60 学时，其中理论学时为 38 学时，实训学时为 22 学时。各项目的参考学时见下表。

序号	项　目	学时	理论学时	实训学时
1	项目一　汽车和发动机总体构造	6	4	2
2	项目二　曲柄连杆机构	6	4	2
3	项目三　配气机构	6	4	2
4	项目四　汽油机燃料供给系统	14	8	6
5	项目五　电控汽油机辅助控制系统	6	4	2
6	项目六　柴油机燃料供给系统	6	4	2
7	项目七　冷却系统和润滑系统	8	4	4
8	项目八　汽油机点火系统	8	6	2
	合计	60	38	22

本书由辽宁省交通高等专科学校惠有利、宋孟辉、付凯任主编，沈沉、孙连伟、金艳秋、李晗任副主编，孔繁瑞、田有为、张义、杨艳芬、张凤云、孙影、刘杨、修玲玲、翟静、惠怀策、李英科等参与了编写工作。

本书在编写过程中，得到了辽宁和兴大众汽车销售服务有限公司服务总监赵松的大力支持与帮助，在此表示衷心感谢。

由于编者水平有限，书中难免有不妥和疏漏之处，敬请广大读者提出宝贵意见。

编　者

2016 年 6 月

项目一
汽车和发动机总体构造

本项目主要介绍汽车的总体构造、发动机的基本工作原理、发动机的总体构造、拆装（或检修）常用工具和量具的使用及发动机总成拆装等内容。

| 任务一　汽车的总体构造 |

【学习目标】

1. 能够正确描述汽车的定义与类型。
2. 能够正确描述汽车总体构造与总体布置形式。

相 关 知 识

汽车是由动力驱动，具有 4 个或 4 个以上车轮的非轨道承载的车辆，主要用于载运人员、货物及作某些特殊用途。此外，汽车还包括与电力线相连的车辆（如无轨电车等）以及整车整备质量超过 400kg 的三轮车辆等。

一、汽车的发展史

1. 汽车的诞生

1885 年，德国工程师卡尔·本茨在曼海姆制造出一辆装有 0.85 马力（1 马力≈735W）汽油发动机的三轮汽车(见图 1-1)，该车最高车速为 15km/h，这是世界上公认的第一辆汽车。1886 年 1 月 29 日，本茨在德国取得了汽车专利证（No.37435）。同一年，德国另一位工程师戈特利布·戴姆勒也制造出一辆用 1.1 马力汽油发动机作动力的四轮汽车（见图 1-2），该车最高时速为 18km/h，同年他还取得了船用发动机专利。

汽车的发展史

因此，人们一般把 1886 年作为汽车元年，1886 年 1 月 29 日也被公认为汽车诞生日。本茨和戴姆勒则被公认为以内燃机为动力的现代汽车发明者，并被尊称为汽车工业的鼻祖和"世界汽车之父"。

图 1-1　卡尔·本茨以及他发明的三轮汽车

图 1-2　戈特利布·戴姆勒以及他发明的四轮汽车

2．世界汽车工业的发展

汽车起源于欧洲，欧洲是汽车工业的摇篮。100 多年以来，世界汽车工业发展经历了从欧洲各国到美国—美国到欧洲各国—欧洲各国到日本—发达国家到发展中国家的 4 次大转移。现在，汽车工业已遍布全球各大洲，并成为世界首屈一指的产业。

（1）汽车工业的形成

进入 20 世纪以后，汽车制造技术不再仅掌控于欧洲人的手中，特别是亨利·福特在 1908 年 10 月制造出著名的"T"型车后，该车产量增长惊人，短短 19 年就生产了 1500 万辆。1913 年，福特汽车公司首次推出了流水装配线的作业方式，使汽车制造成本大幅下降，汽车逐渐成为大众化的商品。从此，美国汽车成为世界的宠儿，福特公司也因此成为名副其实的"汽车王国"。所以，人们说汽车发明于欧洲，但取得快速发展是在 20 世纪初的美国。

（2）以欧洲为重心的汽车工业发展时期

汽车工业的发展不仅依赖于汽车行业本身的技术进步，而且取决于汽车工业应用这些技术的投资能力和世界汽车市场的投放容量。两者相互影响，并受到整个经济形势发展，以及人们对环境要求、能源和原材料供应、意外变化及国家政策等影响。随着二战后经济的复苏和政府支持的加强，欧洲汽车工业开始飞快发展，以当时联邦德国为例，战后仅 5 年时间，汽车年产量就达到了 30 万辆，超过战前的最高水平，1960 年，其年产量达到 205.5 万辆，超过了英国，成为了仅次于美国的世界第二大汽车生产国。1970 年，西欧共同体的汽车产量首次超过美国。而后，西欧各国纷纷在美国投资建厂，改变了汽车工业发展的格局。欧洲汽车工业的大发展使世界汽车工业的重心逐步由美国移向欧洲。

（3）以日本为重心的汽车工业发展

当 1973 年首次发生石油危机时，美国和欧洲等国家的汽车工业受到很大冲击，而日本似乎对此早有察觉，他们大量研制生产了小型节油型汽车，终于在 1980 年把美国赶下了"汽车王国"的宝座。

（4）以韩国为代表的发展中国家汽车工业异军突起

20世纪70年代，较好的经济基础为韩国汽车工业的发展提供了良好的环境。1973年，在韩国政府实行"汽车国产化"政策的支持下，国产汽车产业迅猛发展。进入20世纪90年代后期，韩国汽车工业在西欧、美洲、东欧、亚洲和大洋洲建立了生产基地，实现了国内生产本地化、海外生产体系化和全球营销网络化，成为世界汽车生产大国。

3．我国汽车工业的发展

我国汽车工业先后经历了创建成长、改革开放和全面发展三个历史阶段。

（1）创建成长阶段（1953—1981年）

1953年7月15日，第一汽车制造厂在吉林省长春市动工兴建。1956年10月15日第一辆解放牌CA10型载质量4t的中型货车下线，开创了我国汽车工业的发展局面。1958年第一汽车制造厂又生产出我国第一辆东风牌轿车。以后，南京、上海、济南、北京等地相继建立汽车制造厂，主要产品有南京汽车制造厂生产的载质量为2.5t的跃进NJ130轻型货车、上海汽车制造厂生产的上海SH760中级轿车、济南汽车制造厂生产的载质量为8t的黄河JN150中型货车、北京第二汽车制造厂生产的载质量为2t的北京BJ130轻型货车等。1968年第二汽车制造厂在湖北省十堰市开始兴建，1975年开始生产东风EQ240越野汽车，1978年开始大批量生产其主导产品——载质量5t的东风EQ140中型货车。从1958年到1980年完成了我国汽车工业的初创阶段，形成了以中、重型货车和越野汽车为主的生产格局。1980年我国汽车年产量达到22万辆，汽车保有量达168万辆。

（2）改革开放阶段（1982—1993年）

针对"缺重少轻，轿车几乎空白"的不利局面，我国汽车工业及时调整了产品结构，注重微型车、轻型车和重型车的产品开发，先后建立了1个微型车生产基地（天津汽车厂）、2个装配点（柳州拖拉机厂和国营伟建机械厂）和4个轻型车生产基地（东北、北京、南京和西南）。同时，在改革开放的形势下，我国汽车工业第一个合资企业——北京吉普汽车有限公司于1984年成立（与美国克莱斯勒公司合资）。其后，长安机器厂与日本铃木公司、南京汽车厂与意大利依维柯公司、上海汽车厂与德国大众汽车公司、广州汽车厂与法国标致汽车公司、天津汽车厂与日本大发汽车公司、一汽与德国大众汽车公司、二汽与法国雪铁龙汽车公司等进行合作和合资，先后引进技术100多项，其中整车项目十多项，取得了显著成效。到1993年底，我国汽车年产量达129.7万辆，跃居世界第12位。

（3）快速、全面发展阶段（1993年以后）

1994年2月，国家颁布了《汽车工业产业政策》，作为指导我国汽车工业发展的纲领。这个阶段，我国各主要汽车集团公司纷纷联合一些国外汽车公司，同时国内一些主要汽车企业进一步改组兼并，初步形成了"3+6"格局，即一汽、东风、上海三大汽车集团及广州本田、重庆长安、安徽奇瑞、沈阳华晨、南京菲亚特和浙江吉利6个独立骨干轿车企业。其中三大汽车集团的汽车产量占全国总产量的52%，初步完成了汽车产业的组织结构调整与优化。从此，汽车产量快速增长，2011年达到1841万辆，2013年达到2211万辆，2015年达到2450万辆，实现了汽车产量的跨越式发展，汽车年产量连续几年位居世界第一。目前，中国民用汽车保有量达到17228万辆。

二、汽车的类型

根据新标准GB/T 3730.1—2001规定，汽车按用途不同可分为乘用车和商用车。

1．乘用车

乘用车是指主要用于载运乘客及其随身行李或临时物品的汽车，包括驾驶员座位在内最多不超过 9 个座位。它也可牵引一辆挂车。乘用车又分为普通乘用车、活顶乘用车、高级乘用车、小型乘用车、敞篷乘用车、舱背乘用车、旅行车、多用途乘用车、短头乘用车、越野乘用车和专用乘用车。

汽车的分类

2．商用车

商用车是指除乘用车以外，主要用于载运人员、货物及牵引挂车的汽车。商用车又分为客车、货车和半挂牵引车等三大类。

客车是指用于载运乘客及其随身行李的商用车，包括驾驶员座位在内座位数超过 9 座。客车又分为小型客车、城市客车、长途客车、旅游客车、铰接客车、无轨客车、越野客车和专用客车。

货车是指用于载运货物的商用车。货车又分为普通货车、多用途货车、全挂牵引车、越野货车、专用作业车和专用货车。

半挂牵引车是指用于牵引半挂车的商用车。

三、汽车的总体构造

汽车通常由发动机、底盘、电气设备和车身四部分组成。汽车总体构造如图 1-3 所示。

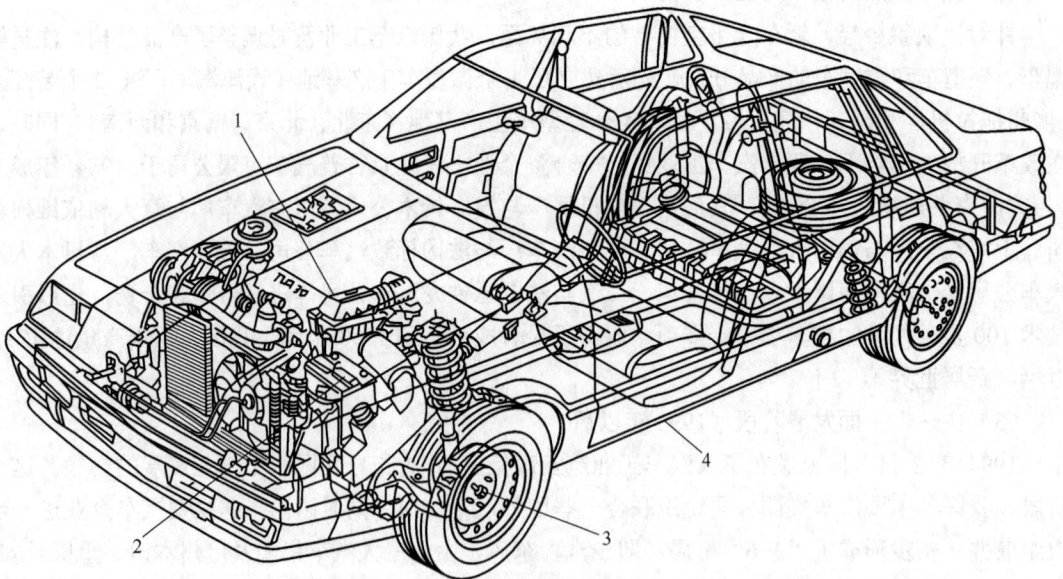

图 1-3　汽车的总体构造
1—发动机　2—电气设备　3—底盘　4—车身

1．发动机

发动机是汽车的动力装置，其功用是使燃料燃烧而发出动力。现代汽车发动机主要采用往复活塞式内燃机。它一般由曲柄连杆机构、配气机构、燃料供给系统、冷却系统、润滑系统、点火系统（汽油发动机采用）和起动系统组成。

2．底盘

底盘是接受发动机的动力，使汽车运动并按驾驶员的操纵而正常行驶的部件。它是汽车的基体，发动机、车身等其他总成或部件都直接或间接地安装在底盘上。底盘主要由传动系统、行驶系统、转向系统和制动系统组成。

（1）传动系统：将发动机的动力传给各驱动轮。传动系统包括离合器、变速器、万向传动装置和驱动桥等部分。

（2）行驶系统：支持整车质量，传递和承受路面作用于车轮的各种力和力矩，并缓和冲击、吸收震动，保证汽车在各种条件下正常行驶。行驶系统包括车轮与轮胎、车桥、车架和悬架等部分。

（3）转向系统：使汽车按照驾驶员选定的方向行驶。转向系统包括转向操纵机构、转向器和转向传动机构等部分。目前，轿车多采用动力转向系统。

（4）制动系统：使行驶中的汽车迅速减速乃至停车，并保证汽车可靠地驻停。制动系统包括供能装置、控制装置、传动装置和制动器等部分。

3．电气设备

汽车电气设备由电源、用电设备和配电装置三部分组成。电源部分包括蓄电池和发电机。用电设备部分由起动系统、点火系统、照明设备、信号装置、仪表及报警装置、汽车电子控制系统和辅助电器等组成。配电装置包括电源管理器、中央接线盒、电路开关、保险装置、插接件和导线。

4．车身

车身是驾驶员工作的场所，也是装载乘客和货物的场所。按车身承受载荷的方式不同，可分为非承载式、承载式和半承载式三种。

（1）非承载式车身：又称车架式车身，悬置于车架之上。车身与车架通过弹簧或橡胶垫作柔性连接，汽车行驶时路面作用于车轮上的各种力和力矩不由车身承受。大客车、货车多采用非承载式车身。

（2）承载式车身：又称无车架式车身，以车身代替车架，即发动机和底盘各总成固定在车身上。它既起到承受载荷作用，又能传递和承受路面和车轮之间的各种力和力矩作用。

（3）半承载式车身：又称底架式承载车身，车身与车架采用铆接、焊接或螺栓等方式刚性连接，使车身与车架成为一体而共同承载。

四、汽车的总体布置形式

为满足不同的使用要求，汽车的总体布置可有不同的形式。现代汽车按发动机相对于各总成位置的不同，通常有以下几种布置形式。

（1）发动机前置后轮驱动（FR）。这是一种传统的布置形式，应用比较广泛，适用于除越野汽车以外的各类汽车，如大多数货车、部分乘用车和部分客车采用这种布置形式。

（2）发动机前置前轮驱动（FF）。多数乘用车采用这种布置形式，具有结构简单紧凑、整车整备质量小、高速行驶时操纵稳定性好等优点。

（3）发动机后置后轮驱动（RR）。大、中型客车和少数乘用车采用这种布置形式，具有室内噪声小、空间利用率高等优点。

（4）发动机中置后轮驱动（MR）。方程式赛车和多数跑车采用这种布置形式。将功率和尺寸较大的发动机布置在驾驶员座椅与后轴之间，有利于实现前、后轴较为理想的轴荷分配，从而提高汽车的性能。

（5）发动机前置全轮驱动（XWD）。它是越野汽车特有的布置形式。通常发动机前置，动力经离合器、变速器、分动器、万向传动装置分别输送给全部驱动轮。目前，部分乘用车也采用全轮驱动形式。

汽车驱动情况常用4×2、4×4等表示，前一位数表示汽车车轮总数，后一位数表示汽车驱动轮数。

五、车辆识别号码

车辆识别号码（Vehicle Identification Number，VIN）也称17位编码，是国际上通行的标识机动车辆的代码，是制造厂给每一辆车指定的一组字码，一车一码，具有法律效力，30年内不会重号。

我国于1997年8月1日颁布了国家标准GB/T 16736—1997《道路车辆识别代号（VIN）内容与构成》，此标准于1999年1月1日起正式成为我国汽车生产的强制性标准，每一辆出厂的汽车上必须标有VIN代号。

汽车产品型号的构成

1．VIN所在位置

VIN应位于易于看到并且能防止磨损或替换的部位，通常打印在一处或几处，常见的部位如下。

① 仪表板左下角或右下角。

② 发动机舱防火墙横梁上。

③ 车辆铭牌上。

④ 发动机行李舱中。

⑤ 副驾驶员座椅右下方车身地板上。

⑥ 发动机前横梁上。

2．VIN的组成

VIN是由世界制造厂识别代号（WMI）、车辆说明部分（VDS）和车辆指示部分（VIS）三部分组成。

① 第一部分——世界制造厂识别代号（WMI）：由3位字符组成，是由制造厂以外的组织预先指定的，用来表示生产国家、制造厂家或车辆类型等。第一个字符是表示地理区域或生产国家，1～5为北美洲，6、7为大洋洲，J～R为亚洲。例如，1—美国、6—澳大利亚、J—日本、K—韩国、L—中国、W—德国等。第2、3位字符一般代表制造厂家或车辆类型，如1G1—美国通用、JHL—日本本田、WDB—德国奔驰、LFV—中国一汽大众、LSV—中国上海大众等。

② 第二部分——车辆说明部分（VDS）：由6位字符组成，用来表示车身类型、发动机类型及变速器类型等车辆特征代码和检验位，其代码及顺序由制造厂确定。

③ 第三部分——车辆指示部分（VIS）：由8位字符组成，用来表示年份、装配厂家及车辆制造顺序号。一般情况下，第1位字符代表年份，第2位字符代表装配厂家，第3～6位字符代表车辆制造顺序号。

3．VIN的使用原则

车辆识别号码（VIN）允许采用阿拉伯数字和大写的英文字母包括：1、2、3、4、5、6、7、8、9、0、A、B、C、D、E、F、G、H、J、K、L、M、N、P、R、S、T、U、V、W、X、Y、Z。不能使用I、O、Q。

|任务二　发动机的总体构造|

【学习目标】

1. 能够正确描述发动机的分类与基本术语。
2. 能够正确描述发动机的基本工作原理。
3. 能够正确描述发动机的总体构造和内燃机的型号编制规则。
4. 能够正确使用发动机拆装需用的工具、设备，并规范地进行发动机总成的拆卸与装配。

相 关 知 识

发动机是将燃料燃烧的热能转化成机械能的机器，它是汽车的动力源。现代汽车发动机广泛采用水冷式四冲程往复活塞式内燃机。往复活塞式内燃机具有单机功率范围大（0.6～16860kW）、热效率高（汽油机略高于 0.3，柴油机达 0.4）、结构紧凑、体积小、质量轻、操作简单、便于起动等优点，所以被广泛用作汽车动力，同时也广泛应用于工程机械、船舶等。车用发动机的常见形式主要有汽油机和柴油机两种。

一、发动机的基本术语

发动机基本术语如图 1-4 所示。

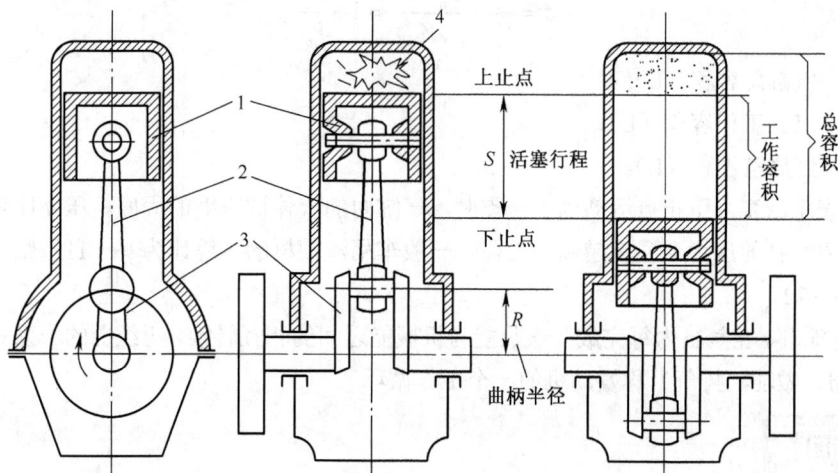

发动机的基本术语

图 1-4　发动机基本术语
1—活塞　2—连杆　3—曲轴　4—燃烧室容积

① 上止点。上止点是指活塞离曲轴回转中心最远处，即活塞的最高位置。

② 下止点。下止点是指活塞离曲轴回转中心最近处，即活塞的最低位置。

③ 活塞行程。上止点与下止点之间的距离称为活塞行程，一般用 S 表示。

④ 曲柄半径。曲轴与连杆下端的连接中心至曲轴中心的距离（即曲轴的回转半径）称为曲柄半径，一般用 R 表示。活塞行程为曲柄半径的两倍，即 $S=2R$。

⑤ 气缸工作容积。活塞从一个止点运动到另一个止点所扫过的容积称为气缸工作容积或气缸排量，一般用 V_h 表示，单位为 L，即

$$V_h = \frac{\pi D^2 S}{4} \times 10^{-6}$$

式中：D——气缸直径（mm）；

　　　S——活塞行程（mm）。

⑥ 燃烧室容积。活塞在上止点时，活塞顶与气缸盖之间的容积称为燃烧室容积，一般用 V_c 表示，单位为 L。

⑦ 气缸总容积。活塞在下止点时，活塞顶上方的容积称为气缸总容积，一般用 V_a 表示，单位为 L。显然，气缸总容积是气缸工作容积与燃烧室容积之和，即

$$V_a = V_c + V_h$$

式中：V_c——燃烧室容积（L）；

　　　V_a——气缸工作容积（L）。

⑧ 发动机排量。多缸发动机各气缸工作容积的总和称为发动机排量，一般用 V_L 表示，单位为 L。即

$$V_L = V_h i = \frac{\pi D^2 S i}{4} \times 10^{-6}$$

式中：V_h——气缸工作容积（L）；

　　　i——气缸数。

⑨ 压缩比。气缸总容积与燃烧室容积之比称为压缩比，一般用 ε 表示。

$$\varepsilon = \frac{V_a}{V_c} = \frac{V_h + V_c}{V_c} = 1 + \frac{V_h}{V_c}$$

式中：V_a——气缸总容积（L）；

　　　V_h——气缸工作容积（L）；

　　　V_c——燃烧室容积（L）。

压缩比表示活塞由下止点运动到上止点时，气缸内的气体被压缩的程度。压缩比越大，压缩终了时气缸内气体的压力和温度越高。目前，一般车用汽油机的压缩比为 6～11，柴油机的压缩比一般为 16～22。

⑩ 工作循环。在气缸内每完成一次热能与机械能之间的相互转换，所经历的一系列连续过程（进气、压缩、做功、排气）称发动机的一个工作循环。

四冲程汽油机的工作原理

二、发动机的基本工作原理

1. 四冲程汽油机的工作原理

四冲程汽油机每一个工作循环包括 4 个活塞行程，即进气行程、压缩行程、做功行程和排气行程，如图 1-5 所示。

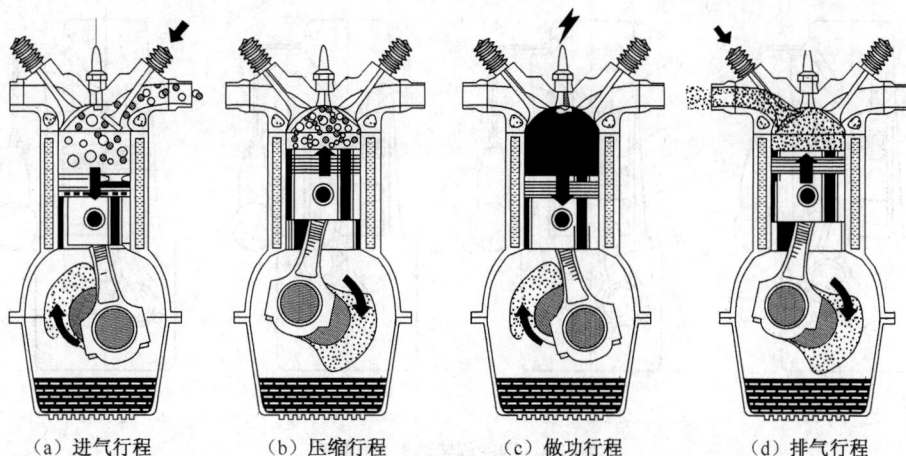

（a）进气行程　　　（b）压缩行程　　　（c）做功行程　　　（d）排气行程

图 1-5　四冲程汽油机工作原理

（1）进气行程

在进气行程中，活塞在曲轴带动下由上止点向下止点运动，这时进气门逐渐开启，排气门处于关闭状态。在活塞由上止点向下止点运动过程中，由于活塞上方气缸容积逐渐增大，形成一定的真空度。这样，可燃混合气（或空气）通过进气门被吸入气缸，直到活塞到达下止点时，进气行程结束。

（2）压缩行程

在进气行程结束以后，活塞在曲轴的带动下由下止点向上止点运动，这时排气门处于关闭状态，而进气门逐渐关闭。在活塞由下止点向上止点运动过程中，由于活塞上方气缸容积逐渐减小，当进气门和排气门均处于关闭状态时，进入气缸内的可燃混合气（或空气）被压缩，温度和压力不断升高，直到活塞到达上止点时，压缩行程结束。

（3）做功行程

当活塞运动到接近压缩行程上止点附近时，火花塞跳火点燃气缸内的可燃混合气。这时，由于进气门和排气门均处于关闭状态，使缸内气体温度和压力同时升高，高温高压的气体膨胀，推动活塞由上止点向下止点运动，并通过连杆带动曲轴旋转输出机械能，直到活塞到达下止点时，做功行程结束。

（4）排气行程

在做功行程结束后，气缸内的可燃混合气通过燃烧转变为废气。此时排气门逐渐开启，进气门处于关闭状态。活塞在曲轴的带动下由下止点向上止点运动，气缸内的废气经排气门排出，直到活塞到达上止点时，排气行程结束。

排气行程结束后，进气门再次开启，又开始下一个工作循环。如此周而复始，实现了发动机的连续运转。发动机工作时，需要连续不断地进行循环，在每个循环中都是依次完成进气、压缩、做功、排气 4 个行程。

2．四冲程柴油机的工作原理

与四冲程汽油机一样，四冲程柴油机每个工作循环也是由进气、压缩、做功和排气 4 个活塞行程组成。但由于柴油和汽油使用性能的不同，柴油机在可燃混合气的形成方式、着火方式等方面与汽油机存在着较大的差别。这里主要介绍四冲程柴油机与四冲程汽油机工作原理的不同之处。四冲程柴油机工作原理如图 1-6 所示。

（1）进气行程

柴油机在进气行程中进入气缸内的是纯空气，而汽油机则是可燃混合气或纯空气。

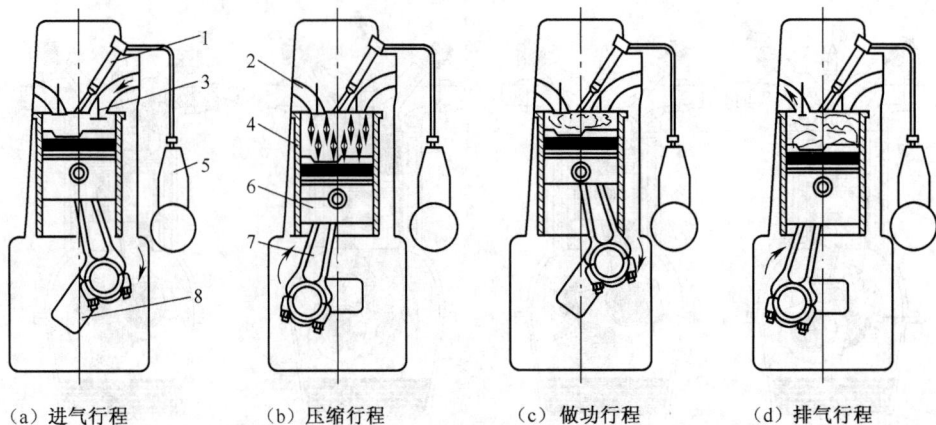

（a）进气行程　　（b）压缩行程　　（c）做功行程　　（d）排气行程

图 1-6　四冲程柴油机工作原理

1—喷油器　2—排气门　3—进气门　4—气缸　5—喷油泵　6—活塞　7—连杆　8—曲轴

（2）压缩行程

柴油机在压缩行程中压缩的是进气行程进入气缸内的纯空气。由于柴油机压缩比高，压缩终了时气缸内气体的温度和压力均高于汽油机。

（3）做功行程

做功行程与汽油机区别很大。在压缩行程接近上止点时，喷油泵泵出的高压柴油经喷油器呈雾状喷入气缸内的高温空气中，柴油迅速吸热、蒸发、扩散，与空气混合形成可燃混合气。由于此时气缸内的温度远高于柴油的自燃温度（约 500K），形成的可燃混合气自行着火燃烧，随后边喷油边混合边燃烧，气缸内的温度和压力迅速升高，推动活塞下行做功。

（4）排气行程

与汽油机的排气行程基本相同，废气同样经排气门排出。

由上述单缸四冲程汽油机和单缸四冲程柴油机的工作原理可知，四冲程发动机工作循环具有以下特点。

① 每完成一个工作循环曲轴旋转 2 圈（720°），每个活塞行程曲轴旋转半圈（180°）。进气行程中进气门开启，排气门关闭；排气行程中排气门开启，进气门关闭；其余两个行程进、排气门均关闭。

② 在 4 个行程中，只有做功行程产生动力，其余 3 个行程则是为做功行程做准备的辅助行程，都要消耗动力。虽然做功行程是主要的，但其他 3 个行程也是必不可少的。

③ 发动机起动时（第一个工作循环），必须借助外力带动曲轴转以完成进气、压缩行程，在可燃混合气着火燃烧并进入做功行程后，依靠曲轴和飞轮储存的能量，使发动机转入正常运转状态。

3．多缸四冲程发动机的工作原理

单缸四冲程发动机每个工作循环所经历的 4 个行程中，只有做功行程为有效行程，其他 3 个行程为消耗机械功的辅助行程。这样，发动机曲轴在做功行程中的转速快，在其他行程中转速慢。所以，一个工作循环中曲轴的转速是不均匀的。为了保证发动机运转平稳，汽车发动机都采用多缸四冲程发动机。

多缸四冲程发动机每个气缸所经历的工作循环与单缸四冲程发动机相同，但各缸的做功行程并非同时进行，而是按一定顺序进行。因此，对多缸四冲程发动机来说，曲轴每转两周，各缸分别做功一次，且各缸做功间隔角（以曲轴转角表示）保持一致。对于缸数为 i 的四冲程直列式发动机而言，做功间隔角为 $720°/i$。气缸数越多，发动机工作越平稳，但结构也越复杂。

三、发动机的总体构造

汽油机和柴油机由于所使用燃料不同，在结构上也各有特点。汽油机主要由"两大机构和五大系统"组成，"两大机构"指曲柄连杆机构和配气机构，"五大系统"指燃料供给系统、冷却系统、润滑系统、点火系统和起动系统。柴油机结构与汽油机相似，但由于其采用压燃式燃烧原理，故其结构中不需要点火系统。

汽油发动机的总体构造如图 1-7 所示。

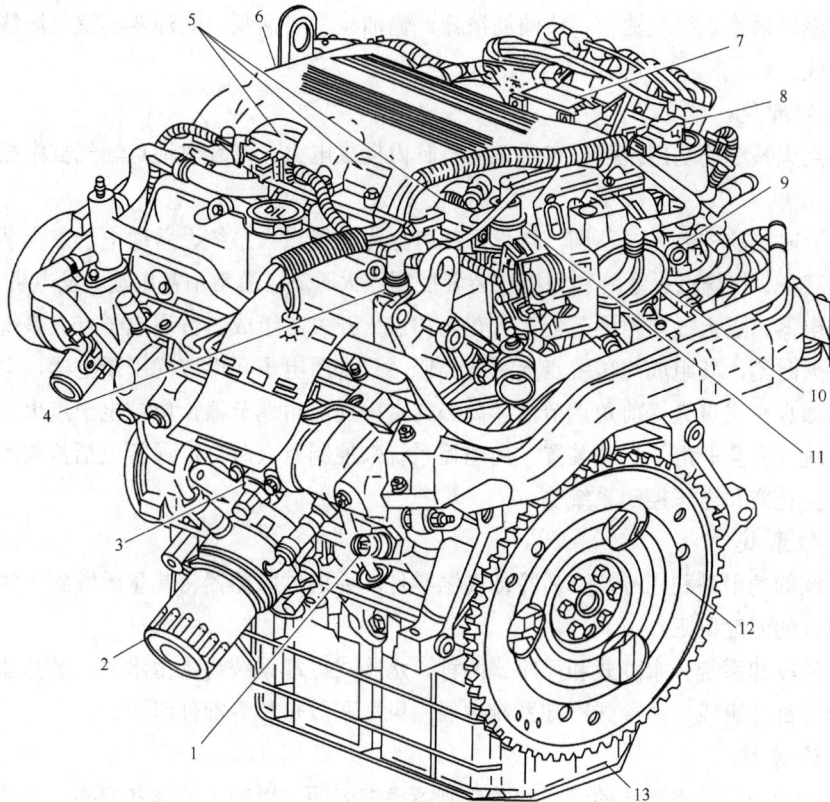

图 1-7 汽油发动机的总体构造

1—机油压力开关 2—机油滤清器 3—爆燃传感器 4—PCV 阀 5—燃油管 6—缸盖罩 7—进气压力传感器（MAP）
8—废气再循环阀 9—节气门体传感器 10—节气门体 11—燃油压力传感器 12—飞轮 13—油底壳

1．曲柄连杆机构

曲柄连杆机构的功用是将燃料燃烧时产生的热能转变为活塞往复运动的机械能，再通过连杆将活塞的往复运动转变为曲轴的旋转运动而对外输出动力。

曲柄连杆机构主要由气缸体、气缸盖、活塞、连杆、曲轴和飞轮等部件组成。

2．配气机构

配气机构的功用是根据发动机的工作顺序和各缸工作循环的要求，定时开启和关闭进、排气门，使新鲜可燃混合气（或空气）及时充入气缸，并及时从气缸内排出废气。

配气机构主要由气门、气门座、气门弹簧、凸轮轴、正时传动装置和挺杆等部件组成。

3．燃料供给系统

（1）汽油机燃料供给系统

汽油机燃料供给系统的功用是向气缸内供给已配好的可燃混合气（缸内直喷发动机为空气），

并控制进入气缸内可燃混合气（或空气）的数量，以调节发动机的转速和输出功率，最后将燃烧废气排出气缸。

汽油机燃料供给系统由油箱、汽油滤清器、汽油泵、节气门体、燃油分配管、喷油器、燃油压力调节器、空气滤清器和进排气管等部件组成。

（2）柴油机燃料供给系统

柴油机燃料供给系统的功用是向气缸内供给纯空气，并在规定时刻向气缸内喷入柴油，最后将燃烧废气排出气缸。

柴油机燃料供给系统由油箱、柴油滤清器、输油泵、喷油泵、喷油器、空气滤清器和进排气管等部件组成。

4．点火系统

汽油机点火系统的功用是按一定时刻向气缸内提供电火花，及时地点燃气缸中被压缩的可燃混合气。

按对点火时刻的控制方式不同，点火系统可分为传统点火系统、普通电子点火系统和电控电子点火系统三种。传统点火系统利用机械装置控制点火时刻，通常由蓄电池、发电机、点火线圈、断电器、分电器、点火提前角调节器、火花塞和点火开关等组成。普通电子点火系统利用电子点火器控制点火时刻，其组成与传统点火系统类似，只是用电子元件取代了断电器，但仍保留部分机械装置，如真空式点火提前角调节器和离心式点火提前角调节器。电控电子点火系统是一种全电子点火系统，完全取消了机械装置，由电控系统来控制点火时刻，通常包括蓄电池、发电机、点火线圈、火花塞和电子控制系统等。

5．冷却系统

冷却系统的功用是利用冷却介质冷却高温零件，并通过散热器将热量散发到大气中，保证发动机在最适宜的温度下工作。

发动机的冷却系统分水冷式和风冷式两种。水冷式冷却系统通常由水泵、散热器、风扇、节温器和水套等部件组成。风冷式冷却系统主要由风扇和散热片等部件组成。

6．润滑系统

润滑系统的功用是将清洁的润滑油输送到各摩擦表面，以减小摩擦和磨损，并清洗、冷却摩擦表面，从而延长发动机的使用寿命。

润滑系统由机油泵、集滤器、机油滤清器、限压阀、润滑油道和油底壳等组成。

7．起动系统

起动系统的功用是使静止的发动机起动并转入自行运转状态。

起动系统由起动机及其附属装置等部件组成。

四、发动机的分类

将燃料燃烧的热能转化成机械能的发动机，称为热力发动机。热力发动机可分为外燃机和内燃机。内燃机的特点是燃料在机器内部燃烧，产生的热能直接转变成机械能，如汽油机和柴油机。外燃机的特点是燃料在机器外部燃烧，产生的热能通过其他介质转变为机械能，如蒸汽机、燃气轮机。与外燃机相比，内燃机具有热效率高、体积小、质量轻，便于移动、起动性能好等优点，因此广泛应用于汽车、拖拉机等各种车辆上，现代车用发动机都属内燃机。

发动机的分类

车用发动机种类繁多，可以根据不同特征进行分类。

1．按活塞的运动方式分类

根据活塞运动方式不同，活塞式内燃机可分为往复活塞式发动机和旋转活塞式发动机。往复活塞式是指活塞在气缸内做往复直线运动，旋转活塞式是指活塞在气缸内做旋转运动。现代汽车多采用往复活塞式发动机。

2．按着火方式分类

根据着火方式不同，可分为点燃式发动机和压燃式发动机。点燃式发动机是利用电火花点燃可燃混合气，如汽油机；压燃式发动机则是利用高温、高压使气缸内的可燃混合气自行着火燃烧，如柴油机。

3．按使用燃料分类

根据使用燃料不同，可分为汽油机发动机、柴油机发动机和气体燃料发动机。汽油机是以汽油为燃料，柴油机是以柴油为燃料，气体燃料发动机是以压缩天然气、液化石油气等为燃料。

近年来，为节约石油能源和降低排放污染，人们不断研制新能源汽车，如纯电动汽车、混合动力汽车、氢动力汽车等，发动机热效率可提高 10% 以上，废气排放量降低 30% 以上。

4．按冷却方式分类

根据冷却方式不同，可分为水冷式发动机和风冷式发动机。水冷式发动机以冷却液为冷却介质，而风冷式发动机以空气为冷却介质。车用发动机多采用水冷式。

5．按冲程数分类

根据冲程数不同，可分为四冲程发动机和二冲程发动机。活塞上下往复四个行程完成一个工作循环的称为四冲程发动机；活塞上下往复两个行程完成一个工作循环的称为二冲程发动机。车用发动机多采用四冲程发动机。

6．按气缸数分类

根据气缸数不同，可分为单缸发动机和多缸发动机。仅有一个气缸的称为单缸发动机；有两个以上气缸的称为多缸发动机。多缸发动机有双缸、三缸、四缸、五缸、六缸、八缸和十二缸等。现代车用发动机多采用四缸、六缸和八缸发动机。

7．按气缸布置方式分类

根据气缸布置方式不同，可分为直列式发动机、对置式发动机、V 形发动机和 W 形发动机。

8．按进气方式分类

根据进气方式不同，可分为自然吸气（非增压）式和强制进气（增压）式发动机。

五、内燃机的产品名称和型号编制规则

为了便于内燃机的生产管理、使用与维修，我国对内燃机产品名称和型号编制重新审定并颁布了国家标准 GB/T 725—2008，主要内容如下。

（1）内燃机产品名称均按所采用的燃料命名，如汽油机、柴油机等。

（2）内燃机型号由阿拉伯数字（以下简称数字）、汉语拼音字母（以下简称字母）和国际通用的英文缩写字母所组成。

（3）内燃机型号由以下四部分组成。

① 第一部分由产品系列代号、换代符号和地方、企业代号组成。由制造商根据需要，选择相应的字母表示，但需经行业标准化归口单位核准、备案。

② 第二部分由气缸数符号、气缸布置形式符号、冲程形式符号和缸径符号组成。

③ 第三部分由结构特征符号、用途特征符号和燃料符号组成。必要时，其他结构及用途符号允许制造商选用，但不得与本标准规定的字母重复。

④ 第四部分为区分符号。同系列产品由于改进等原因需要区分时，允许制造商选用适当符号表示。第三部分与第四部分之间可用"-"分隔。

内燃机的型号应简明，第二部分、第三部分规定的符号必须标出，但第一部分和第四部分要视情况而定。由国外引进的内燃机产品，若保持原结构性能不变，允许保留原产品型号。

我国内燃机型号表示方法及其含义如图 1-8 所示。

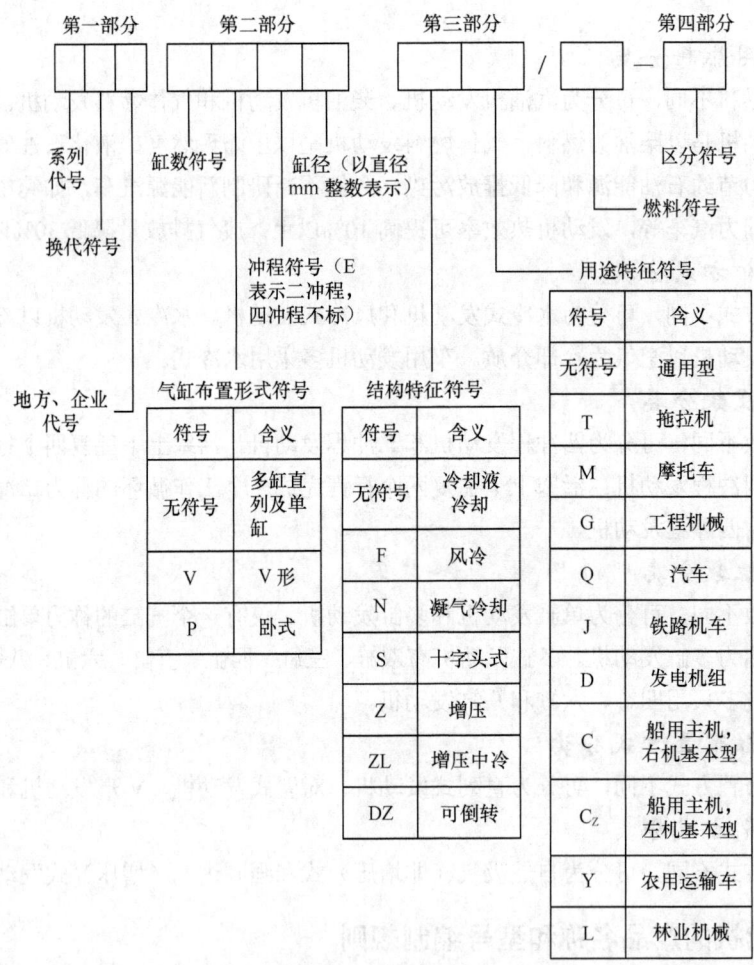

气缸布置形式符号

符号	含义
无符号	多缸直列及单缸
V	V 形
P	卧式

结构特征符号

符号	含义
无符号	冷却液冷却
F	风冷
N	凝气冷却
S	十字头式
Z	增压
ZL	增压中冷
DZ	可倒转

符号	含义
无符号	通用型
T	拖拉机
M	摩托车
G	工程机械
Q	汽车
J	铁路机车
D	发电机组
C	船用主机，右机基本型
C_z	船用主机，左机基本型
Y	农用运输车
L	林业机械

图 1-8 内燃机型号表示方法及其含义

汽油机型号示例如下。

① LE65F/P：单缸、二冲程、缸径 65mm、风冷、通用型。

② 462Q：四缸、直列、四冲程、缸径 62mm、冷却液冷却、汽车用。

③ CA6102：六缸、直列、四冲程、缸径 102mm、冷却液冷却、通用型，CA 表示系列符号。

④ EQ6100-1：六缸、直列、四冲程、缸径 100mm、冷却液冷却、通用型，1 表示第一种改进产品，EQ 表示系列符号。

柴油机型号示例如下。

① 195：单缸、四冲程、缸径 95mm、冷却液冷却、通用型。

② 495Q：四缸、直列、四冲程、缸径 95mm、冷却液冷却、汽车用。

③ YZ6102Q：六缸直列、四冲程、缸径 102mm、冷却液冷却、车用（YZ 表示系列符号）。

④ 12VE230ZCZ：12 缸、V 形、二冲程、缸径 230mm、冷却液冷却、增压、船用主机、左机基本型。

六、发动机拆装（或检修）常用工具和量具

正确选择和使用发动机拆装（或检修）常用工具和量具，对于提高工作效率，保障设备完整和人身安全有着十分重要的作用。下面主要介绍发动机拆装（或检修）中常用的普通工具、专用工具和测量工具。

1．普通工具

（1）普通扳手

普通扳手常见的有呆扳手、梅花扳手、套筒扳手、活扳手、内六角扳手和扭力扳手等，主要用于拆装螺栓或螺母。由于螺栓、螺母均为标准件，因此普通扳手规格均采用英制或米制标准。

① 呆扳手。呆扳手如图 1-9 所示，也称开口扳手，按其开口的宽度大小分有 8～10mm、12～14mm、17～19mm 等规格。呆扳手通常为成套装备，有 8 件一套、10 件一套等。

图 1-9　呆扳手

使用时应根据螺栓或螺母的尺寸，选择相应开口尺寸的呆扳手。为了防止扳手损坏和滑脱，应使扭力作用在开口较厚的一边，如图 1-10 所示，顺时针扳动呆扳手为正确操作，逆时针使用为错误操作。

② 梅花扳手。梅花扳手的外形如图 1-11 所示，其两端内孔为正六边形，按其闭口尺寸大小分有 8～10mm、12～14mm、17～19mm 等规格。梅花扳手通常为成套装备，有 8 件一套、10 件一套等。

使用时根据螺栓或螺母的尺寸，选择相应闭口尺寸的梅花扳手。与呆扳手相比，由于梅花扳手扳 30° 后可换位再套，适用于狭窄场合下操作，而且强度高，使用时不易滑脱，应优先选用。

为了方便操作，有的扳手一头是呆扳手，另外一头是梅花扳手，如图 1-12 所示。

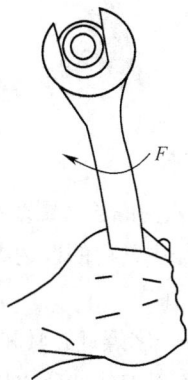

图 1-10　呆扳手的使用　　　　图 1-11　梅花扳手　　　　图 1-12　双头扳手

③ 套筒扳手。套筒扳手的外形如图 1-13 所示，其内孔形状与梅花扳手相同，也是正六边形，按其闭口尺寸大小分有 8mm、10mm、12mm、14mm、17mm、19mm 等规格，通常为成套装备，并且

配有滑头手柄、棘轮手柄、快速摇柄、万向接头、旋具接头和各种接杆等，以方便操作和提高效率。

套筒扳手适用于拆装位置狭窄的场合或需要一定转矩的螺栓或螺母，比梅花扳手更方便快捷，应优先考虑使用。

④ 活扳手。活扳手的外形如图 1-14 所示，其开口尺寸能在一定的范围内任意调整，规格以最大开口宽度（mm）×扳手长度（mm）来表示。

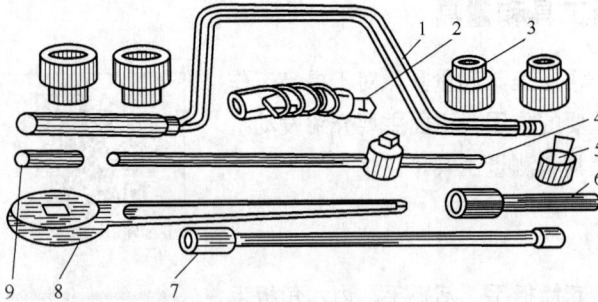

图 1-13　套筒扳手

1—快速摇柄　2—万向接头　3—套筒头　4—滑头手柄　5—旋具接头
6—短接杆　7—长接杆　8—棘轮手柄　9—直接杆

图 1-14　活扳手

活扳手操作起来不太方便，需旋转蜗杆才能使活动扳口张开及缩小，而且容易从螺栓上滑移，应尽量少用，仅在缺少其他相应扳手时使用。使用时也应注意使扭力作用在开口较厚的一边，如图 1-15 所示。

⑤ 扭力扳手。扭力扳手的外形如图 1-16 所示，它与套筒扳手中的套筒配合使用，可以直接读出所施转矩的大小。扭力扳手适用于发动机上一些重要螺栓、螺母（连杆螺母、气缸盖螺栓、曲轴主轴承紧固螺栓、飞轮螺栓等）的紧固，其规格是以最大可测转矩来划分的。

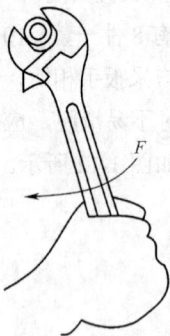

图 1-15　活扳手的使用

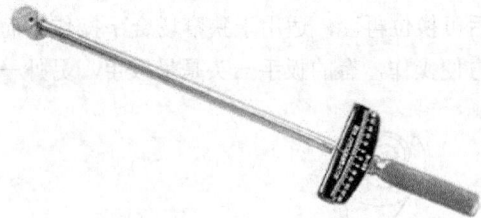

图 1-16　扭力扳手

⑥ 内六角扳手。内六角扳手的外形如图 1-17 所示，用来拆装内六角螺栓（螺塞）。以六角形对边尺寸 S 表示，有 3～27mm 共 13 种规格。图 1-18 所示为汽车检修中常用的世达组合工具。

（2）螺钉旋具

螺钉旋具俗称螺丝刀、起子、改锥，主要用于拆装有槽螺钉，分一字螺钉旋具和十字螺钉旋具两种。螺钉旋具由手柄、刀体和刃口组成，如图 1-19 所示。其规格以刀体部分的长度来表示，常用的规格有 100mm、150mm、200mm 和 300mm 等几种。

使用时应根据螺钉沟槽的形状和宽度选用相应的规格。旋松螺钉时除施加旋转力矩外，还应施加适当的轴向力，以防滑脱时损坏零件。

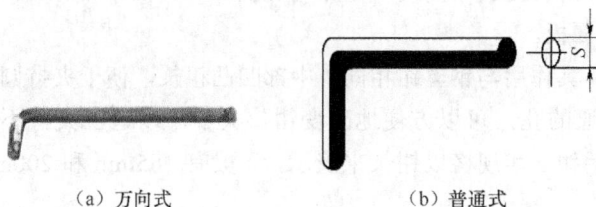

（a）万向式 （b）普通式

图 1-17 内六角扳手

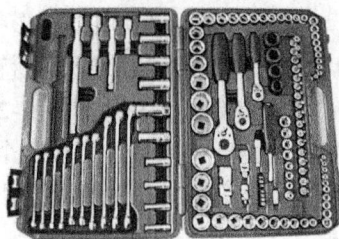

图 1-18 世达组合工具

（3）锤子

锤子有多种形状，如图 1-20 所示。略带弧形的一端平面是基本工作面，另一端是球面，用来敲击凹凸形状的工件。锤头规格以其质量来表示，以 0.5～0.75kg 最为常用。

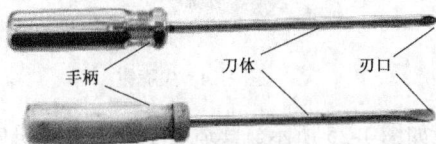

手柄 刀体 刃口

图 1-19 螺钉旋具

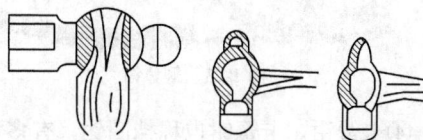

图 1-20 锤子

使用锤子时，首先要仔细检查锤头和锤把是否楔塞牢固。握锤时应握住锤把后部，如图 1-21 所示。挥锤的方法分手腕挥、小臂挥和大臂挥 3 种，手腕挥锤只有手腕动，锤击力小，但准、快、省力；大臂挥锤是大臂和小臂一起运动，锤击力最大。

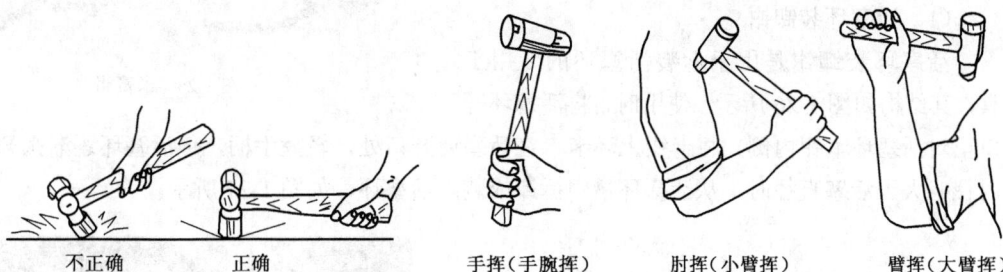

不正确 正确 手挥（手腕挥） 肘挥（小臂挥） 臂挥（大臂挥）

图 1-21 锤子的使用

（4）手钳

常见的手钳有钢丝钳、鲤鱼钳、尖嘴钳和卡簧钳等。

① 钢丝钳。钢丝钳结构如图 1-22 所示。按其钳长，钢丝钳可分为 150mm、175mm 和 200mm 3 种规格。

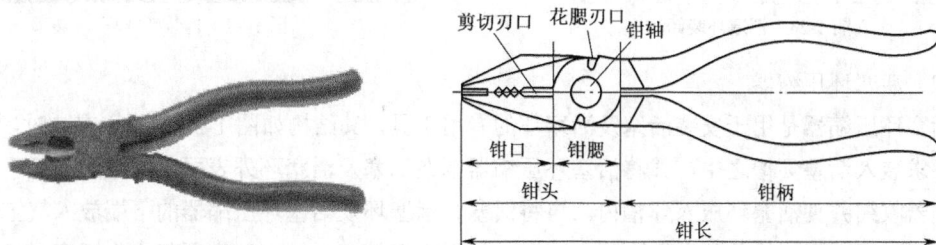

剪切刃口 花腮刃口 钳轴

钳口 钳腮

钳头 钳柄

钳长

（a）外形图 （b）结构图

图 1-22 钢丝钳

钢丝钳主要用于夹持圆柱形零件，也可代替扳手旋动小螺栓、小螺母。钳口后部带有刃口，可切断直径较小的金属线及折断较薄的金属板。

② 鲤鱼钳。鲤鱼钳如图 1-23 所示。其作用与钢丝钳相同，中部凹凸粗长，便于夹持圆柱形零件。由于一片钳体上有两个互相贯通的孔，可以方便地改变钳口大小，以适应夹持不同大小的零件，是汽车维修中使用较多的手钳。其规格以钳长来表示，一般有 165mm 和 200mm 两种。

③ 尖嘴钳。尖嘴钳如图 1-24 所示，因其头部细长而得名，能在较小的空间使用。刃口也能剪切细小金属丝，但使用时不能用力太大，否则钳口头部会变形或断裂。其规格以钳长来表示，汽车拆装常用 160mm 的尖嘴钳。

图 1-23 鲤鱼钳

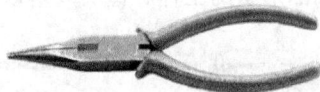

图 1-24 尖嘴钳

④卡簧钳。卡簧钳也称挡圈钳，有多种结构形式，如图 1-25 所示。其适用于拆装发动机中的各种卡簧（或挡圈）。使用时应根据卡簧（或挡圈）结构形式，选择相应的卡簧钳。

使用时不要用手钳代替扳手松紧 M5 以上螺纹连接件，以免损坏螺母或螺栓。

2．专用工具

（1）活塞环装卸钳

活塞环装卸钳是用于拆装活塞环的专用工具，其结构如图 1-26 所示。使用时，将活塞环开

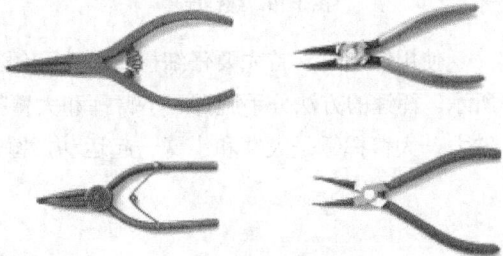

图 1-25 卡簧钳

口正对活塞环卡钳内侧，将卡钳上环卡卡在活塞环开口处，轻握手柄，使活塞环逐渐张开，当其内径略大于活塞直径时，从活塞环槽中拆卸或装入活塞环，如图 1-27 所示。

图 1-26 活塞环装卸钳

图 1-27 拆装活塞环

（2）活塞环压缩器

活塞环压缩器是用于安装活塞及活塞环的专用工具，其结构如图 1-28 所示。安装时，将活塞环按要求装入活塞环槽之中，并将活塞环压缩器围在活塞及活塞环外表面，通过配套扳手使活塞环压缩器收缩并使活塞环压入环槽内。再将活塞、活塞环及活塞环压缩器的下端放入气缸内，并使压缩器下平面和气缸体的上平面紧密贴合，使用木棒等工具锤击活塞顶部，将活塞和活塞环装入气缸，如图 1-29 所示。

图1-28　活塞环压缩器

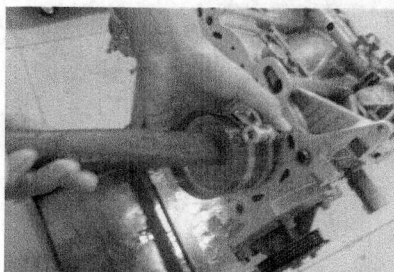

图1-29　安装活塞和活塞环

（3）气门弹簧拆装钳

气门弹簧拆装钳是用于拆装气门及气门弹簧的专用工具，其结构如图1-30所示。在拆装气门时，将螺杆顶在气门头部，环形口抵住气门弹簧座，转动手柄并带动环形口下移，压缩气门弹簧，使锁片落入环形口的凹槽内。用磁棒取出气门锁片，反转手柄，释放气门弹簧压力，取出气门及气门弹簧，如图1-31所示。

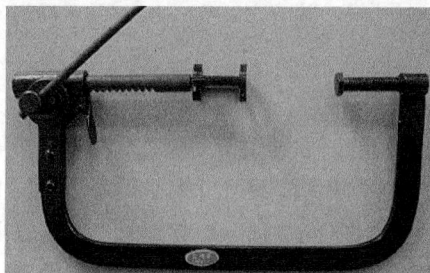

图1-30　气门弹簧拆装钳

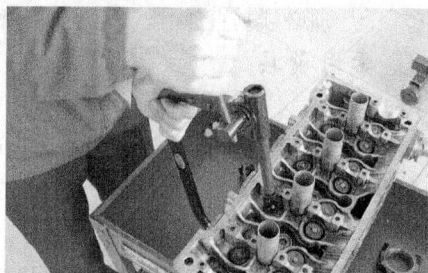

图1-31　拆装气门及气门弹簧

（4）火花塞套筒扳手

火花塞套筒扳手是用于拆卸及更换火花塞的专用工具，采用的套筒为内六角或筒式结构，如图1-32所示。套筒内部装有磁铁或橡胶圈，以便将火花塞从火花塞孔深处取出，如图1-33所示。

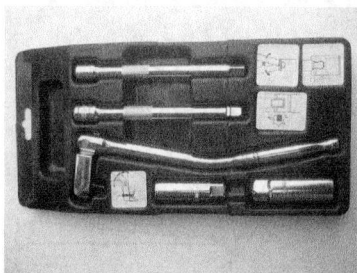

图1-32　火花塞套筒扳手

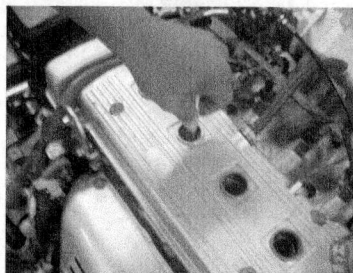

图1-33　拆装火花塞

（5）拉器

拉器是用于拆卸发动机曲轴、凸轮轴上的正时齿轮（或正时带轮等）及轴承凸缘等圆盘形零件的专用工具，其结构如图1-34所示。使用时要检查拉爪是否卡紧，受力是否均匀对称，垫套与轴是否对中，然后使用扳手旋进中心螺杆，进行零件拆卸，如图1-35所示。

（6）千斤顶

千斤顶是一种最常用、最简单的起重工具。目前广泛使用的是推车式或立式液压千斤顶，如图1-36所示。千斤顶的使用方法如下。

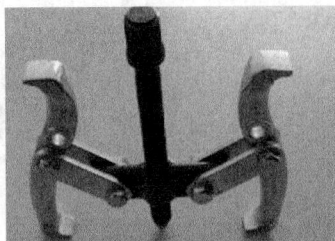
图 1-34 拉器

图 1-35 拆卸轴承凸缘

① 顶起汽车前要把顶面擦拭干净，拧紧压力开关，将千斤顶置于被顶部位的下方，且保持千斤顶与被顶部位间相互垂直，以防引发事故。

② 旋转千斤顶顶面螺杆，改变顶面与汽车之间的初始距离。

③ 用三角形垫块将汽车着地车轮前后塞住，以防在顶起过程中发生溜车事故。

④ 用手上下压动千斤顶手柄，当被顶汽车升高到一定程度时，在车架（或车身）下放入支撑座。

⑤ 慢慢拧松压力开关，使汽车保持缓慢并平衡下降，落稳于支撑座上。

⑥ 千斤顶必须垂直放置，以免油液渗漏而失效。

3. 常用量具

（1）塞尺

塞尺主要用于测量两个接合面之间的间隙值，如气门间隙、曲轴轴向间隙、火花塞间隙等。塞尺是由一组厚度不同的标准钢片所组成的测量工具。每条钢片均有两个平行的测量表面，且标

汽车维修常用量具

有表示其厚度的数字（单位为 mm），如图 1-37 所示。使用时，既可以用单片进行测量，也可以将两片或多片组合在一起进行测量。由于塞尺很薄，容易弯曲或折断，测量时不能用力太大。测量时，将干净的塞尺钢片插入到被测间隙之中，来回拉动塞尺钢片，感到略有阻力时，则塞尺钢片对应的数值之和即为两接合面之间的间隙。

图 1-36 液压千斤顶

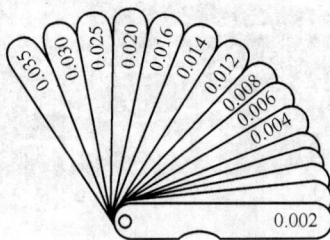
图 1-37 塞尺

（2）塑料间隙规

塑料间隙规是一种受挤压后能产生塑性变形的圆形塑料条，可用于测量曲轴主轴承间隙、连杆轴承间隙等。测量时，将压缩变形后的塑料间隙规对照着塑料间隙规组件上的刻度，即可测量被测间隙值。如图 1-38 所示，0.038mm＜被测间隙值＜0.051mm。受挤压变形后的塑料间隙规条越宽，说明被测间隙越小。

（3）游标卡尺

游标卡尺是一种能直接测量零件内径、外径、宽度、长度和深度的工具，如图 1-39 所示。其

测量精度可分为 0.20mm、0.10mm、0.05mm 和 0.02mm 等。

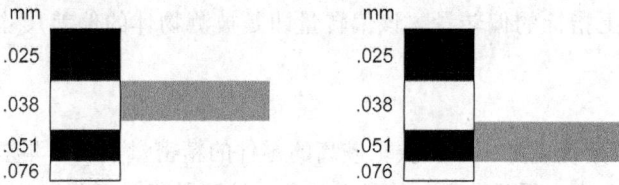

图 1-38　压缩变形后的塑料间隙规与间隙规组件上的刻度

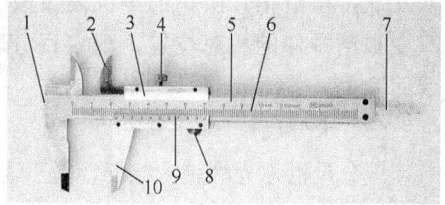

图 1-39　游标卡尺
1—端面　2—内量爪（滑动量爪）　3—尺框
4—紧固螺钉　5—尺身　6—主刻度　7—深度尺
8—游标　9—游标刻度　10—外量爪（滑动量爪）

测量前，先将零件被测表面和量爪接触表面擦拭干净。测量零件外径时，将活动量爪向外移动，使量爪间距略大于零件外径，然后再慢慢移动游标，使两量爪都与零件接触，切忌硬卡硬拉，以免影响游标卡尺的精度和读数的准确性。

测量时，应使游标卡尺与零件垂直。测量位置要准确，两量爪要与被测零件表面贴合，不能歪斜，并掌握好两量爪与零件接触面的松紧程度，不能过紧或过松，然后固定紧固螺钉。

读数时，首先读出游标零刻线左边与主刻度尺身相邻的第一条刻线的整毫米数，即为测得尺寸的整数值；再观察游标上 "0" 刻线右边与主刻度刻线对齐的那一条刻线，将游标上的读数乘以游标卡尺的精度即为测得尺寸的小数值；把从尺身上读得的整毫米数和从游标上读得的毫米小数相加即为被测零件实际尺寸。零件实际尺寸=尺身整毫米数+游标上读数值×游标卡尺精度。如图 1-40（a）所示，游标卡尺的精度

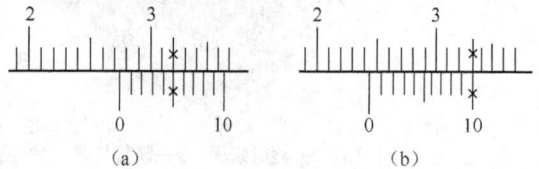

图 1-40　游标卡尺的读数

为 0.10mm，其读数结果为：27mm+5×0.10mm=27.5mm；如图 1-40（b）所示，游标卡尺的精度为 0.05mm，其读数结果为：24mm+10×0.05mm=24.5mm。

（4）百分表

百分表是一种精度较高的比较量具，它只能测出相对数值，不能测出绝对值，主要用于测量零件的尺寸误差和形位误差及配合间隙等，如零件的圆度、平面度、直线度、圆跳动量、圆柱度的测量，其测量精度为 0.01mm。如图 1-41 所示，当测量杆向上或向下移动 1mm 时，通过齿轮传动系统带动指针转一圈，同时转数指示针转一格。指针每转一格读数为 0.01mm，转数指示针每转一格读数为 1mm。转数指示盘的刻度范围为百分表的测量范围。表盘可以转动，测量时应使表盘的零位刻线对准指针，指针指示的整数部分和转数指示针指示的小数部分读数之和即为被测零件的实际偏差或间隙值。

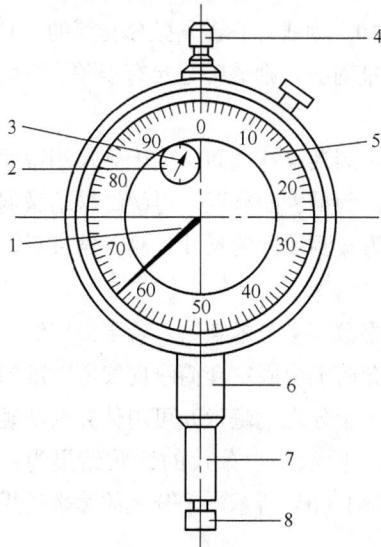

图 1-41　百分表
1—指针　2—转数指示盘　3—转数指示针
4—挡帽　5—表盘　6—套筒　7—测量杆
8—测量头

使用方法：先将百分表固定在普通表架或磁性表架上，将测量杆端部测量头垂直于被测零件表面，并使测量头产生一定位移，具有 0.3～1mm 的压缩量，使指针转过半圈

左右，然后转动表盘，使表盘的"0"位刻线对准指针。轻轻地拉动测量杆的挡帽，拉起和放松几次，检查指针所指的零位是否改变。当指针的零位稳定后，再开始进行测量。测量时，改变被测零件的相对位置，观察百分表上指针的偏转量，该偏转量即是被测物体的偏差尺寸或间隙值。

（5）千分尺

千分尺也称为螺旋测微器，是一种用于测量加工精度要求较高的零件的精密量具，其测量精度可达 0.01mm。按测量用途不同，可分为内径千分尺和外径千分尺。按测量范围可分为 0～25mm、25～50mm、50～75mm 和 100～125mm 等不同规格。千分尺固定套筒上有"毫米"刻度线和"半毫米"刻度线，微分套筒上有 50 个刻度线，每一刻度为 0.01mm，常用外径千分尺如图 1-42 所示。

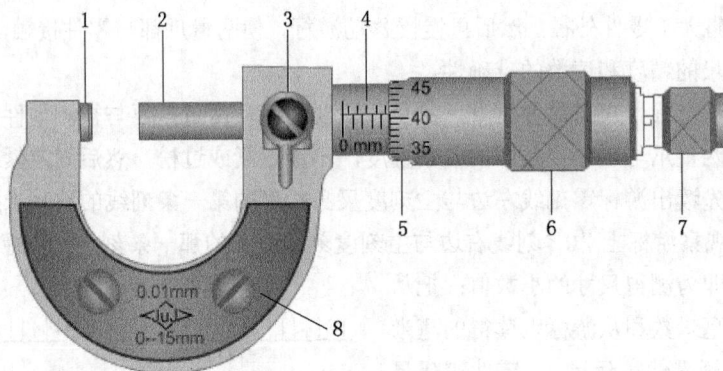

图 1-42　外径千分尺

1—测砧　2—测微螺杆　3—锁紧装置　4—固定套筒　5—微分套筒　6—旋钮　7—微调旋钮

千分尺误差的检查方法：把千分尺测砧、测微螺杆端面擦拭干净。旋转旋钮，使测砧和测微螺杆端面（或砧端夹住基准量规）先靠拢，再缓缓转动微调旋钮，直到棘轮发出 2～3 下"咔咔"声响为止，此时微分套筒（活动套筒）前端面应与固定套筒的"0"刻线对齐，且微分套筒的"0"刻线应与固定套筒的基准线对齐。若两者中有一个"0"刻线不能对齐，则该千分尺有误差，应检查调整后才能继续测量。

使用方法：将零件被测表面擦拭干净，并置于千分尺测砧、测微螺杆之间，使千分尺测微螺杆轴线与零件中心线垂直或平行。旋转旋钮，使测微螺杆与零件测量表面靠近。再缓缓转动微调旋钮，直到棘轮发出"咔咔"声响时为止。这时的指示数值即为被测零件的尺寸。测量结束后，必须倒旋旋钮才能取下千分尺。

读数方法：从固定套筒上露出的刻线读出被测零件的毫米整数和半毫米整数。若半刻度线已露出，记作 0.5mm；若半刻度线未露出，记作 0.0mm；从微分套筒上由固定套筒纵向线所对准的刻线读出零件的小数部分，记作 $n \times 0.01$mm，不足一格的数值（千分之几毫米）可用估算读法确定；将两次读数相加就是被测零件实际尺寸。如图 1-43（a）所示，千分尺的读数结果为：8mm+0.5mm+6×0.01mm+0.001mm（估算）=8.561mm。如图 1-43（b）所示，千分尺的读数结果为：8mm+0.0mm+27×0.01mm+0.000mm=8.270mm。

（6）内径百分表

内径百分表又称量缸表，是一种利用百分表制成的测量仪器，主要测量孔的内径，如气缸和轴承孔内径等。内径百分表主要由百分表、表杆和一套长短不同的接杆等组成，如图 1-44 所示。

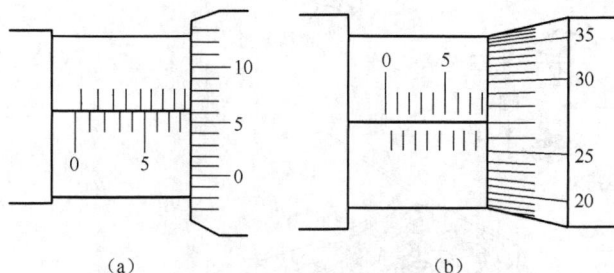

（a）　　　　　　　　（b）

图1-43　千分尺读数

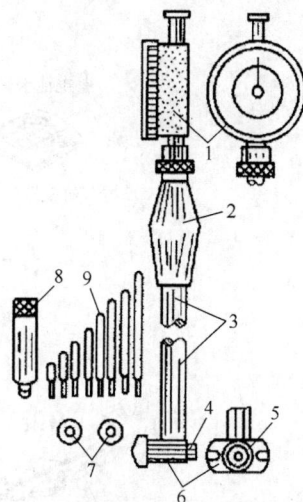

图1-44　内径百分表
1—百分表　2—绝缘套　3—表杆　4—接杆座
5—活动测头　6—支撑架　7—固定螺母
8—加长接杆　9—接杆组件

　　测量孔的内径时，首先根据被测孔的直径大小选择合适的接杆，旋入内径百分表下端。再根据被测孔的标准尺寸用外径千分尺校对内径百分表，并留出接杆伸长的适当数值（即预压缩0.5～1.0mm）。旋转百分表表盘，使百分表"0"位刻度线对正指针，记住转数指示针指示的毫米数，把接杆螺母固定，并进行复校。用手拿住绝缘套，把内径百分表斜向放入气缸被测处，如图1-45所示。轻微摆动内径百分表表杆，使内径百分表接杆与气缸轴线垂直（当指针指示到最小数值时即表示测杆已垂直于气缸轴线）。如果指针正好指在"0"位刻线，说明被测工件的孔径与其校表尺寸（若以标准尺寸进行校表，校表尺寸即是标准尺寸）相等；如果指针沿顺时针方向转离"0"位刻线，则表示孔径小于标准尺寸；如果指针沿逆时针方向转离"0"位刻线，则说明孔径大于标准尺寸。

图1-45　使用内径百分表测量气缸直径

实操技能训练

发动机总成的拆卸与安装

　　丰田卡罗拉轿车（1.6L）发动机总成的相关零部件分解图如图1-46～图1-53所示。

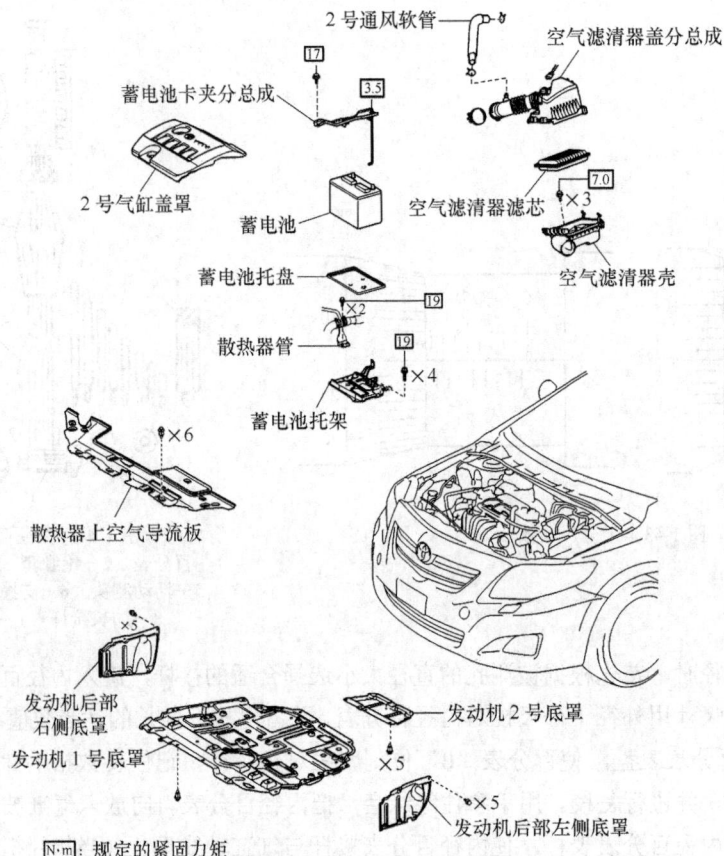

2号通风软管

空气滤清器盖分总成

蓄电池卡夹分总成

17

3.5

2号气缸盖罩

蓄电池

空气滤清器滤芯

7.0

×3

空气滤清器壳

蓄电池托盘

×2

19

散热器管

19

×4

蓄电池托架

×6

散热器上空气导流板

×5

发动机后部
右侧底罩

发动机2号底罩

发动机1号底罩

×5

×5

发动机后部左侧底罩

N·m：规定的紧固力矩

图1-46 发动机总成相关零部件分解图（一）

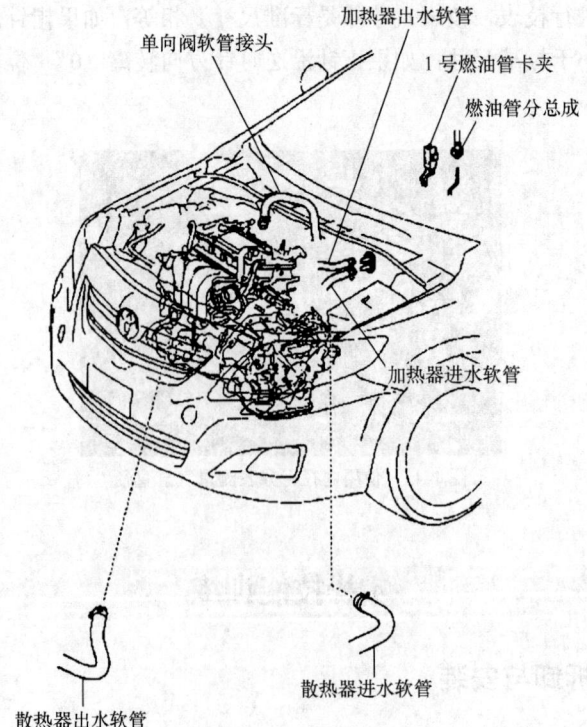

加热器出水软管

单向阀软管接头

1号燃油管卡夹

燃油管分总成

加热器进水软管

散热器出水软管

散热器进水软管

图1-47 发动机总成相关零部件分解图（二）

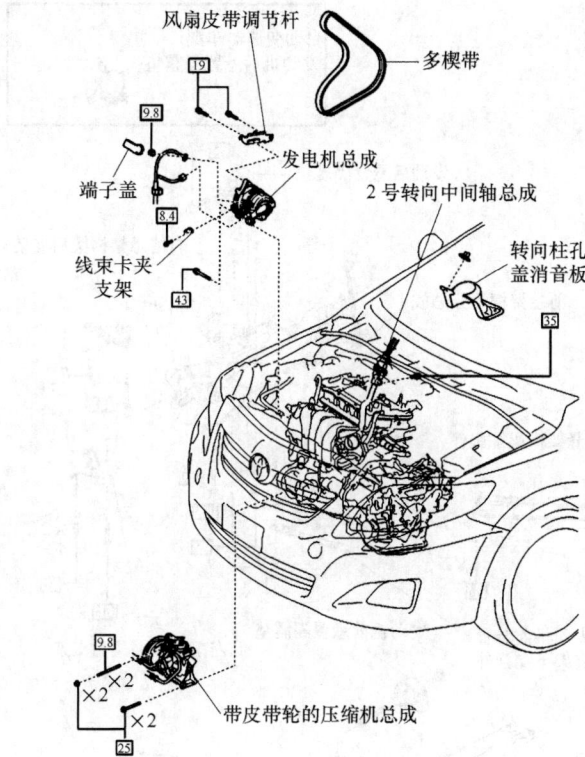

图 1-48 发动机总成相关零部件分解图（三）

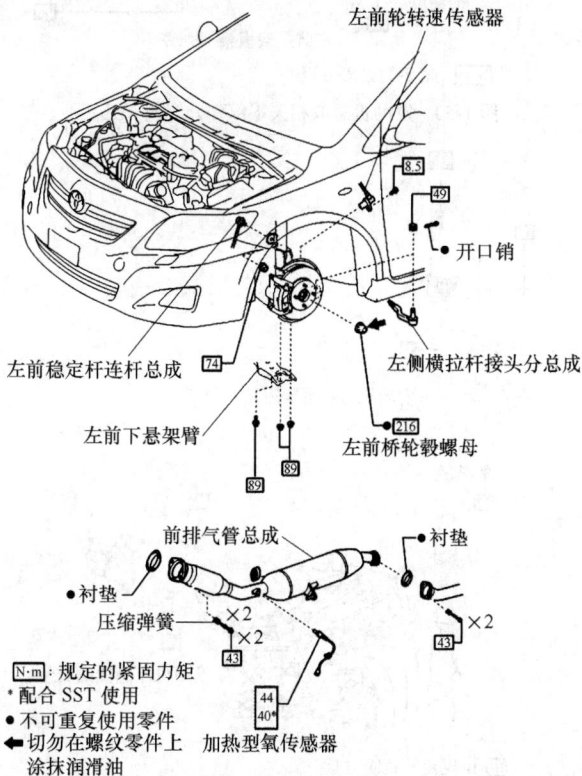

图 1-49 发动机总成相关零部件分解图（四）

自动变速器车型：
发动机后悬置隔震垫

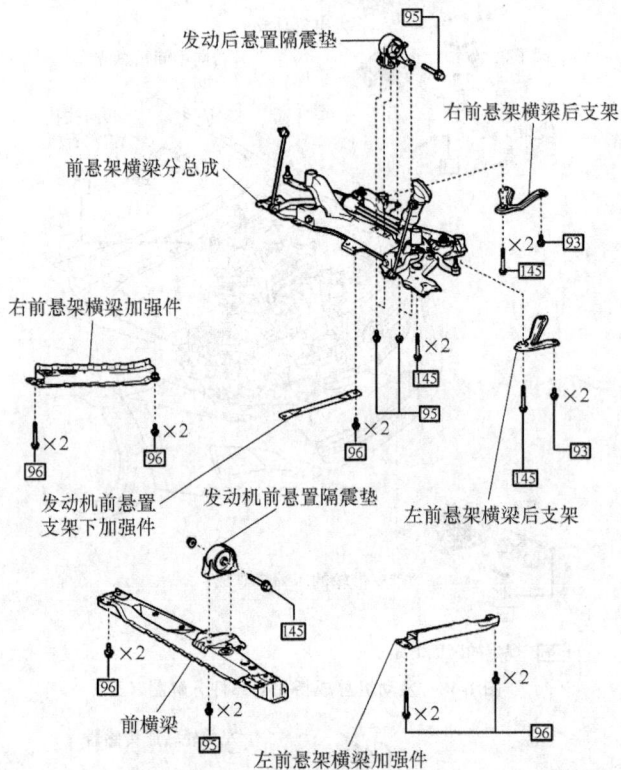

95

发动后悬置隔震垫

右前悬架横梁后支架

前悬架横梁分总成

×2   93

145

右前悬架横梁加强件

×2

145

×2

95

×2   95

×2   93

×2   96   ×2   96   ×2   96   145

发动机前悬置
支架下加强件

发动机前悬置隔震垫

左前悬架横梁后支架

145

×2   96

×2   96

前横梁

×2   95

左前悬架横梁加强件

N·m：规定的紧固方矩

图 1-50   发动机总成相关零部件分解图（五）

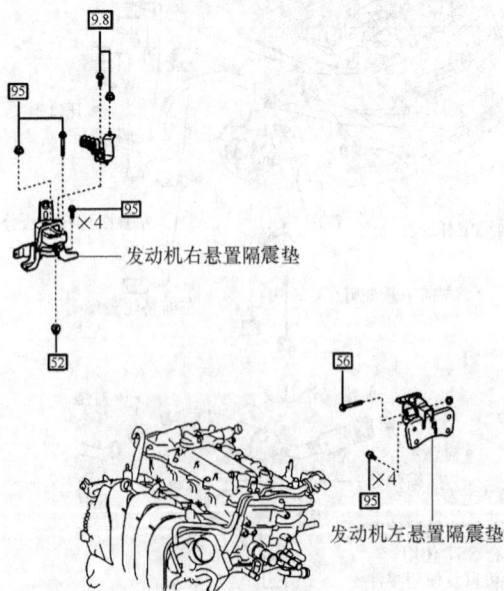

9.8

95

95   ×4

发动机右悬置隔震垫

52

56

×4

95

发动机左悬置隔震垫

N·m：规定的紧固力矩

图 1-51   发动机总成相关零部件分解图（六）

C66 手动变速器车型

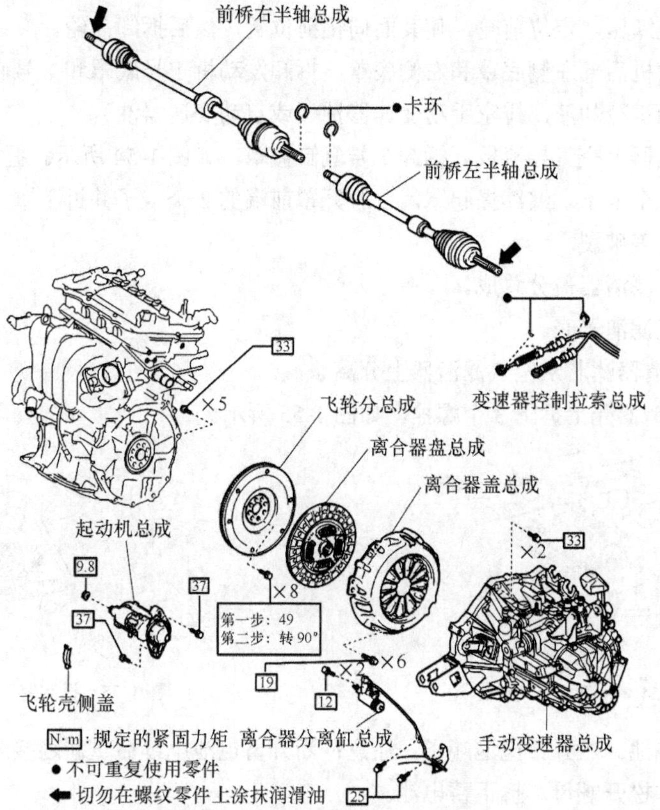

前桥右半轴总成

●卡环

前桥左半轴总成

变速器控制拉索总成

飞轮分总成

离合器盘总成

离合器盖总成

起动机总成

33

×2

第一步: 49
第二步: 转 90°

×8

×6

19

12

×5

37

9.8

37

飞轮壳侧盖

N·m：规定的紧固力矩

● 不可重复使用零件

◀ 切勿在螺纹零件上涂抹润滑油

离合器分离缸总成

25

手动变速器总成

图 1-52　发动机总成相关零部件分解图（七）

U341E 自动变速器车型

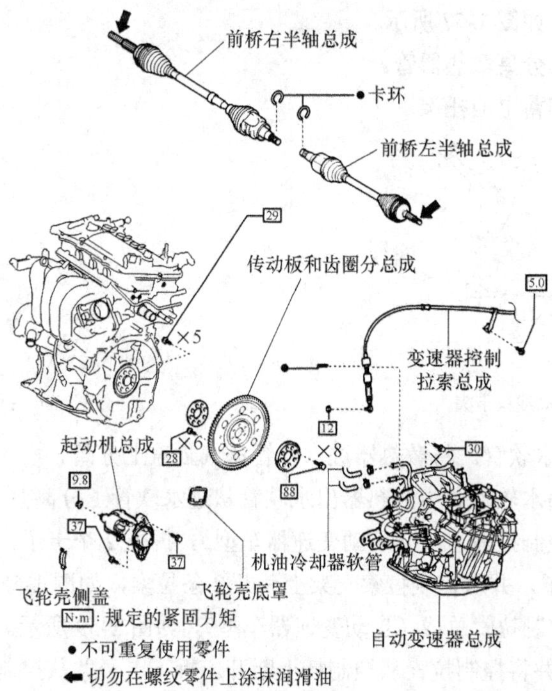

前桥右半轴总成

●卡环

前桥左半轴总成

传动板和齿圈分总成

变速器控制
拉索总成

5.0

起动机总成

29

×5

×6

28

12

×8

88

30

9.8

37

37

飞轮壳侧盖

机油冷却器软管

飞轮壳底罩

N·m：规定的紧固力矩

● 不可重复使用零件

◀ 切勿在螺纹零件上涂抹润滑油

自动变速器总成

图 1-53　发动机总成相关零部件分解图（八）

1．拆卸

（1）燃油系统卸压。定位前轮，使其面向正前位置，然后拆卸前轮。

（2）拆卸发动机后部左侧底罩和右侧底罩，拆卸发动机1号底罩和2号底罩。

（3）排空发动机冷却液，排空手动变速器油（或自动变速器油）。

（4）拆卸散热器上空气导流板。拆卸2号气缸盖罩，如图1-54所示。握住罩的后端并提起，以脱开罩后端的2个卡子。继续提起罩，以脱开罩前端的2个卡子并拆下罩。注意：同时脱开前后卡子可能会使组盖破裂。

（5）拆卸空气滤清器盖分总成。

（6）拆卸空气滤清器壳。

① 将空气滤清器滤芯从空气滤清器上分离。

② 从空气滤清器壳上拆下3个螺栓，如图1-55所示。

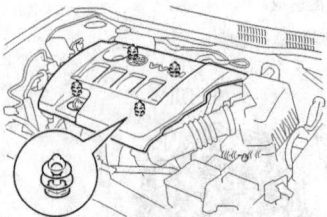

图 1-54　拆卸2号气缸盖罩　　　　　　　　图 1-55　拆卸空气滤清器壳

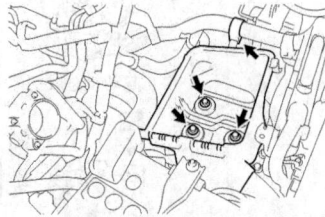

（7）拆卸蓄电池。断开蓄电池端子。注意：断开蓄电池电缆后重新连接时，某些系统需要初始化。拆下螺栓并松开螺母。拆下蓄电池。

（8）拆卸蓄电池托架。

① 从蓄电池托架上分离2个线束卡夹，如图1-56所示。

② 拆下2个螺栓，如图1-57所示。

③ 从蓄电池托架上分离散热器管。

④ 拆下4个螺栓和蓄电池托架。

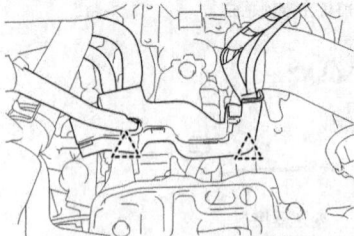

图 1-56　分离线束卡夹　　　　　　　　　图 1-57　拆卸连接螺栓

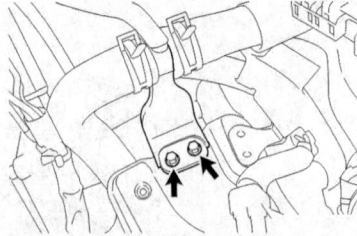

（9）分离散热器进水软管。将散热器进水软管从气缸盖上分离。

（10）分离散热器出水软管。将散热器出水软管从进水软管上分离。

（11）断开变速器控制拉索总成（手动变速器车型）。拆下2个卡子，并从手动变速器上断开2条拉索。拆下2个卡子，并从控制拉索支架上断开2条拉索，如图1-58所示。

（12）断开变速器控制拉索总成（自动变速器车型），如图1-59所示。从控制拉索支架上断开控制拉索。拆下螺母，并将控制拉索从控制杆上断开。拆下卡子并从控制拉索支架上断开控制拉索。拆下螺栓，并断开控制拉索的卡夹。

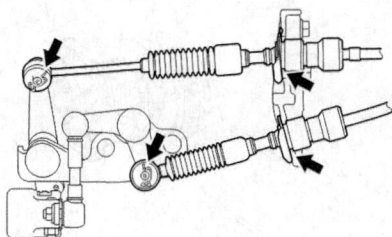

图 1-58　断开手动变速器控制拉索总成　　　　图 1-59　断开自动变速器控制拉索总成

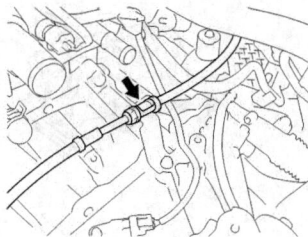

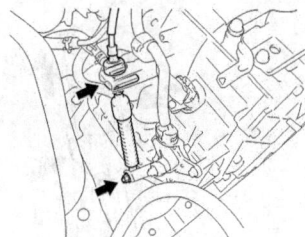

（13）断开机油冷却器软管（自动变速器车型）。将 2 个机油冷却器软管从自动变速器上断开，如图 1-60 所示。

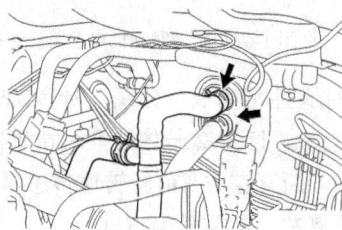

（14）断开加热器出水软管和进水软管。从加热装置上断开加热器出水软管和进水软管，如图 1-61 所示。

（15）断开燃油管分总成。

① 松开卡爪并拆下 1 号燃油管卡夹，如图 1-62 所示。

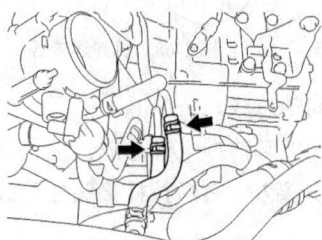

图 1-60　断开机油冷却器软管　　图 1-61　断开加热器出水软管和进水软管　　图 1-62　断开燃油管

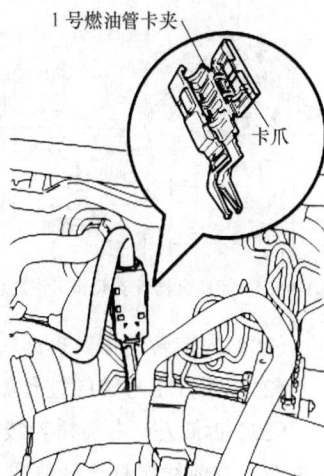

② 捏住挡片，然后将燃油管连接器从燃油管上拉出，如图 1-63 所示。注意：进行操作前，清除燃油管连接器上的污垢和异物。由于燃油管连接器有用以密封油管的 O 形圈，所以在断开时不要刮伤零件或让任何异物进入。用手进行该操作，不要使用任何工具，不要用力使尼龙管弯曲、打结或扭曲。断开燃油管后，用塑料袋盖上断开连接的零件以对其进行保护。如果燃油管连接器和油管粘在一起，推拉使其松开。

（16）拆卸齿形带。拆卸发电机总成。

（17）分离带齿形带轮的压缩机总成。

① 断开连接器。

② 拆下 2 个螺栓和 2 个螺母，如图 1-64 所示。

③ 用"TORX"套筒扳手（E8）拆下 2 个双头螺栓和带齿形带轮的压缩机总成，如图 1-65 所示。注意：将压缩机和软管移至一旁，避免排放空调系统油液。

（18）分离离合器工作缸总成（手动变速器车型）。拆下 5 个螺栓和离合器管支架，并分离离合器工作缸总成，如图 1-66 所示。

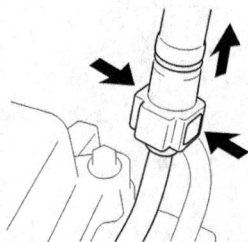

图 1-63　拆卸燃油管连接器　　　　图 1-64　拆卸压缩机总成连接螺栓　　　　图 1-65　拆卸压缩机总成

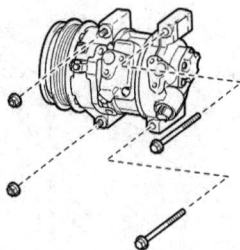

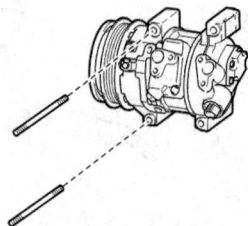

（19）断开线束。

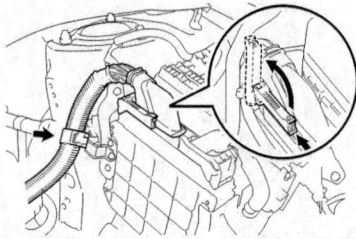

① 将杆向上拉，并断开发动机电控单元的连接器，如图 1-67 所示。

② 拆下 2 个螺母，将连接器和 2 个卡夹从发动机室接线盒上拆下，并断开线束，如图 1-68 所示。

③ 拆下螺栓和卡夹。

④ 断开所有线束和连接器，确保车身和发动机之间没有任何连接线束。

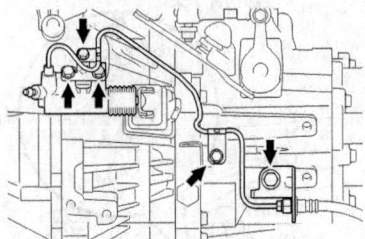

图 1-66　拆卸离合器管支架和工作缸总成　　　图 1-67　断开发动机电控单元连接器　　　图 1-68　拆卸连接器

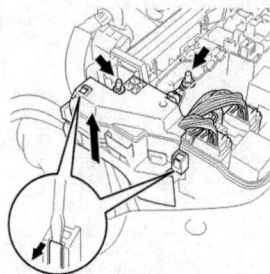

（20）固定转向盘。拆卸转向柱孔盖消声板。分离 2 号转向中间轴总成。

（21）断开 1 号转向柱孔盖分总成。断开 2 号加热型氧传感器。拆卸前排气管总成。

（22）拆卸左、右前桥轮毂螺母。断开左、右前轮转速传感器。分离左、右横拉杆接头分总成。分离左、右前稳定杆连杆总成。分离左、右前悬架下臂。

（23）分离左、右侧转向节和车桥轮毂。

① 在半轴和车桥轮毂上做装配标记，如图 1-69 所示。注意：不要使用冲头做标记。

② 使用塑料锤，断开左前桥总成。注意：不要损坏防尘套和转速传感器转子。不要将半轴从车桥总成上过度推出。

（24）拆卸前桥左、右半轴总成。拆卸飞轮壳底罩、拆卸传动板和变矩器固定螺栓（自动变速器车型）。

（25）拆卸发动机前悬置支架下加强件。拆卸左、右前悬架横梁加强件。拆卸左、右前悬架横梁后支架。拆卸前悬架横梁分总成。

（26）拆卸前悬架横梁。

① 拆下螺栓和螺母，从发动机前悬置支架上拆下发动机前悬置隔震垫，如图 1-70 所示。

② 拆下 4 个螺栓和前悬架横梁，如图 1-71 所示。

（27）拆卸带变速器的发动机总成。

① 固定发动机升降机。注意：将发动机放置在木块或同等物品上，使发动机水平放置。

② 拆下 2 个螺栓和螺母，分离发动机右侧悬置隔震垫，如图 1-72 所示。

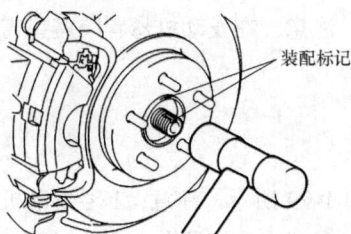

图 1-69　半轴和轮毂之间装配标记　　　图 1-70　卸下前悬置隔震垫　　　图 1-71　卸下前悬架横梁

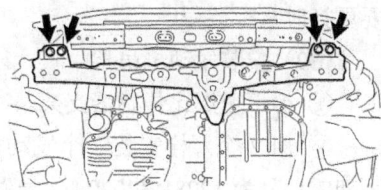

③ 拆下螺栓和螺母，分离发动机左侧悬置隔震垫。小心地将带变速器的发动机从车辆上拆下，如图 1-73 所示。

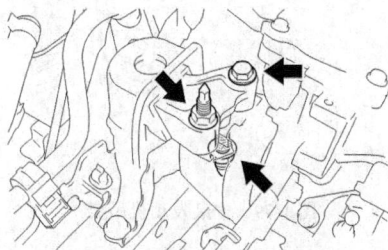

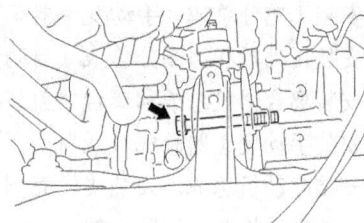

图 1-72　分离右侧悬置隔震垫　　　　　　图 1-73　分离左侧悬置隔震垫

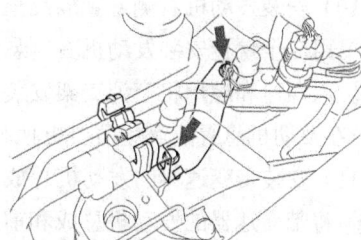

（28）拆卸发动机前悬置隔震垫。拆下 2 个螺栓和发动机前悬置隔震垫，如图 1-74 所示。注意：仅在发动机悬置隔震垫需要更换时执行该程序。

（29）拆卸发动机后悬置隔震垫。拆下螺栓和螺母，分离发动机后悬置隔震垫，如图 1-75 所示。

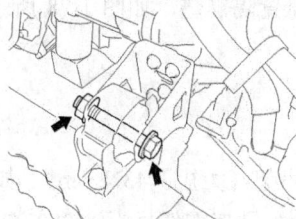

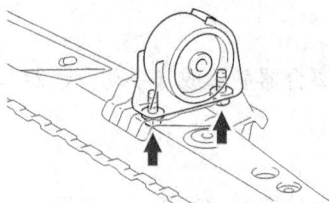

图 1-74　卸下前悬置隔震垫　　　　　　　图 1-75　分离后悬置隔震垫

（30）拆卸发动机左侧悬置隔震垫。拆下 4 个螺栓和发动机左侧悬置隔震垫，如图 1-76 所示。注意：仅在发动机悬置隔震垫需要更换时执行该程序。

（31）拆卸发动机右侧悬置隔震垫。

① 拆下螺栓和螺母，分离空调支架，如图 1-77 所示。

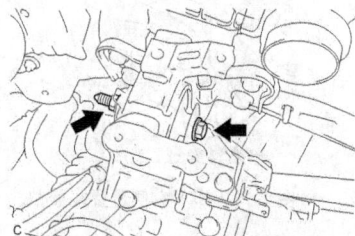

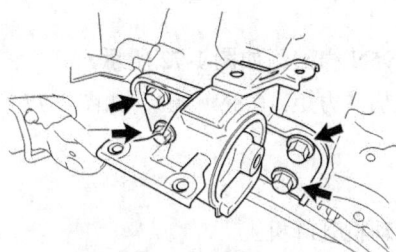

图 1-76　卸下左侧悬置隔震垫　　　　　　图 1-77　分离空调支架

② 拆下 3 个螺栓和发动机右侧悬置隔震垫，如图 1-78 所示。注意：在发动机悬置隔震垫需要更换时执行该程序。

（32）安装发动机吊架。

① 拆下空燃比传感器支架。

② 用 2 个螺栓安装 2 个发动机吊架（力矩：43N·m），如图 1-79 所示。注意：1 号发动机吊架零件号为 12281-37020，2 号发动机吊架零件号为 12282-37010，螺栓零件号为 91552-81050。

（33）拆卸飞轮壳侧盖。拆卸起动机总成。

（34）拆卸手动变速器总成（或自动变速器总成）。

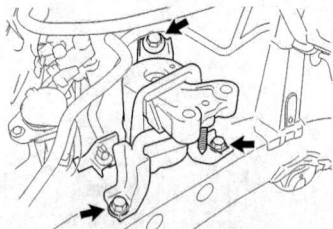

图 1-78 卸下右侧悬置隔震垫

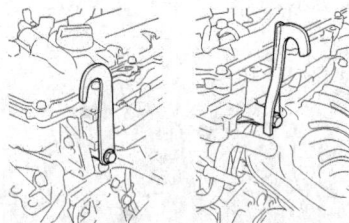

图 1-79 安装发动机吊架

（35）拆卸离合器盖总成和离合器盘总成（手动变速器车型）。

（36）拆卸飞轮分总成（手动变速器车型）。

（37）拆卸传动板和齿圈分总成（自动变速器车型）。

（38）拆卸发动机线束。

2．安装

（1）安装发动机线束。

（2）安装飞轮分总成（手动变速器车型）。

（3）安装传动板和齿圈分总成（自动变速器车型）。

（4）安装离合器盘总成和离合器盖总成，检查并调整离合器盖总成（手动变速器车型）。

（5）安装手动变速器总成（或自动变速器总成）。

（6）安装起动机总成。安装飞轮壳侧盖。

（7）安装发动机前悬置隔震垫（见图 1-74）。用 2 个螺栓安装发动机前悬置隔震垫（力矩：95N·m）。注意：在发动机悬置隔震垫需要更换时则执行该程序。

（8）安装发动机后悬置隔震垫（见图 1-75）。用贯穿螺栓将发动机后悬置隔震垫安装至发动机悬置支架（力矩：95N·m）。

（9）安装发动机左侧悬置隔震垫（见图 1-76）。用 4 个螺栓安装发动机左侧悬置隔震垫（力矩：95N·m）。注意：在发动机悬置隔震垫需要更换时则执行该程序。

（10）安装发动机右侧悬置隔震垫。

① 用 3 个螺栓安装发动机右侧悬置隔震垫（力矩：95N·m），如图 1-72 所示。

② 用螺栓和螺母将空调支架安装至发动机悬置隔震垫（力矩：9.8N·m），如图 1-77 所示。注意：在发动机悬置隔震垫需要更换时则执行该程序。

（11）安装带变速器的发动机总成。

① 将带变速器的发动机总成和前悬架横梁放置在发动机升降机上。

② 操作发动机升降机，将带变速器的发动机总成和前悬架横梁举升至发动机左侧和右

侧悬置隔震垫可以安装的位置。注意：不要使发动机举升过高。如果发动机举升过高，车辆也可能被举升。确保发动机上没有任何配线和软管。将发动机举升进入车辆时，不要使其接触车辆。

③ 使用贯穿螺栓和螺母安装发动机左侧悬置隔震垫（力矩：56N·m），如图 1-73 所示。

④ 使用螺栓和 2 个螺母安装发动机右侧悬置隔震垫，如图 1-80 所示。螺母 A 的拧紧力矩：95N·m；螺母 B 的拧紧力矩：52N·m；螺栓的拧紧力矩：95N·m。

（12）安装前横梁。

① 用 4 个螺栓安装前横梁（力矩：96N·m），如图 1-71 所示。

② 用螺栓和螺母将发动机前悬置隔震垫安装至发动机前悬置支架（力矩：145N·m），如图 1-70 所示。

（13）安装前悬架横梁分总成。安装左、右前悬架横梁后支架。安装左、右前悬架横梁加强件。安装发动机前悬置支架下加强件。

（14）安装传动板、变矩器固定螺栓和飞轮壳底罩（自动变速器车型）。安装前桥左、右半轴总成。

（15）安装左、右侧转向节和车桥轮毂，如图 1-69 所示，对准装配标记，并将前桥半轴总成连接至左、右前桥总成。

（16）安装左、右前悬架下臂。安装左、右前稳定杆连杆总成。连接左、右侧横拉杆接头分总成。安装左、右前轮转速传感器。安装左、右前桥轮毂螺母。

（17）安装前排气管总成。安装 2 号加热型氧传感器。安装 1 号转向柱孔盖分总成。

（18）安装 2 号转向中间轴总成。安装转向柱孔盖消声板。

（19）安装线束。

① 用螺栓和卡夹将搭铁线安装至发动机室线束。手动变速器车型的拧紧力矩为 13N·m；自动变速器车型的拧紧力矩为 26N·m。

② 用 2 个螺母安装线束（力矩：8.4N·m）。将线束连接器和线束卡夹连接至发动机室接线盒，如图 1-68 所示。

③ 用卡夹和锁止杆将连接器连接至发动机电控单元，如图 1-67 所示。

（20）安装离合器工作缸总成（手动变速器车型）。如图 1-81 所示，用 5 个螺栓和离合器管支架，安装离合器工作缸总成。螺栓 A 的拧紧力矩为 12N·m；螺栓 B 的拧紧力矩为 12N·m；螺栓 C 的拧紧力矩为 8.0N·m。

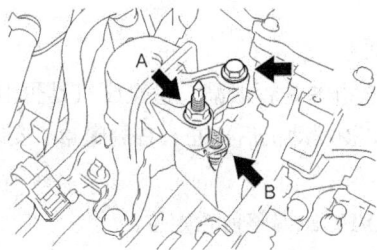

图 1-80　安装右侧悬置隔震垫　　　　图 1-81　安装离合器工作缸总成

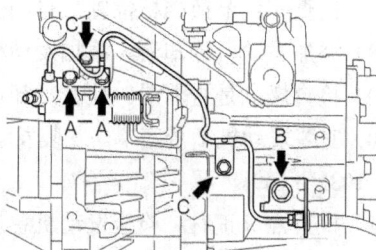

（21）安装带齿形带轮的压缩机总成。

（22）安装发电机总成。安装、调整和检查齿形带。

（23）连接燃油管分总成。

① 连接燃油管连接器和燃油管。注意：将燃油管连接器和管对准，然后将燃油管连接器推入，直至夹持器发出"咔嗒"声。如果连接过紧，则在燃油管顶部涂抹少量发动机机油。连接后，拉动管和连接器，以确保连接牢固。

② 接合卡爪并安装 1 号燃油管卡夹（见图 1-62）。

（24）连接加热器进水软管和出水软管。用卡夹连接加热器进水软管和出水软管（见图 1-61）。

（25）连接单向阀软管接头。用卡夹将接头连接至单向阀软管。

（26）连接机油冷却器软管（自动变速器车型）。用卡夹连接 2 个机油冷却器软管（见图 1-60）。

（27）安装变速器控制拉索总成（手动变速器车型）。用 2 个新的卡子将变速器控制拉索安装至变速器控制拉索支架。用 2 个卡子将变速器控制拉索安装至手动变速器（见图 1-58）。

（28）安装变速器控制拉索总成（自动变速器车型）。用卡子将控制拉索固定至控制拉索支架（见图 1-59）。用螺母将控制拉索连接到控制杆上（力矩：12N·m）。将控制拉索连接到拉索支架上。用螺栓连接控制拉索的卡夹（力矩：12N·m）。

（29）连接散热器出水软管。用卡夹连接散热器出水软管。

（30）连接散热器进水软管。用卡夹连接散热器进水软管。

（31）安装蓄电池托架。用 4 个螺栓安装蓄电池托架（力矩：19N·m）。用 2 个螺栓连接水管（力矩：19N·m），如图 1-57 所示。连接 2 个线束卡夹（见图 1-56）。

（32）安装蓄电池。

① 安装蓄电池卡夹，螺栓的拧紧力矩为 17N·m；螺母的拧紧力矩为 3.5N·m。

② 安装蓄电池端子（力矩：5.4N·m）。注意：断开电缆时，重新连接电缆后需要对某些系统进行初始化。

（33）安装空气滤清器壳。

① 用 3 个螺栓安装空气滤清器壳（力矩：7.0N·m），如图 1-55 所示。

② 将线束卡夹安装至空气滤清器壳。

③ 安装空气滤清器滤芯。

（34）安装空气滤清器盖分总成。

（35）添加、检查并调整手动变速器油（手动变速器车型）。

（36）加注、检查自动变速器油及检查是否漏油（自动变速器车型）。

（37）检查、调节换挡杆位置（自动变速器车型）。

（38）添加发动机冷却液。添加发动机机油并检查其油位。

（39）检查燃油是否泄漏。检查冷却液是否泄漏。检查机油是否泄漏。检查废气是否泄漏。

（40）安装发动机 2 号底罩。安装发动机 1 号底罩。安装发动机后部左、右侧底罩。安装前轮（力矩：103N·m）。

（41）检查点火正时。检查发动机怠速转速。检查 CO/HC。调整前轮定位。

（42）安装 2 号气缸盖罩。接合 4 个卡子，以安装 2 号气缸盖罩（见图 1-54）。注意：一定要牢固地接合卡子；不要施加过大的力或敲击气缸组盖以接合卡子，以免导致气缸组盖破裂。

（43）安装散热器上空气导流板。

（44）检查防抱死制动系统（ABS）转速传感器信号。

| 练 习 题 |

1. 汽车的定义是什么？它有哪几种类型？
2. 汽车的总体构造由哪些部分组成？其总体布置形式有哪些？
3. 汽车发动机常用分类方法有哪些？如何分类的？
4. 汽车发动机由哪几部分组成？汽油机和柴油机在结构上有何区别？
5. 四冲程发动机是怎样工作的？四冲程汽油机和柴油机在基本工作原理上有何异同？
6. 举例说明内燃机的产品名称及型号编制规则。
7. 汽车发动机拆装（或检修）常用工具和量具有哪些？使用时应注意哪些问题？

项目二
曲柄连杆机构

本项目主要介绍曲柄连杆机构的组成、各主要零部件的功用、结构及其拆装等内容。

概　　述

一、曲柄连杆机构的功用和组成

曲柄连杆机构的功用是将燃料燃烧时产生的热能转变为活塞往复运动的机械能，再通过连杆将活塞的往复运动变为曲轴的旋转运动而对外输出动力。

曲柄连杆机构主要由机体组、活塞连杆组和曲轴飞轮组三部分组成。有些发动机为平衡曲柄连杆机构的震动，还装有平衡轴装置。

二、曲柄连杆机构的受力分析

由于曲柄连杆机构是在高压工作条件下做变速运动，因此它在工作中的受力情况十分复杂，其中有气体作用力、运动质量惯性力、摩擦力以及外界阻力等。摩擦力的数值相对较小，在对机构进行受力分析时可忽略不计。

1. 气体作用力

在每个工作循环的 4 个行程中，四冲程发动机始终存在气体作用力。由于在进气和排气两个行程中气体作用力相对较小，对机件影响不大，所以这里主要研究发动机在做功和压缩行程中所受到的气体作用力。

在做功行程中，气体作用力是推动活塞向下运动的膨胀力，其大小随着膨胀过程的进行而由大变小。设作用在活塞顶的气体总压力为 F，如图 2-1 所示，此力经活塞传到活塞销上，可分解为 F_1 和 F_2。分力 F_1 通过活塞销传给连杆，并沿连杆方向作用在连杆轴颈上。分力 F_1 还进一步分解为 F_r 和 F_s，分力 F_r 使曲轴主轴颈压紧在主轴承上；分力 F_s 除了使主轴颈和主轴承之间产生压紧力外，还产生转矩 M 作用在曲轴上，推动曲轴旋转。分力 F_2 把活塞压向气缸壁，形成活塞与气缸壁间的侧压力。侧压力除使机体有产生翻倒的趋势外，还使活塞与气缸壁间的配合间隙发生变化。

在压缩行程中，气体作用力是阻碍活塞向上运动的阻力，其大小随着压缩过程的进行而由小变大。作用在活塞顶的气体总压力 Y 也可分解为 Y_1 和 Y_2，如图 2-2 所示，而分力 Y_2 进一步分解为 Y_r 和 Y_s。分力 Y_r 使曲轴主轴颈与主轴承间产生压紧力；分力 Y_s 对曲轴产生一个旋转阻力矩 M'，阻碍曲轴旋转。分力 Y_1 将活塞压向气缸壁的另一侧，形成活塞与气缸壁间的侧压力。

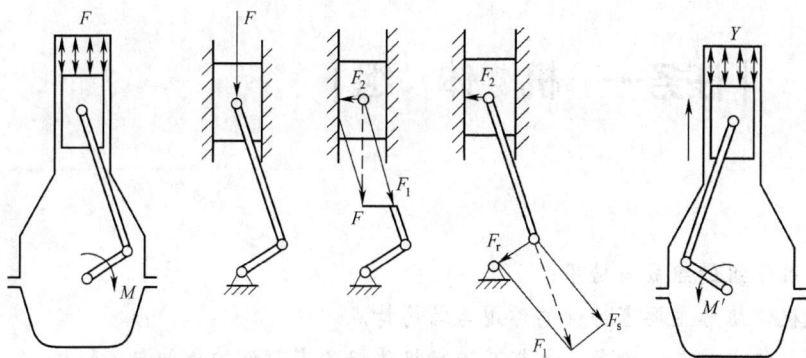

图 2-1 做功行程气体压力的作用情况

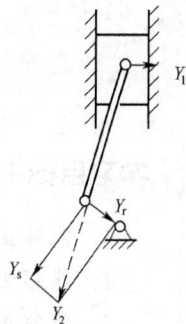

图 2-2 压缩行程气体压力的作用情况

2．往复惯性力与离心力

在曲柄连杆机构的运动中，一方面活塞、活塞销和连杆小头在气缸中做往复直线运动，而且速度在不断发生变化。当活塞从上止点向下止点运动时，其速度的变化规律是：从零开始逐渐增大，在行程中间位置时达到最大值，然后又逐渐减小到零，如图 2-3 所示。即活塞下行时，前半行程是加速运动，产生的往复惯性力 F_j 向上，如图 2-4（a）所示；后半行程是减速运动，产生的往复惯性力 F_j' 向下，如图 2-4（b）所示。活塞上行时，前半行程产生的往复惯性力向下，后半行程产生的往复惯性力向上。活塞、活塞销和连杆小头的质量越大，曲轴转速越高，产生的往复惯性力就越大。

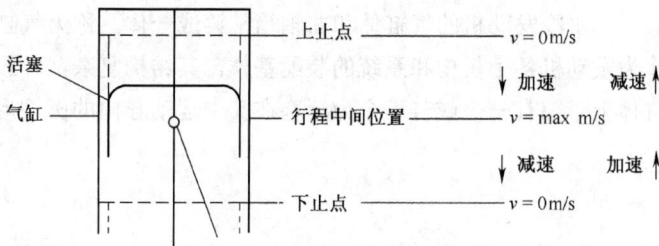

图 2-3 活塞的运动情况

另一方面，曲柄、连杆轴颈和连杆大头绕曲轴轴线旋转，产生旋转惯性力，即离心力 F_i（见图 2-4（a））和 F_i'（见图 2-4（b））。曲柄半径越长，旋转部分质量越大，曲轴转速越高，离心力就越大。离心力在垂直方向的分力与往复惯性力的方向总是一致的，它们的共同作用使发动机产生上下震动；而离心力在水平方向的分力则使发动机产生左右震动。

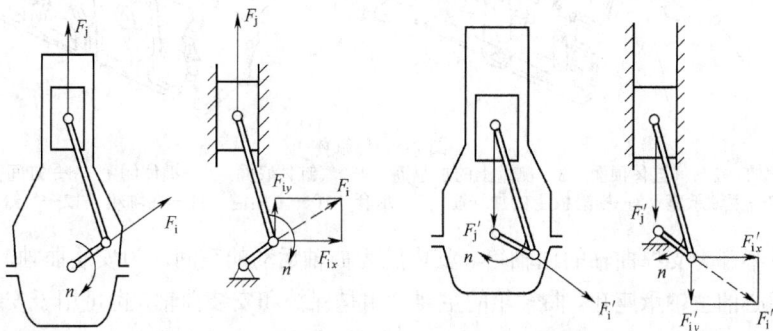

（a）活塞在上半行程时产生的惯性力　　　（b）活塞在下半行程时产生的惯性力

图 2-4 往复惯性力和离心力的作用情况

|任务一　机　体　组|

【学习目标】

1. 能够正确描述机体组的组成与功用。
2. 能够正确描述机体组各主要零部件的作用与结构特点。
3. 能够正确选择与使用工具、设备，并规范进行机体组各零部件的拆卸与装配。

相关知识

发动机机体组主要由气缸体、曲轴箱、气缸盖、气缸垫和油底壳等组成。机体组是发动机的支架，是曲柄连杆机构、配气机构以及发动机各主要零部件的装配基体。

一、气缸体与曲轴箱

1. 气缸体结构

水冷发动机的气缸体和曲轴箱常铸成一体，称为气缸体—曲轴箱，简称为气缸体。气缸体作为发动机各个机构和系统的装配基体，其结构复杂，一般采用铸铁或铝合金材料铸造而成。气缸体上半部有一个或若干个为活塞在其中运动导向的圆柱形空腔，称为气缸，如图 2-5 所示。

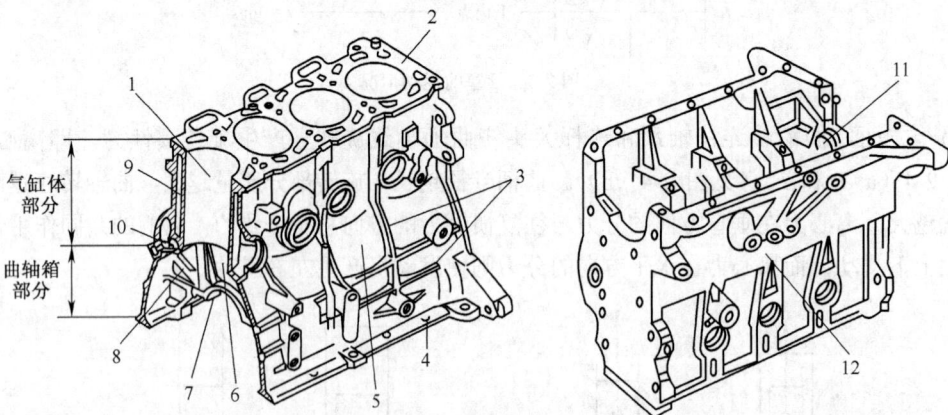

图 2-5　气缸体

1—气缸　2—气缸体顶面　3—侧壁上的加强筋　4—气缸体底面　5—机体侧壁　6—缸间横隔板
7—主轴承座　8—横隔板上的加强筋　9—水套　10—主油道　11—曲轴箱　12—气缸体

气缸体下半部为支撑曲轴的曲轴箱，其内腔为曲轴运动的空间。为安装曲轴，在曲轴箱内加工有若干个同心的主轴承座孔。曲轴箱的主要功用是保护和安装曲轴，也可用于安装发动机附件。其具体结构形式可分为 3 种，如图 2-6 所示。发动机曲轴中心线与曲轴箱下表面在同一平面内，称为平分式曲轴箱，这种结构形式便于机械加工，多用于中小型发动机上；有的发动机将曲轴箱下表面移至曲轴中心线以下，称为龙门式曲轴箱，这种结构形式强度和刚度较好，但工艺性较差，多用于大中型发动机上；有的发动机曲轴箱上的主轴承座孔为整体式，称为隧道式曲轴箱，其结构刚度更高，用于机械负荷较大，采用组合式曲轴的发动机上。

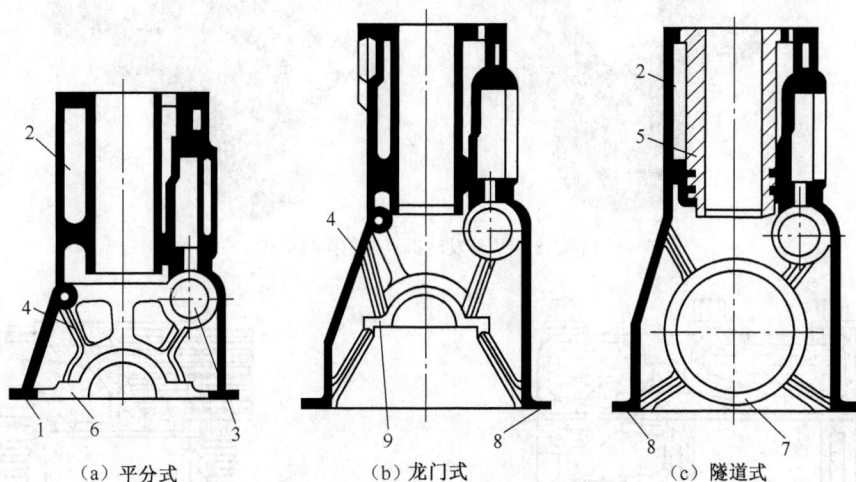

图 2-6　曲轴箱的结构形式

(a) 平分式　　(b) 龙门式　　(c) 隧道式

1—气缸体　2—水套　3—凸轮轴座孔　4—加强筋　5—湿式气缸套　6—主轴承座　7—主轴承座孔
8—油底壳安装平面　9—主轴承盖安装平面

2．气缸的排列形式

对于多缸发动机，气缸的排列形式决定了发动机的外形结构，通常有以下 4 种形式。

① 直列式。发动机的各气缸排成一列，一般是垂直布置的，如图 2-7（a）所示。

② V 形。发动机的各气缸通常排成两列，且两列气缸之间的夹角 $\gamma < 180°$（γ 一般为 60° 或 90°），如图 2-7（b）所示。

③ 对置式。发动机各气缸也排成两列，且两列气缸之间的夹角 $\gamma = 180°$，如图 2-7（c）所示。

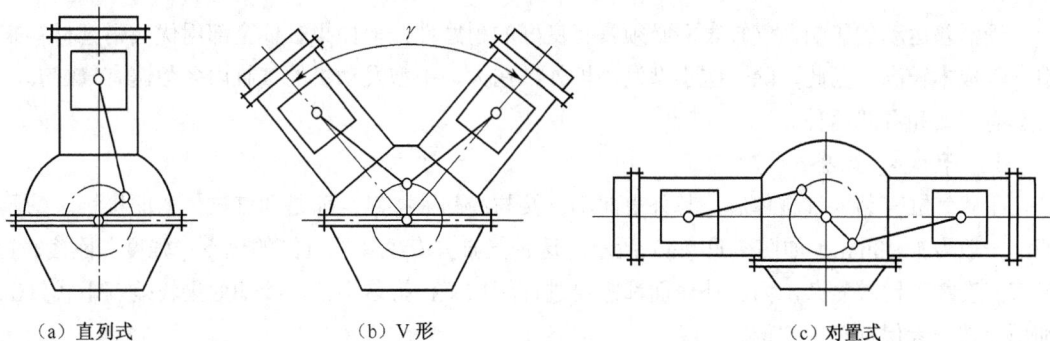

(a) 直列式　　　　　　(b) V 形　　　　　　　　　(c) 对置式

图 2-7　多缸发动机气缸的排列形式

④ W 形。将 V 形发动机的每列气缸再进行小角度 V 形错开，各气缸近似 W 形排列，如图 2-8 所示。

3．水套和散热片

为保证气缸表面能在高温下正常工作，必须对气缸和气缸盖进行适当冷却。发动机的冷却方式有水冷和风冷两种。水冷式发动机的气缸体和气缸盖内加工有相互连通的冷却液通道，称为水套，如图 2-9 所示。而风冷式发动机的气缸体和气缸盖的外部铸有散热片，如图 2-10 所示。

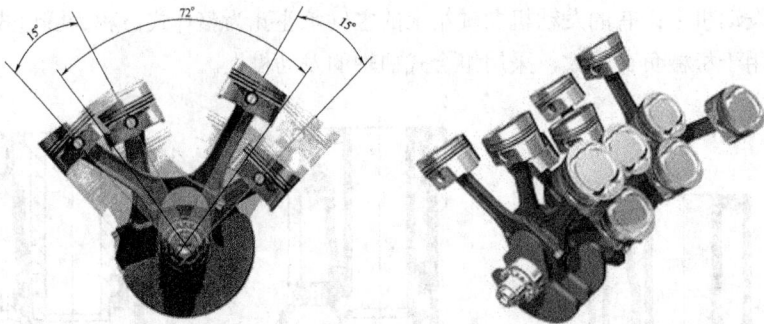

图 2-8　W 形发动机气缸的排列形式

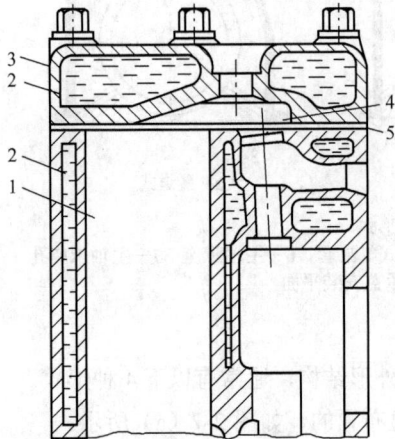

图 2-9　水冷式发动机的水套
1—气缸　2—水套　3—气缸盖　4—燃烧室　5—气缸垫

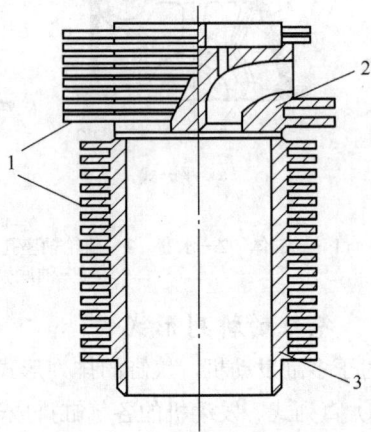

图 2-10　风冷式发动机的散热片
1—散热片　2—气缸盖　3—气缸体

二、气缸套

受活塞运动的影响，气缸表面必须具有良好的耐磨性，但如果缸体全部用优质耐磨材料来制造，其成本较高。因此，除一些小型发动机外，在大、中型发动机的气缸内多数镶有气缸套。气缸套有干式和湿式两种。

1．干式气缸套

干式气缸套装入气缸体后，其外表面不直接与冷却液接触，而是和气缸体壁面接触。壁厚较薄，一般为 1～3mm，如图 2-11（a）所示。这种气缸具有整体式气缸的优点，强度和刚度较好；但气缸套加工比较复杂，内、外表面都需要进行精加工，拆装不便，冷却效果较差。干式气缸套利用上端凸缘保证轴向定位。

2．湿式气缸套

湿式气缸套装入气缸体后，其外表面直接与冷却液接触。壁厚一般为 5～9mm，如图 2-11（b）所示。这种气缸冷却效果较好，加工容易，拆装也方便，一般只需对气缸套内表面进行精加工；但由于湿式气缸套只通过上、下两端的圆形环带和气缸体接触，强度和刚度不如干式气缸套。湿式气缸套利用上端凸缘的下平面 C 来保证轴向定位，同时依靠上支撑定位带 B 和下支撑定位带 A 来保证径向定位。为保证水套的密封，湿式气缸套下部一般装有 2～4 个耐油、耐热的橡胶密封圈，有的在凸缘 C 下面还装有铜垫片。湿式气缸套装入座孔后，一般缸套顶平面高出气缸体上平面

0.05~0.15mm。这样，在紧固气缸盖螺栓时，可将气缸垫压得更紧，以保证气缸的密封性，防止漏水、漏气。

三、气缸盖

1. 气缸盖的构造

气缸盖的主要功用是封闭气缸上部，并与活塞顶部、气缸壁共同组成燃烧室。同时，气缸盖也为其他零部件提供安装位置。气缸盖一般采用铸铁或铝合金材料铸成，铝合金气缸盖应用较广。不同发动机气缸盖的结构各异，但也有许多共同之处，如图 2-12 所示。

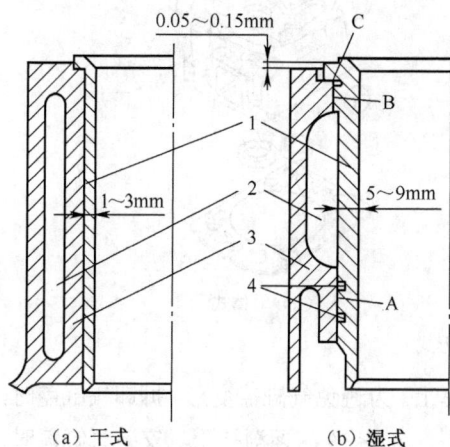

图 2-11 气缸套
1—气缸套 2—水套 3—气缸体 4—橡胶密封圈
A—下支撑定位带 B—上支撑定位带 C—定位凸缘

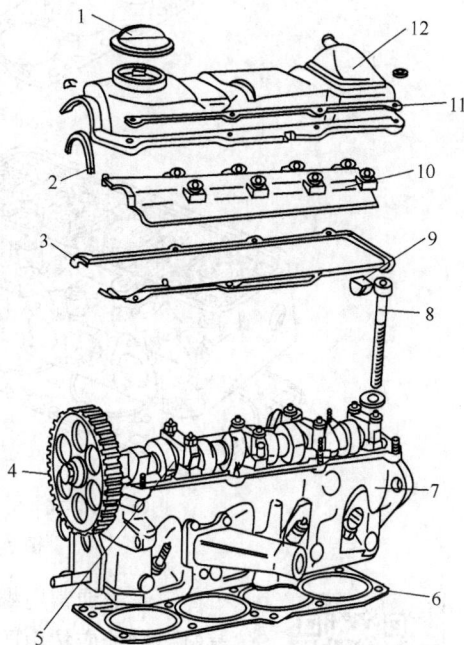

图 2-12 气缸盖和气缸垫
1—加油口盖 2—密封条 3—气缸盖罩密封垫
4—凸轮轴正时皮带轮 5—凸轮轴 6—气缸垫
7—气缸盖 8—气缸盖螺栓 9—堵塞 10—导油板
11—气缸盖罩压条 12—气缸盖罩

在气缸盖上加工有进气门座孔、排气门座孔、气门导管孔、进气通道、排气通道、冷却水套及其进出口、润滑油路及其进出口、气缸盖螺栓孔、摇臂轴安装座孔、凸轮轴安装座孔和喷油器安装座孔等。汽油机气缸盖上还设有火花塞安装座孔。

2. 气缸盖的结构形式

气缸盖的结构形式有以下 3 种，如图 2-13 所示。

① 整体式。多缸发动机所有气缸共用一个气缸盖，一般用于气缸直径小于 105mm、不超过 6 缸的发动机。这种形式结构紧凑，气缸中心距较短，但刚度小，制造维修不便。

② 分体式（块状）。多缸发动机所有气缸采用二缸一盖或三缸一盖，一般用于气缸直径介于 105~140mm 之间的发动机。

③ 单体式。多缸发动机每缸采用一个气缸盖，一般用于气缸直径大于 140mm 的发动机。这种形式气缸盖刚度较大，制造维修方便，但气缸中心距较大，结构复杂。

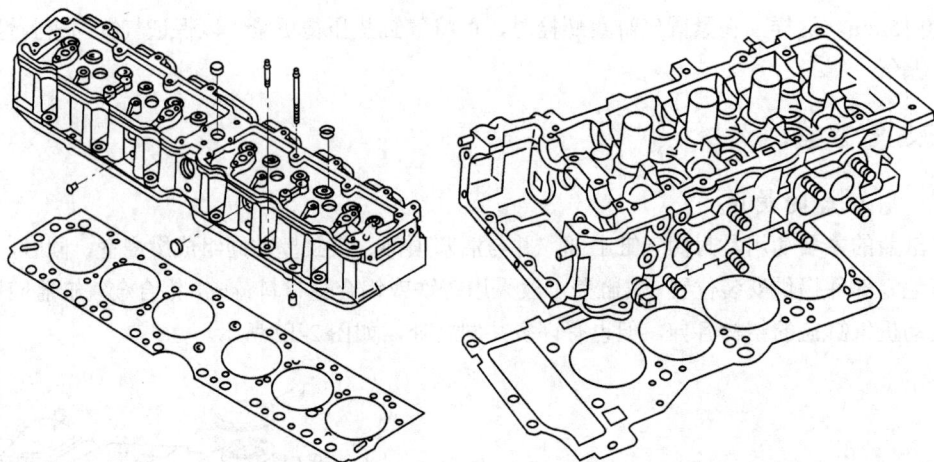

（a）整体式

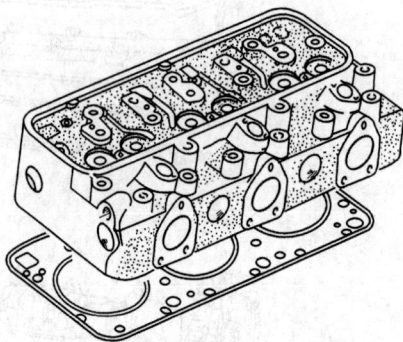

（b）分体式

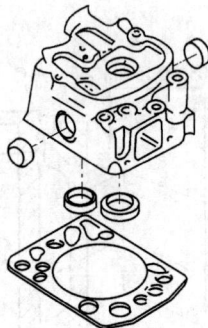

（c）单体式

图 2-13　气缸盖的结构形式

发动机的分解—分
解气缸盖

　　气缸盖通常用螺栓紧固在气缸体上。为避免气缸盖变形，拆卸气缸盖时，气缸盖螺栓应按由四周向中央的顺序，分 2～4 次逐渐拧松。安装气缸盖时，应按与拆卸相反的顺序分次逐渐拧紧气缸盖螺栓，拧紧力矩必须符合原厂规定。气缸盖螺栓拆装顺序如图 2-14 所示。对于铝合金气缸盖，必须在发动机冷状态时拧紧；而对于铸铁气缸盖，则可以在热状态时最后拧紧。

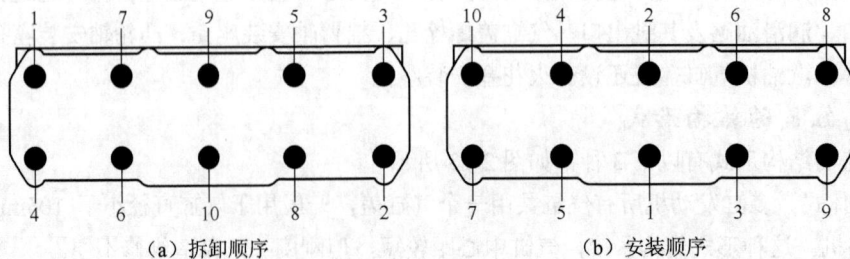

（a）拆卸顺序　　　　　　　　　　　　（b）安装顺序

图 2-14　气缸盖螺栓拆装顺序

3．燃烧室

（1）汽油机燃烧室

汽油机燃烧室由活塞顶面和气缸盖上相应的凹坑组成，燃烧室的形状对汽油机的性能影响很大，所以对其燃烧室有两点基本要求：一是结构要紧凑，面容比（燃烧室表面积与其容积之比）要小，以减少热量损失，缩短火焰行程；其次是压缩行程终了时气缸内能够产生一定的空气涡流运动，以提高混合气燃烧速度，保证混合气及时充分燃烧。汽油机燃烧室常见的结构形式如图 2-15 所示。

① 楔形燃烧室（见图 2-15（a））。楔形燃烧室结构简单、紧凑，进气道比较平直，进气阻力小，压缩终了时能产生挤气涡流。解放 CA6102 发动机采用这种燃烧室。

② 盆形燃烧室（见图 2-15（b））。盆形燃烧室结构简单，但不够紧凑，压缩终了时能产生一定的挤气涡流，但盆的形状狭窄，气门尺寸受到限制，气道弯道较大，影响换气质量。捷达、奥迪等发动机采用这种燃烧室。

③ 半球形燃烧室（见图 2-15（c））。半球形燃烧室结构最紧凑，面容比最小，火花塞多位于燃烧室的中部，火焰传播距离较短，燃烧速度快，不易爆震，但由于进、排气门分置于气缸盖两侧，配气机构复杂。富康、克莱斯勒 HEMI 系列等发动机采用这种燃烧室。

④ 浅篷形燃烧室（见图 2-15（d））。浅篷形燃烧室结构紧凑，挤气效果强，火花塞布置在燃烧室的中部，燃烧速度快，热效率高。欧宝 V6、奔驰 320E 等发动机采用这种燃烧室。

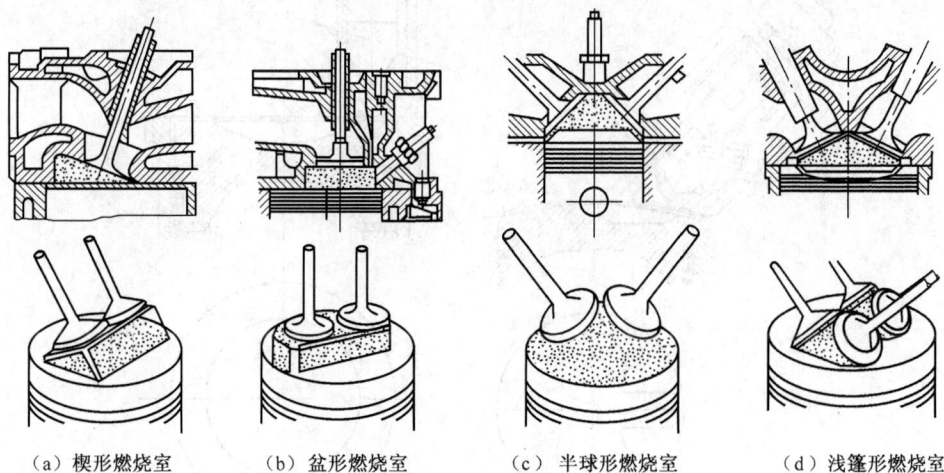

| （a）楔形燃烧室 | （b）盆形燃烧室 | （c）半球形燃烧室 | （d）浅篷形燃烧室 |

图 2-15　汽油机燃烧室

（2）柴油机燃烧室

由于柴油机可燃混合气的形成是在燃烧室内进行的，因此燃烧室的结构形式对可燃混合气的形成和燃烧产生直接影响。

按结构形式的不同，柴油机燃烧室可分为直接喷射式燃烧室和分隔式燃烧室两类。

① 直接喷射式燃烧室。直接喷射式燃烧室由凹形活塞顶与气缸盖底面组成，几乎全部燃烧室容积都集中在活塞顶部凹坑上，又称之为统一式燃烧室。这种燃烧室形状简单、易加工，结构紧凑、散热面积小、热效率高。但对喷油器的喷油压力和雾化质量要求高，且由于可燃混合气燃烧速度快，易产生柴油机工作粗暴。直接喷射式燃烧室常见的结构形式如图 2-16 所示。

② 分隔式燃烧室。分隔式燃烧室由主燃烧室和副燃烧室两部分组成，主燃烧室位于活塞顶与气缸盖底面之间，副燃烧室位于气缸盖内，主、副燃烧室之间是由一个或几个通道相连。分隔式燃烧室有涡流室式燃烧室和预燃室式燃烧室两种，如图 2-17 所示。

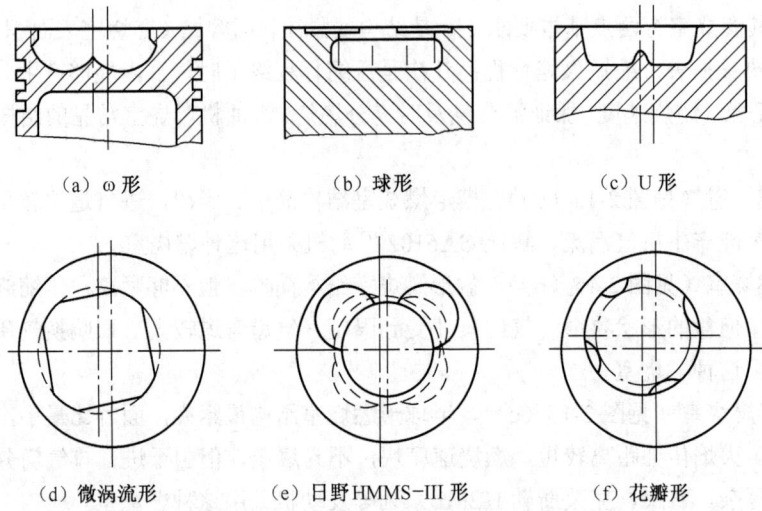

（a）ω形　　　　（b）球形　　　　（c）U形

（d）微涡流形　　　（e）日野HMMS-Ⅲ形　　　（f）花瓣形

图 2-16　直接喷射式燃烧室

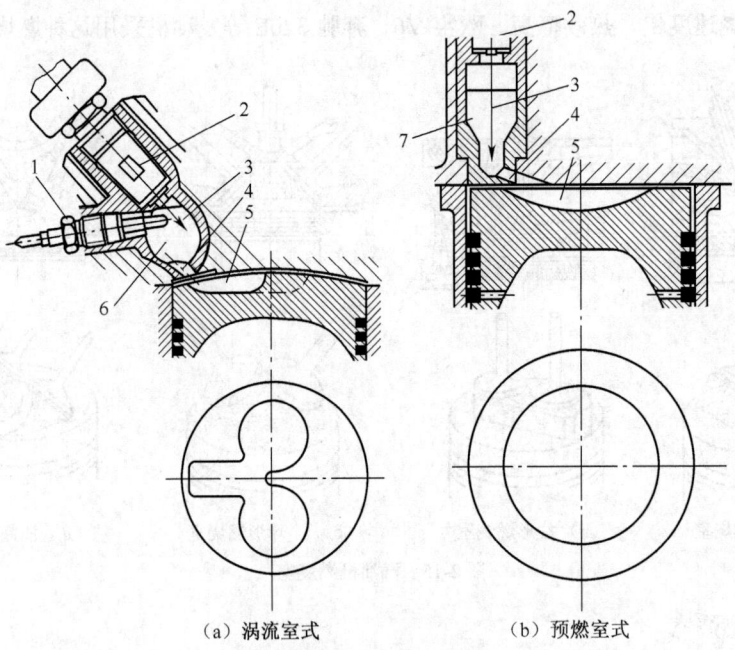

（a）涡流室式　　　　　　（b）预燃室式

图 2-17　分隔式燃烧室

1—电热塞　2—喷油器　3—燃油喷柱　4—通道　5—主燃烧室　6—涡流室　7—预燃室

分隔式燃烧室可燃混合气的形成主要靠强烈的空气涡流运动，发动机转速越高，可燃混合气的形成质量越好，所以发动机高速性能优越，但低速和起动性能较差。采用分隔式燃烧室，将燃油喷入副燃烧室（涡流室或预燃室），可燃混合气的燃烧次序为先副燃烧室后主燃烧室两级燃烧，由于大部分燃料在主燃烧室内混合和燃烧，所以柴油机工作较柔和。但面容比大，散热损失大，热效率低，经济性不如直接喷射式，且在副燃烧室内装有预热装置。

四、气缸垫

气缸垫安装在气缸体和气缸盖之间，其功用是保证气缸体与气缸盖结合面间的密封，防止漏水、漏气。气缸垫与高温高压燃气接触，在使用中易被烧蚀，故要求它耐热、耐腐蚀，有一定的弹性和足够的强度，且拆卸方便，能重复使用，寿命长。按所用材料的不同，气缸垫可分为金属—石棉气缸垫、纯金属气缸垫等形式，如图 2-18 所示。

金属—石棉气缸垫通常由夹有金属丝或金属屑的石棉外覆铜皮或钢皮组成。为防烧蚀，在冷却液孔及燃烧室孔等周围通过镶边增强。中间的石棉有良好的弹性及耐热性，从而提高气缸的密封性，如图 2-18（a）～图 2-18（d）所示。安装气缸垫时，TOP 标记应朝向气缸盖，若无 TOP 标记应保证气缸垫孔与气缸体（或气缸盖）能够完全重合。

纯金属气缸垫由单层或多层金属片（铜或低碳钢）制成，为加强密封，在气缸孔、冷却液孔、润滑油孔周围冲压有弹性凸筋，利用凸筋的弹性变形实现可靠的密封，如图 2-18（e）所示。纯金属气缸垫强度高、抗腐蚀能力强，多用于强化发动机上。

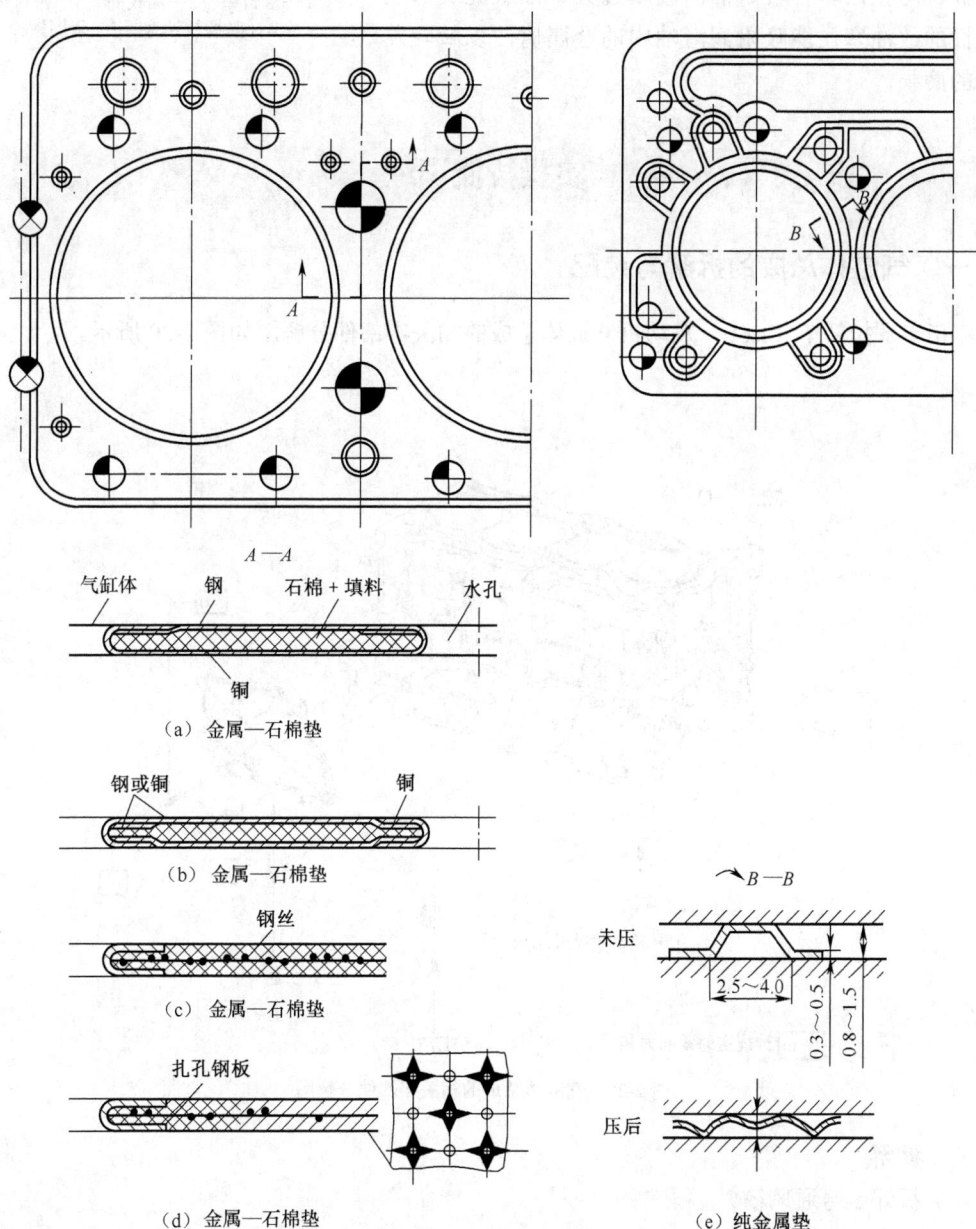

图 2-18　气缸垫的结构

五、油底壳

油底壳的主要功用是储存润滑油并封闭曲轴箱。油底壳一般采用薄钢板冲压而成，如图 2-19 所示，其形状取决于发动机总体布置及润滑油的容量。在有些发动机上，为达到良好的散热效果，采用铝合金铸造而成的轻金属油底壳，其底部还铸有散热片。

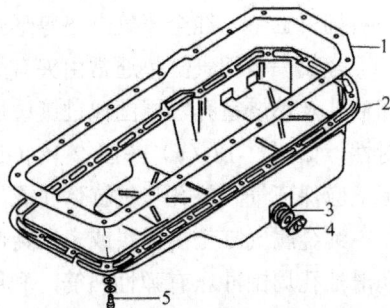

图 2-19　油底壳的结构
1—密封垫　2—油底壳　3—密封垫片
4—磁性放油塞　5—紧固螺栓

为保证发动机在纵向倾斜时机油泵仍能吸到润滑油，油底壳中部或后部一般做得较深，油底壳内还设有挡油板，防止汽车行驶时油面波动过大。油底壳底部装有磁性的放油塞，能吸附润滑油中的金属屑，以减轻发动机的磨损。

实操技能训练

一、气缸体总成的拆解与装配

丰田卡罗拉轿车（1.6L）发动机气缸体总成的相关零部件分解图如图 2-20 所示。

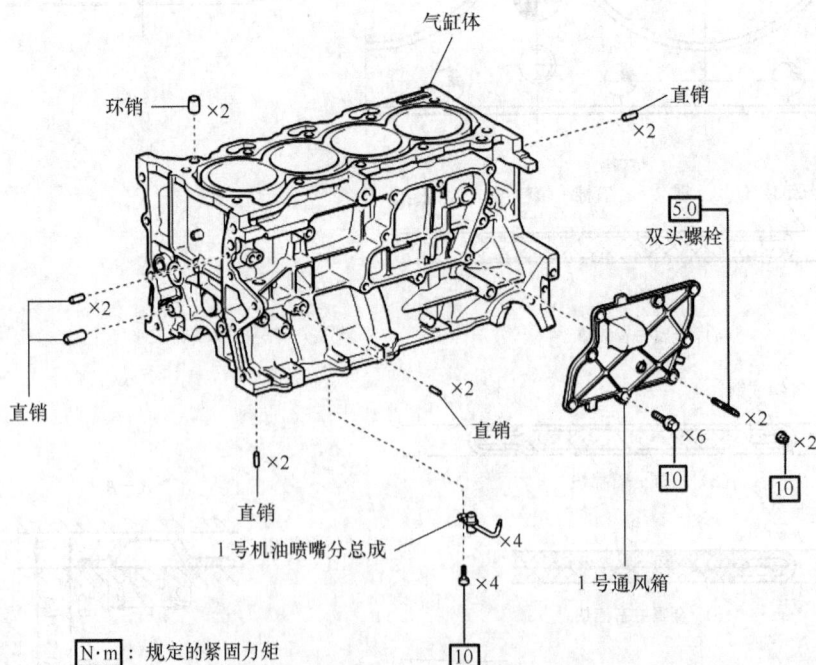

图 2-20　气缸体总成的相关零部件分解图

1．拆解

（1）拆卸 1 号通风箱。

① 拆下 6 个螺栓和 2 个螺母，如图 2-21 所示。

② 用螺丝刀撬动 1 号通风箱和气缸体之间的部位，拆下 1 号通风箱。注意：不要损坏气缸体和 1 号通风箱的接触面。使用螺丝刀前，请在螺丝刀头部缠上胶带，如图 2-22 所示。

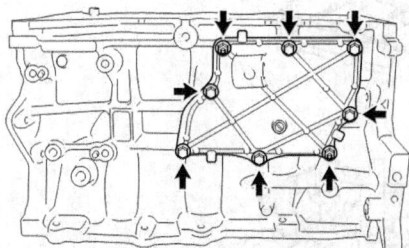

图 2-21 拆卸螺栓和螺母

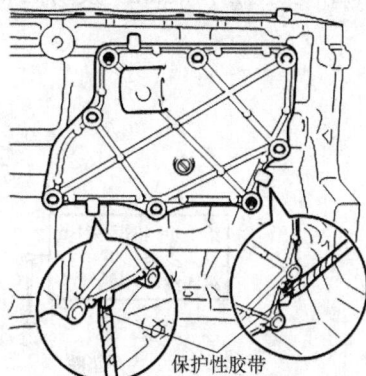

保护性胶带

图 2-22 拆卸 1 号通风箱

（2）拆卸活塞连杆组分总成。

（3）拆卸连杆轴承。

（4）拆卸活塞环组件。拆卸活塞。

（5）拆卸曲轴。拆卸曲轴上止推垫圈。拆卸曲轴轴承。

（6）拆卸 1 号机油喷嘴分总成。用 5mm 六角套筒扳手拆下螺栓和机油喷嘴，如图 2-23 所示。

2．重新装配

（1）安装 1 号机油喷嘴分总成。用 5mm 六角套筒扳手和螺栓安装机油喷嘴（力矩：10N·m），如图 2-23 所示。

（2）安装活塞。安装活塞环组件。

（3）安装曲轴轴承。安装曲轴上止推垫圈。安装曲轴。

（4）安装连杆轴承。

（5）安装活塞连杆组分总成。

（6）安装 1 号通风箱。

① 连续涂抹密封胶，如图 2-24 所示。密封胶：丰田原厂黑密封胶、Three Bond 1207B 或同等产品。密封直径：2.0mm。注意：清除接触面的所有润滑油。涂抹密封胶后 3min 内安装 1 号通风箱，15min 内紧固螺栓和螺母。安装后至少 2h 内不要起动发动机。

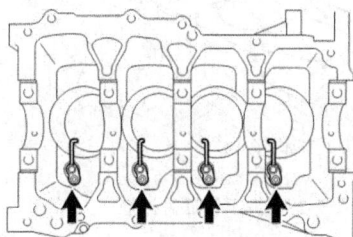

密封胶

图 2-23 拆下机油喷嘴

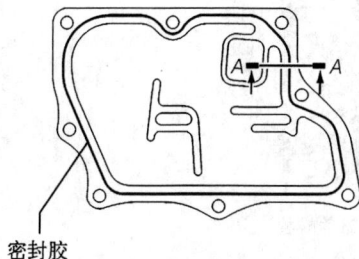

5 mm

密封直径
2.0 mm

A—A

图 2-24 按要求涂抹密封胶

② 用 6 个螺栓和 2 个螺母安装 1 号通风箱（见图 2-21）。

二、气缸盖分总成的拆卸与安装

丰田卡罗拉轿车（1.6L）发动机气缸盖分总成的相关零部件分解图如图 2-25 所示。

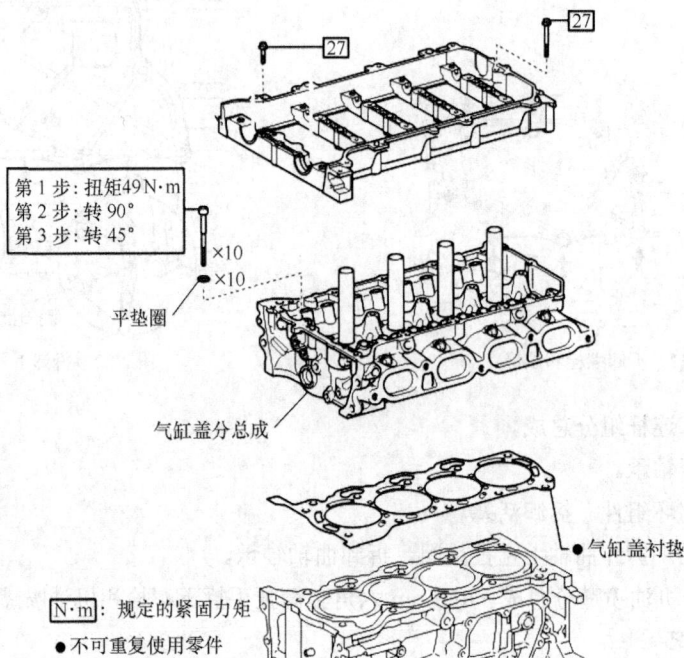

图 2-25　气缸盖分总成的相关零部件分解图

1. 拆卸

（1）拆卸气缸盖分总成。

① 按图 2-26 所示顺序，用 10mm 的双六角扳手，分几步均匀地松开并拆下 10 个气缸盖螺栓和 10 个平垫圈。注意：螺栓拆卸顺序不正确可导致气缸盖翘曲或开裂。

② 使用头部缠有胶带的螺丝刀，撬动气缸盖和气缸体之间的部位，拆下气缸盖。注意：小心不要损坏气缸盖和气缸体的接触面。

（2）拆卸气缸盖衬垫。拆下气缸盖衬垫，如图 2-27 所示。

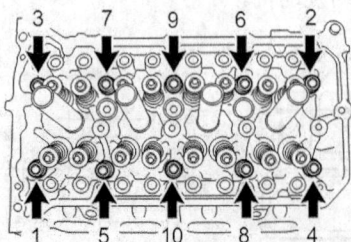

图 2-26　按顺序拆卸气缸盖螺栓

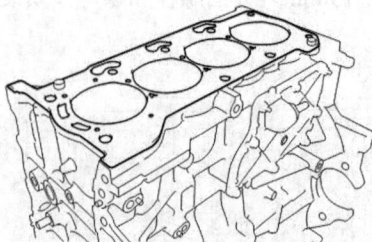

图 2-27　拆下气缸盖衬垫

2. 安装

（1）安装气缸盖衬垫。将新衬垫放在气缸体表面上，并使印有批次号的一面朝上，如图 2-28 所示。注意：清除接触面的所有润滑油；确保衬垫按正确的方向安装。

（2）安装气缸盖分总成。

① 在螺栓的螺纹和与垫圈相接触的螺栓头下的部位，涂抹一薄层润滑油。

② 将螺栓和平垫圈安装至气缸盖。小心：不要将垫圈掉到气缸盖里。

③ 按照图 2-29 所示顺序，用 10mm 的双六角扳手，分几步均匀地安装并紧固 10 个气缸盖固定螺栓和平垫圈（扭矩：49N·m）。

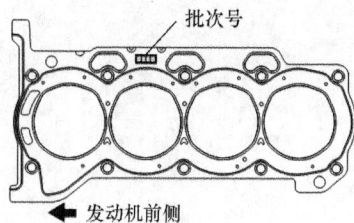
图 2-28　安装气缸盖新衬垫

④ 用油漆在气缸盖螺栓前端作标记。

⑤ 将气缸盖螺栓再次紧固 90°，然后再紧固 45°，如图 2-30 所示。注意：分两步紧固气缸盖螺栓。

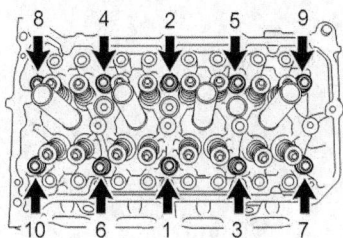
图 2-29　按顺序拧紧气缸盖螺栓

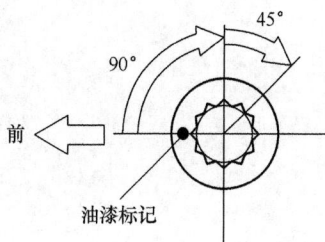
图 2-30　按规定再次紧固螺栓

⑥ 检查并确认油漆标记现在与前端成 135° 角。

任务二　活塞连杆组

【学习目标】

1. 能够正确描述活塞连杆组的组成与功用。
2. 能够正确描述活塞连杆组各主要零部件的作用与结构特点。
3. 能够正确选择与使用工具、设备，并规范进行活塞连杆组各零部件的拆卸与装配。

相 关 知 识

活塞连杆组将活塞的往复运动转变为曲轴的旋转运动，同时将作用于活塞上的力转变为曲轴对外输出的转矩，以驱动车轮转动及带动其他附属装置。

活塞连杆组主要由活塞、活塞环、活塞销和连杆等部件组成，如图 2-31 所示。

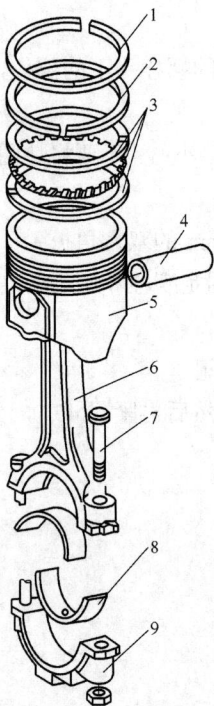

图 2-31　活塞连杆组

1—第一道气环　2—第二道气环　3—组合油环　4—活塞销　5—活塞　6—连杆　7—连杆螺栓　8—连杆轴承　9—连杆盖

一、活塞

活塞的功用主要是承受气缸中气体压力，并将此压力通过活塞销传给连杆，以推动曲轴旋转。此外，活塞顶部还与气缸盖和气缸壁共同组成燃烧室。

活塞一般采用铝合金材料铸造或锻造而成，其构造如图 2-32 所示，主要由活塞顶部、活塞头部和活塞裙部 3 部分组成。此外，在活塞裙部上部还加工有活塞销座。

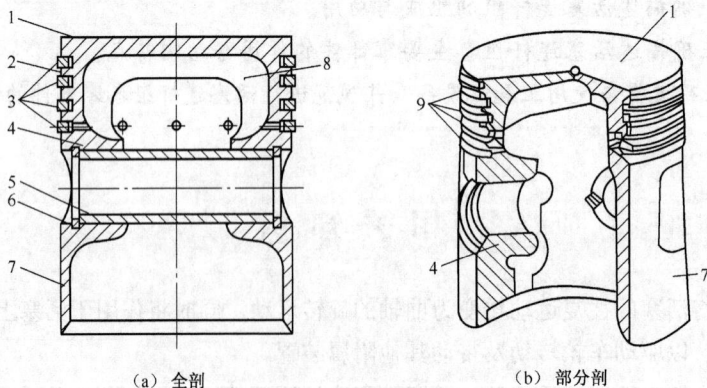

（a）全剖　　　　　（b）部分剖

图 2-32　活塞的构造

1—活塞顶部　2—活塞头部　3—活塞环　4—活塞销座　5—活塞销　6—活塞销卡环　7—活塞　8—加强肋　9—活塞环槽

1. 活塞顶部

活塞顶部是燃烧室的组成部分，承受高温气体的压力。为适应各种发动机的不同要求，活塞顶部有各种不同的形状,主要有平顶、凸顶、凹顶和成形顶等形式,如图2-33所示。为防止活塞在上止点与气门发生碰撞干涉,有些活塞顶部在与气门对应的位置上加工有凹坑。

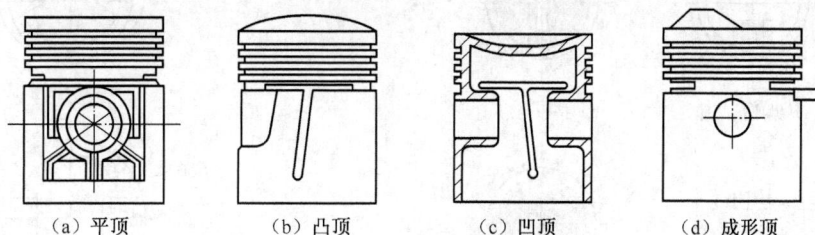

| (a)平顶 | (b)凸顶 | (c)凹顶 | (d)成形顶 |

图2-33 活塞顶部形状

活塞顶部标有一定的记号,如箭头、三角、缺口等,安装时应将记号朝前;有的活塞顶部还刻有缸位记号和加大尺寸等,如图2-34所示。

2. 活塞头部

活塞头部是指活塞顶至油环槽下端面之间的部分。其功用是承受气体压力并传给连杆,与活塞环一起实现气缸的密封,将活塞顶部所吸收的热量通过活塞环传给气缸壁。

活塞头部加工有安装活塞环的环槽,一般有3~4道,最下面一道环槽安装油环,其他环槽安装气环。在油环槽底面一般加工有

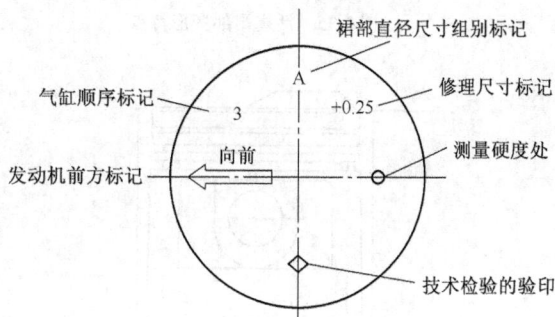

图2-34 活塞顶部标记

回油孔或横向切槽,油环从气缸壁上刮下的多余润滑油,经回油孔或横向切槽流回油底壳。有些油环槽的底面切有一道比环槽窄的槽,除有回油作用外,还有减少活塞头部向裙部传递热量的作用,称为隔热槽。有些活塞的隔热槽设在活塞裙部。

3. 活塞裙部

活塞裙部是指油环槽下端面起至活塞底平面之间的部分。其功用是为活塞的往复运动起导向作用,并承受侧压力。因此活塞裙部要有一定的长度和足够的面积,以保证可靠的导向和减轻磨损。

发动机工作时,活塞在气体压力和侧压力的作用下产生机械变形,使裙部直径沿活塞销座轴线方向增大。由于活塞销座附近的金属量多,受热后膨胀量大,使裙部在受热变形时沿活塞销座轴线方向的直径增量大于其他方向。这两种变形结果使裙部截面变成长轴沿活塞销轴线方向的椭圆,如图2-35所示。为保证热态下活塞裙部与气缸壁之间配合间隙均匀,在制造时将活塞裙部截面加工成椭圆形状,其长轴方向与活塞销垂直,如图2-36所示。为减小活塞销座附近的热变形量,有的活塞在制造时将活塞销座附近的裙部外表面制成凹陷的,凹陷量一般为0.5~1.0mm。

发动机工作中,由于活塞的温度由上至下逐渐降低,故膨胀量也逐渐减小。为使活塞工作时各直径趋于相等(为圆柱形),制造时将活塞裙部直径加工成上小下大的锥形或阶梯形,如图2-37所示。

有些活塞裙部开有隔热槽和膨胀槽,如图2-38所示。隔热槽的作用是减少活塞头部向裙部的热量传递;膨胀槽的作用是使裙部具有一定的弹性,从而使活塞冷态时与气缸间具有尽可能小的间隙,而热态时又具有补偿作用,不致造成活塞在气缸内卡死。膨胀槽必须斜开,不与活塞轴线平行,以保证与气缸壁间磨损均匀。为避免切槽处开裂,在隔热槽和膨胀槽端部必须加工止裂孔。由于活塞裙部开槽会使其开槽一侧刚度变小,在装配时应使其位于做功行程中承受侧压力较小的一侧,即从发动机前面向后看的右侧。柴油机因活塞受力较大,裙部一般不开槽。

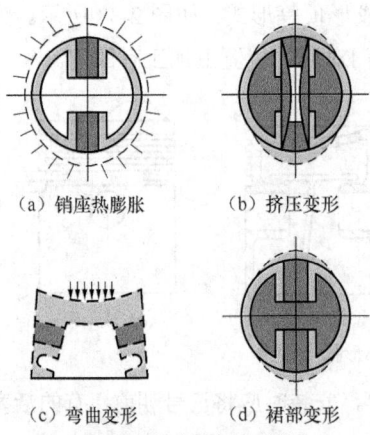

（a）销座热膨胀　（b）挤压变形

（c）弯曲变形　（d）裙部变形

图 2-35　活塞裙部变形特点

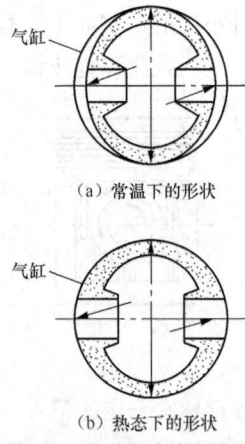

（a）常温下的形状

（b）热态下的形状

图 2-36　活塞裙部截面形状

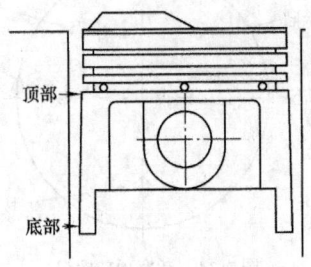

图 2-37　制造时活塞裙部直径上小下大

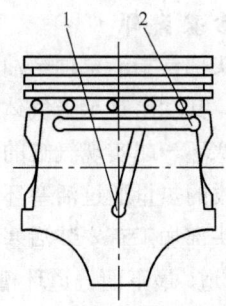

图 2-38　活塞的膨胀槽和隔热槽
1—膨胀槽　2—隔热槽

　　有些活塞为了减轻质量，以减小惯性力，把裙部不受侧压力的两侧切去一部分，形成拖板式活塞，如图 2-38 所示。这种结构用在行程较小的发动机上，以防活塞裙部与曲轴平衡重发生运动干涉；而行程较大的发动机则采用裙部完整的全裙式活塞，也称筒式活塞，如图 2-32 所示。

　　为限制活塞裙部的受热膨胀，有些活塞在销座内镶嵌有膨胀系数较低的恒范钢片或筒形钢片，如图 2-39 所示。

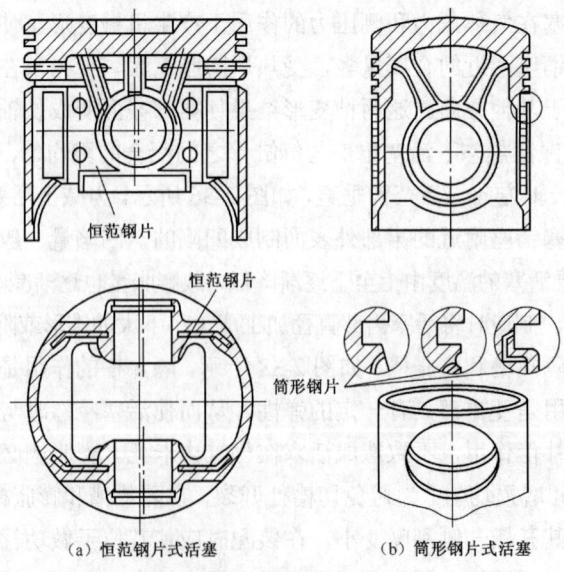

（a）恒范钢片式活塞

（b）筒形钢片式活塞

图 2-39　裙部镶嵌恒范钢片或筒形钢片的活塞

4．活塞销座

活塞销座位于活塞裙部的上部，加工有销座孔，用于安装活塞销。有些活塞在销座孔内加工有卡环槽，以便安装活塞销卡环，防止活塞销工作时轴向窜动。

活塞销座孔的中心线一般位于活塞中心线的平面内，有些高速发动机将活塞销座孔的中心线向做功行程中承受侧压力的一侧偏移 1～2mm，称为活塞销偏置，如图 2-40 所示。其目的是为了减轻活塞在越过压缩上止点时因侧压力的瞬间换向而产生的"敲缸"现象，减小噪声，改善发动机工作的平顺性。

活塞销偏置时的工作情况

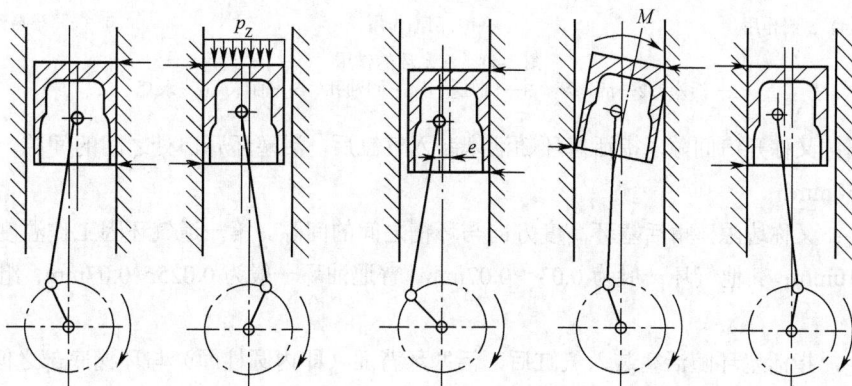

（a）活塞销对中布置　　　　（b）活塞销偏移布置

图 2-40　活塞销偏置时的工作情况

活塞销偏置作用原理：活塞在压缩上止点由右侧与气缸壁接触向左侧与气缸壁接触过渡时，由于活塞销偏置使活塞倾斜，左侧下端先与气缸壁接触。进入做功行程后，活塞由上止点向下止点运动，此时由于活塞承受向左的侧压力增加，所以活塞以左侧下端为支点，其左侧上端逐渐压向气缸壁，从而减轻活塞换向时产生的"敲缸"现象。安装时，活塞销偏置的方向不能装反，否则换向时的噪声会增大，使活塞裙部受损。

二、活塞环

1．活塞环的功用

活塞环安装在活塞环槽内，按其功用可分为气环和油环两种，两者配合使用。气环的功用是保证活塞与气缸壁间的密封，防止气缸中的气体窜入曲轴箱，同时将活塞顶部吸收的大部分热量传给气缸壁，再由冷却液或空气带走。此外，气环还起刮油、布油的辅助作用，通常每个活塞装有 2～3 道气环。油环的功用是用来刮除气缸壁上多余的润滑油，并在气缸壁上形成均匀的油膜，这样既可有效防止润滑油窜入燃烧室，又可减轻活塞、活塞环与气缸壁之间的摩擦和磨损。此外，油环还起密封和导热的辅助作用，通常每个活塞装有 1～2 道油环，如图 2-41 所示。

活塞连杆组中活塞环的作用

2．活塞环的间隙

发动机工作时，活塞、活塞环等都会发生热膨胀。活塞环相对于气缸上下往复运动，活塞相对于活塞环左右横向移动。为了防止活塞环卡死在气缸内或胀死在环槽中，安装时活塞环应留有端隙、侧隙、背隙，如图 2-42 所示。

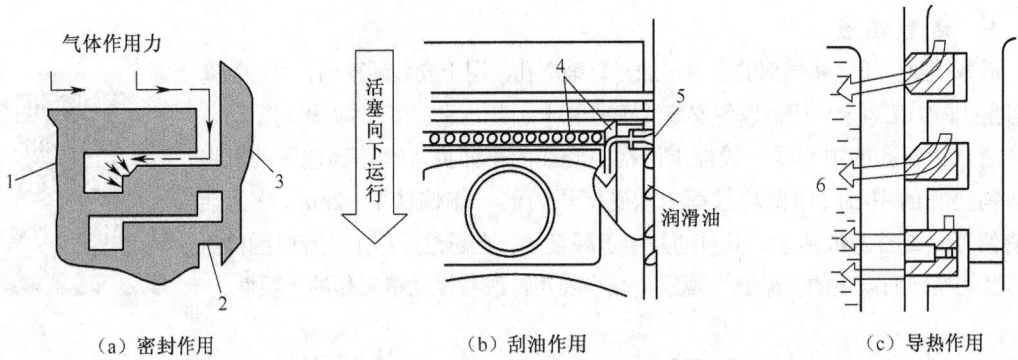

（a）密封作用　　　　　　　　　（b）刮油作用　　　　　　　　　（c）导热作用

图 2-41　活塞环的作用

1—活塞　2—活塞环　3—气缸壁　4—回油孔　5—油环　6—水套

端隙 Δ_1：又称开口间隙，指活塞环随活塞装入气缸后，活塞环开口处之间的间隙。端隙一般为 0.25～0.50mm。

侧隙 Δ_2：又称边隙，指活塞环高度方向与环槽之间的间隙。第一道气环因工作温度高，侧隙为 0.04～0.10mm；其他气环一般为 0.03～0.07mm；普通油环一般为 0.025～0.07mm；组合式油环没有侧隙。

背隙 Δ_3：指活塞环随活塞装入气缸后，活塞环背面（即内圆柱面）与环槽底部之间的间隙。背隙一般为 0.30～0.40mm，普通油环的背隙较大。

3. 活塞环泵油作用及危害

由于侧隙和背隙的存在，当发动机工作时，会产生活塞环的泵油作用。活塞环在气体压力、

矩形断面环泵油原理

惯性力及摩擦力的共同作用下，反复地靠在环槽的上、下端面。其过程是当活塞带着活塞环下行（如进气行程）时，活塞环靠在环槽的上端面，活塞环从气缸壁上刮下的润滑油冲入活塞环下方，如图 2-43（a）所示；当活塞带着活塞环上行（如压缩行程）时，活塞环靠在环槽的下端面，同时将润滑油挤压到活塞环的上方，如图 2-43（b）所示。如此往复，就像油泵作用一样，将气缸壁上的润滑油泵到活塞顶。

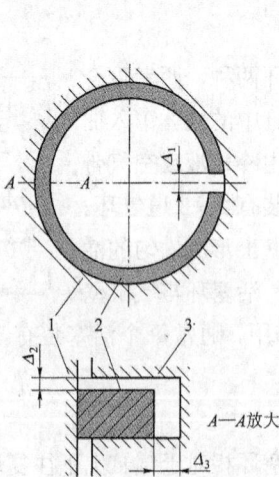

图 2-42　活塞环的间隙

1—气缸　2—活塞环　3—活塞　Δ_1—端隙　Δ_2—侧隙　Δ_3—背隙

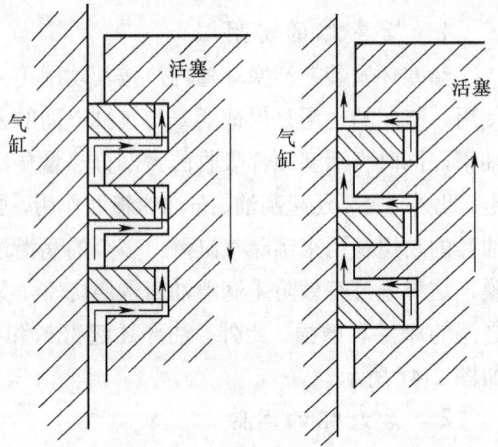

（a）活塞下行　　　（b）活塞上行

图 2-43　矩形环的泵油作用

活塞环的泵油作用，会使燃烧室内形成积炭和润滑油消耗增加，甚至会使环槽内形成积炭，使活塞环被卡死在环槽中，失去密封作用，划伤缸壁，甚至使活塞环折断。因此，在结构上采取以下措施：尽量减小活塞环的质量，气环采用特殊的断面形状，如扭曲环；油环则采用加装衬簧或采用组合式油环等。

4．活塞环的结构

由于气环和油环的功用不同，其结构形式也有所不同。活塞环各部位的名称如图 2-44 所示。

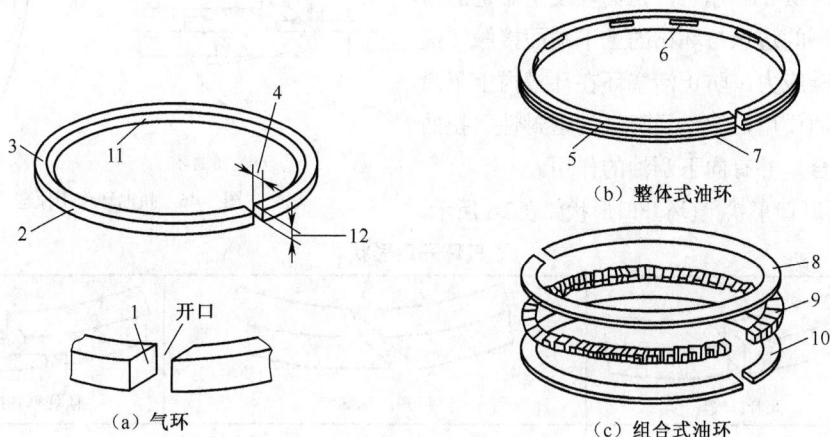

图 2-44 活塞环各部位的名称

1—开口端面 2—外圆面 3—侧面 4—径向厚度 5—上刮油唇 6—回油孔 7—下刮油唇
8—上刮片 9—衬簧 10—下刮片 11—内圆面 12—环高

（1）气环

气环为带有切口的弹性金属环，如图 2-44（a）所示。气环在自由状态下的外径略大于气缸的直径。当气环装入气缸后，产生弹力使环紧压在气缸壁上，其切口处具有一定的端隙。汽油机气环一般为 2 道，柴油机气环一般为 3 道。

① 气环的断面形状。为了提高密封，加速磨合，减少泵油作用和改善润滑效果，在各种发动机上装用的气环按其断面形状可分为矩形环、锥形环、梯形环、桶面环、扭曲环、反扭曲锥面环等，如图 2-45 所示。其中扭曲环又分为内切环和外切环两种，内切环的切口在其内圆上边缘，而外切环的切口则在其外圆下边缘。

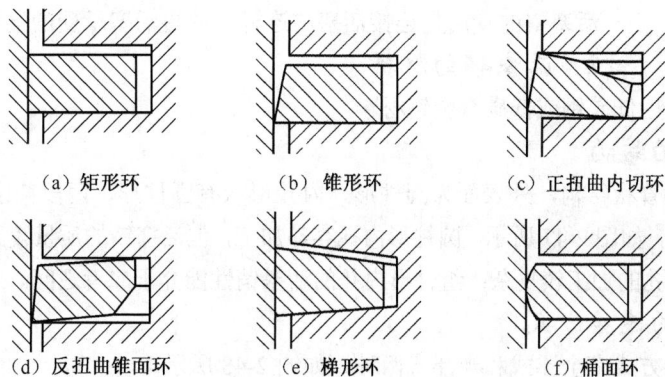

（a）矩形环　　（b）锥形环　　（c）正扭曲内切环

（d）反扭曲锥面环　　（e）梯形环　　（f）桶面环

图 2-45 气环断面形状

扭曲环扭曲原理：当活塞环装入气缸后，受到压缩而产生弯曲变形。中性层以外的断面产生拉应力，其合力 F_1 指向活塞环的中心；中性层以内的断面产生压应力，其合力 F_2 背离活塞环的中心。矩形环由于中性层内外断面对称，F_1 和 F_2 在同一平面内，不会产生力矩，如图2-46（a）所示。而扭曲环由于中性层内外断面不对称，使 F_1 和 F_2 不在同一平面内，从而形成力矩 M，如图2-46（b）所示。在力矩 M 的作用下，扭曲环发生微量的扭曲变形，使环的边缘与环槽的上下端面接触，提高了表面接触应力，防止活塞环在环槽内上下窜动而产生泵油作用，增加了气缸的密封性。扭曲环更易于磨合，并有向下刮油的作用。

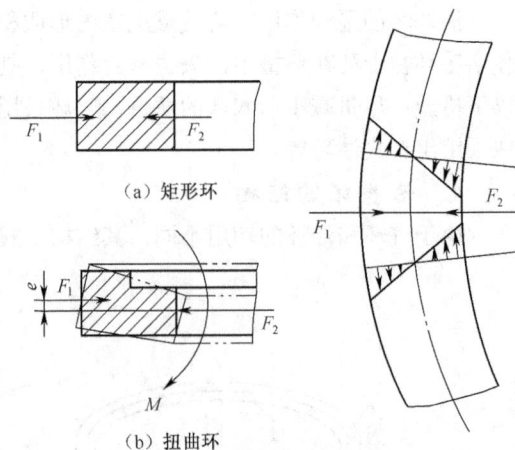

（a）矩形环

（b）扭曲环

图2-46　扭曲环作用原理

② 气环开口形状。气环开口形状如表2-1所示。

表2-1　　　　　　　　　　　　　　气环开口形状

形状	直开口气环	斜开口气环	阶梯形开口气环
特点	直开口气环工艺性好，但密封性差	斜开口气环密封性和工艺性介于直开口和阶梯形开口之间，斜角一般为30°或45°	阶梯形开口气环密封性好

（2）油环

油环按结构分为整体式和组合式两种形式。整体式油环（见图2-44（b））一般用在负荷较大的发动机上，其外圆柱中部切有一道凹槽，凹槽底部开有若干回油孔或回油槽。发动机工作时，利用上下两个刮油唇将气缸壁上的多余润滑油刮下，并通过回油孔或回油槽流回曲轴箱。多数轿车发动机都采用三件组合式油环，它由上、下刮片和一个衬簧组成，如图2-44（c）所示。刮油钢片很薄，刮油作用强，对防止润滑油窜入燃烧室更有利。

活塞连杆组中活塞销的作用

三、活塞销

1．活塞销的功用

活塞销的功用是连接活塞与连杆，并将活塞承受的气体压力传给连杆。

2．活塞销的材料

活塞销一般采用低碳钢或低碳合金钢材料。

3．活塞销的结构

活塞销为空心管状结构，外表面为圆柱形，内孔形状有圆柱形、两段截锥形以及两段截锥和一段圆柱的组合形，如图2-47所示。圆柱形内孔容易加工，但活塞销的质量较大；截锥形内孔的活塞销质量较轻，但孔的加工较复杂；组合形内孔的活塞销性能介于二者之间。

4．活塞销的连接方式

活塞销的连接方式有全浮式和半浮式两种，如图2-48所示。

（1）全浮式

全浮式连接是指发动机工作时，活塞销与连杆小头和活塞销座孔均为间隙配合，活塞销可在活塞销座孔和连杆小头衬套孔内自由转动。为防止活塞销轴向窜动而损伤气缸壁，在活塞销座孔两端凹槽中装有弹性卡环来限位。采用全浮式活塞销，各部分磨损比较均匀。

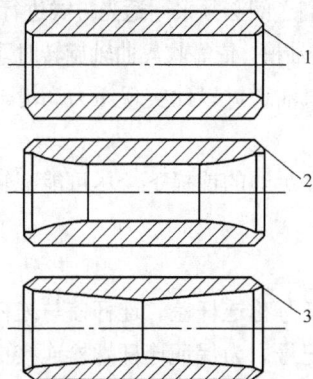

图 2-47　活塞销的内孔形状
1—圆柱形　2—组合形　3—截锥形

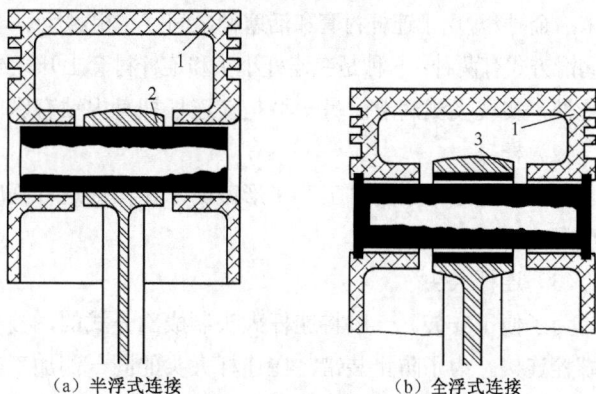

（a）半浮式连接　　　（b）全浮式连接

图 2-48　活塞销的连接方式
1—铝活塞　2—无连杆衬套　3—青铜衬套

（2）半浮式

半浮式连接是指发动机工作时，活塞销与活塞销座孔为间隙配合，而活塞销与连杆小头为过盈配合，活塞销只能在活塞销座孔内作自由摆动。采用半浮式连接，活塞销座孔内无卡环，连杆小头孔内无连杆衬套，从而减少了连杆衬套的维修作业，但活塞销各部分的磨损不均匀。

四、连杆

1．连杆的功用

连杆的功用是将活塞承受的气体压力传给曲轴，使活塞的往复直线运动转变为曲轴的旋转运动。

2．连杆的材料

连杆一般用中碳钢或合金钢经模锻或辊锻而成，再进行机械加工和热处理。

活塞连杆组中连杆的作用

3．连杆的结构

连杆由连杆小头、杆身和连杆大头（包括连杆盖）3 部分组成，如图 2-49 所示。

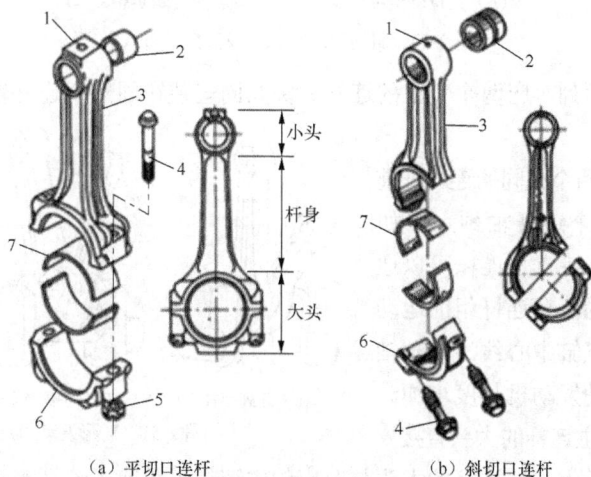

（a）平切口连杆　　　（b）斜切口连杆

图 2-49　连杆的结构
1—油孔　2—连杆衬套　3—杆身　4—连杆螺栓　5—螺母　6—连杆盖　7—连杆轴承

（1）连杆小头

连杆小头用来安装活塞销，以连接活塞。采用全浮式连接的连杆小头孔内压装有青铜衬套或铁基粉末冶金衬套。由于连杆衬套和活塞销之间存在相对运动，所以它们之间必须采用适当方式进行润滑，其润滑方式有两种：一种是在连杆小头和连杆衬套上开集油孔或集油槽，依靠收集曲轴旋转时飞溅的润滑油，实现飞溅润滑；另一种是在连杆杆身内钻有纵向的润滑油道，以此实现压力润滑。

（2）杆身

连杆杆身通常采用"工"字形截面，在保证连杆强度和刚度足够的前提下，尽可能减轻连杆的质量。

（3）连杆大头

为了便于安装，一般将连杆大头制成剖分式的，被分开的部分称连杆盖。连杆盖与连杆用连杆螺栓连接。为了防止装错，在连杆大头的同一侧加工有装配记号。为保证连杆螺栓连接更加可靠，一般采用了开口销、自锁螺母或双螺母等锁止装置，以防松动。

按连杆盖剖分面方向的不同，连杆大头的切口形式分为平切口和斜切口两种。连杆大头沿着与杆身轴线垂直的方向切开，称为平切口连杆，一般用于汽油机上。平切口用连杆螺栓定位，连杆螺栓是特制的，其根部有一段直径较粗的部分，它与螺栓孔配合起定位作用。有些发动机的连杆大头直径比气缸直径大，为了维修拆装时便于连杆通过气缸，将连杆大头沿着与杆身轴线成30°～60°（一般为 45°）的方向切开，称为斜切口连杆，一般用于柴油机上。斜切口的连杆盖与连杆大头一般不依靠连杆螺栓与螺栓孔配合定位，有的采用在连杆盖螺栓孔内压装一个定位套与连杆大头螺栓孔配合定位，有的则采用锯齿定位、定位销定位或止口定位，如图 2-50 所示。

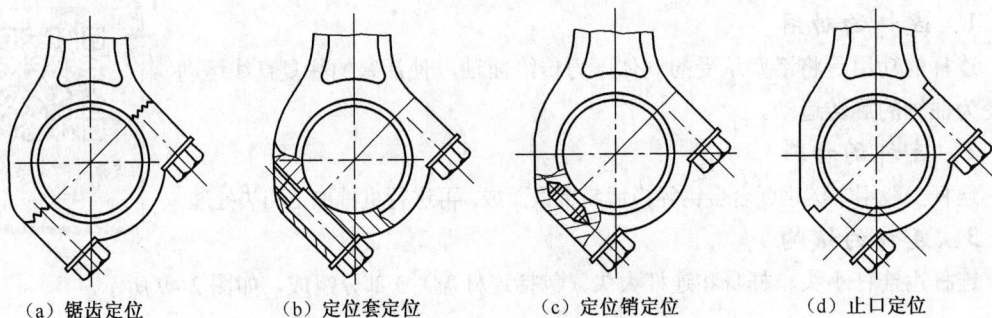

（a）锯齿定位　　　（b）定位套定位　　　（c）定位销定位　　　（d）止口定位

图 2-50　斜切口连杆大头及其定位方式

V 形发动机左右两列对应两个气缸的连杆大头共同安装在同一个连杆轴颈上，它有 3 种布置形式，如图 2-51 所示。

① 并列连杆式。两个相同的连杆一前一后并列安装在同一个连杆轴颈上，如图 2-51（a）所示。其特点是连杆可以通用，左右两对应气缸的活塞连杆组的运动规律完全相同，但两气缸中心线沿曲轴轴线要错开一段距离，使发动机长度增加。

② 主副连杆式。主连杆的大头直接安

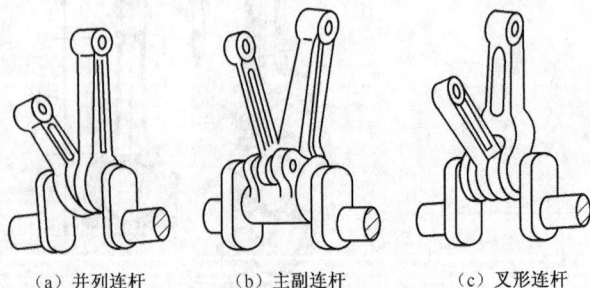

（a）并列连杆　　　（b）主副连杆　　　（c）叉形连杆

图 2-51　V 形发动机连杆布置形式

装在曲轴连杆轴颈全长上，副连杆的大头与对应的主连杆大头或主连杆盖上的两个凸耳作铰链连接，如图 2-51（b）所示。其特点是左右两对应气缸中心线及主副连杆位于同一平面内，不会增加发动机长度，但两对应气缸的活塞连杆组运动规律不同，主副连杆不能互换。

③ 叉形连杆式。左右两对应气缸的两个连杆，一个连杆大头为叉形，跨越于另一个连杆大头（厚度较小，一般称为内连杆）两端，如图 2-51（c）所示。其特点是左右两对应气缸中心线位于同一平面内，发动机长度较紧凑，连杆长度相等，两对应气缸的活塞连杆组运动规律相同，但叉形连杆大头结构复杂，制造困难，且连杆大头的强度和刚度较差。

实操技能训练

活塞连杆组的拆卸与装配

丰田卡罗拉轿车（1.6L）发动机活塞连杆组的相关零部件分解图如图 2-52 所示。

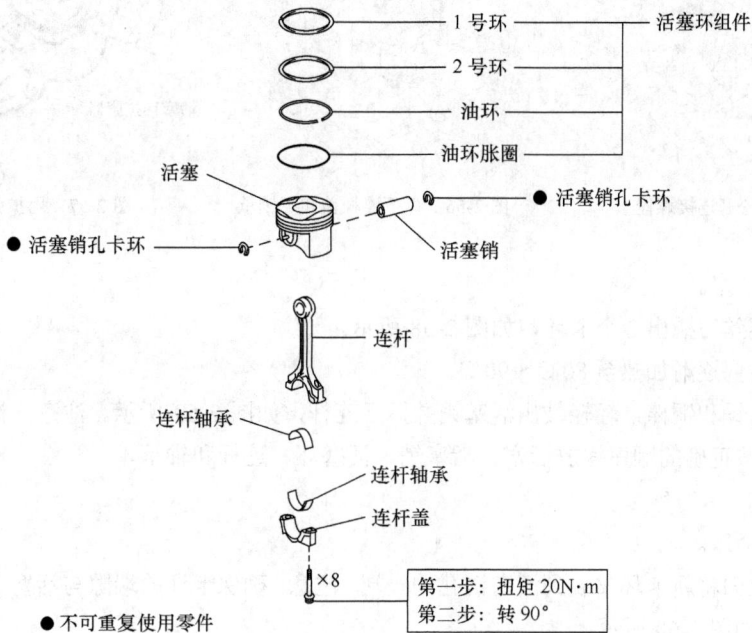

图 2-52　活塞连杆组的相关零部件分解图

1. 拆卸

（1）拆卸活塞连杆组分总成。

① 用铰刀去除气缸顶部的所有积炭，如图 2-53 所示。

② 检查并确认连杆和连杆盖上的装配标记相互对准，以确保正确地重新装配，如图 2-54 所示。

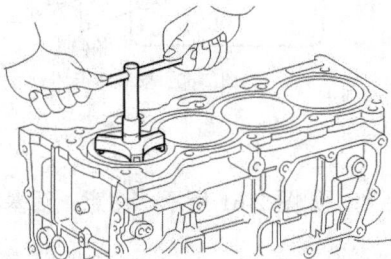

图 2-53　用铰刀去除积炭

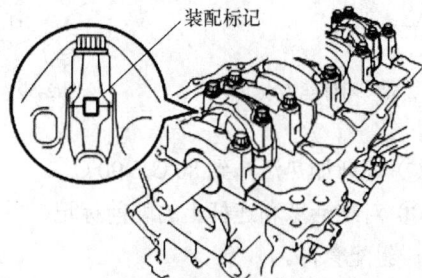

图 2-54　对准装配标记

③ 用 SST 09205-16010 均匀松开 2 个螺栓，如图 2-55 所示。

④ 用 2 个已拆下的连杆盖螺栓，通过左右摇动连杆盖，拆下连杆盖和下轴承，如图 2-56 所示。注意：保持下轴承插入连杆盖。

⑤ 从气缸体的顶部推出活塞、连杆总成和上轴承。注意：使轴承、连杆和连杆盖连在一起。按正确的顺序摆放活塞和连杆总成。

（2）拆卸连杆轴承。注意：按正确的顺序摆放拆下的零件。

（3）拆卸活塞环组件。用活塞环扩张器拆下 2 个气环，用手拆下油环刮片和油环胀圈，如图 2-57 所示。注意：按正确的顺序摆放拆下的零件。

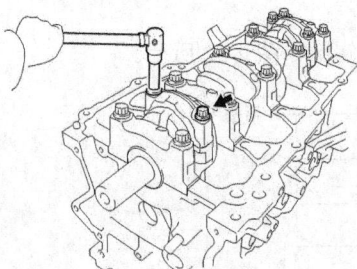

图 2-55　松开连接螺栓　　　　图 2-56　拆下连杆盖和下轴承　　　　图 2-57　用扩张器拆卸气环

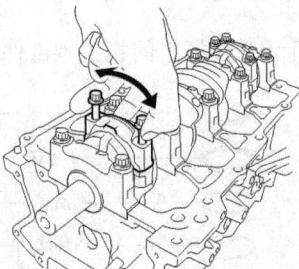

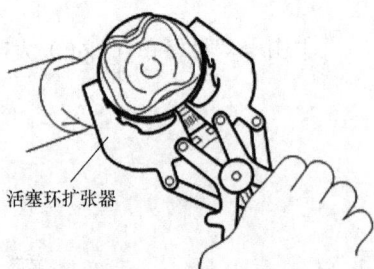

（4）拆卸活塞。

① 使用螺丝刀撬出 2 个卡环，如图 2-58 所示。

② 将各活塞逐渐加热至 80℃～90℃。

③ 用塑料锤和铜棒，轻轻敲出活塞销并拆下连杆，如图 2-59 所示。注意：活塞和活塞销是一组配套件。按正确的顺序摆放活塞、活塞销、活塞环、连杆和轴承。

2．安装

（1）安装活塞。

① 用螺丝刀将新卡环安装到活塞销孔的一端。注意：确保卡环的端隙与活塞上的活塞销孔切口部位错开，如图 2-60 所示。

图 2-58　用螺丝刀取下卡环　　　　图 2-59　拆卸连杆　　　　图 2-60　安装新卡环

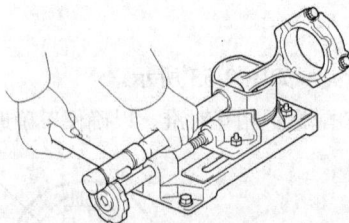

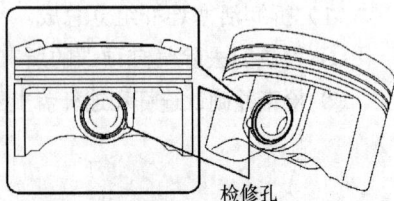

② 逐渐加热活塞到 80℃～90℃。

③ 对准活塞和连杆上的朝前标记，并用拇指推入活塞，如图 2-61 所示。注意：活塞和活塞销是一组配套件。

④ 使用螺丝刀在活塞销孔的另一端安装一个新卡环。注意：确保卡环的端隙与活塞上的活塞

销孔切口部位错开。

⑤ 在活塞销上来回移动活塞，检查活塞和活塞销间的安装情况，如图 2-62 所示。

（2）安装活塞环组件。

① 用手安装油环胀圈和油环刮片，如图 2-63 所示。注意：安装胀圈和油环，使其环端处于相反的两侧。将胀圈牢固安装至油环的内槽。

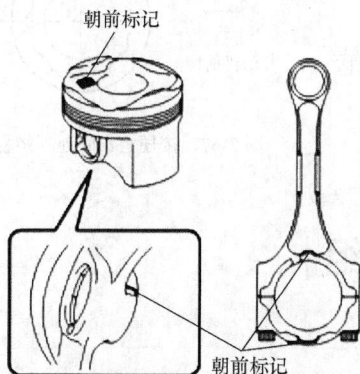

图 2-61　对准朝前标记　　　　图 2-62　检查活塞和活塞销　　　图 2-63　安装油环组件

② 用活塞环扩张器安装 2 个气环，使油漆标记处于图 2-64 所示位置。注意：安装 1 号气环，使代码标记（A1）朝上。安装 2 号气环，使代码标记（A2）朝上。油漆标记仅在新活塞环上检查到。重新使用活塞环时，检查各活塞环外形，以将其安装至正确位置。

③ 放置活塞环，以使活塞环端处于图 2-65 所示位置。

（3）安装连杆轴承。将连杆轴承安装到连杆和轴承盖上。用游标卡尺测量连杆边缘和轴承盖边缘与连杆轴承边缘间的距离，如图 2-66 所示。尺寸 A、B 为 0.7mm 或更小。注意：不要在轴承和接触表面上涂抹发动机润滑油。

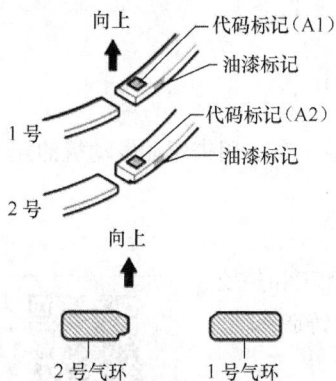

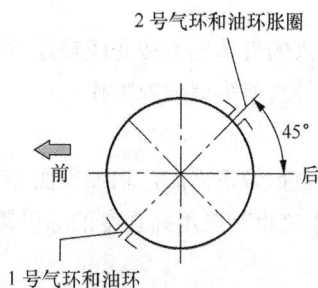

图 2-64　安装气环　　　图 2-65　活塞环安装位置　　　图 2-66　安装连杆轴承并测量间隙

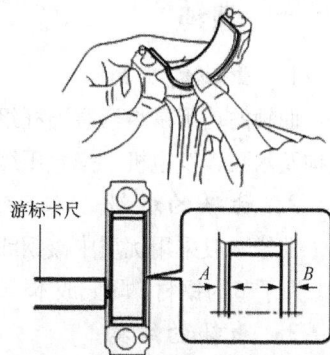

（4）安装活塞连杆组分总成。

① 在气缸壁、活塞和连杆轴承表面上涂抹发动机润滑油。

② 放置活塞环，使活塞环端处于图 2-65 所示的位置。注意：各活塞环端必须错开。

③ 使活塞朝前标记朝前，用活塞环压缩器将相应号的活塞和连杆总成压入气缸内。注意：将连杆插入活塞时，不要使其接触润滑油喷嘴。使连杆盖与连杆的号相匹配。

④ 检查并确认连杆盖的凸起部分的方向是朝前的。

⑤ 在连杆盖螺栓的螺纹上和螺栓头下部涂抹一薄层发动机润滑油。

⑥ 安装连杆盖螺栓。注意：连杆盖螺栓的紧固分2步完成。

a. 用 SST 09205-16010，安装并分几次交替拧紧连杆盖螺栓（扭矩：20N·m），如图2-55所示。

b. 用油漆在连杆盖螺栓前端作标记。将连杆盖螺栓再紧固90°，如图2-67所示。

c. 检查并确认曲轴转动顺畅。检查连杆轴向间隙。

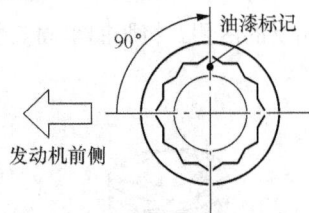

图 2-67　按规定紧固连杆螺栓

| 任务三　曲轴飞轮组 |

【学习目标】

1. 能够正确描述曲轴飞轮组的组成与功用。
2. 能够正确描述曲轴飞轮组各主要零部件的作用与结构特点。
3. 能够正确选择与使用工具、设备，并规范进行曲轴飞轮组各零部件的拆卸与装配。

相 关 知 识

曲轴飞轮组主要由曲轴、飞轮和正时齿轮（正时带轮或正时链轮）等组成，如图 2-68 所示。

一、曲轴

1．曲轴的功用

曲轴的功用是将活塞连杆组传来的气体压力转变成转矩对外输出，还用来驱动发动机的配气机构及水泵、发电机、空气压缩机等其他附属装置工作。

2．曲轴的材料

曲轴一般采用优质中碳钢或合金钢锻造而成，轴颈表面经精加工和热处理。为了节约钢材、降低成本，近年来也有采用高强度的球墨铸铁铸造曲轴。

曲轴飞轮组的组成

3．曲轴的结构

曲轴由 1 个或若干个曲拐构成。一个连杆轴颈和它两端的曲柄及主轴颈构成 1 个曲拐。曲轴的曲拐数取决于气缸的数目和排列方式。单缸发动机曲轴的曲拐数只有 1 个，多缸直列式发动机曲轴的曲拐数等于气缸数，V 形发动机曲轴的曲拐数等于气缸数的一半。将若干个曲拐按照一定的相位连接起来，再加上曲轴前、后端，便构成一根曲轴。

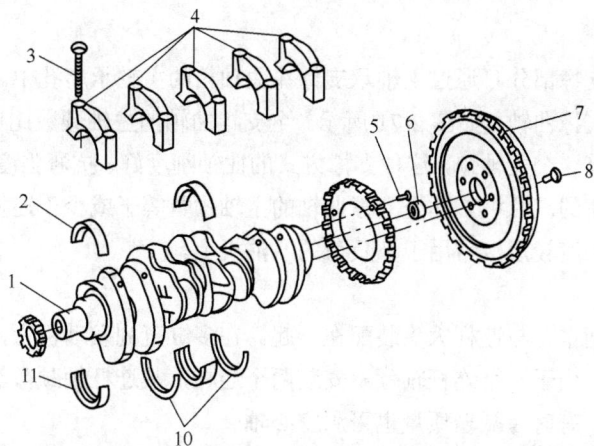

图 2-68　曲轴飞轮组
1—曲轴　2、11—曲轴轴承　3、5、8—紧固螺栓　4—轴承盖
6—滚针轴承　7—飞轮　9—信号齿盘　10—止推垫片

按曲拐连接方式的不同，曲轴可分为整体式和组合式两种。整体式曲轴是将曲轴制成一个整体，其基本组成包括前端轴、主轴颈、连杆轴颈、曲柄、平衡重、后端轴等，如图 2-69 所示。其优点是具有较高的强度和刚度、结构紧凑、质量轻，车用发动机多采用这种形式。组合式曲轴是将曲轴的各部分分段加工，然后组装在一起构成完整的曲轴，如图 2-70 所示。其优点是加工方便，缺点是强度和刚度较差，装配复杂，用于连杆大头为整体式和主轴承为滚动轴承的发动机上。

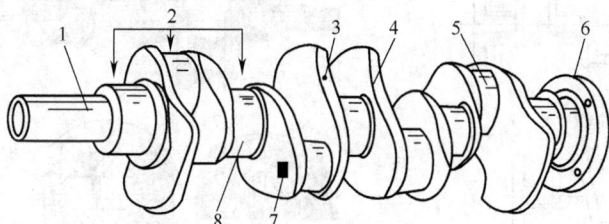

图 2-69　整体式曲轴
1—前端轴　2—曲拐　3—平衡孔　4—曲柄　5—连杆轴颈
6—后端凸缘　7—平衡重　8—主轴颈

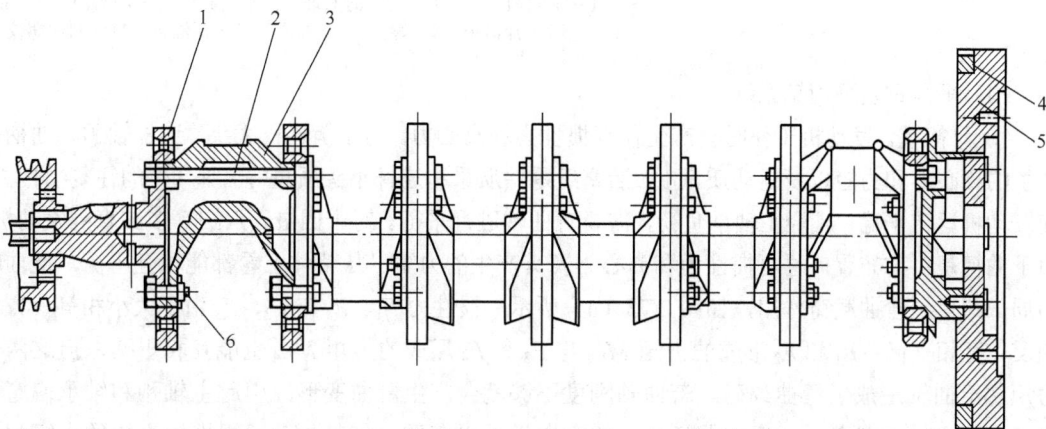

图 2-70　组合式曲轴
1—滚动轴承　2—连接螺栓　3—曲柄　4—飞轮齿圈　5—飞轮　6—定位螺栓

（1）主轴颈

主轴颈是曲轴的支撑部分，通过主轴承支撑在曲轴箱的主轴承座孔中。曲轴按其主轴颈数分为全支撑曲轴和非全支撑曲轴，如图 2-71 所示。全支撑曲轴的主轴颈数比连杆轴颈数多一个，即一个连杆轴颈两边都有一个主轴颈，这种支撑方式的曲轴刚度好、抗弯强度高、主轴承的负荷小，常用于柴油机和大负荷的汽油机。非全支撑曲轴的主轴颈数等于或少于连杆轴颈数。这种支撑方式的曲轴结构简单且长度较短，常用于小负荷的汽油机上。

（2）连杆轴颈

连杆轴颈也称曲柄销，与连杆大头装配在一起。在多缸直列发动机上，连杆轴颈数等于气缸数，在 V 形发动机上，由于一个连杆轴颈上安装两个连杆，故连杆轴颈数等于气缸数一半。连杆轴颈一般制成实心轴，有时为减轻质量也采用空心轴。

（3）曲柄

曲柄是主轴颈和连杆轴颈之间的连接部分，其长度取决于活塞行程。曲柄截面形状大多为椭圆形，因为这种结构金属利用率高，抗弯、抗扭刚度好。曲柄是曲轴最薄弱的部分，曲柄断裂是曲轴常见的损坏形式。曲柄与轴颈的过渡圆角对应力集中影响很大，在维修时要特别注意。

曲轴上钻有贯穿主轴颈、曲柄和连杆轴颈的油道，如图 2-72 所示。发动机工作时，来自缸体主油道的压力油能够润滑主轴颈和连杆轴颈。

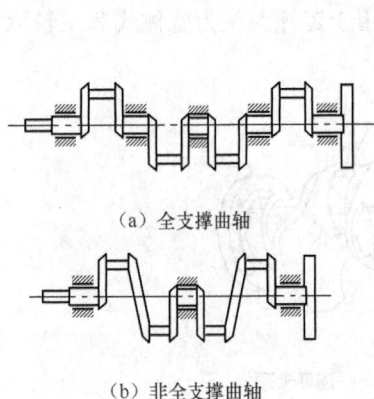

（a）全支撑曲轴

（b）非全支撑曲轴

图 2-71　曲轴的支撑形式

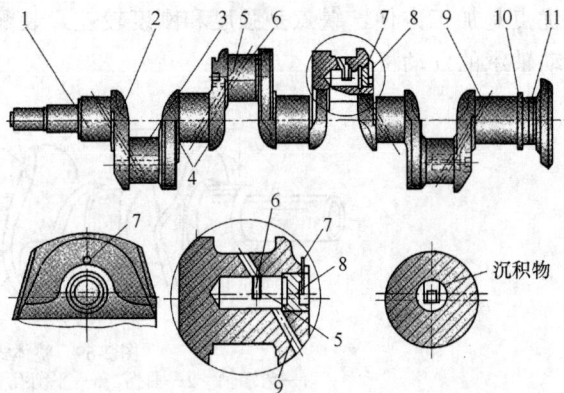

图 2-72　曲轴油道

1—主轴颈　2—曲柄　3—连杆轴颈　4—圆角　5—积污腔　6—油管
7—开口销　8—螺塞　9—油道　10—挡油盘　11—回油螺纹

（4）平衡重及平衡轴系统

① 平衡重。发动机工作时会产生往复惯性力和离心力。为平衡连杆大头、连杆轴颈和曲柄等产生的离心力和力矩以及运动质量（如活塞组零件质量和连杆小头质量等）所产生的往复惯性力，使发动机运转平稳，减轻主轴承负荷，需要对曲轴进行平衡。对于四缸、六缸等多缸直列发动机，由于曲柄是对称布置，往复惯性力和离心力及其产生的力矩，从整体上看都能相互平衡，但曲轴的局部却受到弯曲载荷作用，如图 2-73（a）所示。惯性力 F_1、F_4 与 F_2、F_3 由于大小相等、方向相反，互相平衡；F_1 和 F_2 形成的力矩 M_{1-2} 与 F_3 和 F_4 形成的力矩 M_{3-4} 也能互相平衡，但这两个力矩都给曲轴造成了弯曲载荷。若曲轴刚度不够就会产生弯曲变形，引起主轴颈和轴承偏磨。为了减轻主轴承载荷，一般在曲柄相反的方向设置平衡重，使其与上述惯性力产生的力矩相平衡，如图 2-73（b）所示。不同发动机曲轴设置的平衡重数量不同，可设置 4 块、6 块、8 块平

衡重。有的平衡重与曲轴制成一体，有的单独制成后通过螺栓固定在曲轴上。有些刚度较大的全支撑曲轴可不设置平衡重。无论有无平衡重，曲轴在装用前必须经过动平衡校验。对不平衡的曲轴，有时通常在其偏重的一侧钻去一部分质量，因此在平衡重外端或曲柄两端加工有不同数量的平衡孔。

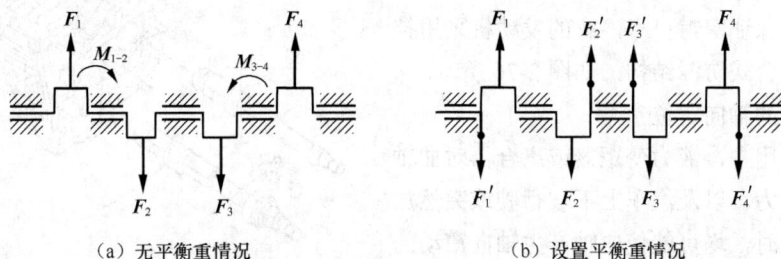

（a）无平衡重情况　　　　　　　　　（b）设置平衡重情况

图 2-73　曲轴平衡重的作用示意图

② 平衡轴系统。部分轿车发动机装有平衡轴系统，其功用是平衡曲柄连杆机构所产生的惯性力，以减轻发动机的震动。平衡轴系统可分为单平衡轴系统和双平衡轴系统两种。

单平衡轴系统如图 2-74 所示。平衡轴安装在气缸体上，前端由球轴承支撑，后端由滚针轴承支撑。平衡轴由凸轮轴齿轮驱动，而凸轮轴则由曲轴通过正时链驱动。平衡轴的转速与曲轴相同，而旋转方向与曲轴相反。

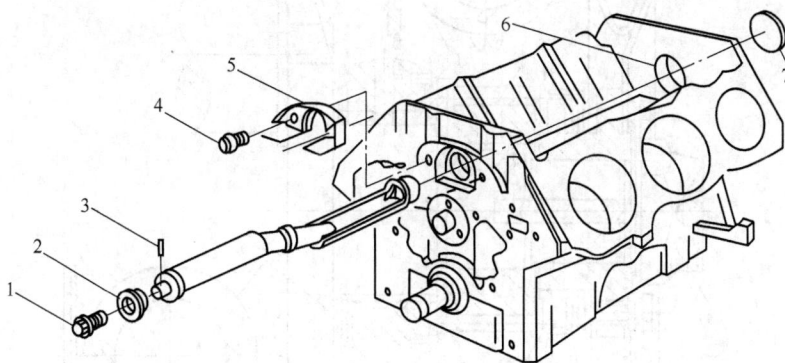

图 2-74　单平衡轴系统
1—齿轮紧固螺栓　2—平衡轴齿轮　3—传动销　4—保持架安装螺栓　5—保持架　6—后轴承　7—密封盖

双平衡轴系统如图 2-75 所示。两根平衡轴分别有 3 道支撑轴颈，均采用滑动轴承支撑，两根平衡轴通过一根带曲轴驱动。

平衡轴质量分布并不均匀，发动机工作中，平衡轴产生的惯性力正好与曲柄连杆机构引起发动机震动的惯性力大小相等，方向相反。

（5）前端轴和后端轴

① 前端轴。前端轴是第一道主轴颈之前的部分，通常制有键槽和螺纹，用来安装正时齿轮及扭转减震器等，以驱动配气机构及水泵、发电机和空气压缩机等附属装置工作。

② 后端轴。后端轴是最后一道主轴颈之后的部分，一般在其后端设有凸缘盘，用来安装飞轮。有的曲轴后端没有凸缘盘，飞轮用螺栓紧固于曲轴后端面上。

4．曲轴前、后端的密封与轴向定位

（1）曲轴前、后端的密封

由于曲轴的前后端都伸出曲轴箱，为了防止润滑油沿主轴颈外漏，在曲轴的前后端都设有防漏装置。常见的防漏装置有挡油盘、回油螺纹、油封等。为了保证密封可靠，有的发动机采用挡油盘和油封组合式防漏结构，如图 2-76 所示。

（2）曲轴的轴向定位

汽车在使用中，液力变矩器或离合器对曲轴产生的轴向推力，以及汽车上下坡行驶或突然加速、减速行驶时，均可能使曲轴产生轴向窜动的趋势。曲轴的轴向窜动将影响曲柄连杆机构各零件之间的相互位置，所以曲轴必须有轴向定位装置。同时，为保证曲轴在受热膨胀时能自由伸长，故曲轴的轴向定位只能有一处。

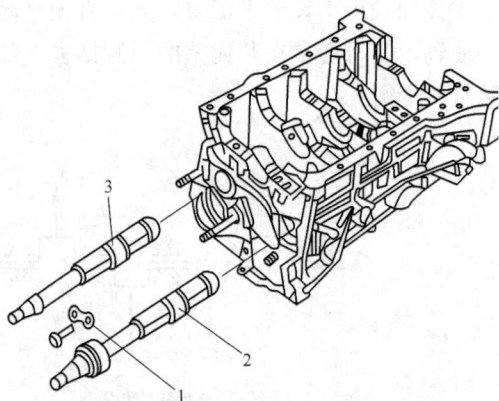

图 2-75　双平衡轴系统
1—保持架　2—前平衡轴　3—后平衡轴

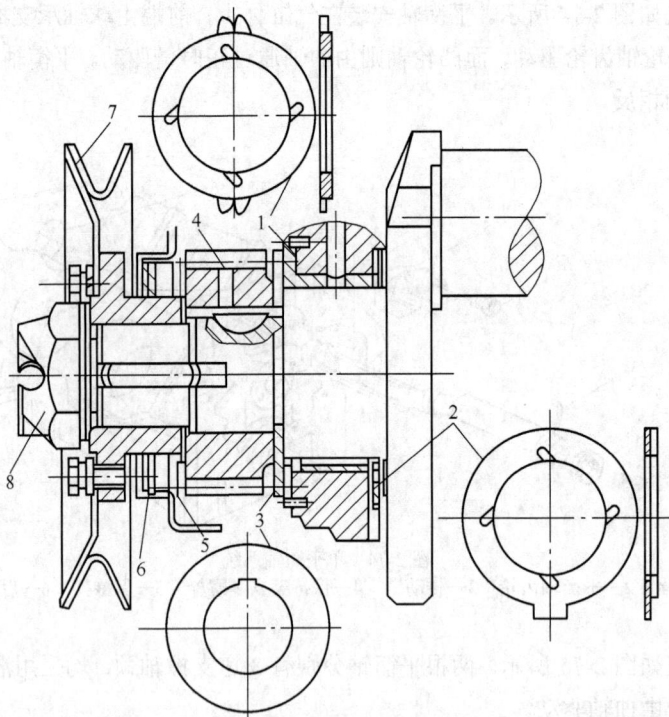

图 2-76　曲轴前端
1、2—止推垫片　3—止推环　4—正时齿轮　5—挡油盘　6—油封　7—皮带轮　8—起动爪

曲轴的轴向定位装置为安装在某一主轴颈两侧的两个止推垫片。安装在曲轴前端第一道主轴颈两侧的止推垫片一般为整体式，如图 2-76 中的止推垫片 1 和止推垫片 2。安装在中间某一道主轴颈两侧的止推垫片一般为分开式结构，如图 2-77 中的止推垫片 5。在有些发动机上，分开式止推垫片与主轴承制成一体，称为翻边轴承。

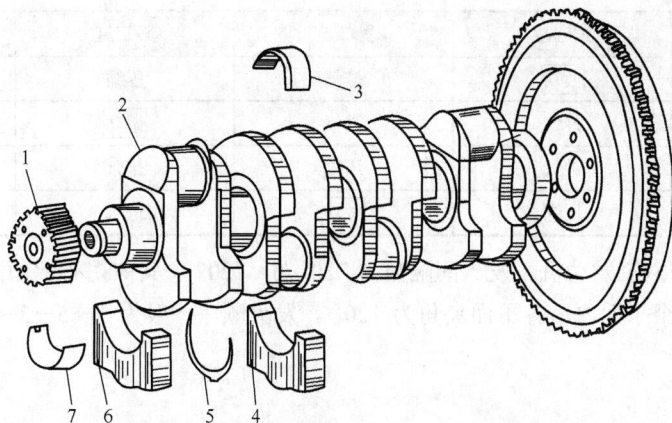

图 2-77　轴向定位装置——分开式止推垫片

1—正时带轮　2—曲轴　3—上主轴承　4—第二道主轴承盖　5—止推垫片　6—第一道主轴承盖　7—下主轴承

5. 曲拐布置与多缸发动机的工作顺序

曲轴的形状和各曲拐的相对位置（即曲拐的布置），取决于发动机的气缸数、气缸的排列形式和发火顺序。在安排多缸发动机的发火顺序时，应注意以下几点。

（1）连续做功的两气缸相距应尽可能远些，以减轻主轴承的载荷，同时避免可能发生的进气重叠现象（即相邻两缸的进气门同时开启）。

（2）各缸做功应力求均匀，即在一个工作循环内，每个气缸均应发火做功一次，而且各缸发火的间隔时间（以曲轴转角表示，称发火间隔角）应力求均匀。

（3）V 形发动机左右两列气缸应交替做功。对于缸数为 i 的四冲程直列发动机而言，发火间隔角为 $720°/i$，即曲轴每转 $720°/i$ 时，就有一个气缸做功，保证了发动机平稳运转。

几种常见的多缸发动机曲拐布置及发火顺序如下。

① 四冲程直列四缸发动机。发火间隔角为 $720°/4＝180°$。其曲拐布置如图 2-78 所示，4 个曲拐布置在同一平面内，发火顺序一般为 1→3→4→2 或 1→2→4→3 两种，其工作循环如表 2-2 所示。

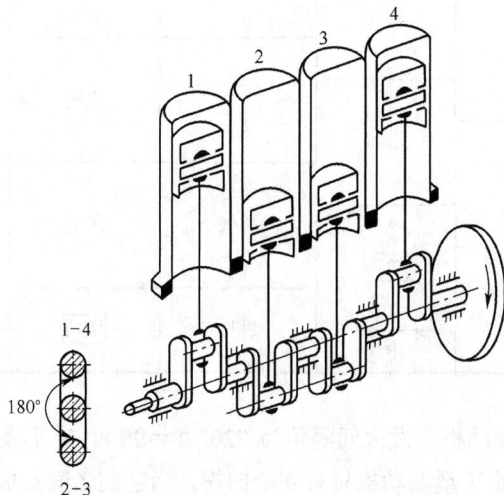

图 2-78　四冲程直列四缸发动机的曲拐布置

表 2-2　　　　四冲程直列四缸发动机工作循环表（发火顺序：1→3→4→2）

曲轴转角/(°)	第一缸	第二缸	第三缸	第四缸
0～180	做功	排气	压缩	进气
180～360	排气	进气	做功	压缩
360～540	进气	压缩	排气	做功
540～720	压缩	做功	进气	排气

② 四冲程直列六缸发动机。发火间隔角为 720°/6＝120°。其曲拐布置如图 2-79 所示，6 个曲拐分别布置在 3 个平面内，各平面夹角为 120°。发火顺序一般为 1→5→3→6→2→4，其工作循环如表 2-3 所示。

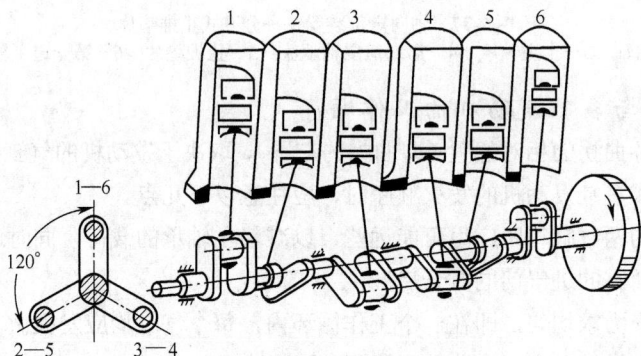

图 2-79　四冲程直列六缸发动机的曲拐布置

表 2-3　　　　四冲程直列六缸发动机工作循环表（发火顺序：1→5→3→6→2→4）

曲轴转角/(°)	第一缸	第二缸	第三缸	第四缸	第五缸	第六缸
0～60			进气	做功	压缩	
60～120	做功	排气				进气
120～180			压缩	排气		
180～240		进气			做功	
240～300	排气					压缩
300～360			做功	进气		
360～420		压缩			排气	
420～480	进气					做功
480～540			排气	压缩		
540～600		做功			进气	
600～660	压缩					排气
660～720		排气	进气	做功	压缩	

③ 四冲程 V 形八缸发动机。发火间隔角为 720°/8＝90°。V 形发动机左右两列相对应的一对连杆共用一个曲拐，所以 V 形发动机只有 4 个曲拐，当它们之间互成 90° 时，其曲拐布置如图 2-80 所示，发火顺序一般为 1→8→4→3→6→5→7→2，其工作循环如表 2-4 所示。

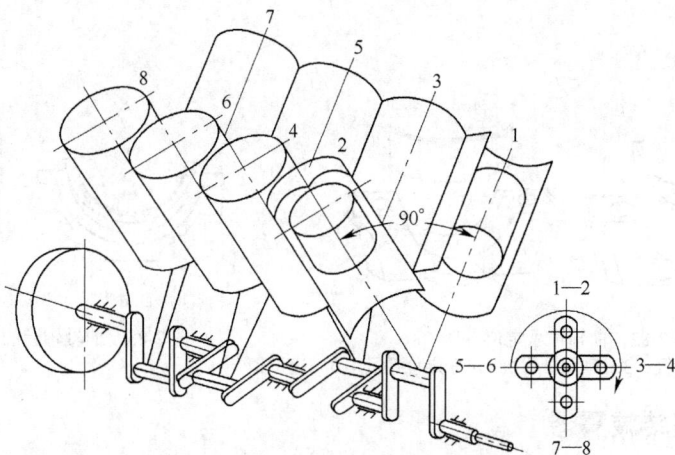

图 2-80　四冲程 V 形八缸发动机的曲拐布置

表 2-4　四冲程 V 形八缸发动机工作循环表（发火顺序：1→8→4→3→6→5→7→2）

曲轴转角/(°)	第一缸	第二缸	第三缸	第四缸	第五缸	第六缸	第七缸	第八缸
0～90	做功	做功	进气	压缩	排气	进气	排气	压缩
90～180	做功	排气	压缩	压缩	进气	进气	排气	做功
180～270	排气	排气	压缩	做功	进气	压缩	进气	做功
270～360	排气	进气	做功	做功	压缩	压缩	进气	排气
360～450	进气	进气	做功	排气	压缩	做功	压缩	排气
450～540	进气	压缩	排气	排气	做功	做功	压缩	进气
540～630	压缩	压缩	排气	进气	做功	排气	做功	进气
630～720	压缩	做功	进气	进气	排气	排气	做功	压缩

二、曲轴轴承

曲轴轴承包括曲轴主轴承（俗称大瓦）和连杆轴承（俗称小瓦），其结构基本相同。曲轴轴承的功用是减轻曲轴等零件的摩擦和磨损。

曲轴主轴承和连杆轴承一般是采用分开式滑动轴承，如图 2-81 所示，主要由钢背和减磨合金层组成。钢背是轴承的主体，在其内圆表面制有耐磨的合金层。为保证润滑可靠，在轴承内表面加工有油槽，用以储存润滑油。在轴承上加工有径向油孔，便于润滑油进入曲轴及连杆大头等油道。

发动机工作时，为防止轴承发生轴向窜动，在轴承的钢背上加工定位凸键或定位销孔。装配时，定位凸键（或定位销孔）嵌装在座孔内的定位槽中（或定位销上），如图 2-82 所示。为防

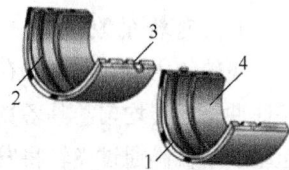

图 2-81　曲轴轴承
1—钢背　2—油槽　3—定位凸键
4—减磨合金层

止轴承转动，轴承具有自由弹势和一定的压紧量。自由弹势是指轴承在自由状态下的曲率半径比座孔大。压紧量是指轴承装入座孔后，其剖分面略高出座孔分界面，如图 2-83 所示。这样，装配后使轴承均匀地贴紧在座孔内，具有较好的承载和导热的能力，提高了工作可靠性和使用寿命。

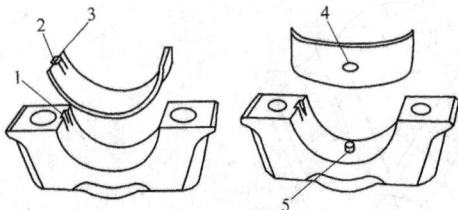

图 2-82 曲轴轴承定位
1—定位槽 2—定位凸键 3—轴承分界面 4—定位销孔 5—定位销

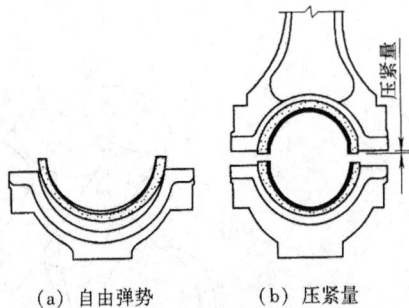

（a）自由弹势 （b）压紧量

图 2-83 曲轴轴承的自由弹势和压紧量

三、曲轴扭转减震器

发动机工作时，经连杆传给曲轴的作用力呈周期性变化，因此曲轴旋转的瞬时角速度也呈周期性变化。飞轮安装在曲轴的后端，由于转动惯量较大，其旋转瞬时角速度比较均匀，造成曲轴相对于飞轮转动时快时慢，使曲轴产生扭转震动。为减轻和消除曲轴的扭转震动，有些发动机在曲轴前端装有扭转减震器。

扭转减震器有橡胶式、摩擦式、硅油式等多种形式，常用的是橡胶式扭转减震器，如图 2-84所示。

减震器壳体与惯性环（或惯性盘）黏接在硫化橡胶层上。当曲轴发生扭转震动时，通过皮带轮毂带动减震器壳体一起震动，而惯性环（或惯

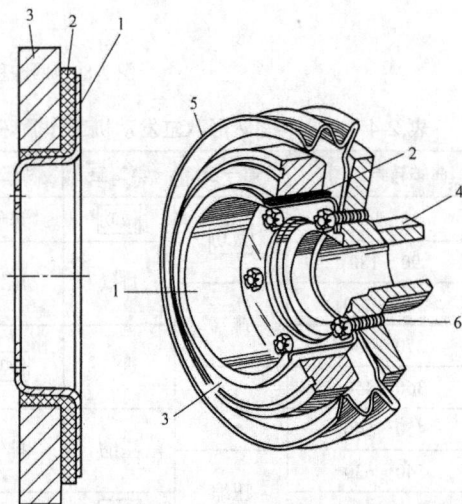

图 2-84 橡胶式扭转减震器
1—减震器壳体 2—硫化橡胶层 3—惯性环（或惯性盘）
4—皮带轮毂 5—皮带轮 6—紧固螺栓

性盘）的转动惯量较大，瞬时旋转角速度较均匀，所以橡胶层发生扭转变形，曲轴扭转震动能量被橡胶层的内摩擦阻尼所吸收，从而减轻和消除曲轴的扭转震动。

四、飞轮

1. 飞轮的功用

飞轮的主要功用是储存做功行程中的一部分能量，以便在其他行程带动曲柄连杆机构工作；保证曲轴运转均匀，具备克服短时超负荷的能力；通过飞轮起动齿圈与起动机小齿轮啮合，以便起动发动机；通过飞轮将发动机动力传递给离合器或自动变速器。

2. 飞轮的结构

飞轮是一个转动惯量较大的金属圆盘，飞轮外缘一般较厚，以保证在转动惯量足够的前提下尽可能减小飞轮质量。飞轮外缘压装有起动齿圈，以便在发动机起动时与起动机小齿轮啮合，带动曲轴旋转。飞轮通过螺栓与曲轴后端凸缘连接，一般用定位销或不对称的螺栓孔来保证飞轮和曲轴之间准确的安装位置。

发动机飞轮上一般刻有点火正时标记，以便校准点火（或喷油）正时。各类发动机的正时标记有所不同。奥迪 A6 轿车四缸发动机飞轮正时记号如图 2-85（a）所示，曲轴带轮上刻有凹槽，当凹

槽对准正时齿轮壳上的箭头时，即表示 1 缸和 4 缸的活塞处于上止点位置。捷达轿车发动机飞轮正时记号如图 2-85（b）所示，点火提前角为 6°时，*a* 值为 37mm；点火提前角为 20°时，*a* 值为 41mm。

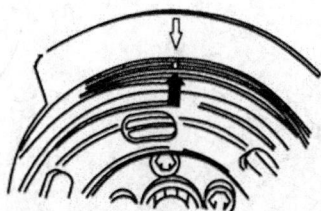

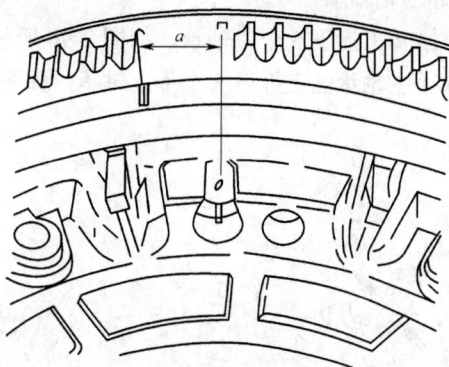

（a）奥迪 A6 轿车四缸发动机正时记号　　　　（b）捷达轿车发动机正时记号

图 2-85　发动机飞轮正时标记

实操技能训练

曲轴分总成的拆卸与装配

丰田卡罗拉轿车（1.6L）发动机曲轴分总成的相关零部件分解图如图 2-86 所示。

1. 拆卸

（1）拆卸曲轴。

① 均匀地拧松并按顺序拆下 10 个主轴承盖螺栓，如图 2-87 所示。

② 用 2 个已拆下的主轴承盖螺栓拆下 5 个主轴承盖和 5 个下轴承。注意：依次将螺栓插入轴承盖。如图 2-88 所示，轻轻地向上拉并向气缸体的前、后侧施加力，将轴承盖拉出。小心不要损坏轴承盖和气缸体的接触面。将下轴承和主轴承盖作为一个组件保存，并按正确的顺序摆放主轴承盖。

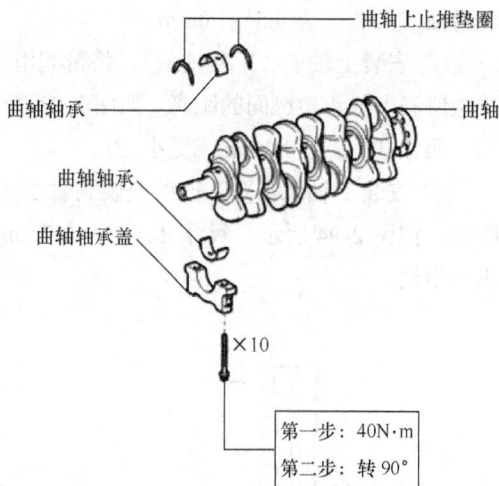

图 2-86　曲轴分总成的相关零部件分解图

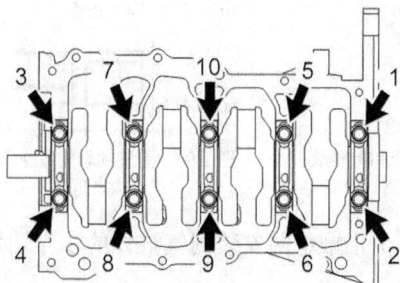

图 2-87　主轴承盖螺栓拆卸顺序

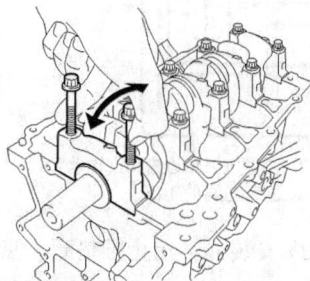

图 2-88　按顺序拆下主轴承盖螺栓

③ 取出曲轴。

（2）拆卸曲轴上止推垫圈。从气缸体上拆下曲轴上止推垫圈，如图 2-89 所示。

（3）拆卸曲轴轴承。

① 从气缸体上拆下 5 个主轴承，如图 2-90 所示。注意：按正确的顺序摆放轴承。

② 从 5 个主轴承盖上拆下 5 个下主轴承，如图 2-91 所示。注意：按正确的顺序摆放轴承。

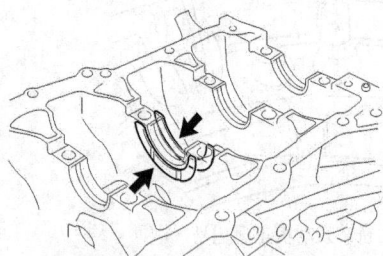

图 2-89 拆下曲轴上止推垫圈   图 2-90 拆下主轴承   图 2-91 拆卸下主轴承

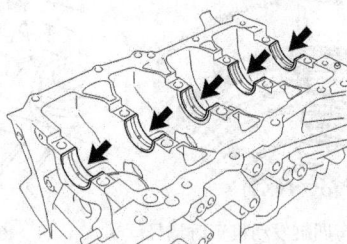

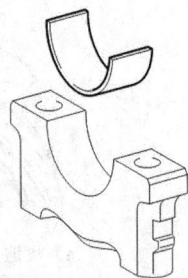

2．装配

（1）安装曲轴轴承。

① 安装上轴承（除 3 号轴颈外）。将带润滑油槽的上轴承安装到气缸体上。用刻度尺测量气缸体边缘和上轴承边缘之间的距离，如图 2-92 所示。注意：不要在轴承和接触表面上涂抹发动机润滑油。尺寸 A 为 0.5～1.0mm。

② 安装上轴承（3 号轴颈）。将带润滑油槽的上轴承安装到气缸体上。用游标卡尺测量气缸体边缘和上轴承边缘间的距离，如图 2-93 所示。注意：不要在轴承和接触表面上涂抹发动机润滑油。尺寸 A、B 为 0.7mm 或更小。

③ 安装下轴承。将下轴承安装到轴承盖上。用游标卡尺测量轴承盖边缘和下轴承边缘间的距离，如图 2-94 所示。尺寸 A、B 为 0.7mm 或更小。注意：不要在轴承和接触表面上涂抹发动机润滑油。

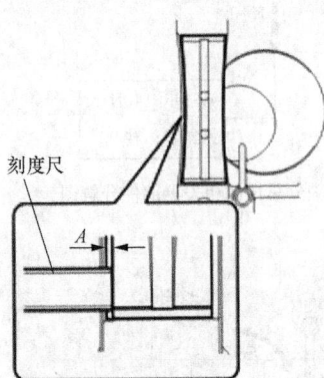

图 2-92 测量气缸体边缘和上轴承边缘之间的距离   图 2-93 测量气缸体边缘和上轴承边缘之间的距离   图 2-94 测量轴承盖边缘和下轴承边缘之间的距离

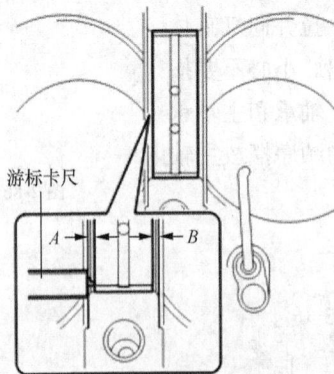

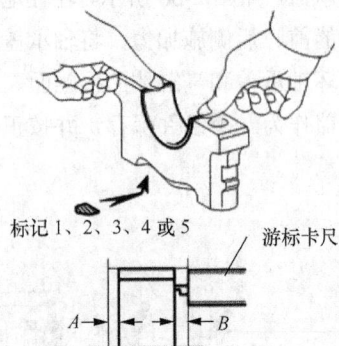

（2）安装曲轴上止推垫圈。使润滑油槽向外，将 2 个止推垫圈安装到气缸体的 3 号轴颈下方，如图 2-95 所示。在曲轴止推垫圈上涂抹发动机润滑油。

（3）安装曲轴。

① 在上轴承上涂抹发动机润滑油，并将曲轴安装到气缸体上。

② 在下轴承上涂抹发动机润滑油。

③ 检查号码标记，并将轴承盖安装到气缸体上，如图 2-96 所示。

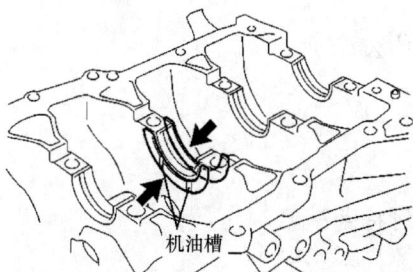

图 2-95 安装上止推垫圈

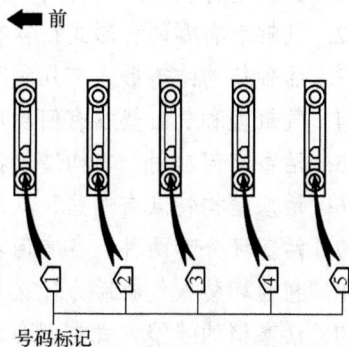

图 2-96 检查并对正标记

④ 在轴承盖螺栓的螺纹上和轴承盖螺栓下涂抹一薄层发动机润滑油。

⑤ 暂时安装 10 个主轴承盖螺栓，如图 2-97 所示。

⑥ 标记 2 个内轴承盖螺栓并以此为导向，用手插入主轴承盖，直到主轴承盖和气缸体间的间隙小于 5mm，如图 2-98 所示。

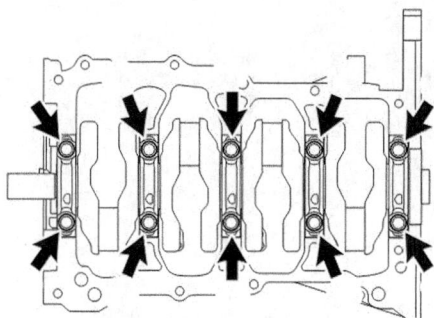

图 2-97 安装主轴承盖螺栓

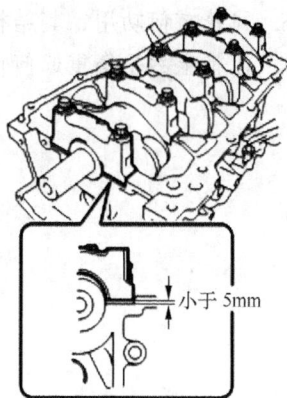

图 2-98 主轴承盖和气缸体之间的距离

⑦ 用塑料锤轻轻敲击轴承盖以确保正确安装。

⑧ 安装曲轴轴承盖螺栓。注意：主轴承盖螺栓的紧固分两步完成。

a. 安装并均匀紧固 10 个主轴承盖螺栓（力矩：40N·m），如图 2-99 所示。

b. 用油漆在轴承盖螺栓前端做标记。按图 2-99 所示数字顺序，将轴承盖螺栓再紧固 90°角。检查并确认油漆标记现在与前端成 90°角。检查并确认曲轴转动顺畅。检查曲轴轴向间隙。

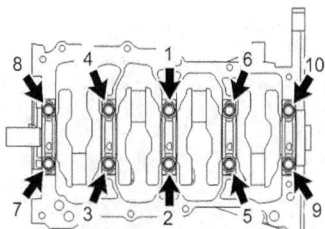

图 2-99 按顺序紧固主轴承盖螺栓

|练 习 题|

1. 曲柄连杆机构有何功用?其组成分哪几部分? 各部分包括哪些零件?
2. 气缸套有哪两种形式? 各有何特点?
3. 曲轴箱的结构形式有几种? 各有何特点?
4. 气缸盖和气缸垫各有何功用? 拆装时应注意什么?
5. 活塞有何功用? 其构造包括哪几部分?
6. 活塞结构特点有哪些? 其原因是什么?
7. 活塞环分哪两种? 各有何功用?
8. 扭曲环装入气缸后为什么会产生扭曲? 它有何特点?
9. 活塞销的连接方式有哪两种? 各有何特点?
10. 什么是活塞销偏置? 说明其作用原理。
11. 连杆有何功用? 其结构特点有哪些?
12. 曲轴有何功用? 如何进行分类的?
13. 曲拐的布置与哪些因素有关? 如何制取发动机工作循环表?
14. 曲轴为何要轴向定位? 其定位方式有哪些?
15. 曲轴扭转减震器有何功用? 说明橡胶式扭转减震器的结构及原理。
16. 飞轮有何功用? 其结构特点有哪些?
17. 曲轴上的平衡重起何作用? 为什么有的曲轴不加平衡重?

项目三
配气机构

本项目主要介绍配气机构的类型，气门组及气门传动组各主要零部件的功用、结构及其拆装等内容。

概　　述

配气机构是控制发动机进气和排气的装置，其功用是根据发动机的工作顺序和各缸工作循环的要求，定时开启和关闭进、排气门，使新鲜可燃混合气或空气及时进入气缸，并使燃烧废气及时排出气缸。

一、配气机构的基本组成

配气机构的常见形式有两种：一种是气门式配气机构，它由凸轮驱动，通过传动机构控制进、排气门开启和关闭，常用在四冲程发动机上；另一种是气孔式配气机构，它在气缸中开有进、排气孔，通过活塞的移动控制进排气过程，常用在二冲程发动机上。

四冲程气门式配气机构的基本组成分为气门组和气门传动组两部分，如图 3-1 所示。气门组的组成与配气机构的形式基本无关，主要零件包括气门、气门座、气门弹簧和气门导管等。气门传动组包括驱动气门动作的所有零件，其组成取决于配气机构的形式，主要零件包括正时齿轮（或正时带轮和齿形带、或正时链轮和链条）、凸轮轴和挺杆等。有些配气机构还包括推杆、摇臂和摇臂轴等。

发动机工作时，曲轴通过正时带轮及齿形带驱动凸轮轴旋转，凸轮的凸起部分通过挺杆向下推开气门，并进一步压缩气门弹簧。当凸轮的顶点转过液力挺杆后，对液力挺杆的推力逐渐减小。在气门弹簧力的作用下，气门开度逐渐减小，直至关闭。

图 3-1　配气机构的基本组成
1—曲轴正时带轮　2—中间轴正时带轮
3—张紧轮　4—凸轮轴正时带轮
5—正时齿形带　6—凸轮轴　7—液力挺杆组件　8—排气门　9—进气门
10—挺杆体　11—柱塞　12—球阀
13—补偿弹簧　14—托架　15—柱塞弹簧　16—液压缸　17—气门锁片
18—上弹簧座　19—气门弹簧
20—气门油封

二、配气机构的分类

配气机构有多种类型，现代汽车发动机采用顶置气门式配气机构，即气门安装在燃烧室顶部。每个气缸一般安装 2～5 个气门，一般气门沿发动机纵向排成一列或两列。

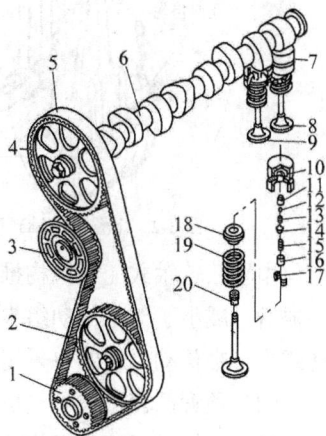

1. 按凸轮轴的安装位置分类

配气机构按照凸轮轴的安装位置分为下置凸轮轴式、中置凸轮轴式和顶置凸轮轴式三种类型。

（1）下置凸轮轴式配气机构

下置凸轮轴式配气机构如图 3-2 所示，凸轮轴安装在气缸体下部的曲轴箱内，平行布置在曲轴的一侧。由于曲轴和凸轮轴位置较近，采用安装在凸轮轴和曲轴前端的一对正时齿轮驱动。这种传动装置比较简单，润滑比较方便，但由于凸轮轴远离气门，故需用较长的推杆来传动。

（2）中置凸轮轴式配气机构

为减小气门传动组零件往复运动的惯性力，有些发动机将凸轮轴安装在气缸体的中上部，构成中置凸轮轴式配气机构，如图 3-3 所示，其组成与下置凸轮轴式配气机构基本相同。

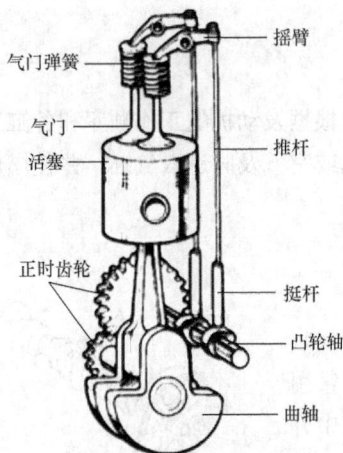

图 3-2　下置凸轮轴式配气机构

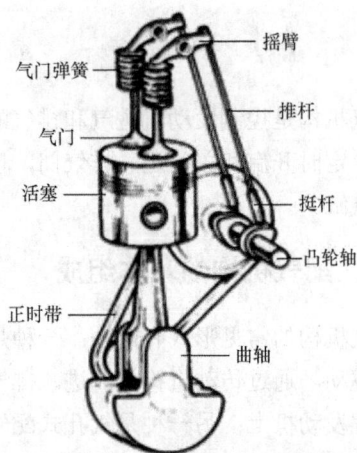

图 3-3　中置凸轮轴式配气机构

中置凸轮轴式配气机构推杆长度较短，有些发动机甚至省去推杆，由凸轮轴通过挺杆直接驱动摇臂，减小了气门传动组零件往复运动的质量。由于凸轮轴距离曲轴较远，故一般采用链条传动或齿形带传动，有的也采用齿轮传动。

（3）顶置凸轮轴式配气机构

顶置凸轮轴式配气机构的主要特点是凸轮轴安装在气缸盖上，气门传动组不需推杆，由凸轮轴直接驱动摇臂或气门，不仅减少了气门传动组零件，而且减小气门传动组零件往复运动的质量，因此在轿车发动机上应用广泛。由于凸轮轴距离曲轴较远，因此采用链条传动或齿形带传动。

顶置凸轮轴式配气机构根据凸轮轴数可分为单顶置凸轮轴式和双顶置凸轮轴式两种。

① 单顶置凸轮轴式配气机构。单顶置凸轮轴式配气机构的布置形式有很多，都是用一根凸轮轴（安装在气缸盖上），通过挺杆直接（无摇臂总成）或间接（有摇臂总成）驱动所有气缸的进气门和排气门。

单顶置凸轮轴、无摇臂总成、一列气门式配气机构如图 3-4 所示。凸轮轴通过液力挺杆直接驱动气门开启，气门传动组既没有推杆，也取消了摇臂总成，使配气机构更加简单。

单顶置凸轮轴、单摇臂轴总成、两列气门式配气机构如图 3-5 所示。凸轮轴通过进气摇臂和排气摇臂间接驱动进气门和排气门开启。进、排气门排成两列，驱动进、排气门的进、排气摇臂相对安装在一根摇臂轴上。

单顶置凸轮轴、双摇臂轴总成、两列气门式配气机构如图 3-6 所示。凸轮轴分别通过进气摇

臂和排气摇臂间接驱动进气门和排气门开启。进、排气门排成两列，驱动进、排气门的进、排气摇臂分别安装在各自的摇臂轴上。

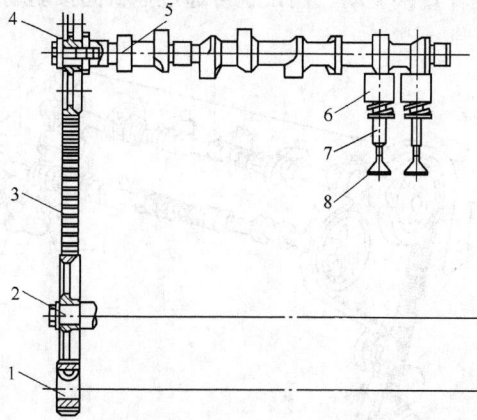

图 3-4 单顶置凸轮轴、无摇臂总成、一列气门式配气机构
1—曲轴正时带轮 2—中间轴正时带轮 3—正时齿形带 4—凸轮轴正时带轮 5—凸轮轴 6—液力挺杆 7—气门弹簧 8—气门

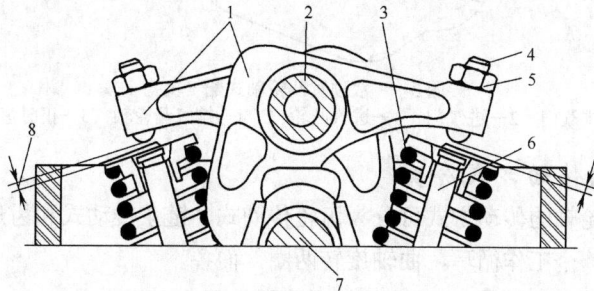

图 3-5 单顶置凸轮轴、单摇臂轴总成、两列气门式配气机构
1—摇臂 2—摇臂轴 3—气门弹簧 4—气门间隙调整螺钉 5—锁止螺母 6—气门 7—凸轮轴 8—气门间隙

单（或双）顶置凸轮轴、浮动摇臂、一列（或两列）气门式配气机构如图 3-7 所示。其特点是驱动摇臂的凸轮轴位于摇臂上方，采用浮动式摇臂（只有摇臂而无摇臂轴），为减轻凸轮和摇臂之间的磨损，在摇臂上设有滚动轴承。液力挺杆安装在位于气缸盖上的挺杆导向孔内，摇臂与挺杆采用球面接触，以此作为摇臂摆转的支点。

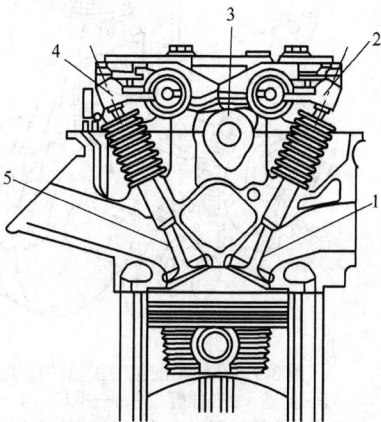

图 3-6 单顶置凸轮轴、双摇臂轴总成、两列气门式配气机构
1—排气门 2—排气摇臂 3—凸轮轴 4—进气摇臂 5—进气门

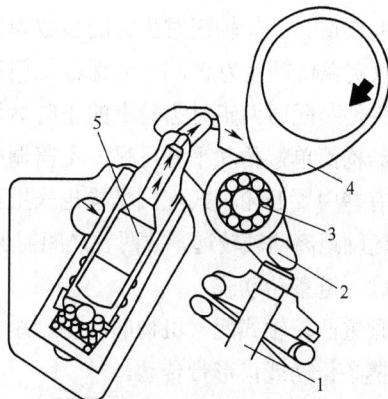

图 3-7 单顶置凸轮轴、浮动摇臂、一列气门式配气机构
1—气门 2—摇臂 3—滚动轴承 4—凸轮轴 5—液力挺杆

② 双顶置凸轮轴式配气机构。双顶置凸轮轴式配气机构如图3-8所示，通过两根凸轮轴分别驱动排成两列的进气门和排气门，这种结构常用在多气门发动机上。与单顶置凸轮轴式配气机构很相似，凸轮轴既可通过挺杆直接驱动气门，也可通过摇臂间接驱动气门。

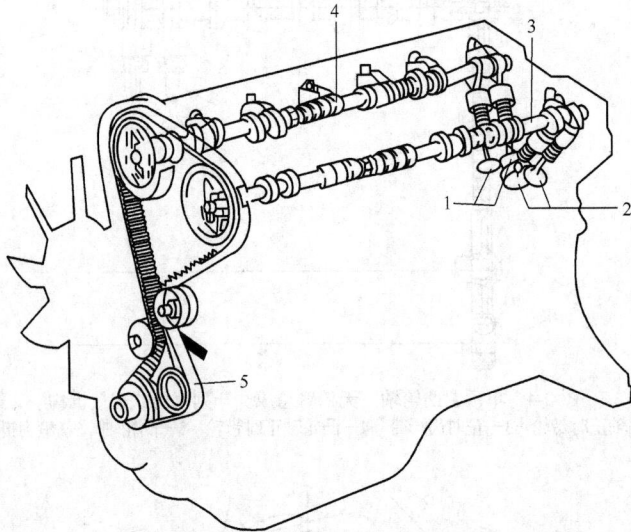

图 3-8 双顶置凸轮轴式配气机构
1—排气门 2—进气门 3—进气凸轮轴 4—排气凸轮轴 5—正时齿形带

2. 按凸轮轴的传动方式分类

配气机构按照凸轮轴的传动方式可分为齿轮传动式、链条传动式和齿形带传动式三种。由于四冲程发动机每完成一个工作循环，曲轴旋转两圈，而各缸只完成一次进气过程和排气过程，即凸轮轴只需转一圈，因此曲轴与凸轮轴的传动比为2∶1。

（1）齿轮传动式

下置凸轮轴式配气机构一般都采用正时齿轮传动，如图3-9所示。为了保证啮合平稳，减少传动噪声，正时齿轮大多采用斜齿轮且选用不同的材料制成。通常曲轴上的正时齿轮用金属材料制造，而凸轮轴上的正时齿轮用非金属材料制造。凸轮轴正时齿轮的齿数为曲轴正时齿轮的两倍，以实现传动比为2∶1。为保证气门的开启和关闭时刻准确性，装配时两正时齿轮上的正时标记必须对正。其特点是结构简单，传动平稳可靠，不需调整，传动噪声小。

有些中置凸轮轴式配气机构也采用正时齿轮传动。由于凸轮轴距离曲轴较远，故两者之间需加装中间齿轮传动。

（2）链条传动式

顶置凸轮轴式配气机构的凸轮轴距离曲轴较远，适合采用链条传动或齿形带传动。

采用链条传动时，在曲轴和凸轮轴上装有正时链轮，

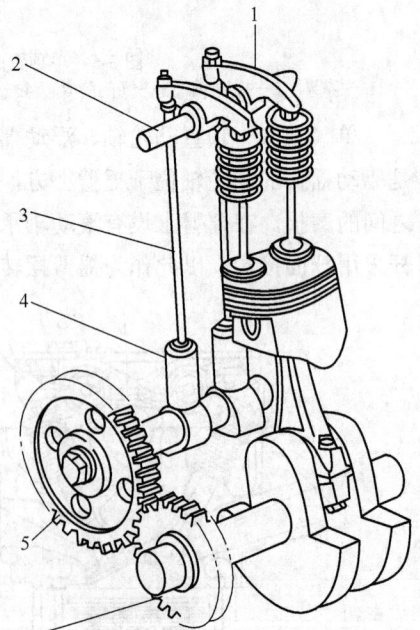

图 3-9 凸轮轴的正时齿轮传动机构
1—摇臂 2—摇臂轴 3—推杆 4—挺杆
5—凸轮轴正时齿轮 6—曲轴正时齿轮

曲轴通过链条驱动凸轮轴。凸轮轴正时链轮的齿数为曲轴正时链轮的两倍，以实现传动比为2∶1。

为了防止链条震动，该传动中都设有张紧器导板和链条张紧器，利用链条张紧器调整链条的张紧力，如图 3-10 所示。

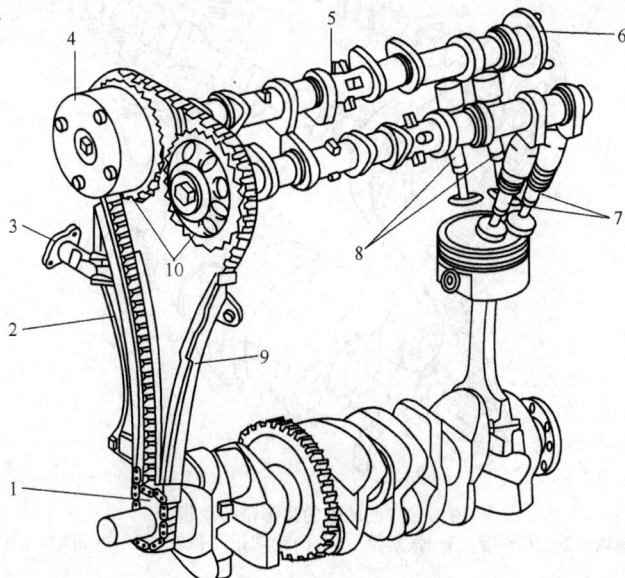

图 3-10 凸轮轴的链条传动机构
1—曲轴正时链轮 2—张紧器导板 3—链条张紧器 4—可变配气正时控制器 5—进气凸轮轴
6—正时转子 7—排气门 8—进气门 9—导链板 10—凸轮轴正时链轮

采用链条传动装置的配气机构，正时标记多种多样，装配时应特别注意。常用的正时方法有对正链条与链轮上的标记、一缸活塞处于压缩上止点时对正凸轮轴链轮与缸盖上的标记等 2 种。目前轿车常用的是对正链条与链轮上的标记，曲轴链轮上的正时标记与正时链条上的标记（链节与其他链节颜色不同）对准，凸轮轴链轮上的正时标记与正时链条上的标记对准，如图 3-11 所示。其特点是工作可靠，使用寿命长，故障率低，但链条传动噪声大，结构复杂，维修较麻烦。

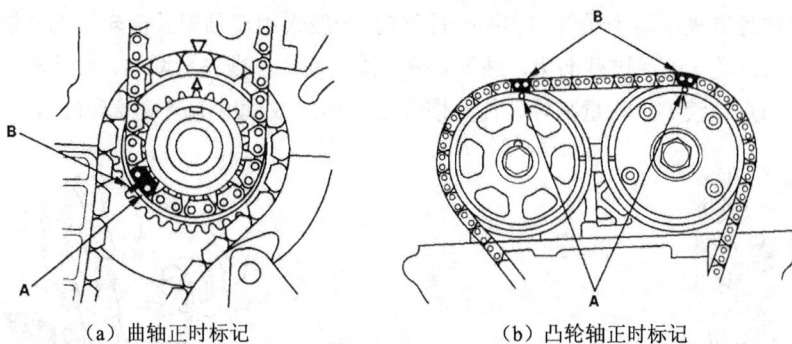

（a）曲轴正时标记　　　　　　　　（b）凸轮轴正时标记

图 3-11 正时链轮传动装置的正时标记
A—正时链轮上的标记 B—正时链上带颜色的链节

（3）齿形带传动式

采用齿形带传动时，在曲轴和凸轮轴上装有正时带轮，曲轴通过齿形带驱动凸轮轴。凸轮轴正时带轮的直径为曲轴正时带轮直径的两倍，以实现传动比为 2∶1。为了防止齿形带抖动，该传动中设有张紧轮，以调整齿形带的张紧力，如图 3-12 所示。

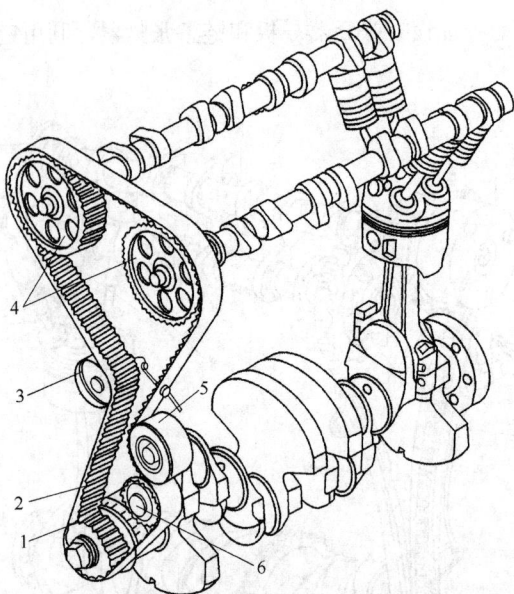

图 3-12　凸轮轴的齿形带传动机构
1—曲轴正时带轮　2—齿形带　3—张紧轮　4—凸轮轴正时带轮　5—中间轮　6—水泵传动带轮

　　与链条传动装置一样，齿形带传动装置正时标记多种多样，装配时必须按维修手册中的规定对正正时标记（凸轮轴正时带轮与气缸盖上的标记、曲轴正时带轮与气缸体上的标记等）。常见的齿形带传动装置的正时标记如图 3-13 所示。其特点是齿形带传动噪声小，结构简单，安装方便，不需要润滑。

3．按每个气缸的气门数量分类

　　配气机构按每个气缸的气门数量，可分为双气门式和多气门式两种。有些发动机采用一个进气门和一个排气门的双气门结构。由于进气阻力对发动机性能的影响比排气阻力大得多，所以优先考虑减小进气阻力的要求。一般进气门直径比排气门直径大 15%～30%，但排气门直径也不能过小，否则将引起排气阻力过大。为了改善发动机的换气过程，提高发动机的动力性和经济性，现代高性能发动机通常采用三气门、四气门和五气门结构，其中四气门结构应用较为广泛。

　　四气门结构每缸采用两个进气门和两个排气门，一般采用双顶置式凸轮轴配气机构，如图 3-14 所示。其突出优点是气流通过截面大，进气充分、排气彻底，进气量增加，发动机的动力性提高。每个气门的头部直径较小、质量减轻、往复惯性力减小，故适用于高速发动机上。

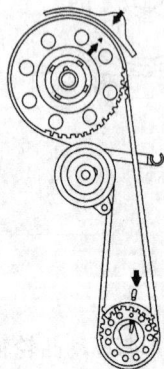

图 3-13　常见齿形带传动装置的正时标记

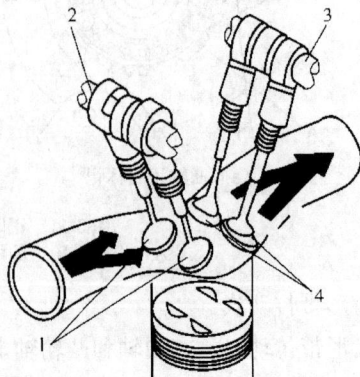

图 3-14　四气门双顶置凸轮轴式配气机构
1—进气门　2—进气凸轮轴　3—排气凸轮轴　4—排气门

三、气门间隙

1. 气门间隙的功用

发动机在冷态下，在未装用液力挺杆的配气机构中，当气门处于关闭状态时，气门与传动件之间的间隙称为气门间隙。

气门间隙的功用是补偿气门受热后的膨胀量，保证发动机的正常工作。由于配气机构处于高速运转状态，且工作温度较高。如果发动机冷态时不预留气门间隙，发动机热态时，气门挺杆、气门杆等零件因受热而伸长，会自动顶开气门，使气门与气门座关闭不严，造成漏气现象。因此，在进、排气门杆尾部与摇臂（或凸轮与挺杆等）之间留有一定的气门间隙，如图 3-15 所示。

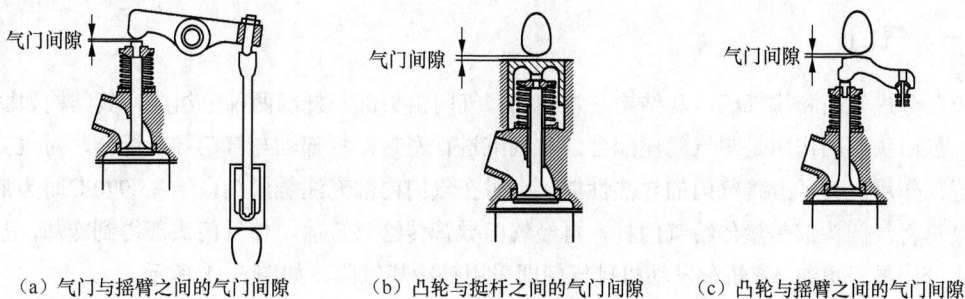

认识气门间隙

（a）气门与摇臂之间的气门间隙　　（b）凸轮与挺杆之间的气门间隙　　（c）凸轮与摇臂之间的气门间隙

图 3-15　气门间隙

在装有液力挺杆的配气机构中，由于液力挺杆能自动"伸长"或"缩短"，对气门的热胀冷缩起到一定的补偿作用，故不需留气门间隙。

2. 气门间隙过大、过小的危害

气门间隙的大小取决于发动机型号，一般进气门的气门间隙为 0.1～0.25mm，排气门的气门间隙为 0.1～0.4mm。发动机在工作中，气门间隙的大小经常发生变化。若气门间隙过小，会导致发动机工作时，气门关闭不严而漏气，使发动机功率下降，起动困难，甚至使气门撞击活塞；若气门间隙过大，不仅会造成配气机构产生异响，而且会导致气门开启升程和开启持续角度减小，影响发动机的换气质量，也会使发动机功率下降。最佳的气门间隙由发动机制造厂根据试验确定。

|任务一　气　门　组|

【学习目标】

1. 能够正确描述气门组的组成，各主要零部件的功用与结构特点。
2. 能够正确选择与使用工具、设备，并规范进行气门组各零部件的拆卸与装配。

相 关 知 识

气门组主要包括气门、气门座、气门弹簧、气门导管和气门油封等零部件，其功用是实现气门对气缸的可靠密封。气门组的组成如图 3-16 所示。

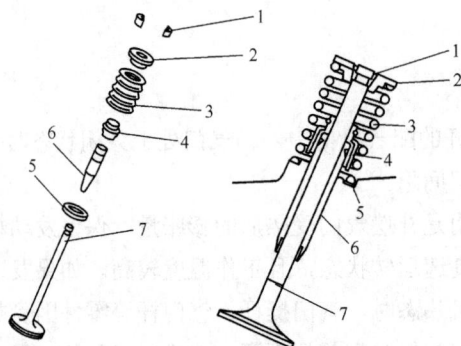

图 3-16 气门组的组成

1—锁片 2—上弹簧座 3—气门弹簧 4—气门油封 5—下弹簧座 6—气门导管 7—气门

认识配气机构的气门组

一、气门

气门分进气门和排气门，其结构基本相同。气门由头部与杆部两部分组成，其结构如图 3-17 所示。气门头部的作用是与气门座配合，对气缸进行密封；杆部则与气门导管配合，对气门的运动起导向作用。为了改善气门的导热性能，有时在气门内部充注金属钠，钠在 970℃时为液态，液态钠可将气门头部热量传给气门杆，再经气门导管传给气缸盖，使气门头部得到冷却，且冷却效果十分明显。奥迪 A6 轿车发动机排气门即采用钠冷却气门，如图 3-18 所示。

1. 气门头部

气门头部形状有平顶、喇叭形顶和球面顶等，如图 3-19 所示。平顶气门具有结构简单、加工方便、受热面积小、质量轻等优点，多数发动机的进气门和排气门均采用此形状的气门。喇叭形顶气门头部与杆部之间的过渡部分具有一定的流线型，进气阻力小，但其顶部受热面积大，故适用于进气门。球面顶气门头部强度高，耐高温能力强，排气阻力小，但其顶部受热面积较大，加工较困难，故适用于排气门。

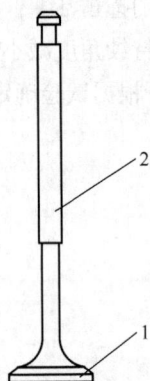

图 3-17 气门的结构

1—头部 2—杆部

金属钠

图 3-18 充钠排气门

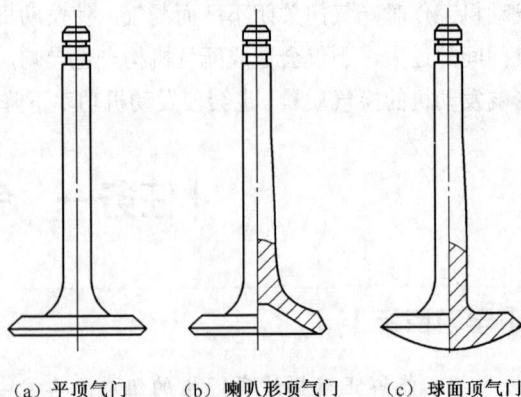

（a）平顶气门 （b）喇叭形顶气门 （c）球面顶气门

图 3-19 气门头部的结构形式

气门头部与气门座之间接触的工作面称气门密封锥面，该密封锥面与气门顶平面之间的夹角称为气门锥角。气门锥角一般为 45°或 30°，如图 3-20 所示。

气门头部直径越大，气流流通截面越大，进、排气阻力就越小。为了减小进气阻力，提高充气效率，一般发动机进气门头部直径比排气门大。由于进、排气工作条件不同，所用材料不同，为了避免装错，一般在排气门头部刻有记号。

2. 气门杆部

气门杆部与气门导管配合，为气门运动时导向、承受侧压力并传走部分热量。气门杆身为圆柱形，一般在靠近尾部加工有环形槽或锁销孔，借助锁片或锁销固定气门弹簧座。气门弹簧座的固定方式有锁片式和锁销式两种，如图3-21所示。锁片式结构是在气门杆尾部加工有环形槽，其中嵌入制成两半的锥形锁片（外圆为锥形、内孔有环形凸台）。当气门组装配到气缸盖上后，在气门弹簧作用下，锁片外圆锥面与气门弹簧座孔内圆锥面配合，使气门弹簧座固定。锁销式结构则是在气门杆的尾部加工有锁销孔，将锁销插入锁销孔内。当气门组装配到气缸盖上后，在气门弹簧作用下，由于锁销长度大于气门弹簧座内孔直径，使气门弹簧座固定。

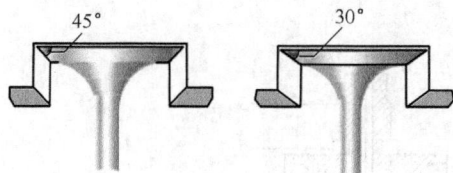

图 3-20　气门锥角

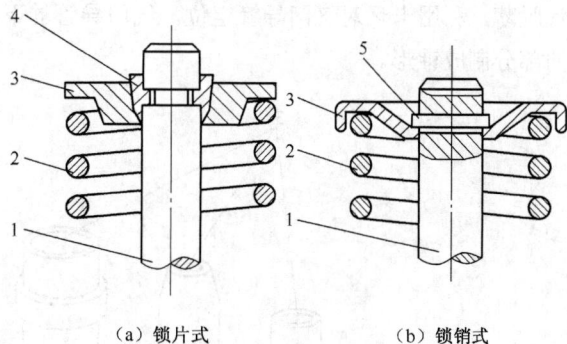

(a) 锁片式　　　　(b) 锁销式

图 3-21　气门弹簧座的固定方式
1—气门杆　2—气门弹簧　3—气门弹簧座　4—锁片　5—锁销

二、气门座

进、排气道口与气门密封锥面直接接触的部位称气门座，如图3-22所示。其功用是与气门头部密封锥面配合，对气缸起密封作用，同时对气门还起散热作用。

采用铝合金气缸盖和多数铸铁气缸盖的气门座单独制成气门座圈，然后压装在燃烧室内的进、排气道口座孔内，气门座圈与座孔有足够的过盈量，以防发动机工作时气门座圈脱落。气门座圈用耐热合金钢或耐热合金铸铁制成。有些铸铁气缸盖不镶嵌气门座圈，而是在气缸盖直接加工出气门座。

为保证气门与气门座之间的可靠密封，气门座上加工有与气门相适应的锥面，其锥面包括三部分，如图3-23所示。45°（或30°）锥面是与气门密封锥面配合的工作面，宽度 b 为1～3mm，15°锥面和 75°锥面是用来修正工作锥面的宽度和上、下位置的，以使其达到规定的要求。在安装气门前，还应采用与气门配对研磨的方法，以保证贴合紧密。

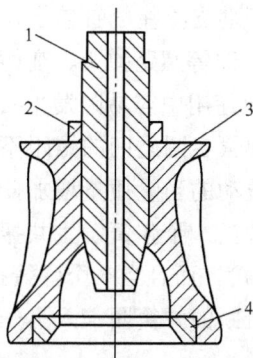

图 3-22　气门座及气门导管
1—气门导管　2—卡环　3—气缸盖　4—气门座

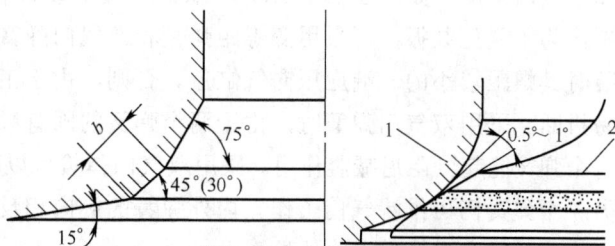

图 3-23　气门座锥面与密封干涉角
1—气门座　2—气门

有些发动机的气门锥角比气门座锥角小 0.5°～1.0°，该角称为密封干涉角。这样有利于走合期的磨合。走合期结束，密封干涉角逐渐消失，恢复全锥面接触。

三、气门导管

气门导管的功用是为气门运动导向，保证气门做直线往复运动，使气门与气门座（或气门座圈）保持正常贴合，并将气门杆部所吸收的热量传给气缸盖。

气门导管为空心管状结构，如图 3-24 所示。气门导管压装在气缸盖上的导管孔中，其外圆柱面与导管孔之间有一定的过盈量，以保证良好的导热性能和防止松脱。有些发动机为防止气门导管脱落，利用卡环对气门导管定位。气门导管的下端伸入气道内，为减小气流阻力，故伸入气道的部分制成锥形。

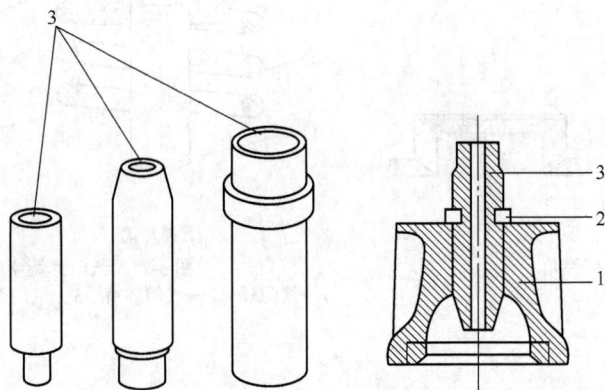

图 3-24　气门导管
1—气缸盖　2—卡环　3—气门导管

气门导管内孔与气门杆部之间为间隙配合，一般为 0.05～0.12mm。间隙过大，导向及导热作用不好；间隙过小，热状态下可能导致气门卡死在气门导管中。为防止润滑油从气门杆部与气门导管内孔之间的间隙中漏入燃烧室，在气门导管的上端装有气门油封。

四、气门弹簧

气门弹簧的功用是使气门关闭并与气门座压紧，同时在气门开启或关闭过程中，使气门传动组零件紧密连接，防止因惯性力分离而产生异响。

气门弹簧采用圆柱螺旋弹簧，弹簧两端磨平，装配后弹簧下端支撑在气缸盖上，上端靠锁片或锁销支撑在气门弹簧座上。气门弹簧的常见类型有 3 种，即等螺距弹簧、变螺距弹簧和双气门弹簧，如图 3-25 所示。等螺距弹簧是最简单的一种，但使用中容易因发生共振而折断。为了避免共振，可采用变螺距弹簧和双气门弹簧。变螺距弹簧各圈之间的螺距不等，安装时其螺距较小的一端应压向气缸盖。否则，由于工作时参加震动的当量质量增加，反而容易折断。采用双气门弹簧时，由于两个弹簧的固有频率不同，故当一个弹簧发生共振时，另一个弹簧能起到阻尼减震作用。采用双气门弹簧可以减小弹簧高度，而且当一个弹簧折断时，另一个弹簧仍可维持气门工作。内外弹簧的旋向相反，可防止折断的弹簧圈卡入另一个弹簧圈内。一般内弹簧弹力比外弹簧小。

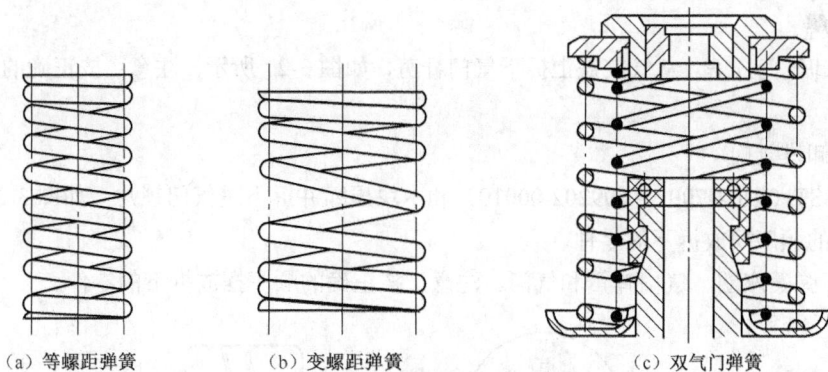

（a）等螺距弹簧 （b）变螺距弹簧 （c）双气门弹簧

图 3-25 气门弹簧的类型

实操技能训练

气门组的拆解与装配

丰田卡罗拉轿车（1.6L）发动机气门组的相关零部件分解图如图 3-26 所示。

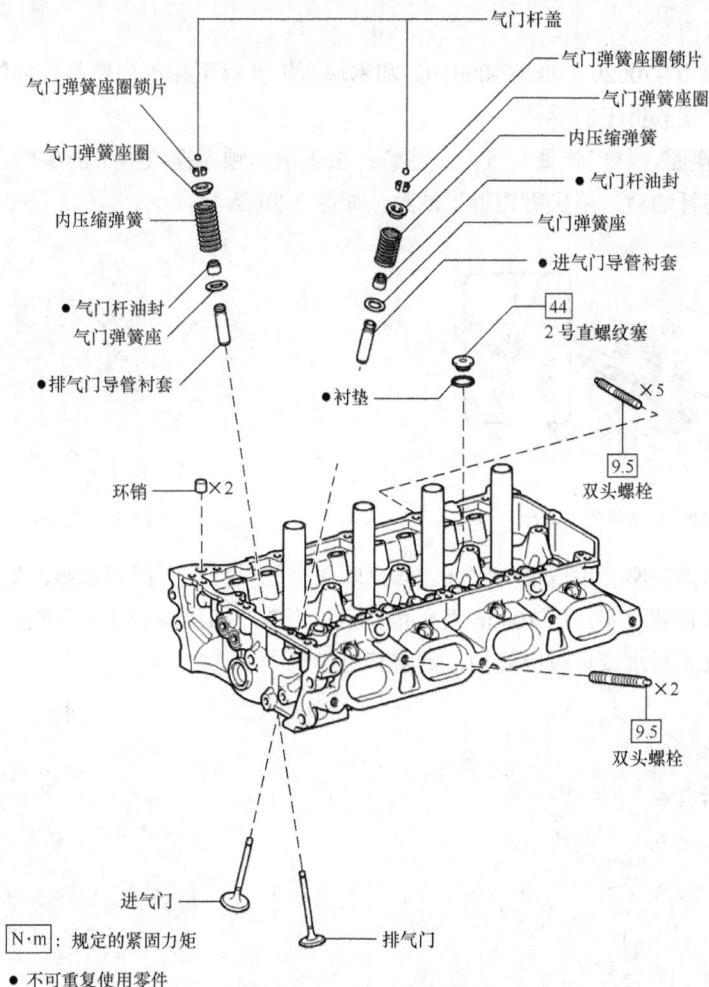

图 3-26 气门组的相关零部件分解图

1．拆解

（1）拆卸气门杆盖。从气缸盖上拆下气门杆盖，如图3-27所示。注意：按正确的顺序摆放拆下的零件。

（2）拆卸进气门。

① 用SST 09202-70020（09202-00010）和木块压缩并拆下进气门锁片，如图3-28所示。注意：按正确的顺序摆放拆下的零件。

② 拆下弹簧座圈、气门弹簧和气门。注意：按正确的顺序摆放拆下的零件。

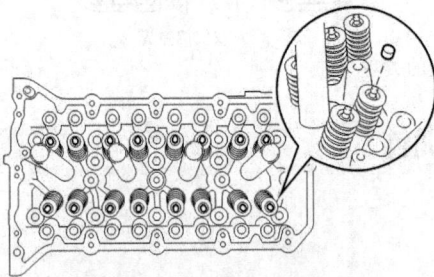

图3-27　拆下气门杆盖

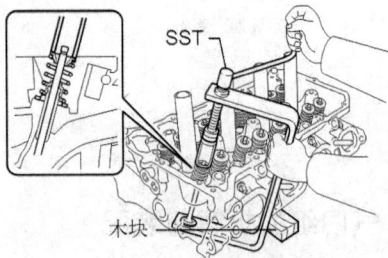

图3-28　拆下进气门锁片

（3）拆卸排气门。

① 用SST 09202-70020（09202-00010）和木块压缩并拆下排气门锁片，如图3-29所示。注意：按正确的顺序摆放拆下的零件。

② 拆下弹簧座圈、气门弹簧和气门。注意：按正确的顺序摆放拆下的零件。

（4）拆卸气门杆油封。用尖嘴钳拆下油封，如图3-30所示。

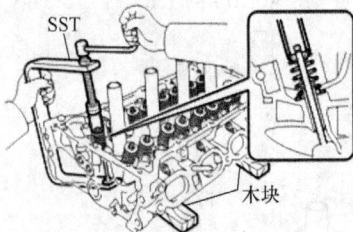

图3-29　拆下排气门锁片

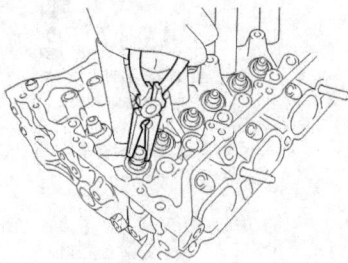

图3-30　拆下油封

（5）拆卸气门弹簧座。用压缩空气和磁棒，吹入空气以拆下气门弹簧座，如图3-31所示。

（6）拆卸2号直螺纹塞。用10mm直六角扳手拆下3个螺纹塞和3个衬垫，如图3-32所示。注意：如果直螺纹塞漏水或螺纹塞腐蚀，则将其更换。

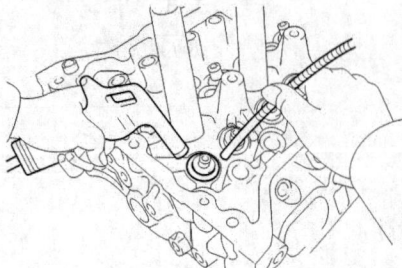

图3-31　拆下气门弹簧座

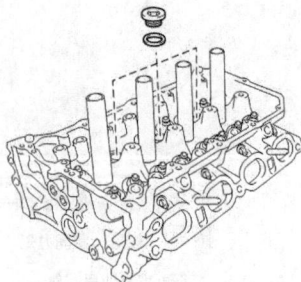

图3-32　拆下2号直螺纹塞

2．重新装配

（1）安装2号直螺纹塞。用10mm直六角扳手安装3个新衬垫和3个直螺纹塞（扭矩：44N·m），如图3-32所示。

（2）安装气门弹簧座。将气门弹簧座安装到气缸盖上。

（3）安装气门杆油封。

① 在新油封上涂抹一薄层发动机润滑油。注意：安装进气门和排气门油封时应特别小心。例如，如果将进气门油封安装至排气侧或将排气门油封安装至进气侧，会导致以后的安装故障。注意：进气门油封为灰色，排气门油封为黑色，如图3-33所示。

② 用SST 09201-41020压入油封，如图3-34所示。注意：若不用SST会造成油封损坏或安装不到位。

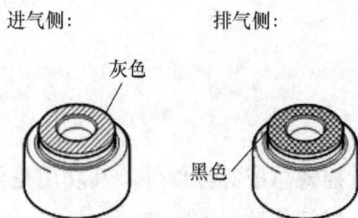

进气侧：　　　排气侧：
灰色
黑色

图3-33　安装气门油封

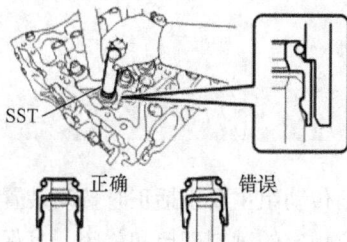

SST
正确　　　错误

图3-34　用SST压入油封

（4）安装进气门。

① 如图3-35所示，在进气门的顶部涂抹足量的发动机润滑油。

② 将气门、压缩弹簧和弹簧座圈安装到气缸盖上。注意：将原来的零件按照原来的组合安装到原位。

③ 用SST 09202-70020（09202-00010）和木块压缩弹簧并安装2个进气门锁片，如图3-28所示。

④ 用塑料锤轻敲进气门杆顶部以确保安装到位，如图3-36所示。注意：不要损坏气门杆顶部和座圈。

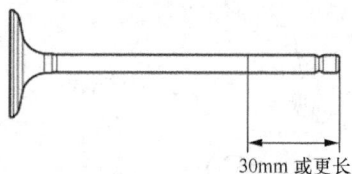

30mm 或更长

图3-35　按规定涂抹润滑油

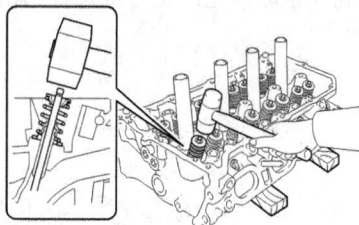

图3-36　用塑料锤轻敲进气门杆顶部

（5）安装排气门。

① 在排气门的顶部涂抹足量的发动机润滑油，如图3-35所示。

② 将气门、压缩弹簧和弹簧座圈安装到气缸盖上。注意：将原来的零件按照原来的组合安装到原位。

③ 用SST 09202-70020（09202-00010）和木块压缩弹簧并安装2个排气门锁片。

④ 用塑料锤轻敲排气门杆顶部以确保安装到位，如图3-37所示。注意：不要损坏气门杆顶部和座圈。

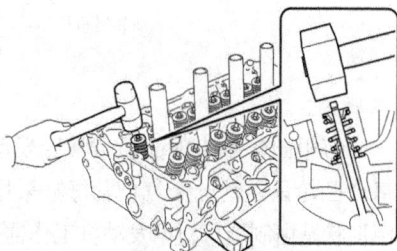

（6）安装气门杆盖。在气门杆盖上涂抹一薄层发动机

图3-37　用塑料锤保证安装到位

润滑油；将气门杆盖安装到气缸盖上。

| 任务二　气门传动组 |

【学习目标】

1. 能够正确描述气门传动组的组成，各主要零部件的功用与结构特点。
2. 能够正确描述配气相位与可变配气相位控制机构的结构与工作原理。
3. 能够正确选择与使用工具、设备，并规范进行气门传动组各零部件的拆卸与装配。

相 关 知 识

　　气门传动组主要包括正时传动装置、凸轮轴、挺杆及摇臂总成等零部件，其功用是使气门按配气相位规定的时刻开启和关闭，且保证有足够的升程。气门传动组的组成如图 3-1 所示。

认识配气机构的气门传动组

一、凸轮轴

　　凸轮轴是气门传动组的主要零件，其功用是利用凸轮控制气门的开启和关闭，使其符合发动机的工作顺序、配气相位及气门开度的变化规律等要求。

　　凸轮轴的结构如图 3-38 所示。凸轮和轴颈是凸轮轴的基本组成部分，凸轮用来驱动气门开启，并通过其轮廓形状控制气门开启和关闭的运动规律，轴颈则用来支撑凸轮轴。凸轮轴前端安装有正时齿轮（正时链轮或正时带轮），有的还装有可变配气相位控制机构。

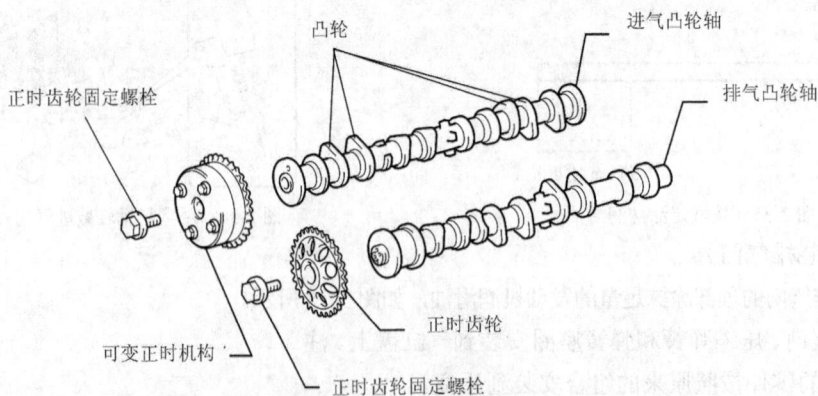

图 3-38　凸轮轴的结构

　　每根凸轮轴上的凸轮数量因发动机结构形式而异，如直列六缸发动机，只装有一根凸轮轴，每个凸轮只驱动一个气门，每缸采用一进、一排两个气门，所以凸轮轴上有 12 个凸轮。凸轮的轮廓形状是由制造厂根据发动机工作需要设计的。

　　凸轮可分为两类：驱动进气门的进气凸轮和驱动排气门的排气凸轮。凸轮轴上各缸的进气凸轮（或排气凸轮）称同名凸轮。以直列发动机为例，从凸轮轴前端看，同名凸轮的相对角位置是按各缸做功顺序逆凸轮轴转动方向排列，夹角为做功间隔角的一半，做功顺序为1→3→4→2的直列四缸发动机和做功顺序为1→5→3→6→2→4的直列六缸发动机同名凸轮相对角位置如图3-39所示，根据此规律，可按凸轮轴转动方向和同名凸轮位置判断发动机做功顺序。凸轮轴上同一缸的进、排气凸轮称为异名凸轮。异名凸轮相对角位置，由凸轮轴旋转方向及发动机的配气相位决定。

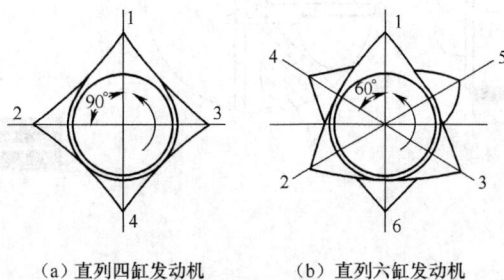

（a）直列四缸发动机　　（b）直列六缸发动机

图3-39　同名凸轮的相对角位置

在下置凸轮轴式和中置凸轮轴式配气机构中，凸轮轴的安装座孔和安装在座孔内的凸轮轴轴承一般为整体式，为拆装方便，凸轮轴各轴颈直径由前至后逐渐减小。在顶置凸轮轴式配气机构中，凸轮轴的安装座孔和安装在座孔内的凸轮轴轴承一般为剖分式，凸轮轴各轴颈直径相等。有的凸轮轴轴颈上加工有不同形状的油槽或油孔，如图3-40所示，这些油槽或油孔用来储存润滑油或作为润滑油通道。

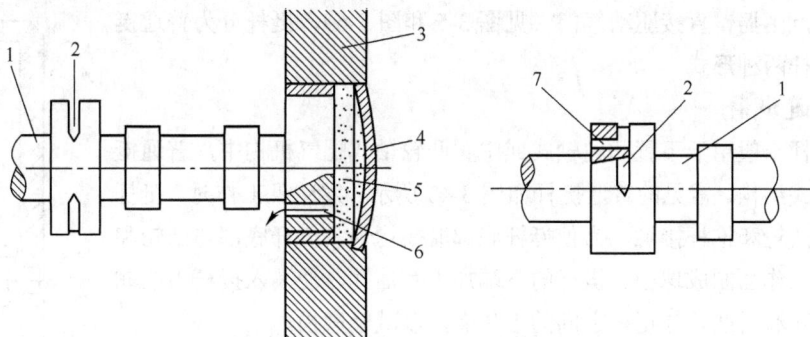

图3-40　凸轮轴轴颈上的油槽和油孔

1—凸轮轴　2—油槽　3—气缸体　4—油堵　5—空腔　6—泄油孔　7—油孔

为防止凸轮轴发生过量的轴向窜动，凸轮轴都设有轴向定位装置。下置凸轮轴式和中置凸轮轴式配气机构凸轮轴的轴向定位如图3-41所示，在凸轮轴第一道轴颈与正时齿轮之间装有隔圈，止推凸缘松套在隔圈外面并用螺栓固定在气缸体上。当凸轮轴发生轴向窜动时，止推凸缘顶靠住正时齿轮的轮毂或凸轮轴第一道轴颈的端面上，对凸轮轴起到轴向定位的作用。同时，为保证凸轮轴的正常转动，一般隔圈的厚度比止推凸缘厚度略厚，两者的差值即为凸轮轴的轴向间隙，此间隙一般为0.08～0.20mm。

顶置凸轮轴式配气机构通常利用凸轮轴承盖的两端和凸轮轴轴颈两侧的台肩进行轴向定位，如图3-42所示。

由于轴向间隙存在，允许凸轮轴有轻微的轴向窜动。

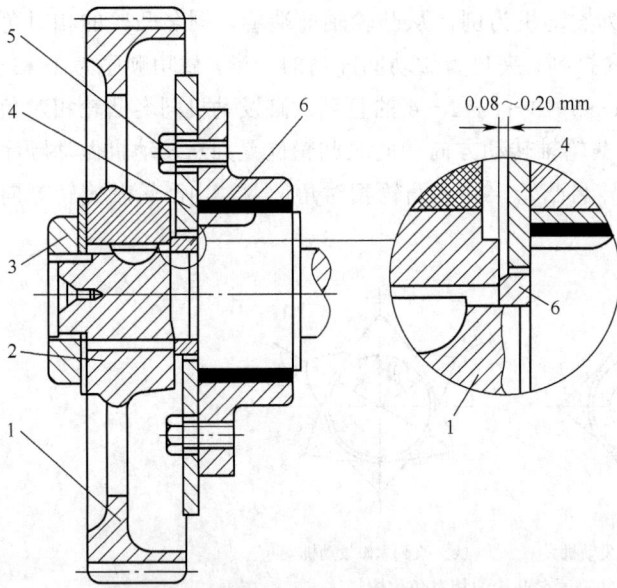

图 3-41　中置式和下置式凸轮轴的轴向定位
1—正时齿轮　2—齿轮轮毂　3—固定螺母　4—止推凸缘
5—凸缘安装螺栓　6—隔圈

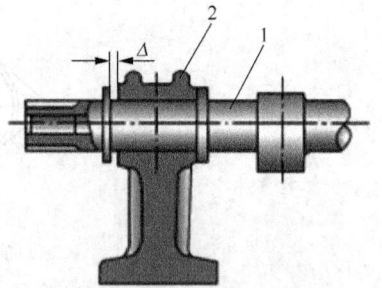

图 3-42　顶置凸轮轴式的轴向定位
1—凸轮轴　2—凸轮轴承盖

二、挺杆

挺杆一般与凸轮直接接触，其功用是将来自凸轮的推力传给推杆（见图3-2和图3-3）或气门（见图3-4），有些配气机构挺杆作为摇臂的支点（见图3-7），有些配气机构不设挺杆，由摇臂直接驱动气门（见图3-5和图3-6）。挺杆分为普通挺杆和液力挺杆两种形式。

1. 普通挺杆

普通挺杆一般用于下置凸轮轴式或中置凸轮轴式配气机构中，普通挺杆一般为筒式结构，常见的普通挺杆如图3-43所示。发动机工作时，挺杆底部分别与凸轮和推杆接触，为使挺杆底部磨损均匀，挺杆底部与凸轮和推杆配合的工作面制成球面。挺杆的下端加工有油孔，使漏入挺杆内的润滑油经此油孔润滑凸轮与挺杆之间的工作面，以减轻磨损。

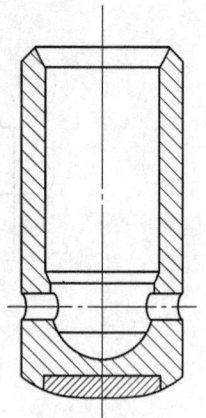

2. 液力挺杆

液力挺杆能自动保持配气机构无间隙传动，从而降低噪声和磨损，而且不需调整气门间隙，在轿车发动机上应用广泛。

图 3-43　普通挺杆

常见的液力挺杆的结构如图3-44所示。挺杆体由上盖与圆筒经加工后再用激光焊接而成。液压缸的内外表面都要精加工，其外表面与挺杆体内导向孔相配合，内表面与柱塞相配合，两者之间都有相对运动。柱塞底部支架内装有补偿弹簧和球阀，通常情况下，补偿弹簧将球阀压靠在柱塞底部的阀座上。当球阀关闭时，挺杆内腔分为上下两部分，上部为低压油腔，下部为高压油腔。当球阀开启时，两腔相通。柱塞和液压缸之间装有柱塞弹簧，在柱塞弹簧作用下，通过柱塞使挺杆体顶平面和凸轮轮廓线始终保持紧密接触，实现无间隙传动。

当挺杆体圆筒上的环形槽与缸盖上的斜油孔对齐时，来自缸盖油道中的压力油经量油孔、斜油孔及环形槽进入挺杆体内腔，又经挺杆体上盖背部的键形槽进入柱塞上方的低压油腔中。

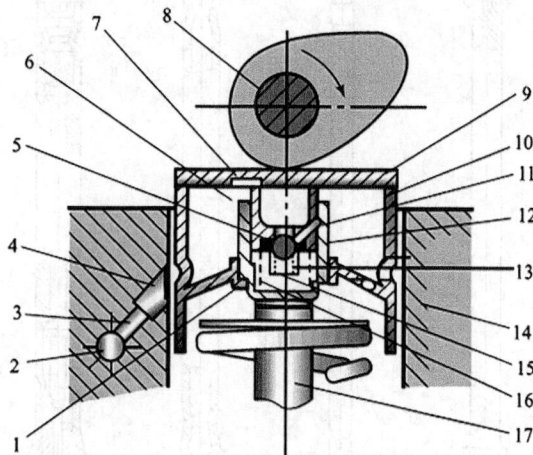

图 3-44 液力挺杆结构

1—高压油腔 2—油道 3—量油孔 4—斜油孔 5—球阀 6—低压油腔 7—键形槽
8—凸轮轴 9—挺杆体 10—圆筒 11—柱塞 12—液压缸 13—补偿弹簧 14—气缸盖
15—支架 16—柱塞弹簧 17—气门杆

当凸轮转动，推动挺杆体和柱塞下移时，高压油腔内容积减小，油压升高，加上补偿弹簧的作用，使球阀压紧在柱塞底部的阀座上，这时高、低压油腔被隔开。由于液体具有不可压缩性，整个挺杆如同刚体一样下移，向下推开气门并保证气门应达到的升程。在此过程中，挺杆体圆筒上的环形槽已离开进油位置，进油过程停止。

当挺杆到达下止点后又开始上行时，在气门弹簧上顶和凸轮下压的双重作用下，球阀始终压紧在柱塞底部的阀座上，挺杆也如同刚体一样上移，直至挺杆体顶平面与凸轮的基圆位置接触，气门关闭时为止。此时，来自缸盖油道中的压力油经量油孔、斜油孔及环形槽进入挺杆体内的低压油腔。同时，由于高压油腔压力下降，低压油腔的压力油推开球阀进入高压油腔，两腔相通并充满压力油。这时，在柱塞弹簧的作用下，挺杆体顶平面与凸轮轮廓线保持紧密接触。

当气门受热膨胀时，液压缸轴向移动，高压油腔中的部分油液经液压缸与柱塞间的缝隙被挤入挺杆体内腔；当气门遇冷收缩时，低压油腔中的部分油液经球阀进入高压油腔中。因此改变高压油腔的油量即调整挺杆工作长度，实现气门、挺杆及凸轮之间的无间隙传动。

三、推杆

推杆位于挺杆与摇臂之间，其功用是将挺杆的推力传给摇臂，主要用于下置凸轮轴式和中置凸轮轴式配气机构中。

推杆的类型如图 3-45 所示，推杆是一个空心或实心的细长杆件，两端加工有球形、锥形或凹形等形状，以便与挺杆和摇臂之间的工作面相配合。推杆端头均经过磨光处理，以降低磨损。

四、摇臂总成

摇臂总成的功用是将气门传动组传来的运动和作用力改变方向后传给气门，并使其开启。

常见摇臂总成的结构如图 3-46 所示，主要由摇臂、摇臂轴、摇臂轴支座及定位弹簧等组成。所有摇臂及定位弹簧均安装在摇臂轴上，并通过摇臂轴支座用螺栓安装在气缸盖上，为防止摇臂轴在其支座孔内转动或轴向移动，用紧固螺钉将摇臂轴固定。

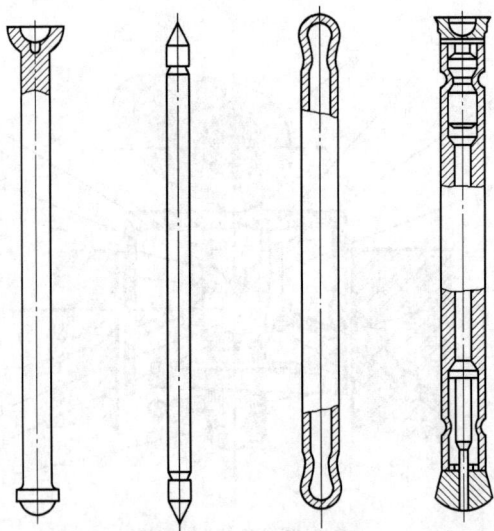

（a）实心推杆　（b）实心推杆　（c）空心推杆　（d）空心推杆

图 3-45　推杆的类型

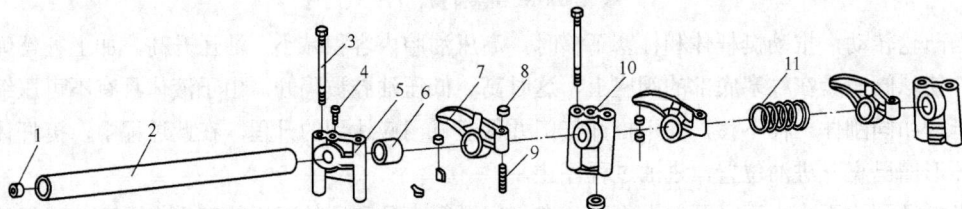

图 3-46　摇臂总成的结构

1—堵塞　2—摇臂轴　3—螺栓　4—紧固螺钉　5—摇臂轴支座　6—摇臂衬套　7—摇臂
8—锁紧螺母　9—气门间隙调整螺钉　10—摇臂轴中间支座　11—定位弹簧

摇臂是一个不等长的双臂杠杆，摇臂内钻有油道和油孔，通过摇臂衬套安装在摇臂轴上。为了保证各摇臂之间的相对位置，每两个摇臂之间装有定位弹簧，如图 3-47 所示。

摇臂轴为空心结构，其上加工有油孔。来自缸盖油道的压力油经摇臂轴支座上的油道进入摇臂轴内腔，使摇臂轴与摇臂之间及摇臂两端均能得到可靠的润滑。

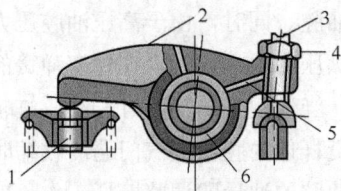

图 3-47　摇臂的结构

1—气门　2—摇臂　3—气门间隙调整螺钉
4—锁紧螺母　5—油道　6—摇臂衬套

五、配气相位及可变配气相位控制机构

1．配气相位

在发动机的实际工作中，为使进气充分、排气彻底，进气门和排气门均存在早开晚关的情况，进气门和排气门的开启持续时间均大于 180° 曲轴转角。发动机进气门、排气门实际开启或关闭的时刻和开启持续时间，称为配气相位，通常用曲轴转角表示。发动机的配气相位如图 3-48 所示。

（1）进气门的配气相位

在发动机实际工作中，进气门是在活塞运行到排气行程上止点之前开始开启，在活塞运行到进气行程下止点之后关闭。从进气门开始开启到活塞运行到上止点，曲轴转

认识配气相位图

过的角度称为进气门提前开启角，用 α 表示，一般为 $10°\sim30°$。从活塞位于进气行程下止点到进气门完全关闭，曲轴转过的角度称为进气门滞后关闭角，用 β 表示，一般为 $40°\sim80°$。

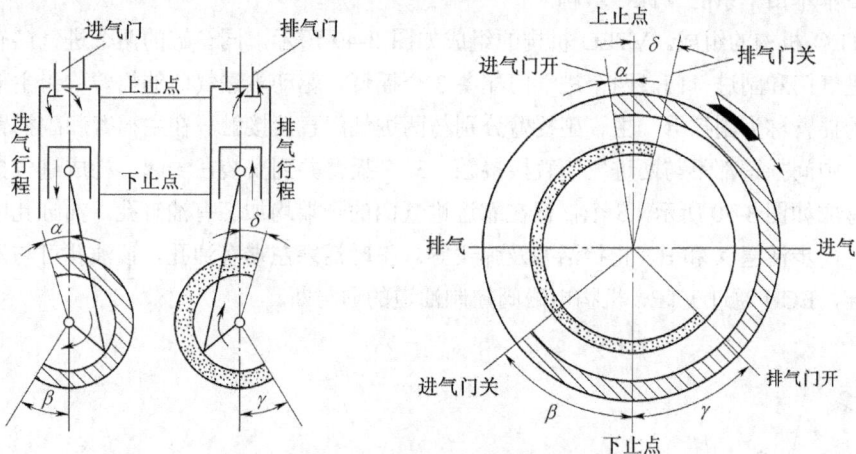

图 3-48　发动机的配气相位

由于进气门提前开启和滞后关闭，整个进气过程持续时间或进气持续角为 $\alpha+180°+\beta$。

（2）排气门的配气相位

在发动机实际工作中，排气门是在活塞运行到做功行程下止点之前开始开启，在活塞运行到排气行程上止点之后关闭。从排气门开始开启到活塞运行到下止点，曲轴转过的角度称为排气门提前开启角，用 γ 表示，一般为 $40°\sim80°$。从活塞位于排气行程上止点到排气门完全关闭，曲轴转过的角度称为排气门滞后关闭角，用 δ 表示，一般为 $10°\sim30°$。

由于排气门提前开启和滞后关闭，整个排气过程持续时间或排气持续角为 $\gamma+180°+\delta$。

当活塞处于排气行程上止点附近时，由于进气门的提前开启和排气门的滞后关闭，存在着进气门和排气门同时开启的现象，称为气门叠开。气门叠开过程中，曲轴转过的角度称为气门叠开角。气门叠开角等于 $\alpha+\delta$。在气门叠开期间，进气管、气缸、排气管三者相通，可利用新鲜空气或混合气进一步扫除气缸内的残余废气，并有效降低了燃烧室内热区零件的温度。

（3）对配气相位的要求

配气相位对发动机性能有很大影响，即使是同一台发动机，随转速的不同，对配气相位的要求也不同。一般随转速提高，要求气门提前开启角和滞后关闭角相应增大，反之则要求减小。

目前，汽车发动机一般是根据性能的要求，通过试验来确定某一常用转速下较合适的配气相位，在装配时，对正凸轮轴驱动装置中的正时标记，即可保证已确定的配气相位。在发动机使用中，已确定的配气相位是不变的。发动机性能只有在某一常用转速下最佳，而在其他转速下工作时，发动机的性能较差。为解决上述问题，越来越多的汽车发动机采用了可变配气相位控制机构。

配气相位取决于凸轮的形状及凸轮轴与曲轴的相对位置，发动机在工作中，变换驱动凸轮或改变凸轮轴与曲轴相对位置，均可实现配气相位的调节。

2．可变配气相位控制机构

目前，车用发动机装用的可变配气相位控制机构主要有日本本田车系的可变气门正时及气门升程电子控制（Variable Valve Timing and Valve Lift Electronic Control，VTEC）机构、日本丰田车系的智能可变气门正时（Variable Valve Timing-Intellectual，VVT-i）机构和德国大众车系的可变配气相位控制机构等。

（1）日本本田车系的 VTEC 机构

① VTEC 机构的组成。VTEC 机构的组成如图 3-49 所示。同一缸的两个进气门有主、副之分，即主进气门和副进气门。两个进气门配备 3 个摇臂，驱动主进气门的摇臂称为主摇臂，驱动副进气门的摇臂称为副摇臂，主、副摇臂分别与两进气门直接接触。在主摇臂和副摇臂之间装有中间摇臂，中间摇臂都不与两进气门直接接触。3 个摇臂并列安装在一起，构成进气摇臂总成。进气摇臂总成如图 3-50 所示，3 个摇臂在靠近进气门的一端均加工有油缸孔，油缸孔中分别装有正时活塞、同步活塞 A 和 B、止挡活塞及弹簧等。正时活塞左端有油孔，该油孔可与发动机的润滑油道相连，ECU 通过 VTEC 机构电磁阀控制油道的通与断。

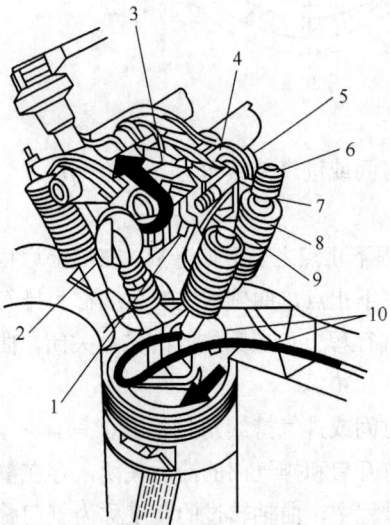

图 3-49　VTEC 机构的组成
1—主摇臂　2—凸轮轴　3—正时板　4—中间摇臂
5—副摇臂　6—止挡活塞　7—同步活塞 B
8—同步活塞 A　9—正时活塞　10—进气门

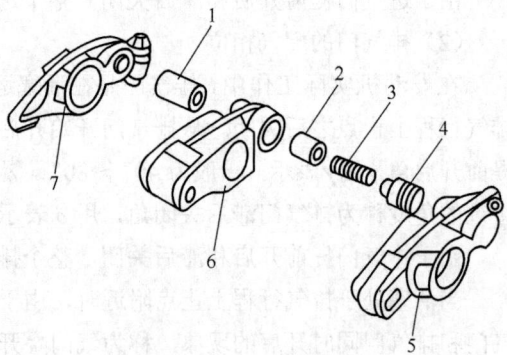

图 3-50　进气摇臂总成
1—同步活塞 B　2—同步活塞 A　3—弹簧
4—正时活塞　5—主摇臂　6—中间摇臂　7—副摇臂

凸轮轴的结构如图 3-51 所示，凸轮轴上有两个排气凸轮以及 3 个不同升程的进气凸轮（即驱动主摇臂的主凸轮、驱动中间摇臂的中间凸轮和驱动副摇臂的副凸轮），中间凸轮的升程最大，副凸轮的升程最小。主凸轮的形状适合发动机低速时主进气门单独工作时的配气相位要求，中间凸轮的形状适合发动机高速时主、副双进气门工作时的配气相位要求。

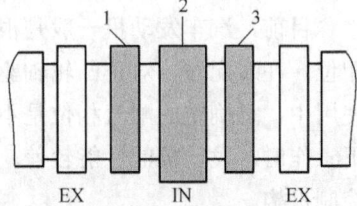

图 3-51　凸轮轴的结构
1—主凸轮（低转速用）　2—中间凸轮
（高转速用）　3—副凸轮（低转速用）

VTEC 配气机构与普通配气机构的主要区别是凸轮轴上的凸轮较多，且升程不等，进气摇臂总成的结构复杂。排气门的工作情况与普通配气机构相同。

② VTEC 机构的工作原理。可变配气相位控制系统的功能是根据发动机转速和负荷等变化来控制 VTEC 机构工作，通过改变驱动同一气缸两进气门工作的凸轮，来调整进气门的配气相位及升程，并实现单进气门工作和双进气门工作的切换。

当发动机低速运转时，ECU 控制 VTEC 机构电磁阀断电，使油道关闭，润滑油的压力不能作用在正时活塞上。在副摇臂油缸孔内的弹簧和止挡活塞作用下，正时活塞和同步活塞 A 停留在主摇臂油缸孔内，与中间摇臂等宽的同步活塞 B 停留在中间摇臂的油缸孔内，3 个摇臂彼此分离而独立工作，如图 3-52 所示。此时，主凸轮通过主摇臂驱动主进气门并保持较大开度；中间凸轮驱动中间摇臂空摆；副凸轮通过副摇臂驱动副进气门微量开启。这时副进气门的升程非常小，其目的是防止在副进气门附近积聚燃油。配气机构处于单进、双排气门的工作状态。

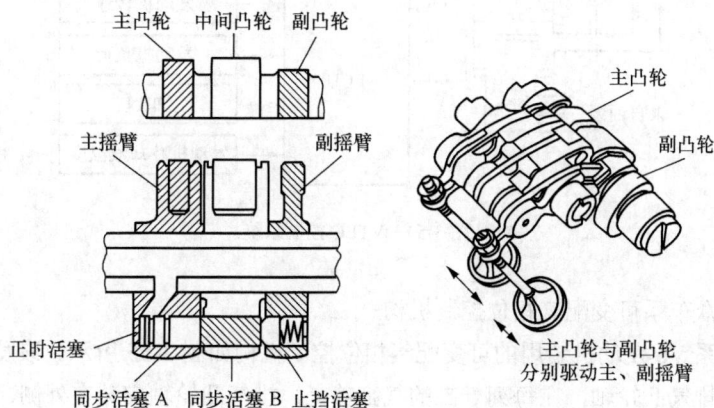

图 3-52　发动机低速运转时 VTEC 机构的工作状态

当发动机高速运转，且发动机转速、负荷、冷却液温度及车速达到设定值时，ECU 控制 VTEC 机构电磁阀通电，使油道开启。来自润滑油道中的压力油作用于正时活塞左侧，克服弹簧力的作用，推动同步活塞 A 和 B 及止挡活塞右移，两同步活塞分别将主摇臂与中间摇臂、中间摇臂与副摇臂连成一体，构成同步工作的组合摇臂，如图 3-53 所示。此时，由于中间凸轮升程最大，组合摇臂由中间凸轮驱动，两个进气门同步工作并保持最大开度。配气机构处于双进和双排气门工作状态。与发动机低速时相比，进气门提前开启角和迟后关闭角以及升程均增大，满足了发动机高速运转时对进气量的要求。

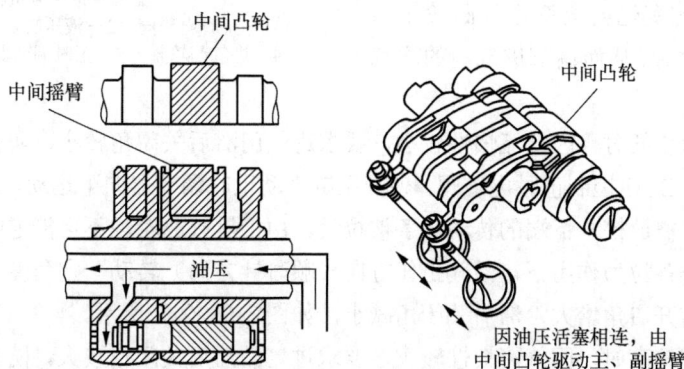

图 3-53　发动机高速运转时 VTEC 机构的工作状态

当发动机转速等参数下降到设定值时，ECU 控制 VTEC 机构电磁阀断电，正时活塞左侧的润滑油压力降低，各摇臂油缸孔内的活塞在弹簧作用下回位，3 个摇臂又彼此分离而独立工作，满足了发动机低速运转时对进气量的要求。

③ VTEC 控制系统。VTEC 控制系统如图 3-54 所示。ECU 根据发动机转速、负荷、冷却液温度和车速信号控制 VTEC 机构电磁阀。电磁阀通电后，通过压力开关给 ECU 提供一个反馈信号，以便监控系统工作。

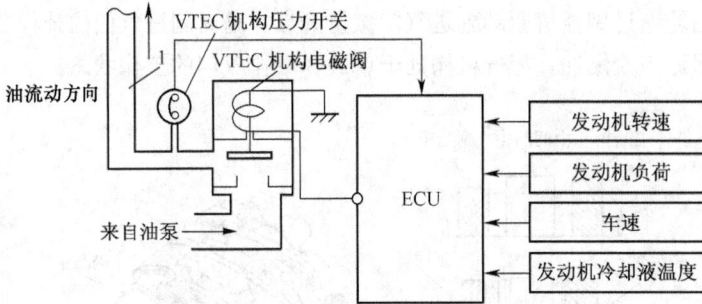

图 3-54　VTEC 控制系统

（2）德国大众车系可变配气相位控制机构

德国大众车系 V6 发动机装用的可变配气相位控制机构如图 3-55 所示。该发动机共有两根进气凸轮轴和两根排气凸轮轴，在每列气缸的气缸盖上，排气凸轮轴安装在外侧，进气凸轮轴则安装在内侧。曲轴通过齿形带驱动排气凸轮轴，而排气凸轮轴通过链条驱动进气凸轮轴。

发动机工作时，ECU 根据发动机转速信号控制正时电磁阀动作，以改变通向液压缸的油路，而液压缸则带动正时调节器向上或向下运动。当正时调节器向上或向下运动时，进气凸轮轴与排气凸轮轴之间传动链条上下两端的松紧程度随之变化。由于排气凸轮轴位置被齿形带固定，所以进气凸轮轴与排气凸轮轴之间传动链条松紧程度的变化会改变进气凸轮轴与曲轴之间的相对位置，从而调节进气门的配气相位。

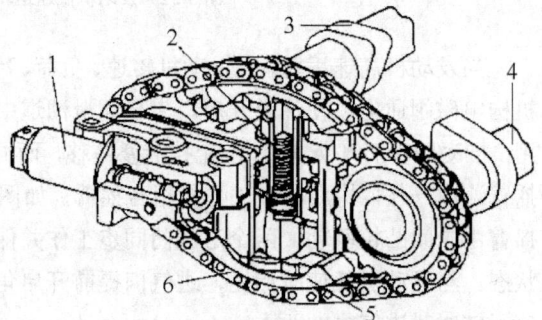

图 3-55　德国大众车系 V6 发动机装用的可变
配气相位控制机构
1—正时电磁阀　2—液压缸　3—排气凸轮轴
4—进气凸轮轴　5—正时调节器　6—驱动链条

当发动机转速较低时，因气流惯性较小，要求进气门滞后关闭角较小，防止进入气缸的气体被推出气缸。此时 ECU 控制正时电磁阀，使液压缸带动正时调节器向下运动，进、排气凸轮轴之间上端的传动链条被放松，下端的传动链条被拉紧。由于排气凸轮轴不可能逆时针反转，所以进气凸轮轴在下端链条拉力作用下，沿其工作方向（顺时针方向）转动一定角度，使进气门的配气相位提前，即提前开启角增大，滞后关闭角减小，如图 3-56（a）所示。

当发动机转速较高时，因气流惯性较大，要求进气门滞后关闭角较大，防止气体不能进入气缸。此时 ECU 控制正时电磁阀，使液压缸带动正时调节器向上运动，进、排气凸轮轴之间下端的传动链条被放松，上端的传动链条被拉紧。这时排气凸轮轴上的链轮只有在拉紧下端链条后，才能带动进气凸轮轴转动。这样在下端传动链条由松变紧的过程中，进气凸轮轴相对于排气凸轮轴滞后一定角度，使进气门的配气相位推迟，如图 3-56（b）所示。

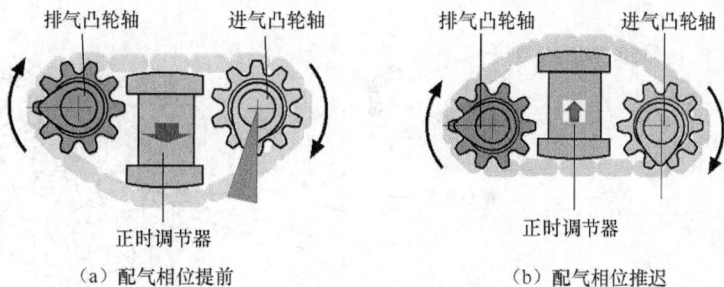

（a）配气相位提前　　　　　　　　　　　（b）配气相位推迟

图 3-56　德国大众发动机可变配气相位控制机构工作原理

实操技能训练

气门传动组的拆卸与装配

丰田卡罗拉轿车（1.6L）发动机气门传动组的相关零部件分解图如图 3-57～图 3-59 所示。

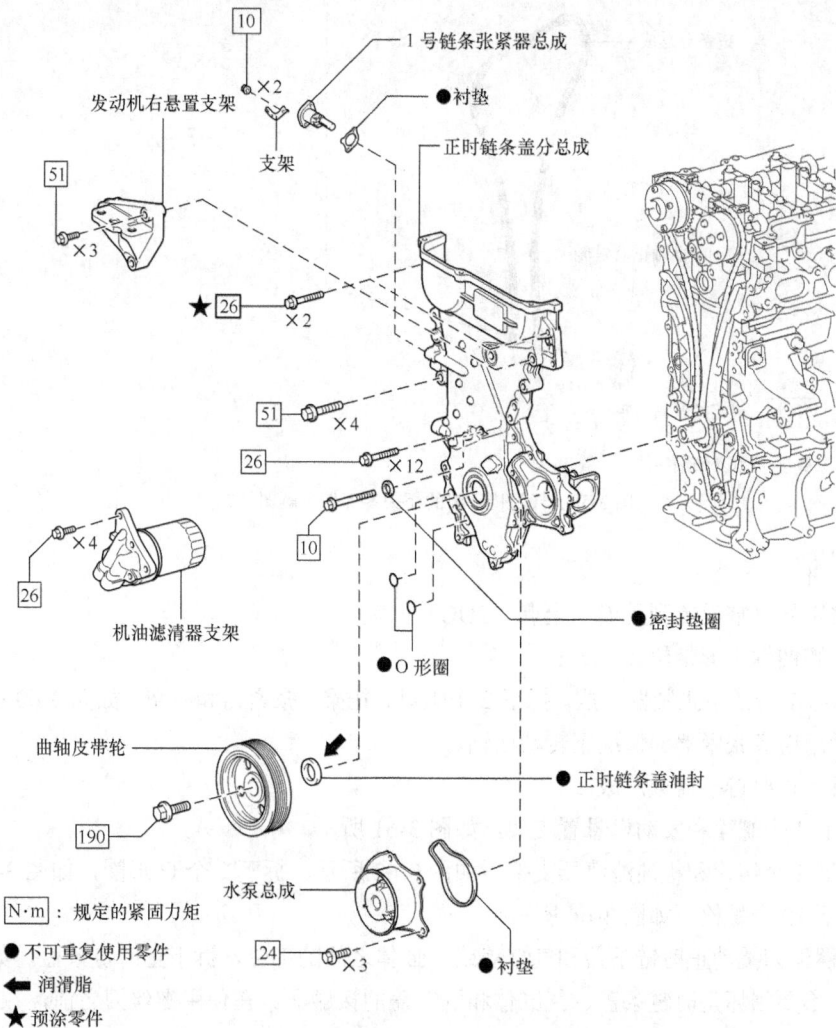

图 3-57　气门传动组的相关零部件分解图（一）

2 号链条震动阻尼器

10 ×2

● O 形圈

链条张紧器导板

● O 形圈

1 号链条震动阻尼器

21 ×2

链条分总成

曲轴正时链轮

N·m：规定的紧固力矩

● 不可重复使用零件

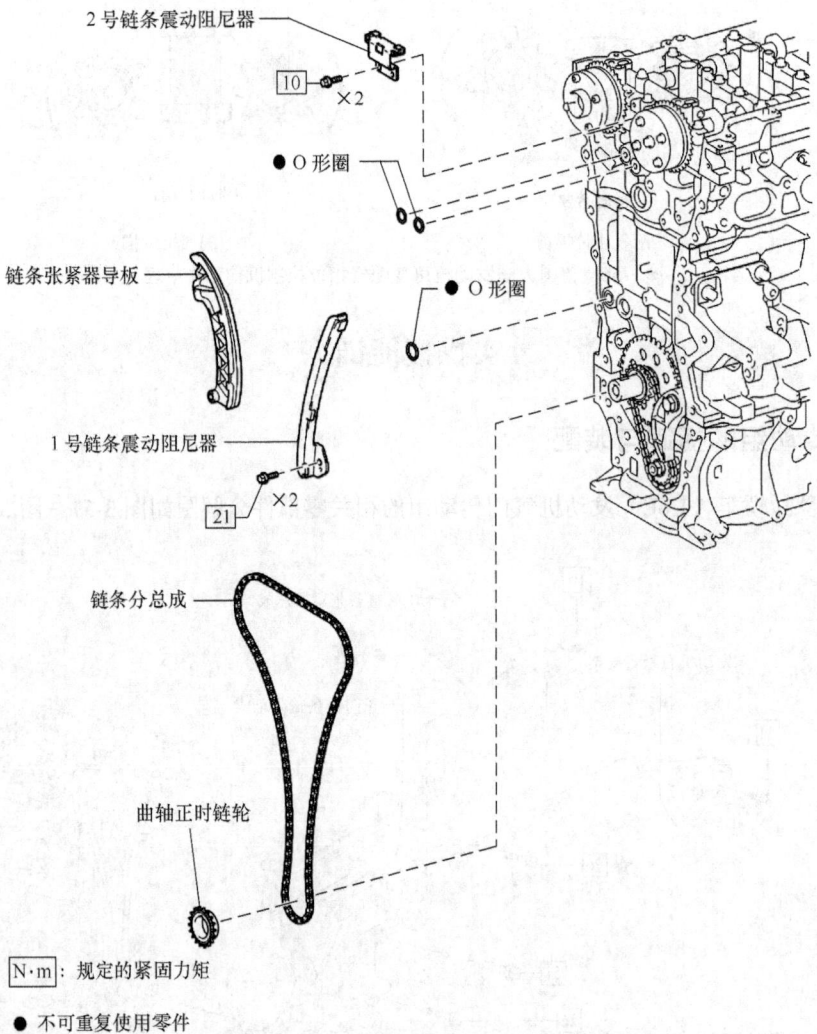

图 3-58　气门传动组的相关零部件分解图（二）

1. 拆卸

（1）将 1 号气缸设置到压缩上止点（TDC）位置。

（2）拆卸曲轴齿形带轮。

（3）拆卸 1 号链条张紧器总成。拆下 2 个螺母、托架、张紧器和衬垫，如图 3-60 所示。注意：不要在不使用链条张紧器的情况下转动曲轴。

（4）拆卸正时链条盖分总成。

① 拆下 3 个螺栓和发动机悬置支架，如图 3-61 所示。

② 拆下 4 个螺栓和机油滤清器支架，如图 3-62 所示。拆下 2 个 O 形圈，如图 3-63 所示。

③ 拆下 19 个螺栓，如图 3-64 所示。

④ 用螺丝刀撬动正时链条盖和气缸盖或气缸体之间的部位，拆下正时链条盖，如图 3-65 所示。注意：不要损坏正时链条盖、气缸体和气缸盖的接触面。在使用螺丝刀之前，在螺丝刀头部缠上胶带。

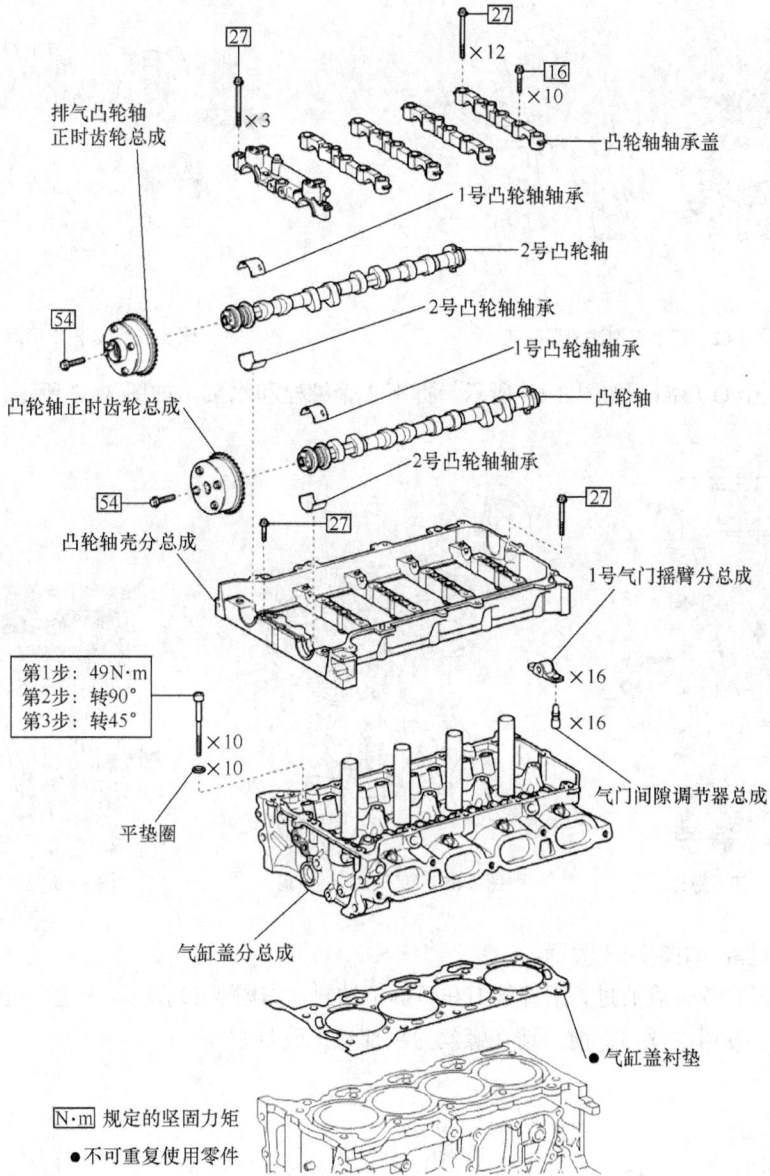

图 3-59 气门传动组的相关零部件分解图（三）

排气凸轮轴正时齿轮总成

凸轮轴承盖

1号凸轮轴轴承

2号凸轮轴

2号凸轮轴轴承

1号凸轮轴轴承

凸轮轴

凸轮轴正时齿轮总成

2号凸轮轴轴承

凸轮轴壳分总成

1号气门摇臂分总成

气门间隙调节器总成

第1步：49N·m
第2步：转90°
第3步：转45°

平垫圈

气缸盖分总成

气缸盖衬垫

N·m 规定的坚固力矩

● 不可重复使用零件

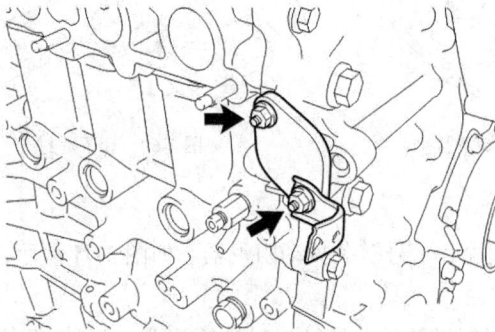

图 3-60 卸下张紧器

图 3-61 卸下悬置支架

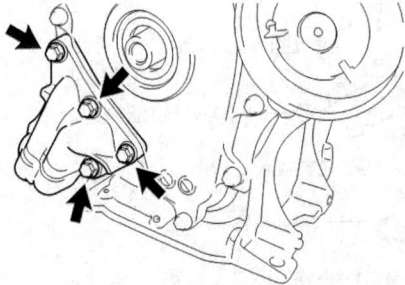

图 3-62　卸下机油滤清器支架　　　　　　　　图 3-63　卸下 O 形圈

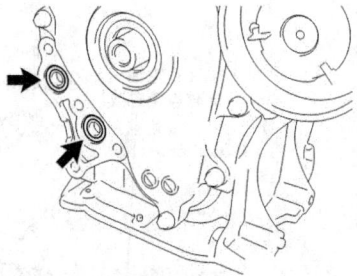

⑤ 拆下 3 个 O 形圈，如图 3-66 所示。拆下 3 个螺栓和水泵，如图 3-67 所示。

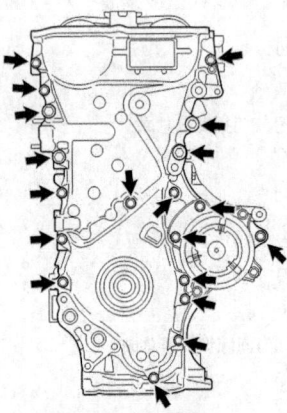

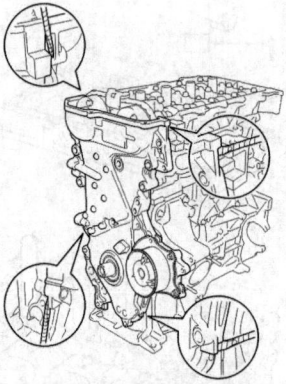

图 3-64　卸下螺栓　　　　图 3-65　卸下正时链条盖　　　　图 3-66　卸下 O 形圈

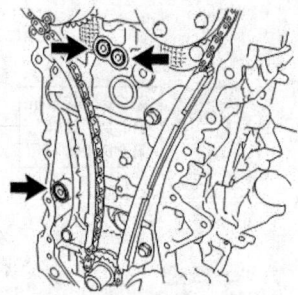

⑥ 拆下衬垫，如图 3-68 所示。

（5）拆卸正时链条盖油封。用螺丝刀和锤拆下油封，如图 3-69 所示。注意：小心不要损坏正时链条盖油封。使用螺丝刀之前，请在螺丝刀头部缠上胶带。

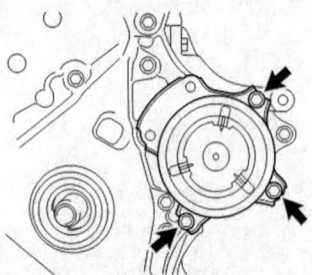

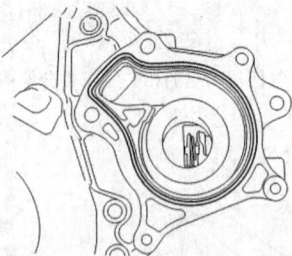

图 3-67　卸下水泵　　　　图 3-68　卸下衬垫　　　　图 3-69　卸下油封

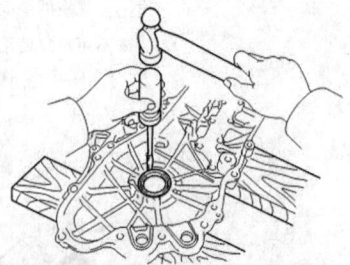

（6）拆卸链条张紧器导板，如图 3-70 所示。

（7）拆卸 1 号链条震动阻尼器。拆下 2 个螺栓和 1 号链条振动阻尼器，如图 3-71 所示。

（8）拆卸链条分总成。

① 用扳手固定住凸轮轴的六角头部分，并逆时针旋转凸轮轴正时齿轮总成，以松开凸轮轴正时齿轮之间的链条，如图 3-72 所示。

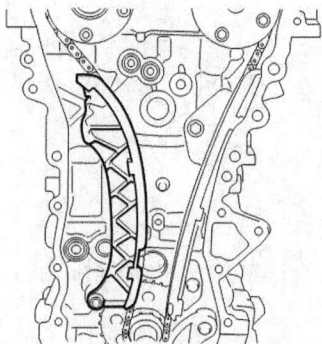

图 3-70 卸下张紧器导板　　图 3-71 卸下 1 号链条震动阻尼器　　图 3-72 卸下链条

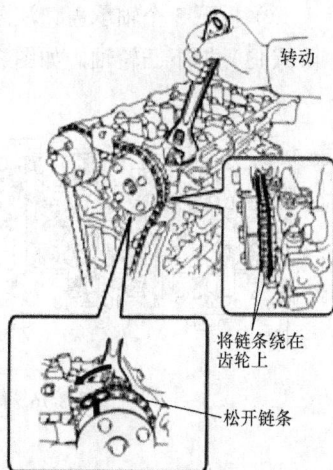

② 链条松开时,将链条从凸轮轴正时齿轮总成上松开,并将其放置在凸轮轴正时齿轮总成上。注意:确保将链条从链轮上完全松开。

③ 顺时针转动凸轮轴,使其回到原来位置,并拆下链条。

(9)拆卸 2 号链条震动阻尼器。拆下 2 个螺栓和 2 号链条震动阻尼器,如图 3-73 所示。

(10)拆卸凸轮轴正时齿轮总成。固定凸轮轴的六角头部分的同时,拆下凸缘螺栓,然后拆下凸轮轴正时齿轮总成,如图 3-74 所示。注意:拆下凸轮轴正时齿轮前,确保锁销已松开。不要拆下另外 4 个螺栓。将凸轮轴正时齿轮总成从凸轮轴上拆下时,要使其保持水平。

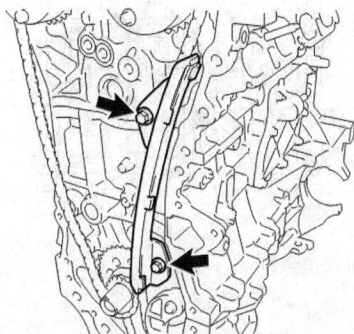

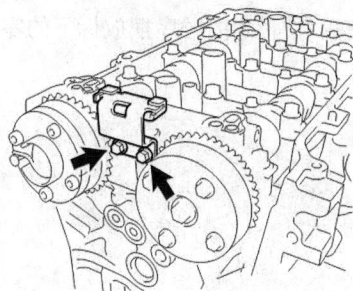

图 3-73 卸下 2 号链条震动阻尼器

(11)拆卸排气凸轮轴正时齿轮总成。固定凸轮轴的六角头部分的同时,拆下凸缘螺栓,然后拆下排气凸轮轴正时齿轮总成,如图 3-75 所示。注意:不要拆下另外 4 个螺栓。将排气凸轮轴正时齿轮总成从凸轮轴上拆下时,要使其保持水平。

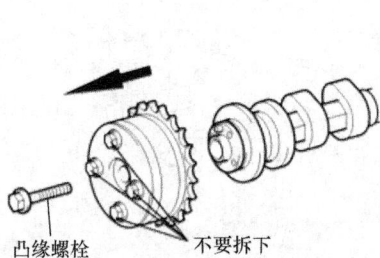

图 3-74 拆卸凸轮轴正时齿轮总成　　　图 3-75 拆卸排气凸轮轴正时齿轮总成

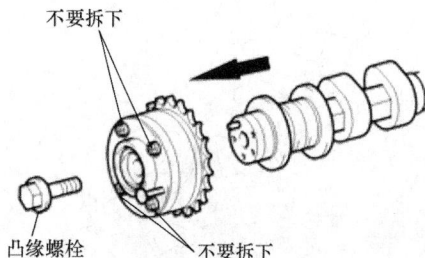

(12)拆卸凸轮轴轴承盖。

① 按如图 3-76(a)所示顺序,均匀地拧松并拆下 10 个轴承盖螺栓。

② 按如图 3-76(b)所示顺序,均匀地拧松并拆下 15 个轴承盖螺栓。注意:凸轮轴处于水

平状态时均匀地拧松螺栓。

③ 拆下 5 个轴承盖。注意：按正确的顺序摆放拆下的零件。

（13）拆下凸轮轴，如图 3-77 所示。

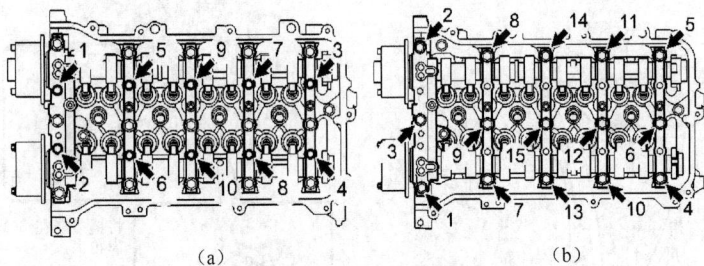

| (a) | (b) |

图 3-76 拆下轴承盖螺栓

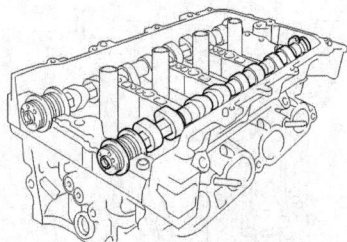

图 3-77 拆卸凸轮轴

（14）拆下 2 号凸轮轴，如图 3-78 所示。

（15）拆卸 1 号气门摇臂分总成。拆下 16 个气门摇臂，如图 3-79 所示。注意：按正确的顺序摆放拆下的零件。

（16）拆卸气门间隙调节器总成。从气缸盖上拆下 16 个气门间隙调节器，如图 3-80 所示。注意：按正确的顺序摆放拆下的零件。

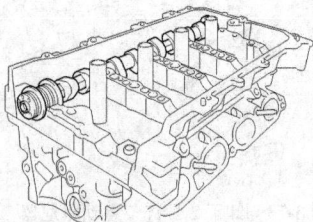

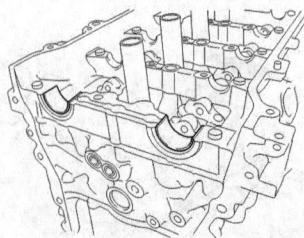

图 3-78 拆卸 2 号凸轮轴　　图 3-79 拆卸气门摇臂　　图 3-80 拆卸气门间隙调节器

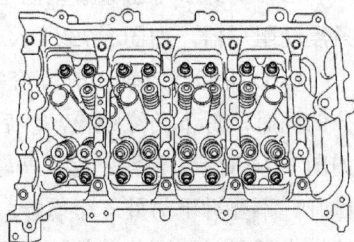

（17）拆卸 1 号凸轮轴轴承。拆下 2 个 1 号凸轮轴轴承，如图 3-81 所示。

（18）拆卸 2 号凸轮轴轴承。拆下 2 个 2 号凸轮轴轴承，如图 3-82 所示。

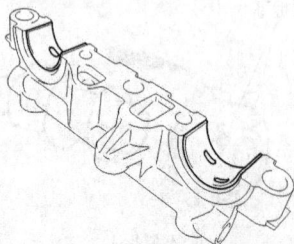

图 3-81 拆卸 1 号凸轮轴轴承　　　　　图 3-82 拆卸 2 号凸轮轴轴承

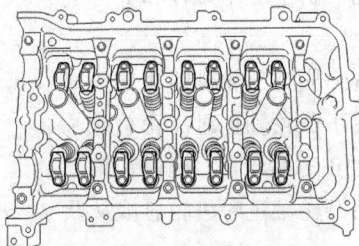

（19）拆卸凸轮轴壳分总成。拆下 2 个螺栓，如图 3-83 所示。用螺丝刀撬动气缸盖和凸轮轴壳之间的部位，拆下凸轮轴壳，如图 3-84 所示。注意：小心不要损坏气缸盖和凸轮轴壳的接触面。使用螺丝刀之前，请在螺丝刀头部缠上胶带。

图 3-83 拆卸螺栓

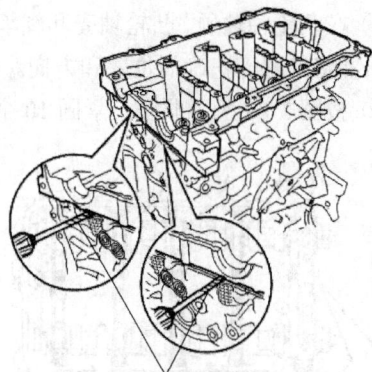

保护性胶带

图 3-84 拆卸凸轮轴壳

2．重新装配

（1）安装气门间隙调节器总成。注意：将气门间隙调节器安装回原处。

（2）安装 1 号气门摇臂分总成。在气门间隙调节器端部和气门杆盖端上涂抹发动机润滑油。确保将气门摇臂安装至图 3-85 所示位置。

（3）安装 1 号凸轮轴轴承。清洁轴承的双表面。安装 2 个 1 号凸轮轴轴承。用游标卡尺测量轴承盖边缘和凸轮轴轴承边缘间的距离，如图 3-86（a）所示。尺寸 A、B 为 0.7mm 或更小。注意：通过测量尺寸 A 和 B，将轴承固定至轴承盖中心。

（4）安装 2 号凸轮轴轴承。清洁轴承的双表面。安装 2 个 2 号凸轮轴轴承。用游标卡尺测量轴承盖边缘和凸轮轴轴承边缘间的距离，如图 3-86（b）所示。尺寸 A 为 1.05～1.75mm。注意：通过测量尺寸 A，将轴承固定至轴承盖中心。

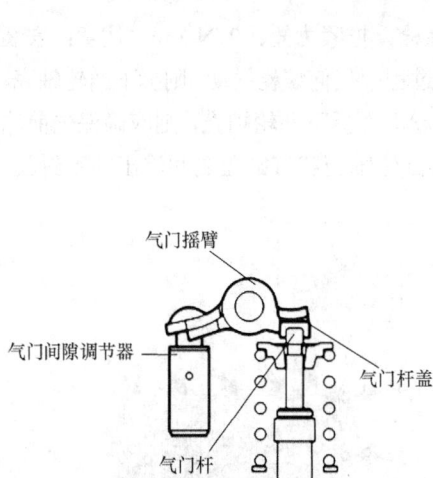

气门摇臂

气门间隙调节器

气门杆盖

气门杆

图 3-85 安装气门摇臂

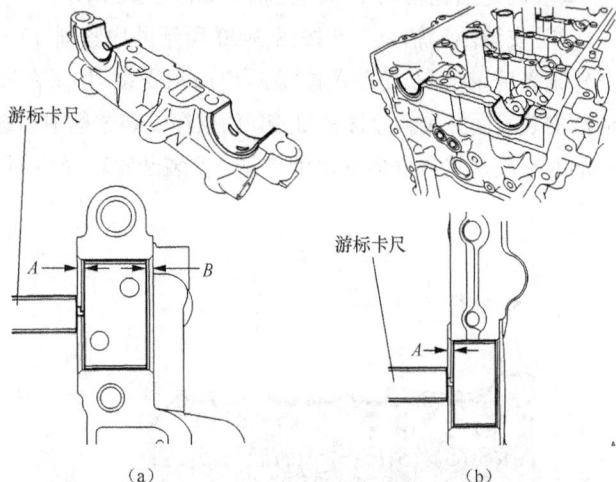

游标卡尺

A B

（a）

游标卡尺

A

（b）

图 3-86 用游标卡尺测量距离

（5）安装 2 号凸轮轴。清洁凸轮轴轴颈。在凸轮轴轴颈、凸轮轴壳和轴承盖上涂抹一薄层发动机润滑油。将 2 号凸轮轴安装到凸轮轴壳上（见图 3-78）。

（6）安装凸轮轴。清洁凸轮轴轴颈。在凸轮轴轴颈、凸轮轴壳和轴承盖上涂抹一薄层发动机润滑油。将凸轮轴安装到凸轮轴壳上（见图 3-77）。

（7）安装凸轮轴轴承盖。

① 在凸轮轴轴颈、凸轮轴壳和轴承盖上涂抹发动机润滑油。确认各凸轮轴轴承盖上的标记和号码，并将其置于正确的位置和方向。注意：确保凸轮轴的锁销按图3-87所示安装。

② 按图3-88所示顺序，紧固10个螺栓（力矩：16N·m）。

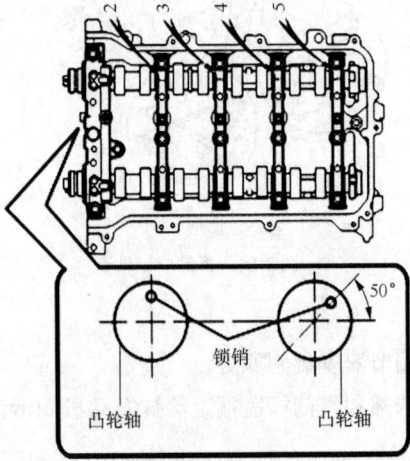

图3-87　安装凸轮轴轴承盖

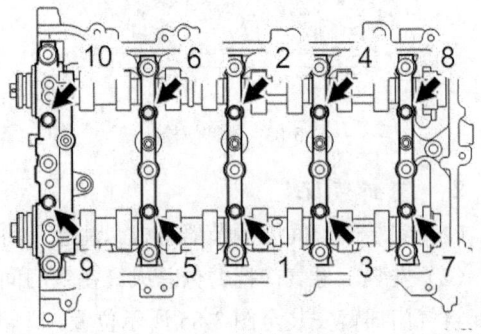

图3-88　紧固螺栓

（8）安装凸轮轴壳分总成。

① 确保将气门摇臂按图3-85所示安装。

② 连续涂抹密封胶，如图3-89所示。密封胶：丰田原厂黑密封胶、Three Bond 1207B或同等产品。密封直径：3.5～4.0mm。注意：清除接触面的所有润滑油。在涂抹密封胶后3min内安装凸轮轴壳分总成。安装后至少2h内不要起动发动机。

③ 固定凸轮轴和2号凸轮轴，如图3-90所示。

④ 安装凸轮轴壳，并按图3-90所示顺序紧固17个螺栓，拧紧力矩：27N·m。注意：安装凸轮轴壳后，确保凸轮凸角按图3-90所示安装。如果在安装过程中任何螺栓松动，则拆下凸轮轴壳、清洁安装表面并重新涂抹密封胶。如果在安装过程中因螺栓松动而拆下凸轮轴壳，则应确保先前涂抹的密封胶未进入任何润滑油通道。安装凸轮轴壳后，除去凸轮轴壳和气缸盖之间渗出的密封胶。

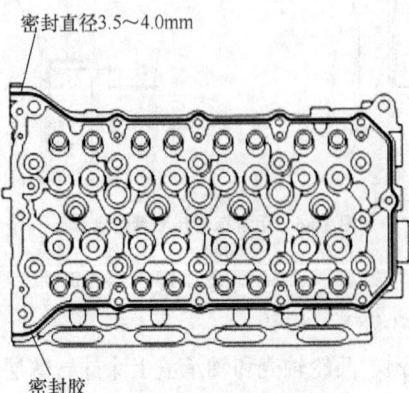

图3-89　涂抹密封胶

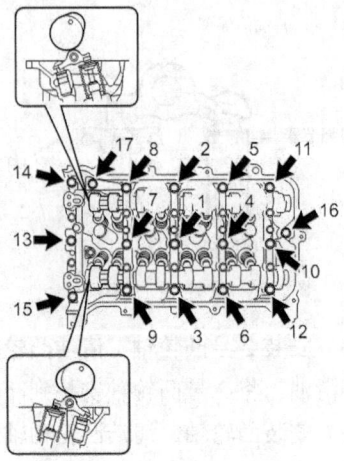

图3-90　安装凸轮轴壳

（9）安装凸轮轴正时齿轮总成。

① 检查并确认锁销已安装在凸轮轴上。

② 使直销和键槽对准，将凸轮轴正时齿轮和凸轮轴放置在一起，如图3-91所示。注意：不要用力推入凸轮轴正时齿轮总成，否则可能导致凸轮轴锁销端部损坏凸轮轴正时齿轮总成的安装表面。

③ 将凸轮轴正时齿轮轻轻推向凸轮轴的同时，按图3-92所示方向旋转凸轮轴正时齿轮。将直销进一步推入键槽中。注意：不要使凸轮轴正时齿轮朝延迟方向（顺时针）转动。

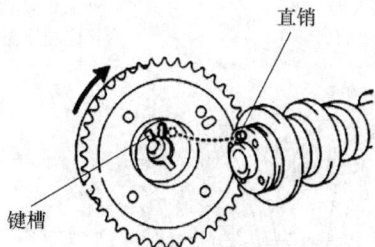

图3-91 安装凸轮轴正时齿轮

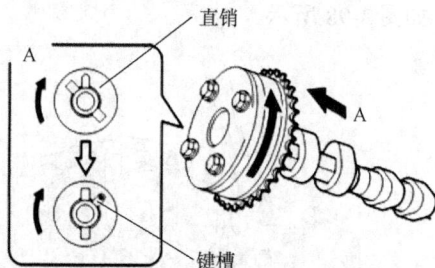

图3-92 确定凸轮轴正时齿轮位置

④ 测量齿轮和凸轮轴间的间隙，如图3-93所示。两者之间的间隙为0.1~0.4mm。

⑤ 在凸轮轴正时齿轮固定就位时，紧固凸缘螺栓（力矩：54N·m），如图3-94所示。

⑥ 检查并确认凸轮轴正时齿轮可以朝延迟方向（顺时针）转动，并锁止在最大延迟位置，如图3-95所示。

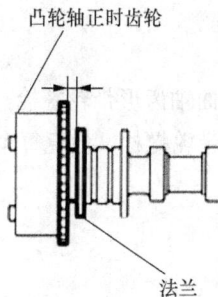

间隙：0.1~0.4mm

图3-93 测量间隙

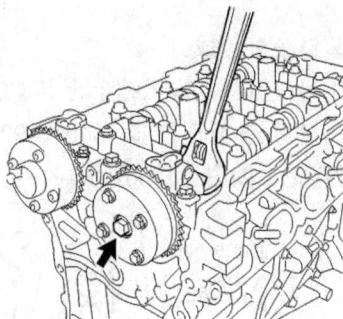

图3-94 紧固凸缘螺栓

（10）安装排气凸轮轴正时齿轮总成。

① 检查并确认锁销已安装在凸轮轴上。

② 对准键槽和直销，然后将排气凸轮轴正时齿轮和凸轮轴连接起来，如图3-96所示。

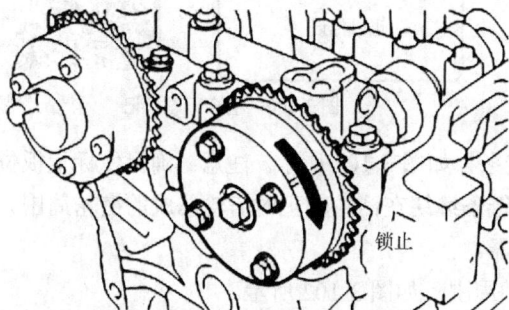

图3-95 检查凸轮轴正时齿轮位置

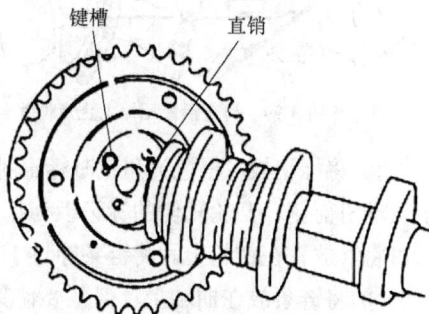

图3-96 安装排气凸轮轴正时齿轮

③ 将齿轮轻轻地压在凸轮轴上，并转动齿轮。将齿轮销进一步推入键槽中。注意：一定不要使排气凸轮轴正时齿轮朝延迟方向（顺时针）转动。

④ 检查并确认齿轮凸缘和凸轮轴间没有间隙。

⑤ 排气凸轮轴正时齿轮固定住时，拧紧凸缘螺栓（力矩：54N·m），如图 3-97 所示。

⑥ 检查排气凸轮轴正时齿轮的锁止情况。确保排气凸轮轴正时齿轮已锁止。

（11）安装 1 号链条震动阻尼器。用 2 个螺栓（拧紧力矩：21N·m）安装 1 号链条震动阻尼器，如图 3-98 所示。

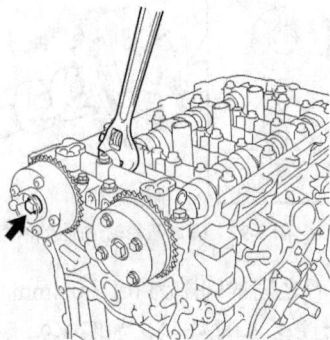

图 3-97　拧紧凸缘螺栓

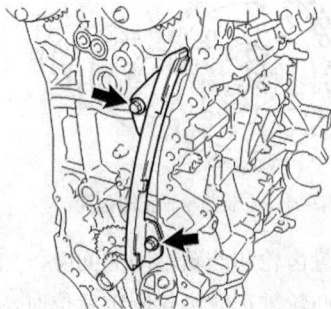

图 3-98　安装 1 号链条震动阻尼器

（12）安装 2 号链条震动阻尼器。用 2 个螺栓安装 2 号链条震动阻尼器，拧紧力矩：10N·m，（见图 3-73）。

（13）安装链条分总成。

① 检查 1 号气缸的活塞压缩上止点（TDC）位置。暂时紧固曲轴齿形带轮螺栓。逆时针转动曲轴，以使正时齿轮键位于顶部，如图 3-99 所示。拆下曲轴齿形带轮螺栓。检查每个凸轮轴正时齿轮上的正时标记，如图 3-100 所示。

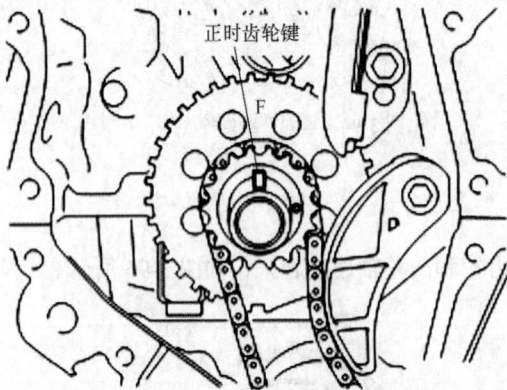

图 3-99　检查活塞压缩上止点位置

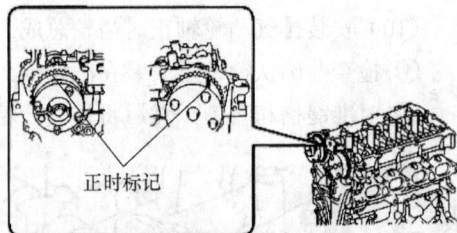

图 3-100　检查正时标记

② 将标记板（橙色）和正时标记对准并安装链条，如图 3-101 所示。注意：确保使标记板位于发动机前侧。凸轮轴侧的标记板为橙色。不要使链条缠绕在凸轮轴正时齿轮总成的链轮周围。只可将其放置在链轮上。将链条穿过 1 号震动阻尼器。

③ 将链条放在曲轴上，但不要使其缠绕在曲轴周围，如图 3-102 所示。

④ 用扳手固定住凸轮轴的六角头部分，并逆时针旋转凸轮轴正时齿轮总成，以使标记板（橙

色）和正时标记对准，如图 3-103 所示。注意：确保使标记板位于发动机前侧。凸轮轴侧的标记板为橙色。

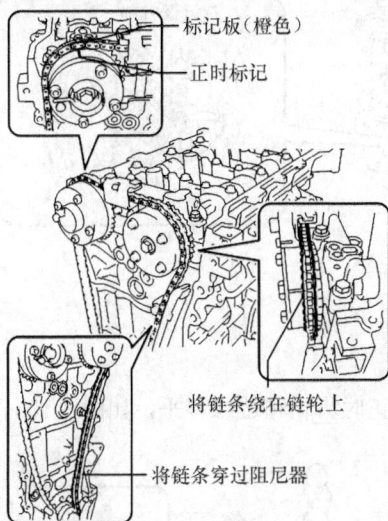

图 3-101　对准正时标记

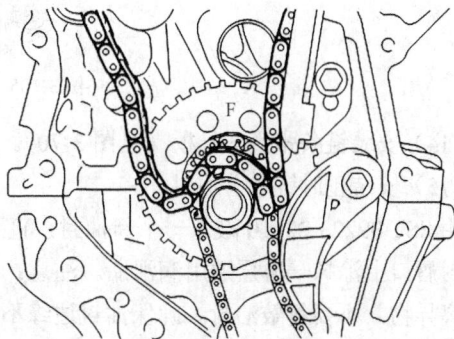

图 3-102　安装链条

⑤ 用扳手固定住凸轮轴的六角头部分，并顺时针旋转凸轮轴正时齿轮总成。注意：为了张紧链条，缓慢地顺时针旋转凸轮轴正时齿轮总成，防止链条错位。

⑥ 将标记板（黄色）和正时标记对准，并将链条安装至曲轴正时齿轮，如图 3-104 所示。注意：曲轴侧的标记板为黄色。

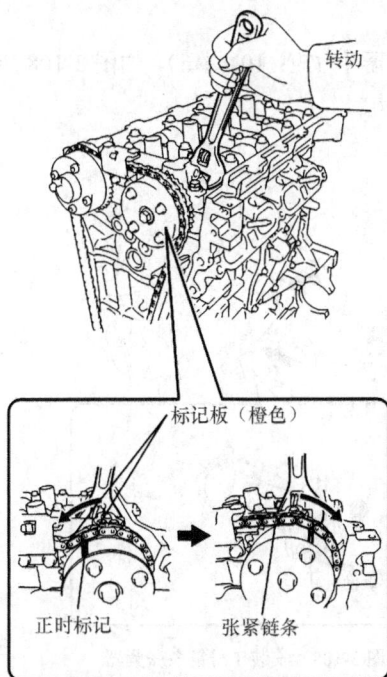

图 3-103　对准正时标记

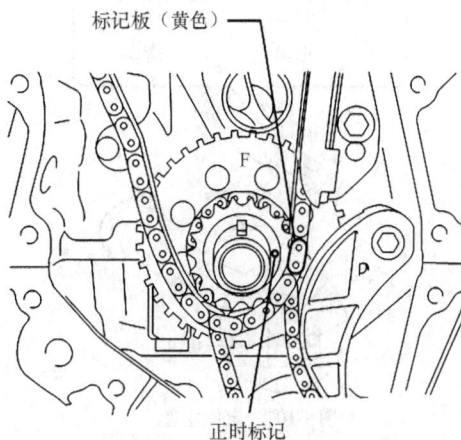

图 3-104　对准正时标记

⑦ 在压缩上止点（TDC）位置时，重新检查每个正时标记，如图 3-105 所示。

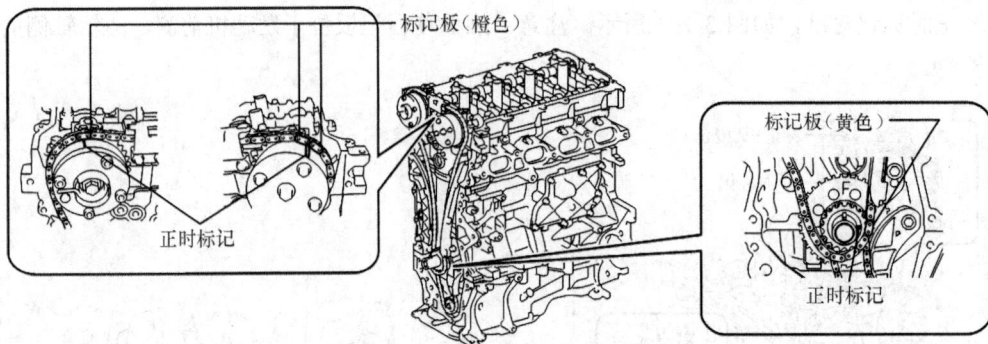

图 3-105　检查正时标记

（14）安装链条张紧器导板（见图 3-70）。

（15）安装正时链条盖油封。

用 SST 09223-22010 敲入一个新油封，直到其表面与正时齿轮箱边缘齐平，如图 3-106 所示。在油封唇口上涂抹一薄层通用润滑脂。注意：使唇口远离异物。不要斜敲油封。确保油封边缘不伸出正时链条盖。

（16）安装正时链条盖分总成。

（17）安装曲轴齿形带轮。

（18）安装 1 号链条张紧器总成。

① 松开棘轮爪，然后完全推入柱塞，将挂钩固定在销上以使柱塞位于图 3-107 所示位置。注意：确保凸轮固定在柱塞的第一个齿上，使挂钩穿过销。

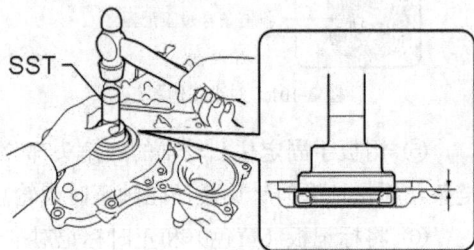

图 3-106　安装新油封

② 用 2 个螺母安装一个新衬垫、支架和 1 号链条张紧器（力矩：10N•m），如图 3-108 所示。注意：如果安装链条张紧器时挂钩松开柱塞，重新固定挂钩。

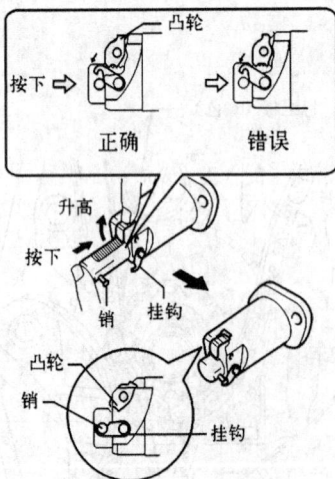

图 3-107　定位柱塞

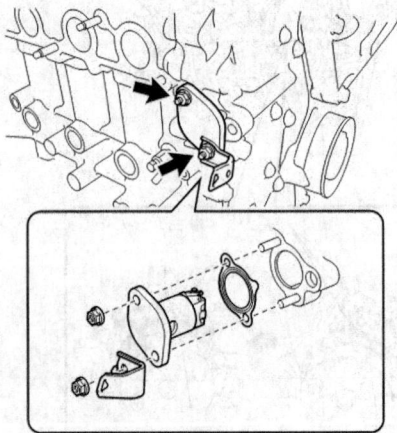

图 3-108　安装 1 号链条张紧器

③ 逆时针转动曲轴，然后从挂钩上断开柱塞锁销，如图 3-109 所示。

④ 顺时针转动曲轴，然后检查并确认柱塞伸出，如图 3-110 所示。

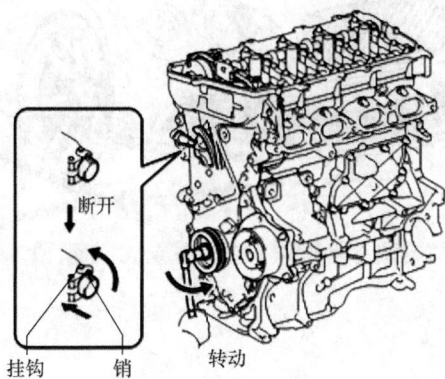

图 3-109　断开柱塞锁销

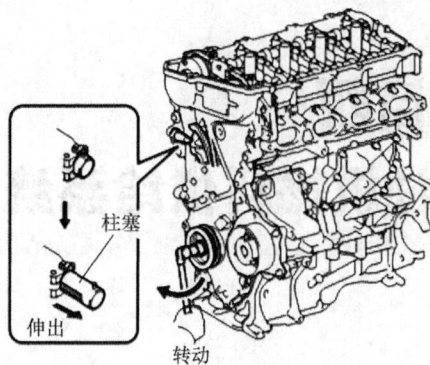

图 3-110　检查柱塞

|练 习 题|

1. 配气机构的功用是什么？主要由哪些零件组成？按凸轮轴的安装位置分几种类型？
2. 中置凸轮轴式与下置凸轮轴式配气机构有何异同？
3. 描述气门的构造和分类。
4. 气门导管的功用是什么？
5. 气门弹簧的功用是什么？它有几种类型？
6. 气门油封的功用是什么？
7. 凸轮轴有几种传动形式？各适用于何种类型的配气机构？其传动比为多少？
8. 配气正时标记一般在什么位置？举出两种以上常见形式。
9. 常见摇臂轴总成由哪些零件组成？
10. 什么是配气相位？画出配气相位图。
11. 什么是气门间隙？为何留气门间隙？
12. 描述液力挺杆的结构和工作原理。
13. 常见的可变配气相位控制机构有哪几种？说明其结构和工作原理。

项目四
汽油机燃料供给系统

本项目主要介绍不同工况对混合气浓度的要求，电控燃油喷射系统的类型、功能、各主要零部件的结构及其拆装等内容。

概　　述

汽油机燃料供给系统的功用是根据发动机各种工况的不同要求，向气缸提供一定数量和浓度的可燃混合气，使之在压缩行程接近终了时点火燃烧而膨胀做功，最后将燃烧废气排出气缸。

汽油机燃料供给系统可分为化油器式燃料供给系统和电控燃油喷射式燃料供给系统（或称为"电控燃油喷射系统"）两种类型。化油器式燃料供给系统结构简单、使用方便、价格便宜，但它存在着燃料分配不均匀，过渡与冷态运行混合气浓度控制质量差，难以实施反馈控制及排气污染严重等缺点，无法适应高性能汽油机的发展要求，故化油器式燃料供给系统已被电控燃油喷射系统所取代。电控燃油喷射系统有多种形式，其组成基本相同，都是由空气供给系统与废气排出系统、燃油供给系统和控制系统组成。

电控汽油喷射系统
的组成

一、混合气浓度对发动机性能的影响

1. 混合气浓度的表示方法

混合气中燃料占混合气的比例称为混合气浓度。混合气的浓度通常用过量空气系数或空燃比来表示。

（1）过量空气系数

过量空气系数（α）是指在燃烧过程中，燃烧 1kg 燃料实际供给的空气质量（kg）与理论上完全燃烧 1kg 燃料所需要的空气质量（kg）之比，即

$$过量空气系数(\alpha) = \frac{燃烧1kg燃料实际供给的空气质量}{理论上完全燃烧1kg燃料所需的空气质量}$$

由上式可知：无论采用何种燃料，$\alpha=1$ 的混合气称为理论混合气（又称为标准混合气），$\alpha<1$ 时的混合气为浓混合气，$\alpha>1$ 时的混合气则为稀混合气。

（2）空燃比

空燃比（A/F）是指混合气中的空气质量（kg）与燃料质量（kg）之比，即

$$空燃比(A/F) = \frac{空气质量}{燃料质量}$$

1kg 汽油理论上完全燃烧时所需的空气为 14.7kg，即当 A/F=14.7 时，称为理论混合气（又称为标准混合气）；当 A/F<14.7 时，称为浓混合气；当 A/F>14.7 时，称为稀混合气。

过量空气系数（α）与空燃比（A/F）在数值上的对应关系见表 4-1。

表 4-1　　　　　过量空气系数（α）与空燃比（A/F）在数值上的对应关系

α	0.6	0.7	0.8	0.9	1.0	1.1	1.2	1.3	1.4
A/F	8.9	10.4	11.8	13.3	14.7	16.3	17.8	19.2	20.7

2．混合气浓度对汽油机性能的影响

发动机工作时，采用 α=1 的理论混合气，只是在理论上保证完全燃烧，实际上，由于时间和空间条件的限制，汽油与空气之间不可能完全均匀混合，也就不可能实现理论上的完全燃烧。当 α=0.85～0.95 时，混合气较浓，燃烧速度最快，发动机发出最大功率，这种混合气称为功率混合气。采用功率混合气时，由于燃烧速度快，缸内最高温度和压力升高，爆燃倾向和 NO_x 的排放量增加；同时，由于功率混合气较浓，燃烧时氧气不足，HC 和 CO 排放量也增加。当 α=1.05～1.15时，混合气较稀，燃烧速度仍然较快，氧气相对充足，燃料能够完全燃烧，耗油率最低，这种混合气称为经济混合气。采用经济混合气时，爆燃倾向和排放污染较小。当 α<0.85～0.95 时，称过浓混合气。此时燃烧速度明显降低且由于缺氧、不完全燃烧程度增加，使功率下降，油耗增加，HC 和 CO 排放量也显著增加。当 α=0.4～0.5 时，混合气极浓，由于严重缺氧导致火焰无法传播，这种混合气浓度为火焰传播上限。当 α>1.05～1.15 时，称过稀混合气，由于燃烧速度缓慢，补燃增加，使功率下降，油耗增加。当 α=1.3～1.4 时，混合气极稀，由于燃料热值过低，燃烧放热量过少，火焰也无法传播，这种混合气浓度为火焰传播下限。因此，为保证汽油机的正常工作，汽油机燃料供给系统必须根据各种工况的不同要求，提供适当浓度的混合气。

3．各种工况对混合气浓度的要求

发动机工况是发动机工作状况的简称，通常用发动机转速和负荷来表示。发动机输出的动力随外载而变化，同时又取决于节气门开度，因此发动机负荷的大小也可用节气门开度来表示。当节气门全关时，负荷为 0，节气门全开时，负荷为 100%。发动机工况较为复杂，且变化范围较大，负荷可以从 0 变化为 100%，转速可以从最低稳定转速变化为最高转速。根据发动机运行特点，可分为冷起动、怠速、小负荷、中等负荷、大负荷和全负荷、加速及暖机等 7 种工况，发动机各种工况对混合气浓度的要求如下。

（1）冷起动工况

起动是指发动机由静止到正常运转的过程，当熄火时间较长、发动机温度已下降至环境温度时的起动称为冷起动。起动时发动机转速低，气流速度很慢，不利于燃油的雾化，尤其冷起动时，发动机温度也低，燃油蒸发困难，只有供给极浓的混合气（α=0.2～0.6），才能保证气缸内的混合气中有足够的燃油蒸气，以实现发动机冷起动。

（2）怠速工况

发动机做功行程产生的动力全部用来克服其内部阻力，对外无动力输出，维持发动机最低转速稳定运转的工况称为怠速工况。发动机怠速转速一般为 700～900r/min。在怠速工况下，节气门开度最小，进入气缸内的混合气量很少，气缸内残余废气对混合气稀释作用严重；而且发动机转速和温度低，燃油雾化和蒸发不良，混合气形成不够均匀。因此，要求供给少量 α=0.6～0.8 的浓混合气。

（3）小负荷工况

发动机负荷在 25%以下的工况称为小负荷工况。小负荷工况时，节气门略开，气缸内混合气的数量和质量比怠速工况时有所提高，残余废气对混合气的稀释作用也相对减弱，所以混合气浓度可以适当减小，应供给 $\alpha = 0.7\sim0.9$ 的较浓混合气。

（4）中等负荷工况

发动机负荷在 25%～85%的工况称为中等负荷工况。中等负荷工况时，节气门开度较大，气缸内混合气数量增多，燃烧条件好，利于燃料的完全燃烧，应供给 $\alpha = 1.05\sim1.15$ 的较稀混合气（或经济混合气）。

（5）大负荷工况和全负荷工况

发动机负荷在 85%～100%的工况称为大负荷工况，负荷为 100%时的工况称为全负荷工况。大负荷和全负荷工况时，为了克服较大的外部阻力，要求发动机尽可能发出大功率，应供给 $\alpha = 0.85\sim0.95$ 的功率混合气。

（6）加速工况

加速是指发动机负荷增加的过程。急加速时，要求发动机动力迅速提高，节气门开度迅速增加，必须额外供油，加浓混合气，以满足发动机急加速的要求。

（7）暖机工况

暖机一般是指发动机冷起动后，发动机的温度逐渐升高到正常工作温度的过程。在暖机期间，混合气的浓度应随温度升高而减小，从冷起动时的极浓减小到怠速时浓混合气。

通过以上分析，车用汽油机在小负荷和中等负荷工况运转时，要求燃料供给系统能随着负荷的增加，供给的混合气由浓变稀。当进入大负荷和全负荷工况运转时，又要求混合气由稀变浓，保证发动机尽可能发出最大功率。

二、汽油机电控燃油喷射系统的类型

电控燃油喷射（Electronic Fuel Injection，EFI）系统可按以下不同的方法进行分类。

1. 按喷射方式分类

按喷射方式不同，电控燃油喷射系统可分为连续喷射方式和间歇喷射方式。

连续喷射方式是指在发动机运转期间，汽油连续不断地喷射在进气道内，且大部分汽油是在进气门关闭时喷射的，因此大部分汽油在进气道内蒸发。除早期的 K 型机械式和 KE 型机电组合式汽油喷射系统外，电控燃油喷射系统一般不采用此种喷射方式。

间歇喷射方式是指在发动机运转期间，将汽油间歇地喷入进气道内。目前，在广泛采用间歇喷射方式的多点电控燃油喷射系统中，按各缸喷油器的喷射顺序不同分为同时喷射、分组喷射和顺序喷射，如图 4-1 所示。

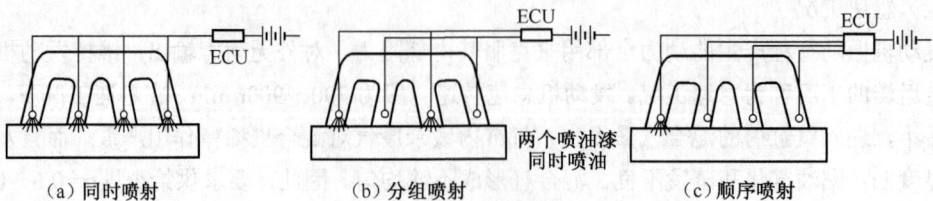

（a）同时喷射　　　　　　（b）分组喷射　　　　　　（c）顺序喷射

图 4-1　喷油器喷射顺序

① 同时喷射：它是指将各缸的喷油器并联，在发动机工作期间，所有喷油器由 ECU 的同一个喷油指令控制，同时喷油、同时断油，如图 4-1（a）所示。采用同时喷射，一般是曲轴每转一圈各缸同时喷油一次，对每个气缸来说，每一次燃烧所需的供油量需要喷射两次，即曲轴每转一圈喷射 1/2 的油量。采用此种喷射方式，各缸的喷油时刻不可能都是最佳的，其性能较差，一般用在部分缸数较少的汽油机上。

② 分组喷射：它是指将各缸的喷油器分成 2 组或 3 组，每一组的喷油器都是由 ECU 的同一个喷油指令控制，它是同时喷射的变形方案，如图 4-1（b）所示。ECU 向某组的喷油器发出喷油或断油指令时，同一组的喷油器同时喷油或断油。

③ 顺序喷射：它是指各缸的喷油器由 ECU 单独控制，按照发动机各缸工作顺序控制喷油顺序，如图 4-1（c）所示。ECU 根据曲轴位置传感器检测曲轴转角和发动机转速信号，确定燃油喷射时刻和点火控制时刻；同时根据凸轮轴位置传感器检测凸轮轴位置信号，确定第一缸压缩上止点，从而进行顺序喷射控制和各缸点火时刻控制。在第一缸喷油器喷油结束后，ECU 将根据各缸工作顺序依次控制其他各缸喷油器喷射燃油，从而实现顺序喷射。

2．按对进气量的计量方式分类

电控燃油喷射系统必须对进入气缸的空气量进行精确的计量，才能通过对喷油量的控制实现混合气浓度的高精度控制。按对进气量的计量方式不同，电控燃油喷射系统可分为 D 型喷射系统和 L 型喷射系统。

（1）D 型喷射系统

"D"是德语 Durck（压力）的第一个字母，D 型电控燃油喷射系统的基本工作原理如图 4-2 所示。它是利用进气管绝对压力传感器检测进气管内的绝对压力，ECU 根据进气管内的绝对压力和发动机转速推算出发动机的进气量，再根据进气量和发动机转速确定基本喷油量。

（2）L 型喷射系统

"L"是德语 Luft（空气）的第一个字母，L 型电控燃油喷射系统的基本工作原理如图 4-3 所示。它是利用空气流量计直接测量发动机的进气量。ECU 根据空气流量计信号和发动机转速信号计算并确定基本喷油量。由于消除了推算进气量的误差影响，对混合气浓度的控制精度高于 D 型。

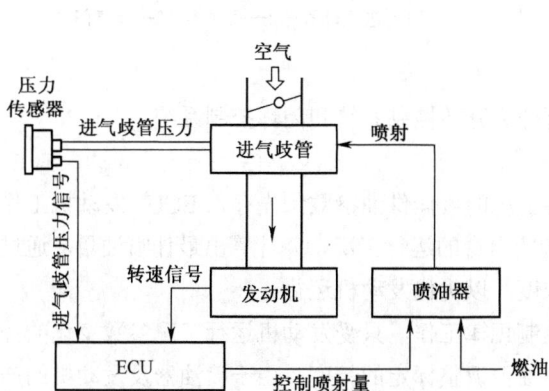

图 4-2　D 型喷射系统的基本工作原理

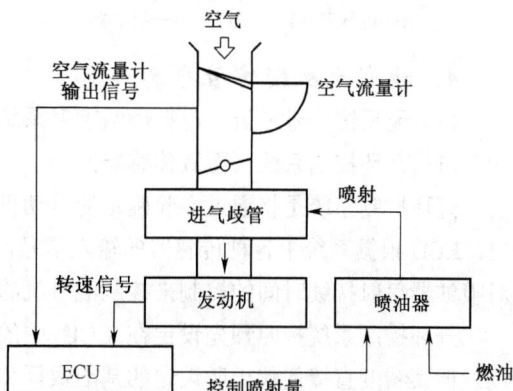

图 4-3　L 型喷射系统的基本工作原理

3．按喷射位置分类

按喷射位置不同，电控燃油喷射系统可分为缸内直接喷射和进气管喷射两种类型。

（1）缸内直接喷射

缸内直接喷射系统如图 4-4 所示，它是将喷油器安装在气缸盖上，把燃油直接喷入气缸内，配合气缸内的气体流动形成可燃混合气。缸内直接喷射容易实现分层燃烧和稀混合气燃烧，可进一步提高汽油发动机的经济性，改善发动机的排放性。

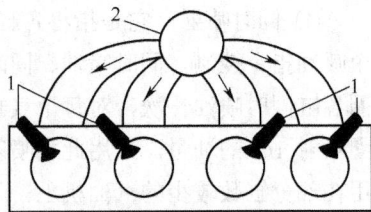

图 4-4　缸内直接喷射
1—喷油器　2—节气门体

（2）进气管喷射

进气管喷射按喷油器的数量不同，可分为多点喷射（MPI）系统和单点喷射（SPI）系统。

① 多点喷射系统。多点喷射系统如图 4-5 所示，它是在每缸靠近进气门处装有一个喷油器，又称为多气门喷射系统。多点喷射系统的燃油分配均匀性好，进气管可按最大进气量来设计，而且无论发动机处于冷机状态或热机状态，其过渡的响应及燃油经济性都是最佳的；但多点电控燃油喷射系统的控制系统较复杂，成本较高。

② 单点喷射系统。单点喷射系统如图 4-6 所示，它是在节气门上方装有中央喷射装置，采用 1～2 个喷油器集中喷射，又称为节气门体喷射（TBI）系统或中央喷射（CFI）系统。汽油喷入到进气气流中，形成的可燃混合气由进气歧管分配给各气缸。单点喷射系统各缸混合气的均匀程度较差，动力性、经济性及排放性不如多点喷射系统。

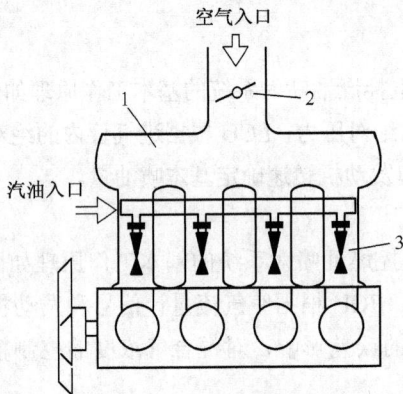

图 4-5　多点喷射系统
1—进气管　2—节气门　3—喷油器

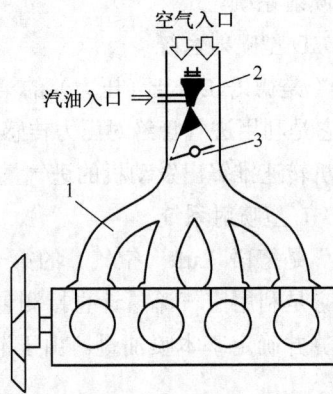

图 4-6　单点喷射系统
1—进气歧管　2—喷油器　3—节气门

4. 按有无反馈信号分类

按有无反馈信号分类，电控燃油喷射系统可分为开环控制系统和闭环控制系统。

（1）开环控制系统（无氧传感器）

开环控制系统是将通过实验确定的发动机各工况的最佳供油参数预先存入 ECU，发动机工作时，ECU 根据系统中各种传感器的输入信号，判断自身的运行工况，并计算出最佳喷油量，通过对喷油器喷射持续时间的控制来控制混合气的浓度，以优化发动机运行。

开环控制系统按照预先设定在 ECU 中的控制规律工作，只受发动机运行工况参数变化的控制，但其精度直接依赖于所设定的基准数据和喷油器调整标定的精度。由于喷油器及发动机的产品性能存在差异，或由于磨损等引起产品性能参数变化，就不能使混合气准确地保持在预定的浓度（空燃比）上。因此，开环控制系统对发动机及控制系统各组成部分的精度要求高，抗干扰能力差，当使用工况超出预定范围时，就不能实现最佳控制。

（2）闭环控制系统（有氧传感器）

在闭环控制系统中，发动机排气管上装有氧传感器。根据排气中氧含量的变化，判断实际进入气缸内混合气的空燃比，再通过 ECU 与设定的目标空燃比值进行比较，并根据误差修正喷油器喷油量，使空燃比保持在设定的目标值（A/F=14.7）附近。

闭环控制系统可达到较高的空燃比控制精度，并可消除因产品差异和磨损等引起的性能变化，工作稳定性好，抗干扰能力强。但是，为了使排气净化达到最佳效果，只能运行在理论空燃比（14.7∶1）附近。对起动、暖机、加速、怠速及全负荷等特殊工况，仍需采用开环控制模式，此时喷油器按预先设定的加浓混合气配比工作，以满足发动机在特殊工况时对混合气浓度的不同要求。

三、电控燃油喷射系统的功能

电控燃油喷射系统的功能是对喷油量、喷射正时、燃油停供和燃油泵进行控制。

1. 喷油量控制

喷油量控制是电控燃油喷射系统最主要的控制功能之一，其目的是使发动机在各种运行工况下，均获得最佳的混合气浓度，以提高发动机的动力性、经济性和排放性。现代汽车电子控制燃油喷射系统确定喷油量的方法普遍都是在系统设计制造完成后，通过对发动机进行若干次台架试验，测定发动机不同运行工况下各种传感器和执行体的有关数据，得出最佳喷油量和相关参数，并将这些参数储存到 ECU 的存储器中。当发动机工作时，ECU 首先采集反映发动机运行工况的各种传感器信号，然后经过数学计算和逻辑判断，确定最佳喷油量和喷油时刻，再通过控制喷油器的开启时间来控制喷油量。在理论上，喷油器的喷油量（Q）主要取决于喷油器的喷嘴流量（Q_i）、喷孔面积（A_i）、燃油密度（ρ）、燃油压力（P_f）、进气压力（P_i）和喷油时间（T）（喷油器的开启时间）。即：

$$Q = Q_i A_i \sqrt{2g\rho(P_f - P_i)T}$$

由此可见，在喷油器结构一定时，喷嘴流量和喷孔面积是固定不变的。此外，燃油压力调节器保证了燃油压力和进气压力的差值保持恒定（一般为 300kPa），因此，喷油器的喷油量多少就取决于喷油时间。喷油持续时间越长，喷油量越多；反之，喷油量越少。喷油时间一般为 1.5～12.6ms。在汽油机电控燃油喷射系统中，喷油量控制是通过对喷油器喷油时间的控制来实现的。喷油量控制可分为发动机起动时的喷油量控制和发动机起动后的喷油量控制，二者的控制方式有所不同。

（1）起动时的喷油量控制

在发动机起动时，由于转速波动大，无论是 D 型电控燃油喷射系统中的进气管绝对压力传感器，还是 L 型电控燃油喷射系统中的空气流量计，测量空气量的信号误差较大，都不能精确地计量进气量，也就无法确定合适的基本喷油时间。

发动机起动时，ECU 根据冷却液的温度，由电控单元存储器内储存的冷却液温度与喷油时间的关系曲

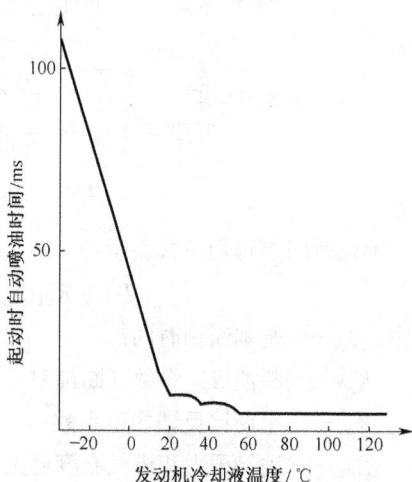

图 4-7 冷却液温度与喷油时间之间的关系曲线

线来确定基本喷油时间。冷却液温度与喷油时间之间的关系曲线如图 4-7 所示。

发动机起动时喷油量采用开环控制，其控制过程如图 4-8 所示。ECU 首先根据点火开关、曲轴位置传感器和节气门位置传感器信号判定发动机是否处于起动状态，以此决定是否按起动程序控制喷油，然后根据冷却液温度传感器信号确定基本喷油时间。

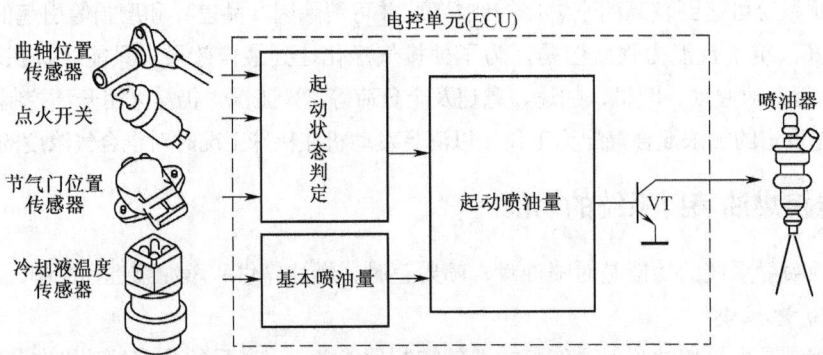

图 4-8　发动机起动时喷油量控制过程示意图

（2）起动后的喷油量控制

在发动机起动后，喷油器的总喷油量是由基本喷油量、喷油修正量和喷油增量组成，其控制过程如图 4-9 所示。

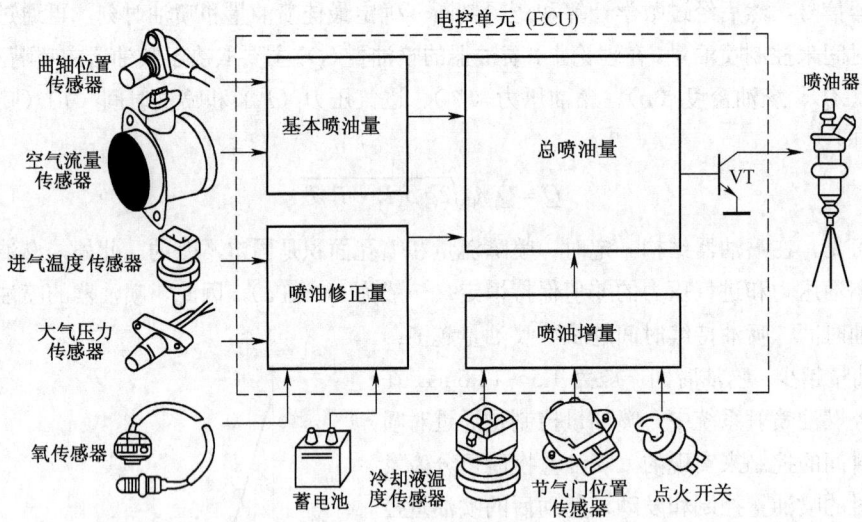

图 4-9　发动机起动后喷油量控制过程示意图

喷油时间 T 可用下式表示：

$$T=T_B K_{FC} K_{AF}(1+K_{PT}+K_{AS}+K_{CT}+K_{AC})+K_{BAT}$$

式中：T_B——基本喷油时间；

K_{FC}——断油修正系数（断油时，$K_{FC}=0$；不断油时，$K_{FC}=1$）；

K_{AF}——空燃比反馈修正系数；

K_{PT}——进气压力和进气温度修正系数；

K_{AS}——起动后喷油增量修正系数；

K_{CT}——冷却液温度修正系数；

K_{AC}——加速增量修正系数；

K_{BAT}——电源电压修正系数。

其中，空燃比反馈修正系数（K_{AF}）和断油修正系数（K_{FC}）分别由空燃比反馈控制系统和断油控制系统确定。

① 基本喷油时间（T_B）的确定。基本喷油时间是在标准大气状态（温度 20℃，压力 101kPa）下，根据发动机每个工作循环的进气量和发动机转速确定。这个基本喷油时间是实现理论空燃比 14.7∶1 的喷油时间。在 D 型电控燃油喷射系统中，基本喷油时间是由 ECU 根据发动机转速信号和进气管绝对压力信号来确定的。在 L 型电控燃油喷射系统中，基本喷油时间则是由 ECU 根据发动机转速信号和空气流量计信号来确定的。

② 进气压力和进气温度修正系数（K_{PT}）的确定。当进气温度和大气压力发生变化时，空气密度就会发生变化，进气量也会随之发生变化。为此，需要 ECU 根据空气温度和大气压力等信号对喷油时间进行修正，使发动机在各种工况下都能获得最佳的喷油量。

当温度升高时，空气密度减小。在体积相同的情况下，冷空气的质量多于热空气的质量，因此对于采用进气管绝对压力传感器和体积流量型空气流量计的电控燃油喷射系统，在传感器信号相同的情况下，进入发动机的空气质量随空气温度升高而减小。所以，当空气温度高于 20℃时，ECU 将确定修正系数小于 1，适当缩短喷油时间，使喷油量减小；反之，修正系数大于 1，适当增加喷油时间，使喷油量增加。

当汽车在高原地区行驶时，大气压力降低，空气密度减小，在发动机进气体积相同的情况下，空气质量就会减小。为此，ECU 根据大气压力传感器的信号适当修正喷油时间。当大气压力低于 101kPa，ECU 减小修正系数，使喷油量减少；反之，使喷油量增加。进气压力和进气温度修正系数（K_{PT}）与喷油时间之间的关系如图 4-10 所示。

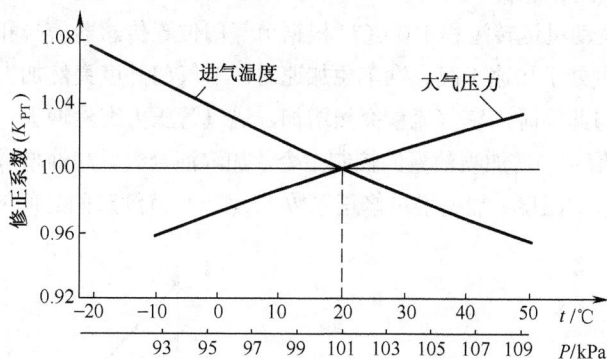

图 4-10　进气压力和进气温度修正系数 K_{PT} 与喷油时间之间的关系

③ 电源电压修正系数（K_{BAT}）的确定。电源电压修正是因为喷油器实际的喷油时刻比 ECU 发出的喷油时刻晚，即喷油器的开启和关闭都将滞后一定时间，使喷油器的实际喷油时间比 ECU 确定的喷油时间短，导致喷油量不足，实际空燃比高于发动机所要求的空燃比。蓄电池电压的高低对喷油器开启滞后时间影响较大，蓄电池电压越低，滞后时间越长。因此，ECU 需根据蓄电池电压适当修正喷油时间，以提高喷油量控制的精度。ECU 以 14V 电压为基准修正喷油器喷油时间，当电压低于 14V 时，延长喷油时间；反之，缩短喷油时间。修正喷油时间一般为-0.15ms，即电压每升高 1V，喷油时间缩短 0.15ms。电源电压修正系数 K_{BAT} 的确定如图 4-11 所示。

④ 起动后喷油增量修正系数（K_{AS}）的确定。发动机冷起动后，由于燃油温度较低，混合气

雾化不良，燃油会在进气管上沉积，混合气过稀，使发动机运转不稳而熄火。为此，在起动后的短时间内，需要增加喷油量，使混合气加浓，保证发动机运转稳定。

　　发动机起动后喷油增量的比例取决于起动时发动机的温度，并随起动后时间的增长而逐渐减小到 1。起动后喷油增量修正系数（K_{AS}）与持续时间之间的关系如图 4-12 所示。

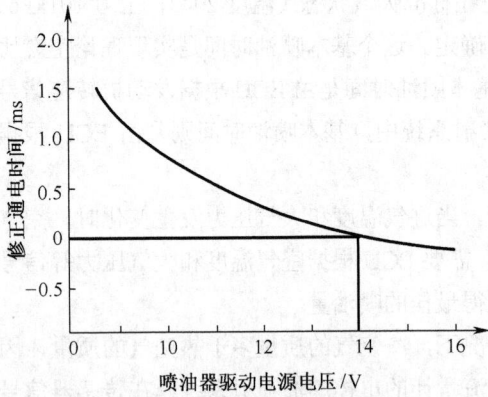

图 4-11　电源电压修正通电时间与
电源电压之间的关系

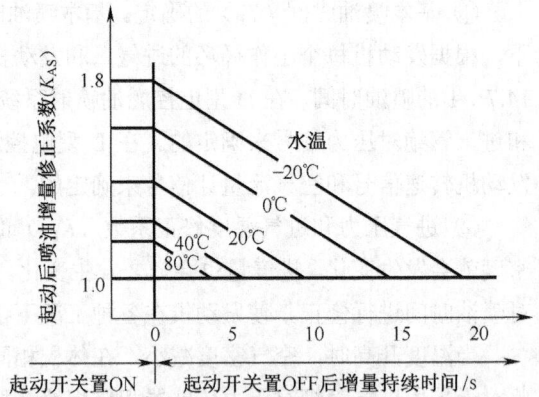

图 4-12　起动后喷油增量修正系数（K_{AS}）
与持续时间之间的关系

　　⑤ 冷却液温度修正系数（K_{CT}）的确定。冷却液温度的修正是指暖机过程中的冷却液温度的修正。在起动后的暖机过程中，发动机温度较低，燃油雾化较差，部分燃油凝结在进气管和气缸壁上，使混合气变稀，燃烧不稳定。因此，在暖机过程中需要增加喷油量，燃油增量的比例大小取决于发动机的温度，且随着发动机温度的升高而减小。冷却液温度修正系数（K_{CT}）与冷却液温度之间的关系如图 4-13 所示。

　　⑥ 加速增量修正系数（K_{AC}）的确定。当汽车加速时，为了保证发动机能够输出足够的转矩，需要增加喷油量。在发动机运转过程中，ECU 根据节气门位置传感器信号和空气流量计信号的变化速率判断发动机是否处于加速工况。汽车急加速时，节气门开度突然加大，节气门位置传感器信号变化速率增大。与此同时，空气流量突然增加，进气管压力突然增大，空气流量计信号突然升高。ECU 根据这些信号，增加喷油量的控制指令，加浓混合气。燃油增量的比例大小与加浓时间取决于发动机冷却液的温度。加速增量修正系数（K_{AC}）与持续时间之间的关系如图 4-14 所示。

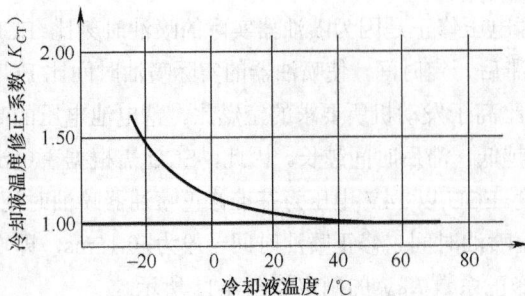

图 4-13　冷却液温度修正系数（K_{CT}）与冷却液温度之间的关系

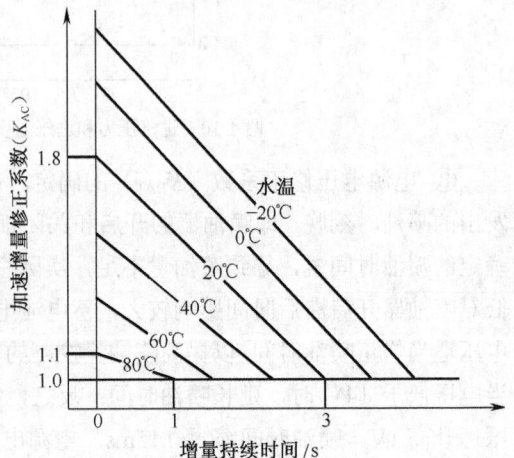

图 4-14　加速增量修正系数（K_{AC}）与持续时间之间的关系

2．喷油正时控制

在采用间歇喷射方式的电控燃油喷射系统中，ECU 必须控制喷油器喷油的开始时刻，即喷油正时控制。最佳的喷油正时一般是使各缸进气行程的开始时刻与喷油结束时刻同步。

喷油器的喷油可分为同步喷油和异步喷油两种类型。同步喷油是指根据发动机各缸工作循环，在既定的曲轴位置进行的喷油，同步喷油有规律性。异步喷油与发动机的工作不同步，无规律性，它是在同步喷油的基础上，为改善发动机的性能额外增加的喷油，主要有起动异步喷油和加速异步喷油。

（1）同步喷油正时控制

① 顺序喷射系统喷油正时控制。四缸发动机顺序喷射系统喷油器控制电路如图 4-15 所示，其特点是喷油器驱动回路数与气缸数相等。

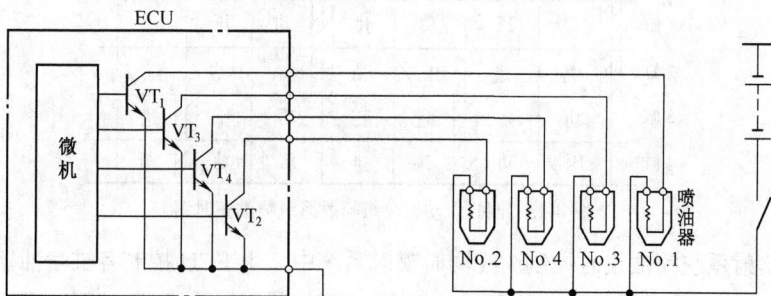

图 4-15　四缸发动机顺序喷射系统喷油器控制电路图

在采用顺序喷射系统的发动机上，ECU 根据凸轮轴位置传感器信号（G 信号）、曲轴位置传感器信号（Ne 信号）和发动机的做功顺序，确定各缸工作位置。当确定某缸活塞运行至排气行程上止点前某一位置时，ECU 输出喷油控制信号，接通喷油器电磁线圈电路，该缸即开始喷油，如北京切诺基发动机在各缸排气行程上止点前 64° 开始喷油，喷油顺序与做功顺序一致。四缸发动机顺序喷射系统喷油正时如图 4-16 所示。

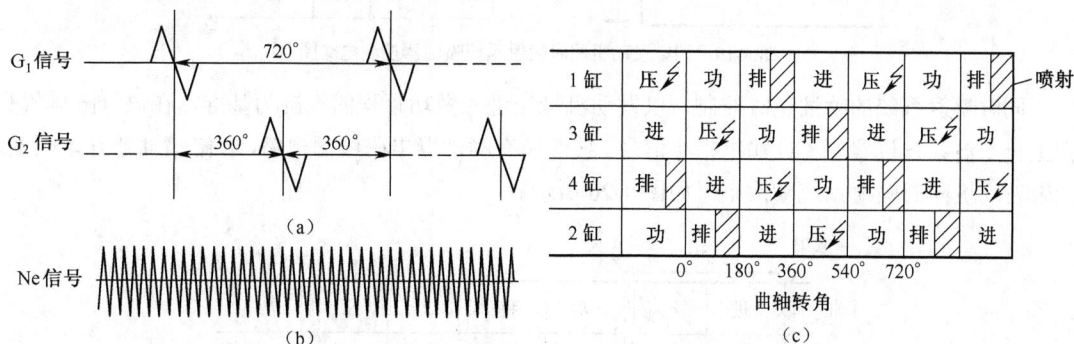

图 4-16　四缸发动机顺序喷射系统喷油正时图

② 分组喷射系统喷油正时控制。在分组喷射系统中，一般将所有气缸的喷油器分成 2~4 组，由 ECU 分组控制喷油器。四缸发动机分组喷射系统喷油器控制电路如图 4-17 所示，喷油器分两组，ECU 通过两个端子分别对各组喷油器进行控制。

分组喷射系统的喷油正时控制，以各组最先进入做功行程的气缸为基准，在该气缸排气行程上止点前某一位置，ECU 发出控制指令，接通该组喷油器电磁线圈电路，该组喷油器开始喷油。

四缸发动机分组喷射系统喷油正时如图 4-18 所示。

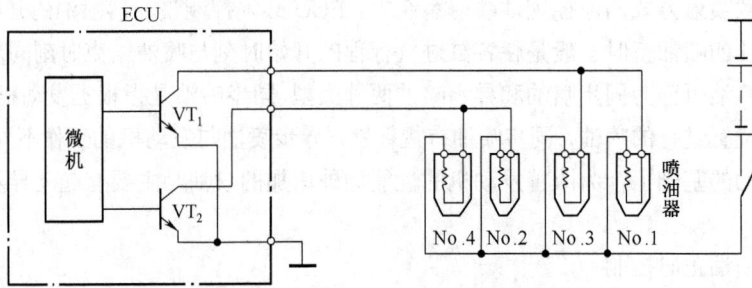

图 4-17　四缸发动机分组喷射系统喷油器控制电路图

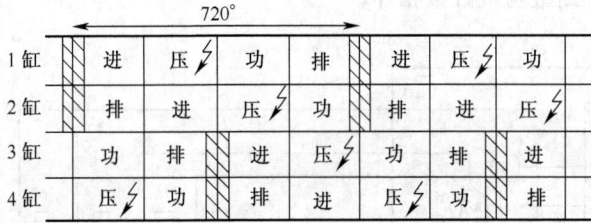

图 4-18　四缸发动机分组喷射系统喷油正时图

③ 同时喷射系统喷油正时控制。在同时喷射系统中，由 ECU 控制各缸喷油器同时喷油或停油，不可能使各缸都获得最佳的喷油正时，但这种喷射系统的喷油器驱动回路通用性好，其电路结构比较简单。四缸发动机同时喷射系统喷油器控制电路如图 4-19 所示。

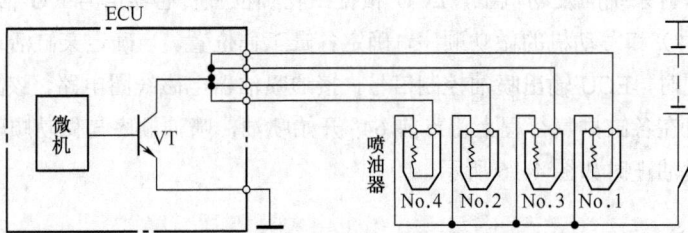

图 4-19　四缸发动机同时喷射系统喷油器控制电路图

同时喷射系统的喷油正时控制，以发动机最先进入做功行程的气缸为基准，在该气缸排气行程上止点前某一位置，ECU 输出指令信号，接通所有喷油器电磁线圈电路，各缸喷油器开始喷油。四缸发动机同时喷射系统喷油正时如图 4-20 所示。

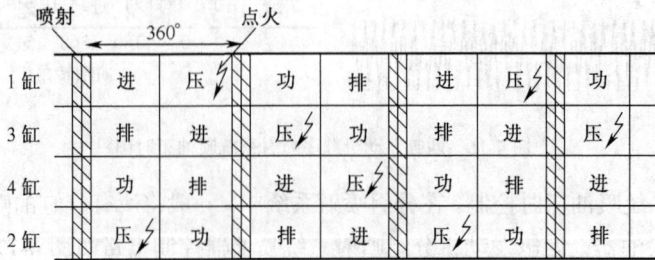

图 4-20　四缸发动机同时喷射系统喷油正时图

（2）异步喷油正时控制

① 起动时异步喷油正时控制。在部分电控燃油喷射系统中，为改善发动机的起动性能，在发

动机起动时，除同步喷油外，再增加一次异步喷油。

具有起动异步喷油功能的电控燃油喷射系统，在起动开关（STA）处于接通状态时，ECU 接收到第一个凸轮轴位置传感器信号（G 信号）后，接收到第一个曲轴位置传感器信号（Ne 信号）时，开始进行起动时的异步喷油。

② 加速时异步喷油正时控制。发动机由怠速工况向汽车起步工况过渡时，由于燃油惯性等原因，会出现混合气较稀的现象。为了改善起步加速性能，ECU 根据节气门位置传感器中怠速触点输送的怠速信号（IDL 信号）从接通到断开时，增加一次固定量的喷油。有些电控燃油喷射系统，ECU 接收到的 IDL 信号从接通到断开后，检测到第一个 Ne 信号时，增加一次固定量的喷油。有些电控燃油喷射系统，为使发动机加速更灵敏，当节气门迅速开启或进气量突然增加（急加速）时，在同步喷射的基础上再增加异步喷射。

3. 燃油停供控制

燃油停供控制是指在某些特殊情况下，电控单元暂时切断燃油喷射，以满足发动机运行的特殊要求。燃油停供控制包括发动机超速断油控制、减速断油控制和清除溢流控制等。

（1）超速断油控制

超速断油控制是指当发动机转速超过允许的极限值时，ECU 将会切断燃油喷射控制电路，控制喷油器停止喷油。超速断油的目的是防止发动机超速运转而损坏机件。每一台发动机都有一个极限转速，一般为 6 000～7 000r/min，桑塔纳 2000GSi 轿车 AJR 发动机的极限转速为 6 400r/min。

在发动机工作中，ECU 根据曲轴位置传感器检测发动机实际转速与存储器中的目标转速进行比较。当实际转速超过目标转速 80～100r/min 时，ECU 控制喷油器停止喷油，限制发动机转速进一步升高。当发动机转速降至目标转速时，ECU 将控制喷油器恢复正常喷油。超速断油控制如图 4-21 所示。

（2）减速断油控制

减速断油控制是指当汽车在高速行驶中，驾驶员突然放松加速踏板使汽车减速时，ECU 将会切断燃油喷射控制电路，控制喷油器停止喷油。当发动机转速降至设定转速时又恢复正常喷油。减速断油控制如图 4-22 所示。

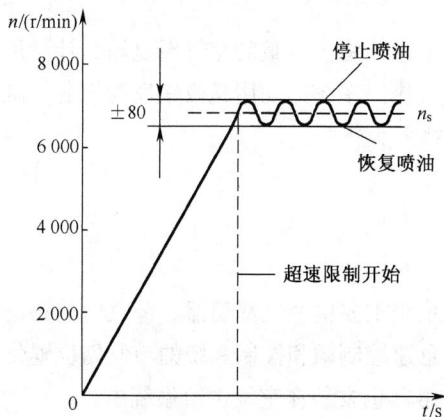

图 4-21 超速断油控制示意图

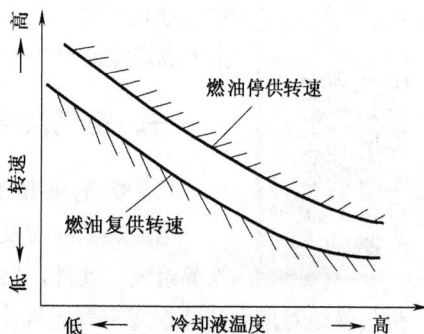

图 4-22 减速断油控制示意图

高速行驶的汽车，突然放松加速踏板减速时，发动机在汽车惯性力的作用下高速旋转，由于此时节气门已经关闭，进入气缸的空气量很少，如果不停止喷油，混合气过浓而导致燃烧不完全，HC 和 CO 的排放量显著增加。减速断油的目的就是减少有害气体的排放，节约燃油。

（3）清除溢流控制

发动机起动时，电控燃油喷射系统向发动机提供较浓的混合气，以便发动机起动。如果多次起动未能成功，沉积在气缸内的混合气会浸湿火花塞，使其不能跳火而导致发动机无法起动。

清除溢流控制是指发动机加速踏板踩到底，接通起动开关起动发动机时，ECU 自动控制喷油器切断喷油，以排除气缸内的燃油蒸气，使火花塞干燥后，能够顺利点火。

当接通起动开关，起动机运转而发动机无法起动时，可利用燃油停供控制系统清除溢流，然后再起动发动机。清除溢流控制的条件是点火开关处于起动位置；节气门全开；发动机转速低于 500r/min。只有同时满足以上 3 个条件时，燃油停供控制系统才进入清除溢流状态。由此可见，起动发动机时，不需踩下加速踏板，直接接通起动开关即可。

4．燃油泵控制

当点火开关打开或发动机熄火后，电控燃油喷射系统中的燃油泵一般预先工作 $2 \sim 3$ s，以保证燃油系统必需的油压。在发动机起动和运转过程中，燃油泵应保持正常工作。

| 任务一　空气供给系统与废气排出系统 |

【学习目标】

1．能够正确描述空气供给系统与废气排出系统的功用与组成。

2．能够正确描述空气供给系统与废气排出系统各主要零部件的结构与工作特点。

3．能够正确选择与使用工具、设备，并规范进行空气供给系统与废气排出系统各零部件的拆卸与装配。

相 关 知 识

空气供给系统的功用是根据发动机各种工况的不同要求，将一定量的空气经过滤、计量后引入发动机气缸，以控制发动机正常工作时的进气量。废气排出系统的功用是收集发动机各气缸排出的高温燃烧废气，通过排气尾管排入大气中。

一、空气供给系统

1．空气供给系统的组成

空气供给系统的工作原理

电控燃油喷射发动机空气供给系统主要由空气滤清器、节气门体和进气管等组成。此外，怠速控制系统的怠速控制阀和控制系统的节气门位置传感器、进气管绝对压力传感器或空气流量计、进气温度传感器也安装在空气供给系统中。

D 型电控燃油喷射系统由于没有空气流量计，其空气供给系统结构简单，应用较广。丰田皇冠 3.0 轿车 2JZ-GE 发动机空气供给系统组成如图 4-23 所示。发动机工作时，空气经空气滤清器滤清后，通过稳压箱和节气门体流入进气室（即进气总管），再由进气歧管分配给各气缸。流入进气室的空气量取决于节气门开度和发动机转速。

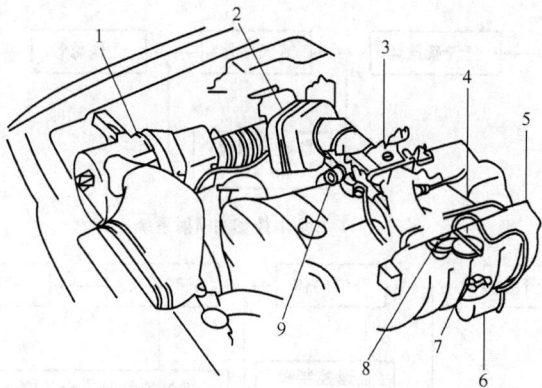

图 4-23　丰田皇冠 3.0 轿车 2JZ-GE 发动机空气供给系统
1—空气滤清器　2—稳压箱　3—节气门体　4—进气控制阀　5—进气室　6—真空罐
7—电磁真空阀　8—真空驱动器　9—怠速控制阀

　　L 型电控燃油喷射系统对空气量的测量更加精确，应用也较广。丰田雷克萨斯 LS400 轿车 1UZ-FE 型发动机空气供给系统的组成如图 4-24 所示。与 2JZ-GE 发动机相比，1UZ-FE 型发动机空气供给系统中增加了空气流量计，取消了稳压箱和进气管绝对压力传感器。

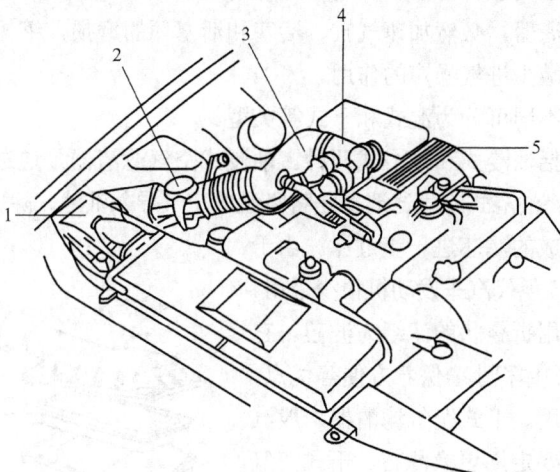

图 4-24　丰田雷克萨斯 LS400 轿车 1UZ-FE 型发动机空气供给系统
1—空气滤清器　2—空气流量计　3—进气连接管　4—节气门体　5—进气室

2．空气供给系统工作过程

（1）L 型空气供给系统的工作过程

　　L 型空气供给系统的工作原理如图 4-25（a）所示。发动机工作时，空气经空气滤清器过滤后，流经空气流量计、节气门体进入进气总管，再通过进气歧管分配给各气缸。节气门体中设有节气门，通过节气门开度变化调节发动机的进气量，从而控制发动机的输出功率。在有些发动机怠速控制系统中，节气门体的外部或内部设有与主进气道并联的怠速旁通空气道，由怠速控制阀控制怠速运转时的空气量。发动机的进气量由空气流量计直接测量。

（2）D 型空气供给系统的工作过程

　　D 型空气供给系统的工作原理如图 4-25（b）所示。发动机工作时，空气经空气滤清器过滤后，流经节气门体进入进气总管，再通过进气歧管分配给各气缸，发动机的进气量由进气管绝对压力传感器间接测量。

```
空气滤清器 → 空气流量计 → 节气门体 → 进气总管 → 进气歧管
                              ↑
                         怠速控制阀
                          (ISC阀)
```

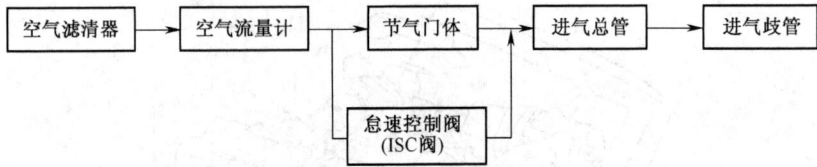

（a）L 型电控燃油喷射系统

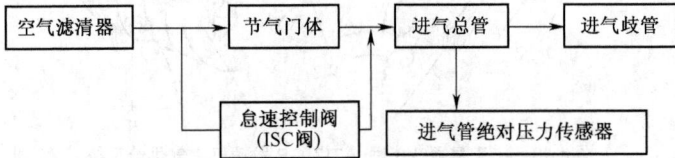

```
空气滤清器 ─┬─→ 节气门体 ─→ 进气总管 ─→ 进气歧管
            │                  │
            └─→ 怠速控制阀      ↓
                 (ISC阀) ─→ 进气管绝对压力传感器
```

（b）D 型电控燃油喷射系统

图 4-25　空气供给系统工作原理

3．空气供给系统各主要零部件的结构

（1）空气滤清器

空气滤清器安装在进气总管之前，其功用是在空气进入气缸前滤除空气中的杂质和灰尘。如果发动机不安装空气滤清器，必然加速气缸、活塞和活塞环的磨损，缩短发动机的使用寿命。另外，空气滤清器还具有减少进气噪声的作用。

空气滤清器按结构不同可分为湿式和干式等类型。

湿式空气滤清器包括油浸式和油浴式两种。油浸式空气滤清器是通过一个油浸过的滤芯，分离空气中的杂质和灰尘；油浴式空气滤清器是将吸进的空气导入油池，除去大部分杂质和灰尘，然后流经一个由金属丝绕成的滤芯进一步过滤。由于其结构复杂，成本较高，现代汽车发动机很少采用。

干式空气滤清器采用折叠状的滤纸为滤芯。它具有结构简单、质量轻、体积小、保养方便等优点，现代汽车发动机广泛采用。干式空气滤清器一般汽车每行驶 15000km，需要定期更换滤芯。干式空气滤清器的常见形式如图 4-26 所示。

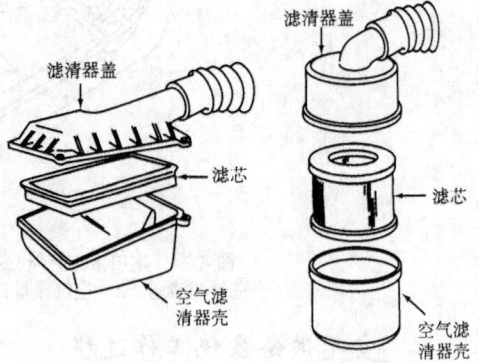

维护空气滤清器时，拆开锁扣，卸下滤清器盖，取出密封圈和滤芯。如果滤芯沾有油污或破损，需更换滤芯。如果滤芯能够继续使用，可轻轻磕打或

图 4-26　干式空气滤清器的常见形式

利用压缩空气，去除黏附在滤芯上的杂质和灰尘。安装空气滤清器时，应保证密封垫贴合紧密，防止杂质和灰尘进入气缸。

（2）节气门体

节气门体安装在进气管中，用来控制发动机正常工况下的进气量。节气门体包括节气门、节气门位置传感器及怠速控制阀等。由于电控燃油喷射发动机在怠速运转时，节气门完全关闭，故有些发动机节气门体上设有怠速旁通空气道，其流通截面是由 ECU 通过怠速控制阀来控制，以提供怠速运转时所需要的空气量。D 型电控燃油喷射系统的节气门体如图 4-27 所示。节气门位置传感器安装在节气门轴上，用来检测节气门的开度。节气门限位螺钉用来调节节气门的最小开度。发动机工作时，冷却液通过加热水管流经节气门体，以防止寒冷季节空气中的水分在节气门体上冻结。

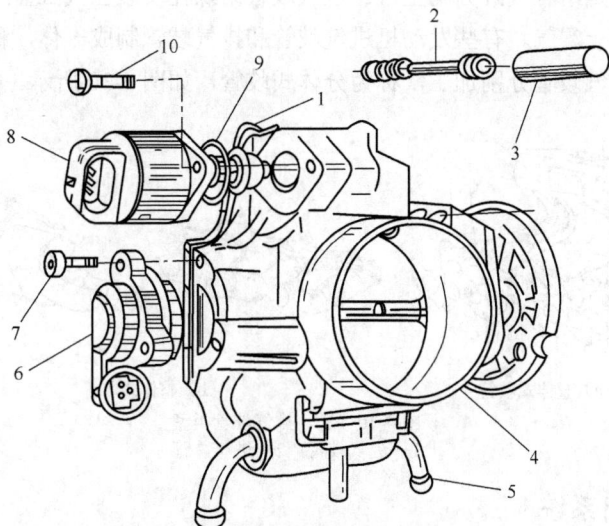

图 4-27　D 型电控燃油喷射系统的节气门体
1—节气门体衬垫　2—节气门限位螺钉　3—螺钉孔护套　4—节气门体　5—加热水管
6—节气门位置传感器　7、10—螺钉　8—怠速控制阀　9—密封圈

在采用 L 型燃油喷射系统的发动机上，有时将空气流量计与节气门体组合成一体，如图 4-28 所示。

（3）进气管

进气管一般由进气软管、进气总管和进气歧管等组成。进气软管用于连接空气滤清器与节气门体，而进气总管用于连接节气门体与进气歧管。为了减小进气阻力，进气管必须具有足够的流通面积，尽量避免转弯及截面突变，提高进气管道表面的光洁度等。为了保证各缸进气量的均匀，各进气歧管长度应保持相同。有些发动机的进气总管与进气歧管制成一体，有些则是分开制造，通过螺栓连接。

为了减轻或消除进气过程中产生的进气噪声，有些发动机在进气系统中增加了谐振腔，如图 4-29 所示。

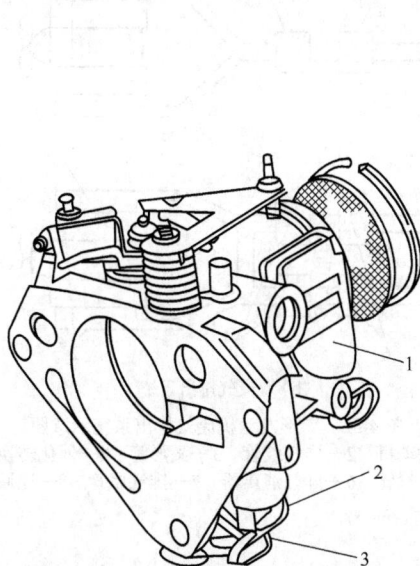

图 4-28　与空气流量计组成一体的节气门体
1—空气流量计　2—怠速控制阀　3—节气门位置传感器

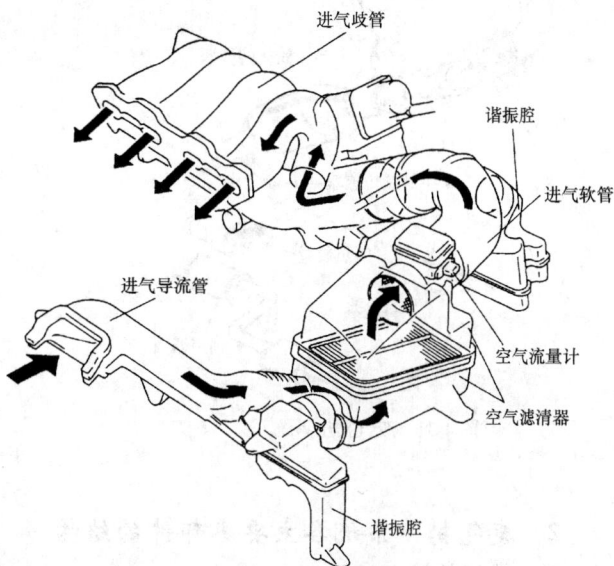

图 4-29　进气管的结构

进气歧管的功用是给各气缸分配空气。进气歧管用螺栓安装在气缸盖上，并在两者接合面之间装有密封垫，以防止漏气。有些发动机进气歧管和排气歧管制成一体，称为整体式歧管；有些发动机进气歧管和排气歧管分别加工，称为分体式歧管，如图4-30所示。

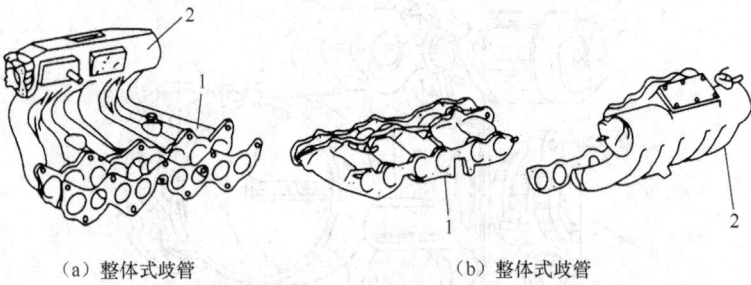

（a）整体式歧管　　　　　　　　　　　　（b）整体式歧管

图4-30　进、排气歧管类型
1—进气歧管　2—进气总管

二、废气排出系统

1．废气排出系统的组成

发动机排气系统的组成及功能

废气排出系统主要由排气歧管、催化转换器、消声器和排气尾管等组成，如图4-31所示。

直列发动机在排气行程期间，气缸中的废气经排气门进入排气歧管，再由排气歧管进入排气管、催化转换器和消声器，最后由排气尾管排到大气中。这种废气排出系统称为单废气排出系统。

V形发动机有的采用单废气排出系统，如图4-32（a）所示；也有的采用双废气排出系统，如图4-32（b）所示。

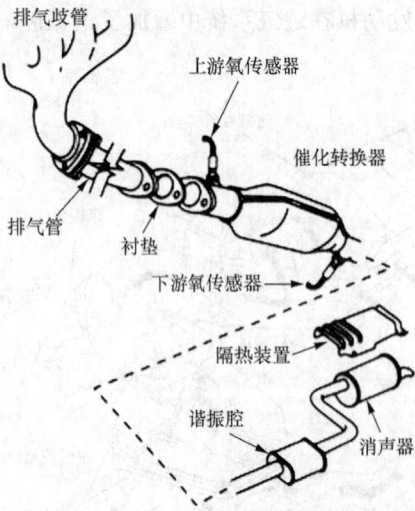

图4-31　废气排出系统

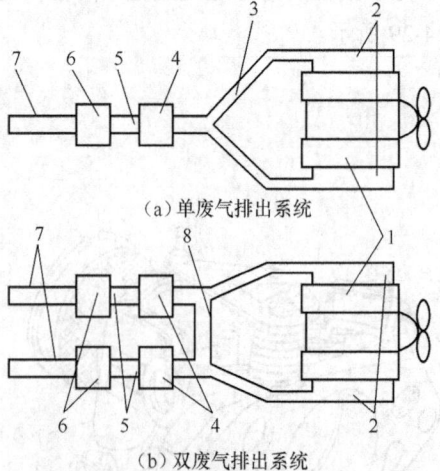

（a）单废气排出系统

（b）双废气排出系统

图4-32　V形发动机废气排出系统示意图
1—发动机　2—排气歧管　3—叉形管　4—催化转换器
5—排气管　6—排气消声器　7—排气尾管　8—连通管

2．废气排出系统各主要零部件的结构

（1）排气歧管

排气歧管用螺栓固定在气缸盖上，排气歧管的各支管分别与气缸盖上的排气道相通，燃烧废

气经排气门、排气道进入排气歧管，其结构如图 4-33（a）所示。排气歧管外部装有排气歧管罩，避免排气高温损坏其他零部件，其结构如图
4-33（b）所示。排气歧管一般由灰铸铁或球墨铸铁制造，有些采用不锈钢管制成。不锈钢排气歧管质量轻，耐久性好，内壁非常光滑，排气阻力很小。

排气歧管的形状十分重要。为了防止各缸排气相互干扰及排气倒流现象，利用气流惯性充分排气，故排气歧管尽可能长些，且长度相等，以保证各排气歧管的排气背压相同。

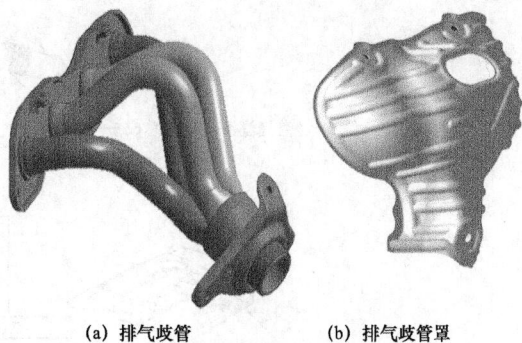

（a）排气歧管　　　　　（b）排气歧管罩

图 4-33　排气歧管与排气歧管罩

（2）排气消声器

由于发动机的排气具有一定的能量以及在排气管内产生排气压力的脉动，如果将发动机排气直接排放到大气中，必然产生强烈的噪声。消声器的功用是通过逐渐降低排气压力和衰减排气压力的脉动，降低排气噪声和排气温度。

常见的消声器有反射式、吸收式及吸收—反射式等 3 种形式，如图 4-34 所示。为了避免结构噪声和减轻向车身底部传热，消声器的外壳通常是由双层钢板焊合而成，并设有隔热层。

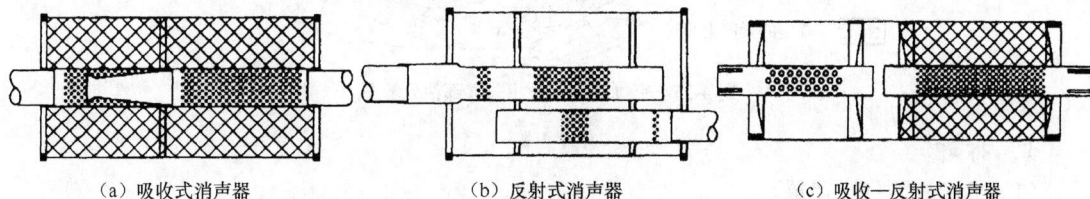

（a）吸收式消声器　　　　　（b）反射式消声器　　　　　（c）吸收—反射式消声器

图 4-34　排气消声器的常见形式

吸收式消声器只有一个消声室，一根穿孔管穿过该消声室。消声室内填充吸音材料。声波经过穿孔管进入吸音材料后，因摩擦而转变为热能。吸音材料通常由长纤维的矿物棉构成。吸收式消声器从高频开始，有一个范围很宽的消声区。由于管子通过矿物棉的中央，所以要选择合适的穿孔形状，才能保证吸音材料不被脉动的排气吹出。有时在穿孔管外围包一层不锈钢丝来保护矿物棉。吸收式消声器主要用于后消声器。

反射式消声器由几个长度不同的隔室组成，各隔室之间通过连接管相连。利用连接管和隔室之间截面积的差别、气流的换向以及由连接管和隔室组成的谐振器产生消声作用，在低频区较为有效。消声器中的隔室越多，消声效率越高。这种消声器的排气背压高，功率消耗较大。

（3）排气尾管

排气尾管由一系列挂钩支撑在车身底部，其功用是将废气从消声器或谐振腔中送到汽车尾部。

实操技能训练

一、空气滤清器和软管的拆卸与安装

丰田卡罗拉轿车（1.6L）发动机空气滤清器的相关零部件分解图如图 4-35 所示。

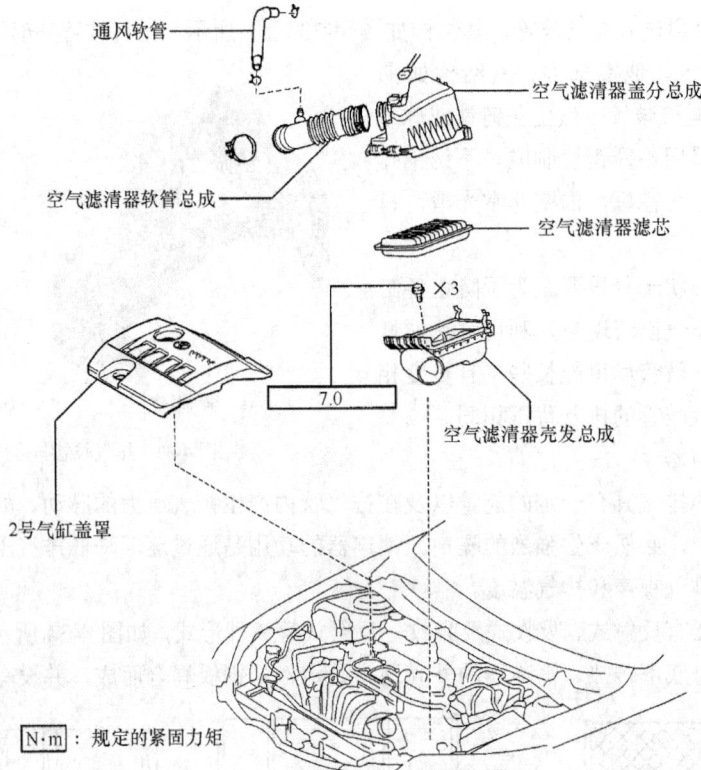

通风软管

空气滤清器盖分总成

空气滤清器软管总成

空气滤清器滤芯

×3

7.0

空气滤清器壳发总成

2号气缸盖罩

N·m：规定的紧固力矩

图 4-35　空气滤清器的相关零部件分解图

1．拆卸

（1）拆卸 2 号气缸盖罩。

（2）拆卸空气滤清器盖分总成。

① 断开质量空气流量计连接器，断开 2 个卡夹，如图 4-36 所示。

② 断开箍带和通风软管，并拆下空气滤清器盖分总成，如图 4-37 所示。

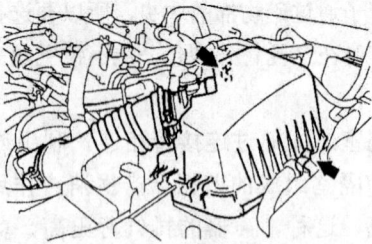

图 4-36　断开卡夹

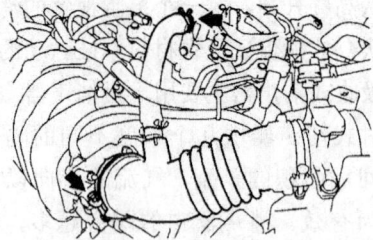

图 4-37　拆下空气滤清器盖分总成

（3）拆卸空气滤清器壳分总成。从空气滤清器上分离空气滤清器滤芯，将线束卡夹从空气滤清器壳上断开，从空气滤清器壳上拆下 3 个螺栓，如图 4-38 所示。

2．安装

（1）安装空气滤清器壳分总成。使用 3 个螺栓，安装空气滤清器壳（力矩：7.0N·m），如图 4-38 所示。将线束卡夹连接至空气滤清器壳。安装空气滤清器滤芯。

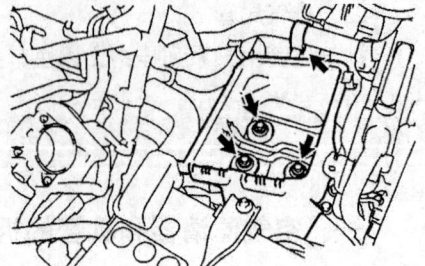

图 4-38　拆卸空气滤清器壳分总成

（2）安装空气滤清器盖分总成。

① 用箍带连接通风软管，如图 4-37 所示。连接 2 个卡夹，如图 4-36 所示。

② 连接质量空气流量计连接器。

（3）安装 2 号气缸盖罩。

二、节气门体的拆卸与安装

丰田卡罗拉轿车（1.6L）发动机节气门体的相关零部件分解图如图 4-39 所示。

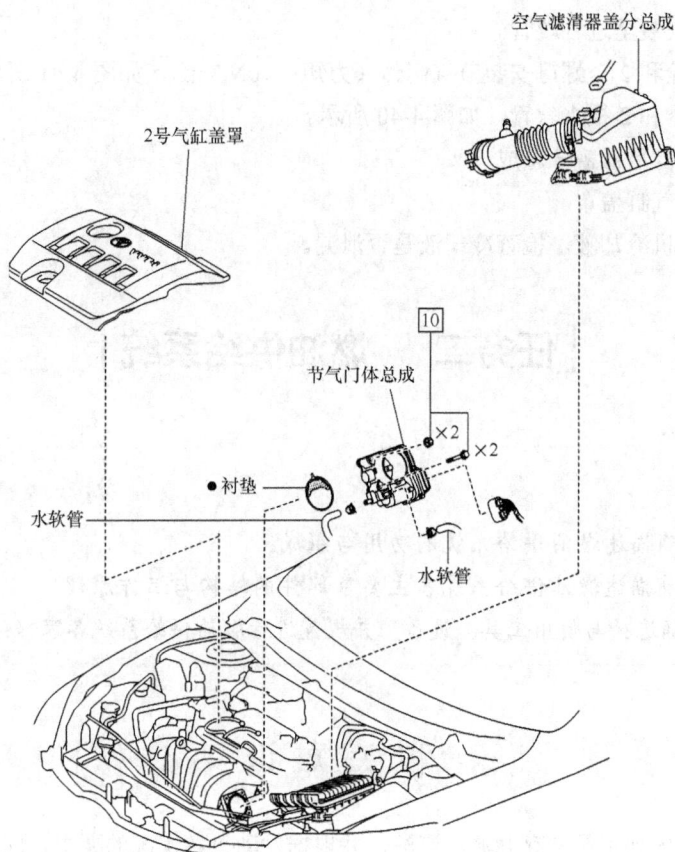

图 4-39　节气门体的相关零部件分解图

1．拆卸

（1）排净发动机冷却液。

（2）拆卸 2 号气缸盖罩。

（3）拆卸空气滤清器盖分总成。

（4）拆卸节气门体总成。

① 断开连接器和 2 根水软管，如图 4-40 所示。

② 拆下 2 个螺栓、2 个螺母和节气门体，如图 4-41 所示。拆下衬垫。

2．安装

（1）安装节气门体总成。

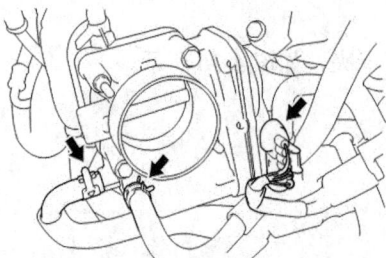

图 4-40　断开连接器和水软管

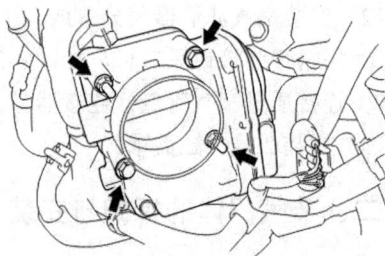

图 4-41　拆下节气门体

① 将新衬垫安装至进气歧管。

② 用 2 个螺栓和 2 个螺母安装节气门体（力矩：10N·m），如图 4-41 所示。

③ 连接连接器和 2 根水软管，如图 4-40 所示。

（2）安装空气滤清器盖分总成。

（3）安装 2 号气缸盖罩。

（4）添加发动机冷却液。检查冷却液是否泄漏。

|任务二　　燃油供给系统|

【学习目标】

1. 能够正确描述燃油供给系统的功用与组成。

2. 能够正确描述燃油供给系统各主要零部件的结构与工作原理。

3. 能够正确选择与使用工具、设备，并规范进行燃油供给系统各零部件的拆卸与装配。

相 关 知 识

燃油供给系统的功用是储存并滤清汽油，并根据发动机各工况的要求，向喷油器提供一定压力的燃油。

一、燃油供给系统的组成

各种发动机的燃油供给系统基本相同，主要由油箱、电动燃油泵、燃油滤清器、燃油分配管（或输油管）、燃油压力调节器和连接油管等组成，如图 4-42 所示。

二、燃油供给系统的工作原理

燃油供给系统的工作原理如图 4-43 所示。发动机工作时，电动燃油泵将汽油从油箱内吸出，经燃油滤清器过滤后送给输油管，由输油管负责向各缸喷油器供油，电动燃油泵供给的多余汽油经燃油压力调节器和低压回油管返回油箱。燃油压力调节器通过控制回油量来调节输油管内的燃油压力，使喷油器的喷油压差保持恒定。

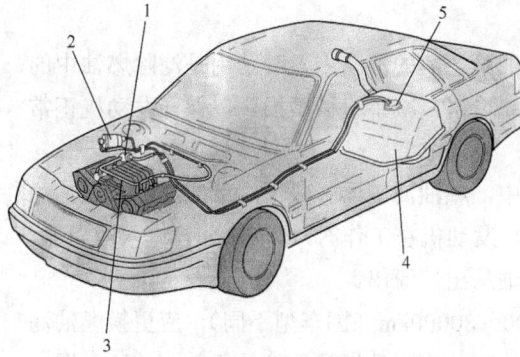

图 4-42　燃油供给系统的组成
1—燃油压力调节器　2—燃油滤清器　3—燃油分配管　4—油箱　5—电动燃油泵

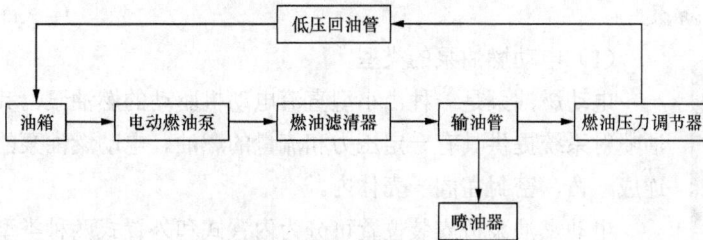

图 4-43　燃油供给系统的工作原理

三、燃油供给系统各主要零部件的结构

1．油箱

油箱用以存储汽油，其容积大小与车型和发动机排量有关。一般油箱的储备里程即储存的燃油可供汽车行驶 300～600km。在货车上，油箱通常安装在车架外侧、驾驶员座位下或货台下面，而轿车的油箱则安装在车身的后部，图 4-44 所示为桑塔纳 2000GSi 轿车油箱及附件分解图。

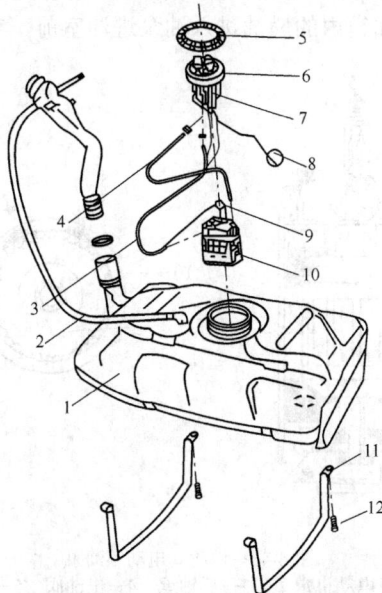

图 4-44　桑塔纳 2000GSi 轿车油箱及附件分解图
1—油箱　2—加注燃油透气管　3—回油管（来自于燃油分配管）　4—输油管（接到燃油分配管）　5—塑料紧固螺母　6—透气管（连接活性炭罐）　7—密封凸缘　8—浮子（用于燃油表传感器）　9—导线　10—燃油泵总成　11—油箱夹带　12—夹带螺栓

2．燃油滤清器

燃油滤清器安装在燃油泵之后的油路中，其功用是滤除燃油中的杂质和水分，防止燃油系统堵塞，减小机械磨损，以保证发动机正常工作。

在电控燃油喷射系统中，燃油滤清器一般采用纸质滤芯。燃油滤清器的结构如图 4-45 所示。发动机在工作时，燃油从入口进入滤清器，经滤芯过滤后，清洁的燃油从出口流出。

一般汽车每行驶 15000～80000km（因车型不同），应更换燃油滤清器。更换燃油滤清器时，应首先释放燃油系统的压力，并注意燃油滤清器壳体上的箭头标记（即燃油的流动方向），不能装反。

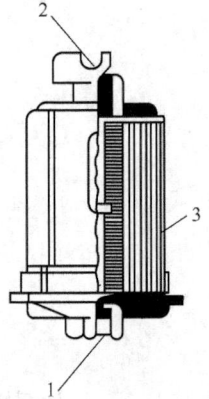

图 4-45　燃油滤清器
1—入口　2—出口　3—滤芯

3．电动燃油泵

汽油泵的分类及工作原理

（1）电动燃油泵的类型

电动燃油泵是一种由小型直流电动机驱动的燃油泵，其功用是为电控燃油喷射系统提供具有一定压力和流量的燃油。电动燃油泵的电动机和燃油泵连成一体，密封在同一壳体内。

电动燃油泵按安装位置可分为内置式和外置式两种类型。内置式电动燃油泵安装在油箱中，具有噪声小、燃油供给系统不易产生气阻、不易泄漏、安装管路较简单等优点，应用广泛。外置式电动燃油泵串接在油箱外部的输油管路中，优点是容易布置，安装自由度大，但噪声大，且燃油供给系统易产生气阻，因此只有少数车型采用。

目前汽车装用的电动燃油泵按结构可分为涡轮式、滚柱式和转子式等类型。内置式电动燃油泵多采用涡轮式，外置式电动燃油泵多采用滚柱式。

（2）电动燃油泵的结构

① 涡轮式电动燃油泵。涡轮式电动燃油泵的结构如图 4-46 所示，主要由油泵电动机、涡轮泵、出油阀和卸压阀等组成。油箱内的燃油进入油泵进油室前，首先需经过滤网初次过滤。

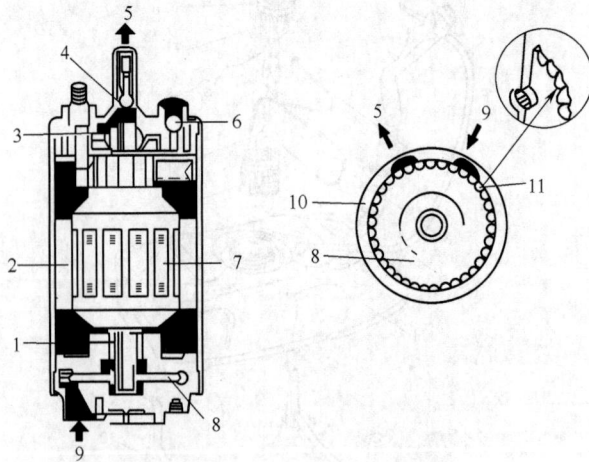

图 4-46　涡轮式电动燃油泵
1—前轴承　2—油泵电动机定子　3—后轴承　4—出油阀　5—出油口　6—卸压阀
7—油泵电动机转子　8—叶轮　9—进油口　10—泵体　11—叶片

涡轮泵主要由叶轮、叶片、泵体和泵盖等组成。叶轮安装在电动机的转子轴上。当电动机通电时，电动机转子通过转子轴驱动叶轮旋转。由于叶轮周围叶片紧贴泵体内表面，将燃油从进油室带往出油室。进油室燃油不断被带走，产生一定的真空度，将油箱内的燃油经进油口吸入进油室中；而出油室燃油不断增多，燃油压力升高。随着叶轮不断旋转，泵体内燃油不断增多，当燃油压力达到一定值时，顶开出油阀经出油口输出。

燃油泵工作中，燃油流经油泵电动机内腔，对电动机起到冷却和润滑的作用。燃油泵不工作时，出油阀关闭，使输油管路中保持一定的残余压力，以便于发动机起动和防止气阻产生。卸压阀安装在泵体上部，当燃油泵的输油压力达到 0.4MPa 时，卸压阀开启，使电动燃油泵内腔的部分燃油经卸压阀流回油箱，防止燃油泵的输油压力过高。

涡轮式电动燃油泵具有泵油量大、泵油压力较高（可达 0.6MPa 以上）、供油压力稳定、噪声小、使用寿命长等优点，因此应用最为广泛。

② 滚柱式电动燃油泵。滚柱式电动燃油泵的结构如图 4-47 所示，主要由油泵电动机、滚柱泵、出油阀、卸压阀等组成。滚柱式电动燃油泵的输油压力波动较大，在出油端一般装有阻尼减震器，使燃油泵的体积增大，所以滚柱式电动燃油泵一般安装在油箱外面，属于外置式电动燃油泵。

滚柱泵的工作原理如图 4-48 所示，主要由转子、滚柱和泵体等组成。滚柱泵转子安装在电动机的转子轴上，转子与泵体偏心安装，转子径向槽内装有滚柱。当电动机通电时，电动机转子通过转子轴驱动滚柱泵转子旋转。在离心力作用下，滚柱紧靠在泵体内表面，在相邻两个滚柱之间形成了若干工作腔。当某一工作腔转至进油室时，其容积不断增大，产生一定的真空度，燃油经进油室被吸入工作腔内。当工作腔转至出油室时，其容积不断减小，燃油压力升高。随着转子不断旋转，泵体内腔燃油不断增多，当燃油压力达到一定值时，顶开出油阀经出油口输出。

卸压阀安装在进油室和出油室之间，当燃油泵的输油压力达到 0.4MPa 时，卸压阀开启，使燃油泵的进油室与出油室相通，部分燃油只能在燃油泵内部循环，防止燃油泵的输油压力过高。出油阀的作用与涡轮式电动燃油泵相同。

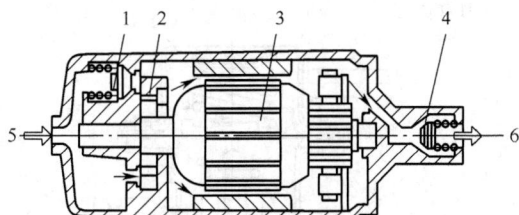

图 4-47　滚柱式电动燃油泵
1—卸压阀　2—滚柱泵　3—油泵电动机　4—出油阀
5—进油口　6—出油口

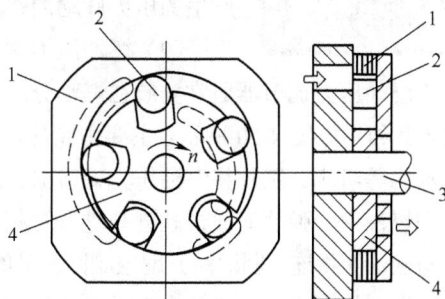

图 4-48　滚柱泵的工作原理
1—泵体　2—滚柱　3—转子轴　4—转子

4．燃油分配管

燃油分配管（或输油管）安装在发动机进气歧管上部，其功用是固定喷油器和燃油压力调节器，并将燃油分配给各缸喷油器，其结构如图 4-49 所示。

燃油分配管一般用铝合金制成圆形管状或方形管状，虽然燃油分配管位于发动机上部，环境温度较高，管中汽油容易挥发，但是由于燃油泵的供油量远远大于发动机的耗油量，剩余的燃油经燃油压力调节器回油管返回油箱。因此，在燃油分配管及进油管中，燃油不断地流动并带走了热量，对燃油分配管和进油管起到冷却作用。另外，由于大量的燃油返回油箱，带走了燃油分配管中的燃油蒸气，可以防止气阻，提高发动机的热起动性能。

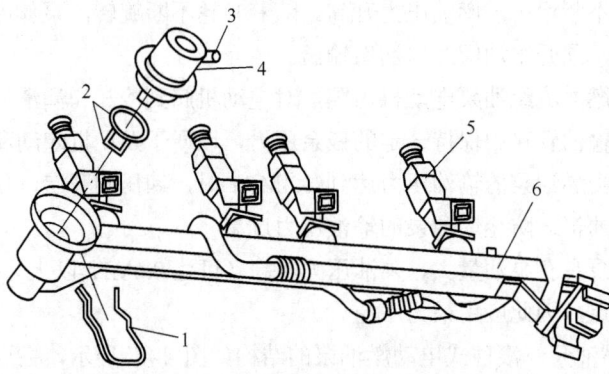

图 4-49　燃油分配管的结构

1—卡簧　2—O 形圈　3—与进气管相连　4—燃油压力调节器　5—喷油器　6—燃油分配管

5．燃油压力调节器

（1）燃油压力调节器的功用

喷油器喷油量取决于喷油器喷孔直径、喷油时间和喷油压差。电控燃油喷射系统通过控制喷油器喷油时间来控制喷油量。因此，在喷油器结构尺寸一定时，要精确控制喷油量，必须保持喷油压差恒定。喷油压差是指燃油分配管内燃油压力与进气管内气体压力的差值。而进气管内的气体压力随发动机转速和负荷的变化而变化，要保持喷油压差恒定，必须根据进气管内气体压力变化适时调节燃油分配管内的燃油压力。

燃油压力调节器
结构

燃油压力调节器的功用是调节燃油分配管内的燃油压力，使其与进气管内的气体压力之差（或喷油压差）保持恒定，一般为 250～300kPa。此外，燃油压力调节器还起缓冲燃油泵供油时产生的压力脉动及喷油器断续喷油时产生的压力脉动的作用。

（2）燃油压力调节器的结构及工作原理

燃油压力调节器通常安装在燃油分配管的一端，其结构如图 4-50 所示，主要由膜片、弹簧和回油阀等组成。膜片将燃油压力调节器分成弹簧室和燃油室，弹簧室通过软管与进气管相通，膜片与回油阀相连，回油阀开度控制回油量的大小。

发动机工作时，膜片上方承受的压力为弹簧力和进气管内的气体压力之和，膜片下方承受的压力为燃油分配管内的燃油压力。当膜片上方和下方承受的压力相等时，膜片处于某一平衡位置上不动。当进气管内的气体压力下降时，膜片带动回油阀上移，回油阀开度增加，回油量增多，使燃油分配管内的燃油压力也下降；反之，当进气管内的气体压力升高时，膜片带动回油阀下移，回油阀开度减小，回油量减少，使燃油分配管内的燃油压力也升高。由此可见，发动机工作时，燃油压力

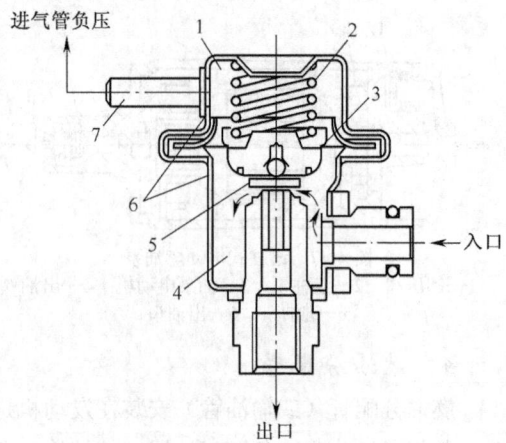

图 4-50　燃油压力调节器

1—弹簧室　2—弹簧　3—膜片　4—燃油室
5—回油阀　6—壳体　7—真空管接头

调节器根据进气管内的气体压力变化情况，通过控制回油量适时调节燃油分配管内的燃油压力，使喷油压差保持恒定，实现了喷油量的精确控制。

另外，发动机工作时，由于燃油泵的供油量远大于发动机的耗油量，因此回油阀始终保持开启状态，多余的燃油经燃油压力调节器、低压回油管流回油箱。发动机停止工作（燃油泵停转）时，燃油分配管内的燃油压力也随之下降，回油阀在弹簧力的作用下逐渐关闭，使燃油系统内保持一定的残余压力。

实操技能训练

一、燃油泵的拆解与装配

丰田卡罗拉轿车（1.6L）发动机燃油泵的相关零部件分解图如图 4-51 所示。

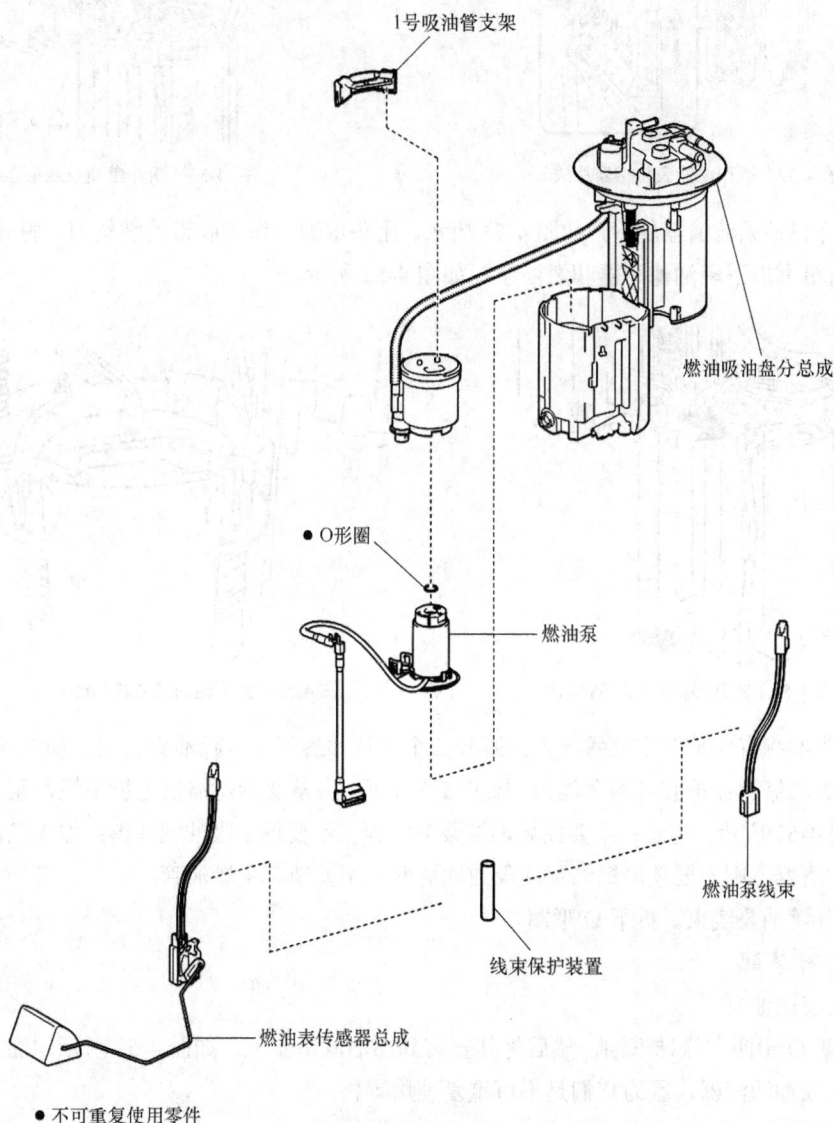

● 不可重复使用零件

图 4-51　燃油泵的相关零部件分解图

1．拆解

（1）拆卸燃油表传感器总成

① 断开燃油表传感器总成连接器，从线束上拆下线束保护装置，断开 3 个线束卡夹，如图 4-52 所示。注意：不要损坏线束。

② 松开锁止，并滑动燃油表传感器总成以将其拆下。

（2）拆卸燃油泵

① 断开燃油泵线束连接器，断开 2 个线束卡夹，如图 4-53 所示。注意：不要损坏线束。

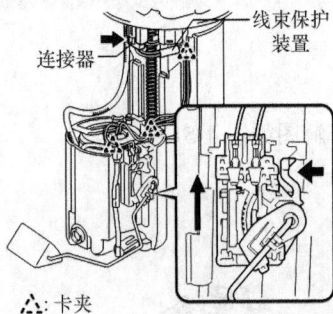

图 4-52　拆卸燃油表传感器总成

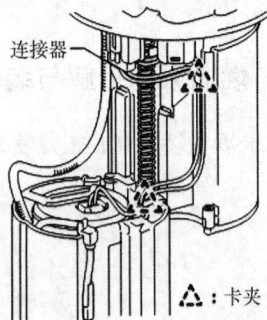

图 4-53　断开燃油泵线束连接器

② 断开燃油泵滤清器软管，如图 4-54 所示。用头部缠有保护胶带的螺丝刀，脱开 2 个卡爪，并从副燃油箱上拆下燃油滤清器和燃油泵，如图 4-55 所示。

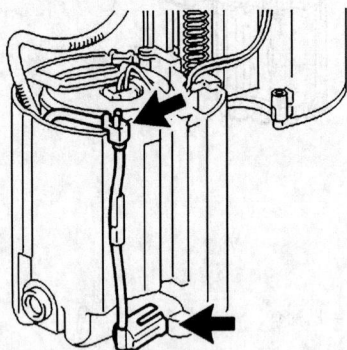

图 4-54　断开燃油泵滤清器软管

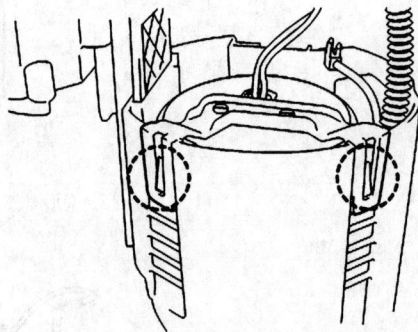

图 4-55　拆下燃油滤清器和燃油泵

③ 用头部缠有保护胶带的螺丝刀，脱开 2 个卡爪并拆下 1 号吸油管支架，如图 4-56 所示。

④ 用头部缠有保护胶带的螺丝刀，脱开 5 个卡爪，并从燃油滤清器上拆下燃油泵滤清器和燃油泵，如图 4-57 所示。注意：不要损坏燃油泵滤清器；不要拆下吸油滤清器；如果已从燃油泵上拆下吸油滤清器，则不要使用燃油泵或吸油滤清器；不要断开主燃油管。

⑤ 断开燃油泵线束。拆下 O 形圈。

2．重新装配

（1）安装燃油泵

① 在新 O 形圈上涂抹汽油，然后将其安装到燃油滤清器上，如图 4-58 所示。注意：不要拆解燃油泵和吸油滤清器，因为它们是不可重复使用零件。

② 连接燃油泵线束。

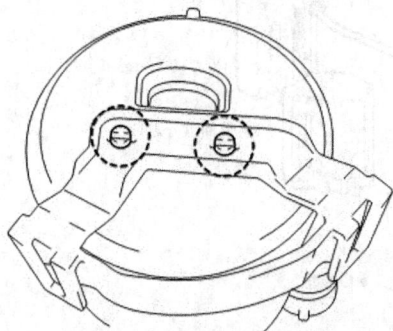

图 4-56　拆下 1 号吸油管支架

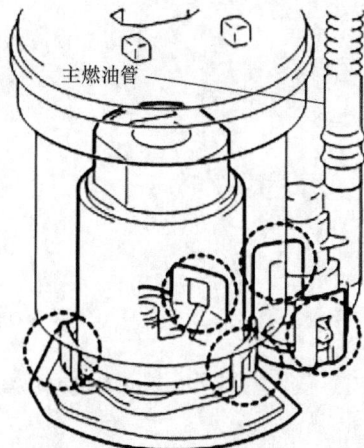

图 4-57　拆下燃油泵滤清器和燃油泵

③ 接合 5 个燃油泵卡爪（见图 4-57）。注意：不要拆下吸油滤清器；如果已从燃油泵上拆下吸油滤清器，则不要使用燃油泵或吸油滤清器。接合 1 号吸油管支架的 2 个卡爪（见图 4-56）。

④ 接合吸油管支架的 2 个卡爪，并将燃油滤清器和燃油泵安装到副燃油箱上（见图 4-55）。将燃油泵滤清器软管槽对准副燃油箱的切口并安装软管（见图 4-54）。注意：不要对燃油管或吸油管支架施加过大的力。

⑤ 连接燃油泵线束连接器，连接 2 个线束卡夹（见图 4-53）。注意：不要损坏线束。

（2）安装燃油表传感器总成

① 向下滑动以安装燃油表传感器总成，连接 3 个线束卡夹，安装线束保护装置（见图 4-52）。注意：不要损坏线束。

② 连接燃油表传感器总成连接器。

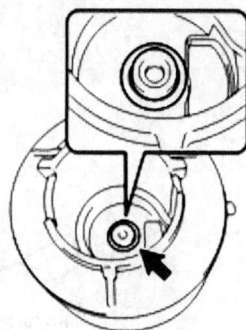

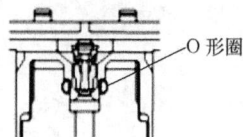

图 4-58　安装 O 形圈

二、燃油压力调节器的拆卸与安装

丰田卡罗拉轿车（1.6L）发动机燃油压力调节器的相关零部件分解图如图 4-59 所示。

1．拆卸

（1）用头部缠有保护胶带的螺丝刀，拆下燃油压力调节器总成，如图 4-60 所示。注意：缓慢拉出燃油压力调节器总成，因为 O 形圈牢固地安装在调节器和燃油滤清器之间。提示：燃油滤清器需要更换时，将其作为燃油吸油盘分总成更换。

（2）从压力调节器总成上拆下 2 个 O 形圈，如图 4-61 所示。

2．安装

（1）在 2 个新 O 形圈上涂抹汽油，然后将它们安装到燃油压力调节器总成上（见图 4-61）。

（2）安装燃油压力调节器总成（见图 4-60）。

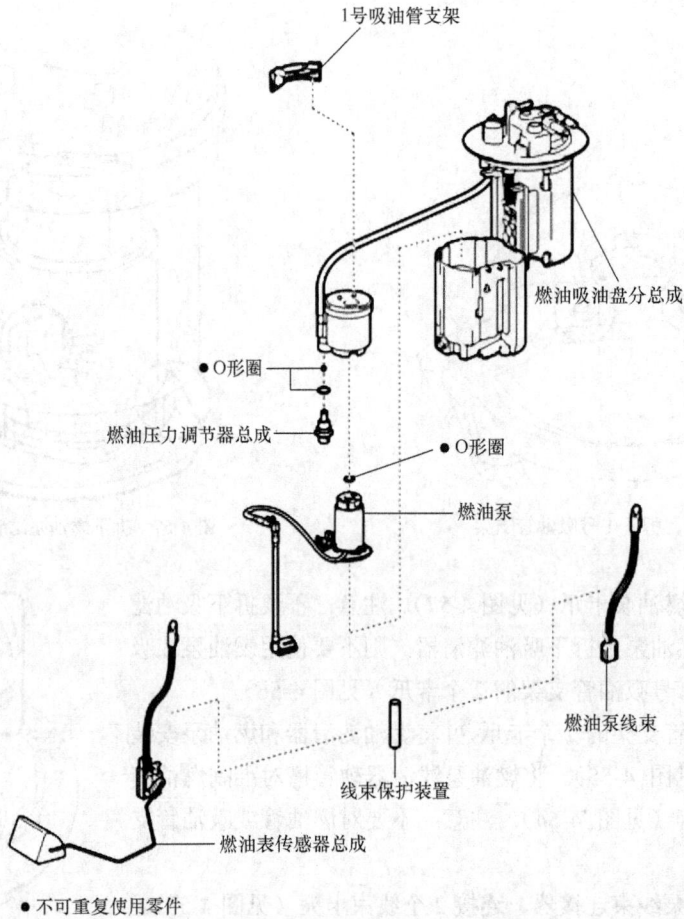

1号吸油管支架

燃油吸油盘分总成

●O形圈

燃油压力调节器总成

●O形圈

燃油泵

燃油泵线束

线束保护装置

燃油表传感器总成

●不可重复使用零件

图 4-59　燃油压力调节器的相关零部件分解图

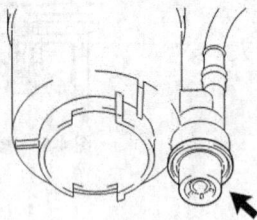

图 4-60　拆下燃油压力调节器总成

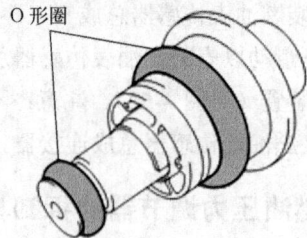

O形圈

图 4-61　拆下O形圈

|任务三　控制系统|

【学习目标】

1. 能够正确描述控制系统的功用与组成。

2. 能够正确描述控制系统各主要零部件的结构与工作原理。

3. 能够正确选择与使用工具、设备，并规范进行控制系统各零部件的拆卸与装配。

相 关 知 识

控制系统的功用是根据发动机的运行工况和车辆运行状况确定并执行发动机的最佳控制方案（控制最佳空燃比），保证发动机在各种工况下的动力性、经济性和排放性处于最佳工作状态。

一、控制系统的组成

控制系统一般由传感器、电控单元（ECU）和执行元件等组成。

二、控制系统的工作原理

控制系统的工作原理如图 4-62 所示。发动机工作时，ECU 根据空气流量信号（或进气管绝对压力信号）和发动机转速信号确定基本喷油时间（基本喷油量），再根据其他传感器（如冷却液温度传感器、节气门位置传感器等）对基本喷油时间（基本喷油量）进行修正，并按最后确定的总喷油时间（总喷油量）向喷油器发出控制指令，使喷油器喷油或断油。

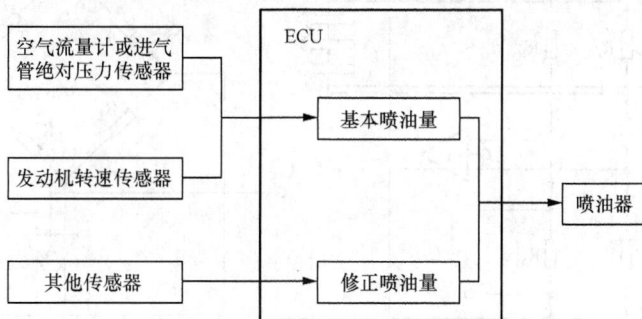

图 4-62　控制系统的工作原理

三、传感器

1. 空气流量计

空气流量计（Mass Air Flow，MAF），其功用是检测发动机的进气量，并将进气量转换成电压信号送给 ECU，作为燃油喷射和点火控制的主控信号，用于 L 型电控燃油喷射系统中。按测量原理不同，空气流量计可分为热式、叶片式及卡门旋涡式等类型。其中热式空气流量计又分为热线式和热膜式两种，应用最广。

传感器的分类及工作原理

（1）热线式空气流量计

按测量元件安装位置不同，热线式空气流量计有两种类型。一种是将热线电阻安装在主空气道中，称为主流测量方式的热线式空气流量计；另一种是将热线电阻安装在旁通空气道中，称为旁通测量方式的热线式空气流量计。

主流测量方式的热线式空气流量计的结构如图 4-63 所示，主要由防护网、采样管、热线电阻、温度补偿电阻和控制电路板等组成。热线电阻和温度补偿电阻均安装在主空气道中，控制电路板安装在空气流量计下方。进气管连接侧的防护网用于防止回火及脏物进入空气流量计。

热线式空气流量计的控制电路如图 4-64 所示。安装在控制电路板上的精密电阻 R_1、R_2 与热线电阻 R_H、温度补偿电阻 R_T 和取样电阻 R_S 组成惠斯通电桥电路。当空气流经热线电阻时，热线

电阻温度降低，电阻值减小，使电桥失去平衡。控制电路将增加流经热线电阻的电流，使其温度保持高于温度补偿电阻温度 120℃。当电桥电流增大时，取样电阻 R_S 两端的输出电压就会升高。这样，空气流量变化时，流经热线电阻的电流也随之变化，控制电路将取样电阻 R_S 输出电压送给 ECU，ECU 根据此信号计算出空气流量。

发动机怠速运转时，空气流量少，热线电阻受到的冷却程度小，电阻值变化小，保持电桥平衡所需要的电流小，故取样电阻输出的电压信号低；当发动机负荷增加时，空气流量增大，热线电阻受到的冷却程度增大，电阻值变化增大，取样电阻输出的电压信号升高。

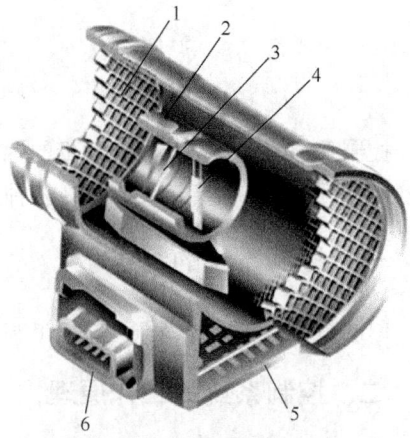

图 4-63　主流测量方式的热线式空气流量计
1—防护网　2—采样管　3—热线电阻
4—温度补偿电阻　5—控制电路板　6—线束插接器

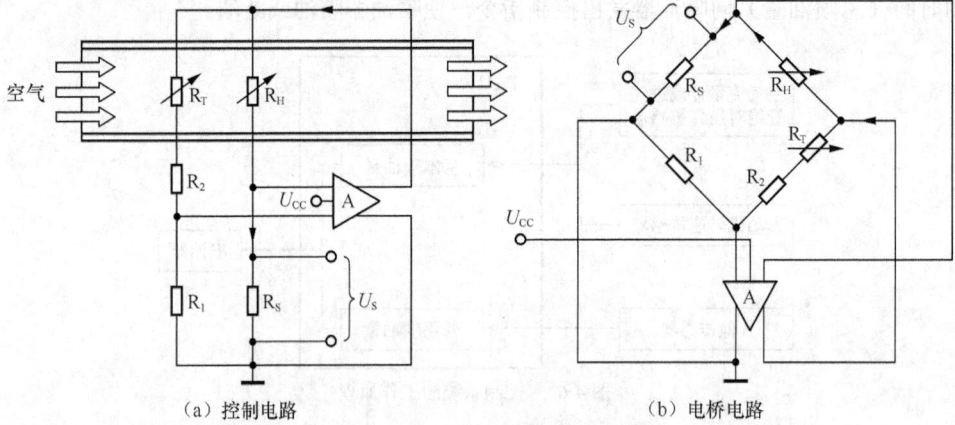

（a）控制电路　　　　　　　　（b）电桥电路

图 4-64　热线式空气流量计控制电路
R_T—温度补偿电阻　R_H—热线电阻　R_S—取样电阻　R_1、R_2—精密电阻
U_{CC}—电源电压　U_S—信号电压　A—控制电路

温度补偿电阻（进气温度传感器）感知进气温度，如图 4-65 所示。当进气温度低时，热线电阻温度变化增大，则使热线电阻的电流增大。为了保持电桥平衡，温度补偿电阻的电流也相应增大，以保持热线电阻与温度补偿电阻之间的温度差恒定，使进气量的测量精度不受进气温度变化影响。

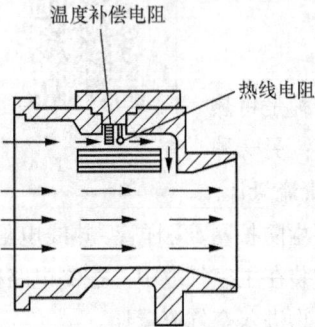

图 4-65　温度补偿电阻的工作情况

在热线式空气流量计内还装有高温烧熔继电器及相关电路，具有自洁功能。发动机转速超过 1500r/min，关闭点火开关使发动机熄火后，ECU 自动将热线电阻加热到 1000℃并持续 1s，将黏附在热线电阻上的粉尘烧掉，以保证其测量精度。

（2）热膜式空气流量计

热膜式空气流量计的结构如图 4-66 所示。热膜式空气流量计采用平面形铂金属膜电阻器，称为热膜电阻。热膜电阻是在氧化铝陶瓷基片上采用蒸发工艺淀积铂金属薄膜制成梳状图形电阻，并在其表面覆盖一层绝缘保护膜，再引出电极导线而制成的。在空气流量计内部的空气通道上装有矩形护套，热膜电阻置于护套中。在护套的空气入口侧设有防护网，用以滤除空气中的污物。

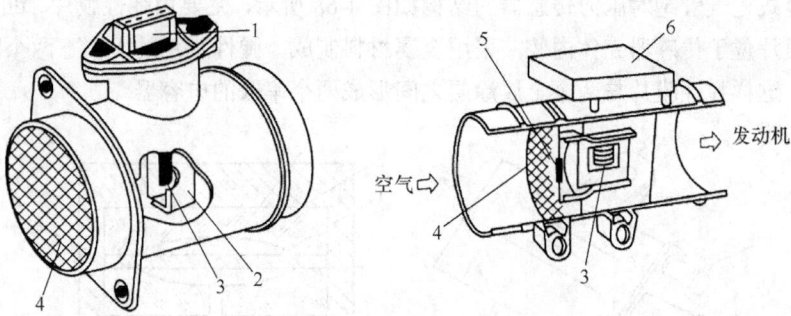

图 4-66 热膜式空气流量计
1—线束插接器 2—护套 3—热膜电阻 4—防护网 5—温度补偿电阻 6—控制电路

热膜电阻附近的气流上游设有温度补偿电阻，温度补偿电阻和热膜电阻与传感器内部控制电路连接，构成电桥控制电路，控制电路与线束插接器连接。热膜式空气流量计控制原理与热线式空气流量计相同。与热线式空气流量计相比，热膜电阻的阻值较大，消耗的电流较小，使用寿命较长。由于热膜电阻表面有一层绝缘保护膜，因此不会因沾有粉尘而影响其测量精度，但存在辐射热传导作用，所以响应特性低于热线式空气流量计。

2. 进气管绝对压力传感器

进气管绝对压力传感器（Manifold Absolute Pressure Sensor，MAPS），其功用是检测进气管压力，并将此压力转换成电压信号送给 ECU，作为燃油喷射和点火控制的主控制信号，用于 D 型电控燃油喷射系统中。按检测原理不同，进气管绝对压力传感器可分为压敏电阻式和压敏电容式两种。

（1）压敏电阻式进气管绝对压力传感器

压敏电阻式进气管绝对压力传感器的结构如图 4-67 所示，主要由绝对真空室、硅片、IC 放大电路等组成。硅片的一侧是绝对真空室，而另一侧承受进气管内的压力，在此压力作用下使硅片产生变形。由于绝对真空室的压力是固定的，其绝对压力为 0。当进气管绝对压力变化时，硅片的形状也发生变化。硅片是一个压力转换元件（压敏电阻），其阻值随形状不同而变化，使硅片所处的电桥电路输出电压也发生变化，由于输出电压很小，故经 IC 放大电路放大后送给 ECU。压敏电阻式进气管绝对压力传感器是通过硅片阻值变化检测进气管内的绝对压力的。

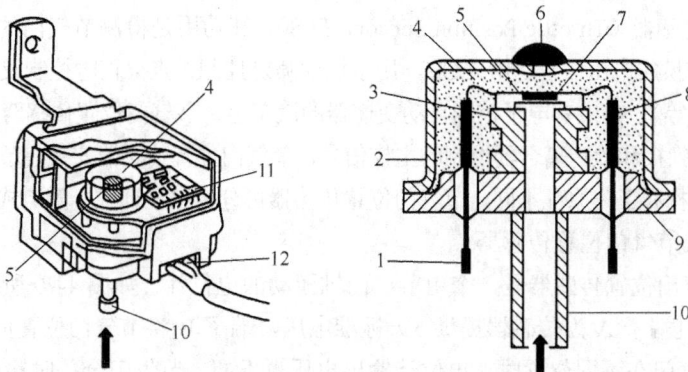

图 4-67 压敏电阻式进气管绝对压力传感器
1—接线端子 2—壳体 3—硅杯 4—绝对真空室 5—硅片 6—封口 7—电阻
8—电极 9—底座 10—真空管 11—IC 放大电路 12—线束插接器

（2）压敏电容式进气管绝对压力传感器

压敏电容式进气管绝对压力传感器的结构如图 4-68 所示，主要由弹性膜片、凹玻璃、滤网等组成。弹性膜片位于传感器壳体内腔，采用金属材料制成。弹性膜片的上、下两个凹玻璃表面也有金属涂层，这样弹性膜片与两个金属涂层之间形成两个串联的电容器。

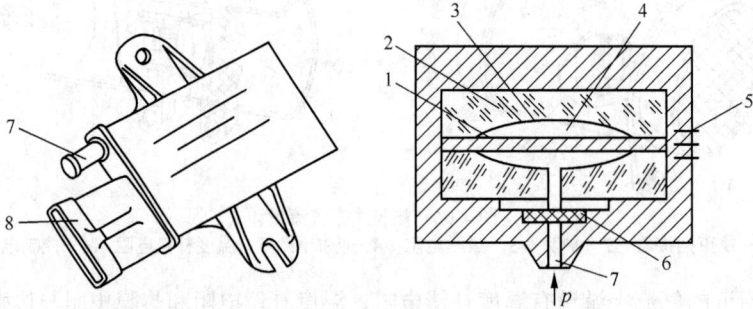

图 4-68　压敏电容式进气管绝对压力传感器
1—弹性膜片　2—凹玻璃　3—金属涂层　4—绝对真空室　5—端子　6—滤网　7—真空管　8—线束插接器

弹性膜片上腔为绝对真空室，下腔与进气管相连。发动机工作时，进气管内的气体压力作用于弹性膜片上，使弹性膜片产生位移，弹性膜片与两个金属涂层之间的距离发生变化，因此，两个电容器的电容量发生变化，使总电容量也发生变化。测量电路将电容量的变化量转换成电压信号送给 ECU。压敏电容式进气管绝对压力传感器是通过电容量的变化检测进气管内的绝对压力的。

（3）进气管绝对压力传感器控制电路

进气管绝对压力传感器控制电路如图

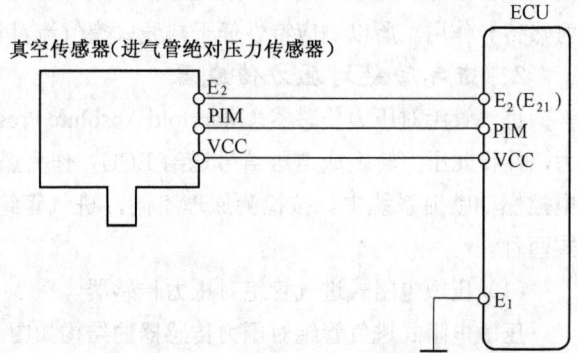

图 4-69　进气管绝对压力传感器控制电路

4-69 所示，ECU 通过 VCC 端子给传感器提供 5V 标准电压，传感器信号经 PIM 端子输送给 ECU，E_2 为搭铁端子。怠速工况时，发动机进气量很小，输出电压较低；全负荷工况时，发动机进气量很大，输出电压较高。

3．节气门位置传感器

节气门位置传感器（Throttle Position Sensor，TPS），其功用是检测节气门的开度及开度变化，并将节气门开度转换成电压信号送给 ECU，用于燃油喷射控制、点火正时控制及其他辅助控制（如 EGR、开闭环控制等）。在装有电子控制自动变速器的汽车上，节气门位置传感器信号还送给变速器 ECU，作为变速器换挡和锁止离合器控制的主控信号。节气门位置传感器安装在节气门体上，由节气门轴驱动。根据结构和工作原理不同，节气门位置传感器可分为电位计式、触点式和综合式 3 种。

（1）电位计式节气门位置传感器

电位计式节气门位置传感器是一个由节气门轴驱动的电位计，如图 4-70 所示。该传感器有 3 个端子，ECU 通过端子 A 为传感器提供 5V 标准电压，端子 B 将节气门位置信号输送给 ECU，端子 C 搭铁。节气门在不同位置时，电位计输出电压也不同。节气门全关时输出电压约为 0.5V，随节气门开度增大，输出电压也线性增加，节气门全开时输出电压约为 5V。ECU 根据端子 B 输出电压确定发动机的工况。

（2）触点式节气门位置传感器

触点式节气门位置传感器的结构如图 4-71 所示，主要由活动触点、怠速触点及功率触点等组成。该传感器有 3 个端子，ECU 通过活动触点端子为传感器提供标准电压，怠速触点和功率触点端子分别将节气门位置信号输送给 ECU。节气门全关时，活动触点与怠速触点闭合；节气门开度处于中间位置时，活动触点、怠速触点和功率触点均不闭合；节气门接近全开时（一般节气门开度在 50° 以上），活动触点与功率触点闭合。ECU 根据触点的闭合情况确定发动机的工况（怠速、中等负荷或全负荷工况）。

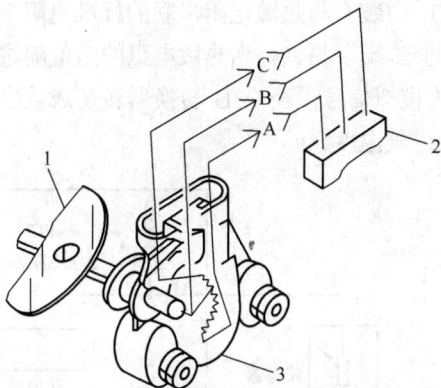

图 4-70 电位计式节气门位置传感器
1—节气门 2—ECU 3—节气门位置传感器

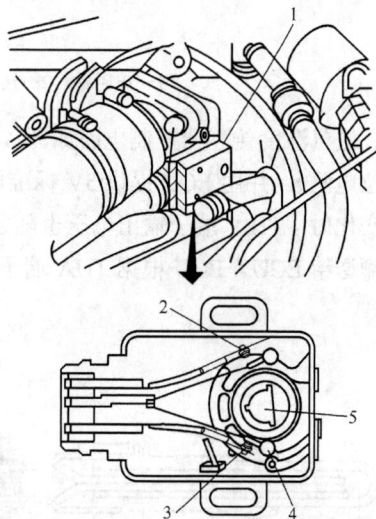

图 4-71 触点式节气门位置传感器
1—节气门位置传感器 2—怠速触点 3—功率触点
4—活动触点 5—节气门轴

（3）综合式节气门位置传感器

综合式节气门位置传感器的结构如图 4-72 所示，主要由活动触点、怠速触点、电阻器及壳体等组成。该传感器有 4 个端子，ECU 通过端子 V_C 为传感器提供 5V 的标准电压，端子 V_{TA} 将活动触点所在电路的输出电压输送给 ECU，端子 IDL 将怠速触点所在电路的输出电压输送给 ECU，端子 E_2 搭铁。当节气门全关或开度小于 1.2° 时，怠速触点电路闭合，端子 IDL 输出电压为 0；当节气门开度大于 1.2° 时，怠速触点电路断开，端子 IDL 输出电压为 5V。怠速触点输出电压为数字信号，并将此信号送给 ECU；当节气门在其他不同开度时，活动触点则处在变阻器的不同位置上，端子 V_{TA} 输出一个与节气门开度成正比的电压信号，此信号为模拟信号，经 A/D 转换器转换成数字信号后输送给 ECU。这样，ECU 根据端子 IDL 或端子 V_{TA} 的输出电压确定发动机的工况。

4. 进气温度传感器

进气温度传感器（Intake Air Temperature Sensor，IATS），其功用是检测进气温度，并将进气温度转换成电压信号输送给 ECU，为 ECU 提供计算空气密度的依据，作为燃油喷射和点火正时控制的修正信号。

进气温度传感器一般安装在空气滤清器之后的进气总管上或空气流量计内。进气温度传感器的结构如图 4-73 所示，传感器壳体内装有一个热敏电阻，其阻值受进气温度控制。当进气温度变化时，热敏电阻的阻值发生变化，一般随进气温度升高，热敏电阻的阻值减小。

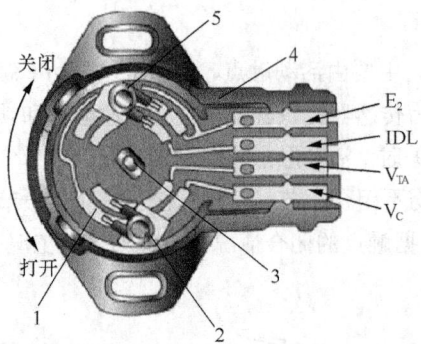

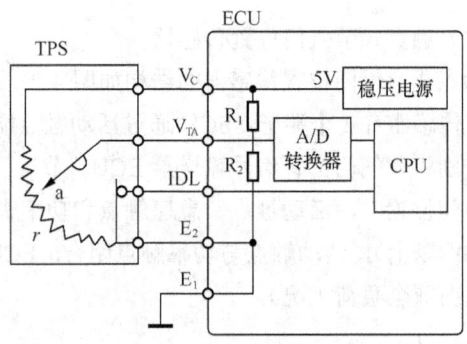

图 4-72　综合式节气门位置传感器
1—电阻器　2—活动触点　3—节气门轴　4—壳体　5—怠速触点

进气温度传感器控制电路如图 4-74 所示。在 ECU 中装有与热敏电阻串联的标准电阻 R（或上拉电阻），并由 ECU 提供 5V 标准电压，E_2 端子通过 E_1 端子搭铁。当热敏电阻的阻值随进气温度变化时，THA 端子输出电压也随之变化，此信号为模拟信号，经 A/D 转换器转变成数字信号后输送给 ECU。ECU 根据 THA 端子的输出信号判断进气温度。

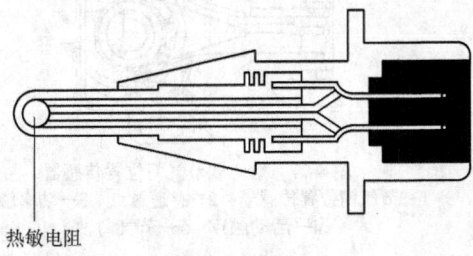

图 4-73　进气温度传感器

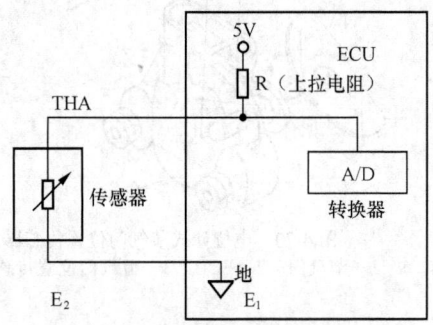

图 4-74　进气温度传感器控制电路

5．冷却液温度传感器

冷却液温度传感器（Coolant Temperature Sensor，CTS），其功用是检测冷却液温度，并将冷却液温度转换成电压信号输送给 ECU，为 ECU 提供判断发动机工作温度的依据，作为燃油喷射和点火正时控制的修正信号。同时，该信号也作为其他控制系统（如 EGR 等）的控制信号。

冷却液温度传感器一般安装在缸体水套上或缸盖水套出口处。冷却液温度传感器的结构和控制电路如图 4-75 和图 4-76 所示，其工作原理与进气温度传感器相同，冷却液温度传感器与进气温度传感器的特性基本相同。

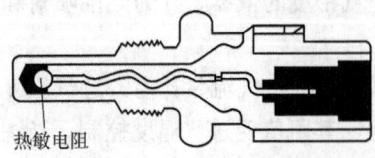

图 4-75　冷却液温度传感器

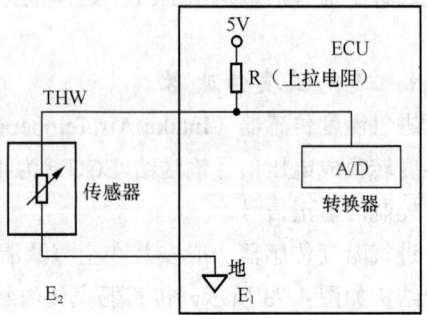

图 4-76　冷却液温度传感器控制电路

6．凸轮轴/曲轴位置传感器

曲轴位置传感器（Crankshaft Position Sensor，CKPS）也称发动机转速传感器，其功用是检测曲轴转角位移，为 ECU 提供发动机转速信号和曲轴转角信号，以确定燃油喷射时刻和点火控制时刻。凸轮轴位置传感器（Camshaft Position Sensor，CMPS），其功用是为 ECU 提供凸轮轴位置信号，以确定第 1 缸压缩上止点，从而进行顺序喷射控制和各缸点火时刻控制。

凸轮轴位置传感器和曲轴位置传感器的结构和原理基本相同，不同的车型其安装位置不同，但必须安装在与曲轴有精确传动关系的位置处，如曲轴前端、凸轮轴前端、飞轮侧或分电器内。如美国通用等轿车的曲轴位置传感器通常安装在曲轴处，凸轮轴位置传感器安装在凸轮轴处；日本丰田雷克萨斯 LS400 轿车的曲轴位置传感器安装在曲轴处，两个凸轮轴位置传感器分别安装在左右两列（V 形发动机）凸轮轴处。

根据结构和工作原理不同，凸轮轴/曲轴位置传感器可分为电磁式、霍尔式和光电式三种类型。

（1）电磁式凸轮轴/曲轴位置传感器

① 电磁式传感器的基本结构和工作原理。电磁式传感器是利用电磁感应原理制成的，其基本结构如图 4-77 所示，主要由信号转子、感应线圈和永久磁铁等组成。磁力线路径为：永久磁铁 N 极→定子与转子间的空气隙→转子凸齿→转子凸齿与定子磁头间的空气隙→磁头→导磁板→永久磁铁 S 极。电磁式传感器的工作原理：当信号转子旋转时，磁路中的空气隙周期性发生变化，使磁路的磁阻和感应线圈中的磁通也发生周期性变化。根据电磁感应原理，线圈内感应出大小和方向均呈周期变化的交变电动势，如图 4-78 所示。

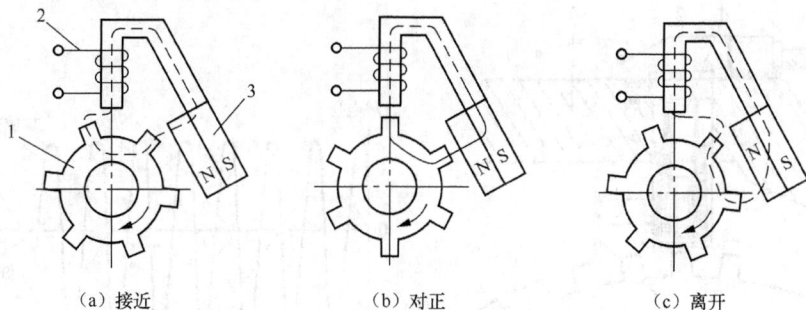

图 4-77　电磁式传感器的基本结构及工作原理
（a）接近　　　　　　（b）对正　　　　　　（c）离开
1—信号转子　2—感应线圈　3—永久磁铁

当信号转子按顺时针方向旋转时，转子凸齿与磁头之间的空气隙减小，磁路的磁阻变小，线圈中的磁通增加，当凸齿转到接近磁头边缘时，磁通迅速增加，线圈中的感应电动势达到最大值，如图 4-78 中 b 点位置；当转子转过 b 点位置后，虽然磁通仍在增加，但磁通变化率减小，因此感应电动势降低。

当信号转子旋转到凸齿中心线与磁头中心线对正时，如图 4-77（b）所示。虽然转子凸齿与磁头之间的空气隙最小，磁路的磁阻也最小，线圈中的磁通最大，但此时磁通不再增加，由于磁通变化率为零，因此感应电动势也为零，如图 4-78 中 c 点位置。

当信号转子按顺时针方向继续旋转，凸齿离开磁头时，如图 4-77（c）所示。转子凸齿与磁头之间的空气隙增大，磁路的磁阻变大，线圈中的磁通减小，感应电动势为负值。当凸齿转到将要离开磁头边缘时，磁通迅速减小，线圈中的感应电动势达到最大负值，如图 4-78 中 d 点位置。这样，信号转子每转过一个凸齿，感应线圈会产生一个周期的交变电动势，即电动势出现一次最大值和一次最小值，感应线圈相应产生一个交变电压信号。

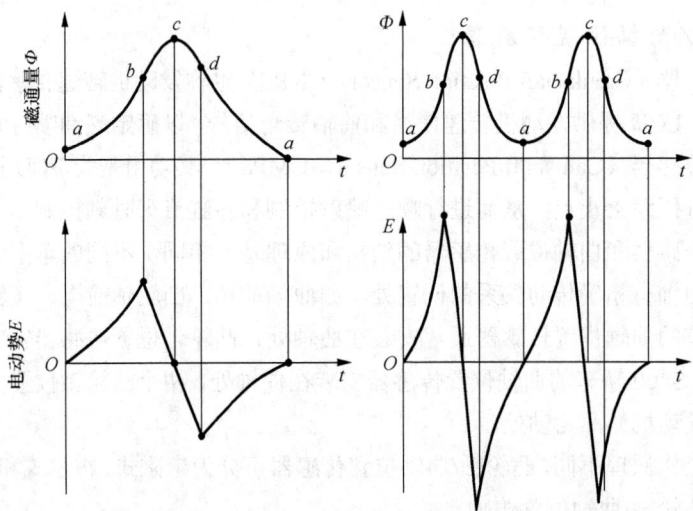

（a）低速时输出波形　　　　　　　（b）高速时输出波形

图 4-78　感应线圈中磁通（或磁通量）和电动势变化波形图

② 桑塔纳 2000GSi 型轿车的电磁式曲轴位置传感器。这种电磁式曲轴位置传感器的结构如图 4-79 所示，主要由永久磁铁、感应线圈和信号齿盘等组成。永久磁铁上带有一个磁头。

电磁式曲轴位置传感器的工作原理：发动机工作时，曲轴带动信号齿盘旋转，使线圈中的磁通发生周期性变化，产生交变感应电动势，相应产生一个交变电压信号，如图 4-80 所示。

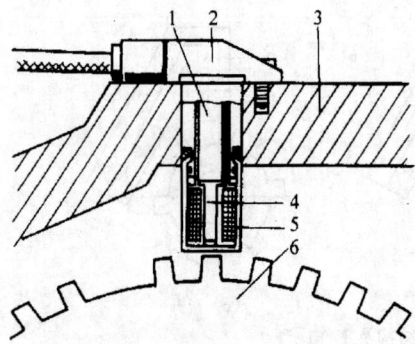

图 4-79　桑塔纳 2000GSi 型轿车的电磁式曲轴位置传感器
1—永久磁铁　2—插头　3—缸体　4—铁心
5—感应线圈　6—信号齿盘

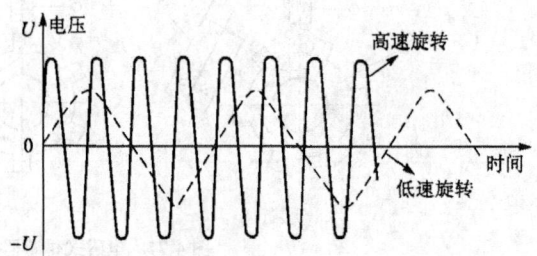

图 4-80　桑塔纳 2000GSi 型轿车的
电磁式曲轴位置传感器输出电压

信号齿盘上有 58 个凸齿，某一部位连续缺 2 个齿，形成 57 个小齿缺和 1 个大齿缺。每个凸齿和小齿缺所占的曲轴转角均为 3°，大齿缺所占的曲轴转角为 15°。信号齿盘每转过一个凸齿，感应线圈相应产生一个交变电压信号。由于信号齿盘有 58 个凸齿，因此，信号齿盘每转一圈，感应线圈产生 58 个脉冲信号。ECU 根据单位时间内接收到的曲轴位置传感器脉冲信号的数量，计算出发动机转速。信号齿盘有 58 个凸齿，转过缺 2 个齿的大齿缺相当于曲轴旋转 15° 转角，转过一个凸齿和一个小齿缺相当曲轴转过 6° 转角，这样 ECU 便能精确计算出曲轴转角。检测曲轴转角的目的是便于控制喷油时刻和点火时刻。

在信号齿盘旋转过程中，大齿缺产生一个宽脉冲信号，该信号对应于 1 缸或 4 缸压缩上止点前一定角度，如图 4-81 所示。ECU 以此信号为基准控制喷油时间和点火时间，再根据凸轮轴位置传感器信号，准确识别 1 缸上止点位置。

电磁式曲轴位置传感器控制电路如图 4-82 所示。关闭点火开关，将万用表（交流电压挡）与传感器线束插接器端子 2 和 3 相连。起动发动机，将产生交流电压信号，并且随发动机转速升高，其幅值变大，频率增加。

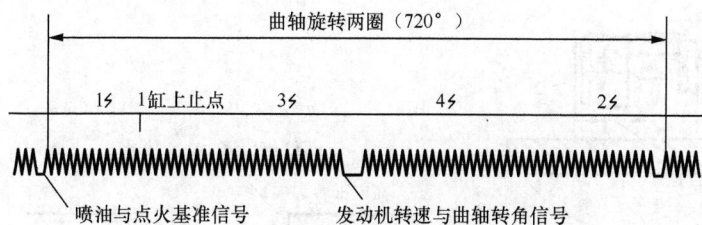

图 4-81　桑塔纳 2000GSi 型轿车的电磁式曲轴位置传感器输出信号

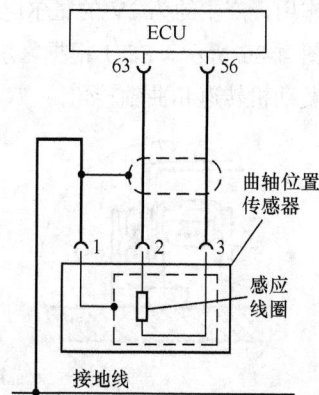

图 4-82　桑塔纳 2000GSi 型轿车的电磁式曲轴位置传感器控制电路

（2）霍尔式凸轮轴/曲轴位置传感器

① 霍尔式传感器的基本结构和工作原理。霍尔式传感器是利用霍尔效应原理制成的，其基本结构如图 4-83 所示，主要由触发叶轮、霍尔元件、永久磁铁、磁轭（或导磁钢片）等组成。触发叶轮上制有叶片和缺口，叶片（或缺口）数与气缸数相同。当触发叶轮旋转时，叶片在霍尔集成电路和永久磁铁之间转动。霍尔集成电路由霍尔元件、放大电路、稳压电路、温度补偿电路、信号变换电路和输出电路等组成。当在半导体基片两端通以控制电流 I，并在基片的垂直方向施加强度为 B 的磁场时，在垂直于电流和磁场的方向上将产生电动势 U_H（称为霍尔电动势或霍尔电压），该现象称为霍尔效应，如图 4-84 所示。

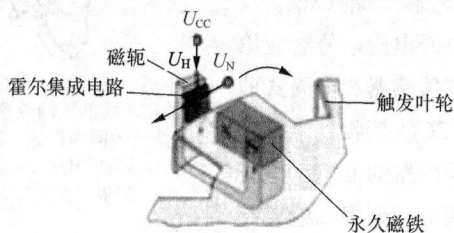

（a）叶片进入气隙

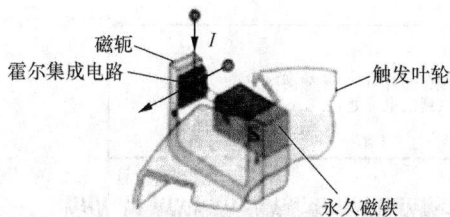

（b）叶片离开气隙

图 4-83　霍尔式传感器的基本结构

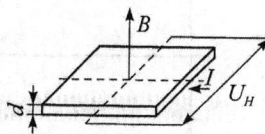

图 4-84　霍尔效应原理图

霍尔式传感器的工作原理如图 4-85 所示。发动机工作时，由 ECU 为霍尔元件提供电流。凸轮轴或曲轴带动触发叶轮旋转，由于触发叶片穿梭于永久磁铁和霍尔元件之间，使霍尔集成电路中的磁场强度发生变化。当触发叶片进入空气隙而位于永久磁铁和霍尔元件之间时，磁场被叶片旁路。霍尔元件不受磁场作用，产生霍尔电压为零，使集成电路三极管截止，传感器输出信号为高电压（12V）。当触发叶片离开空气隙而缺口位于永久磁铁和霍尔元件之间时，霍尔元件受磁场作用，产生约为2V的霍尔电压，使集成电路三极管导通，传感器输出信号为低电压（0.1V），如图4-86所示。ECU根据霍尔电压产生的时刻确定凸轮轴的位置，根据霍尔电压产生的次数确定发动机转速和曲轴转角。

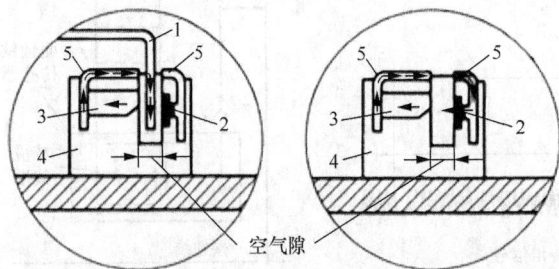

（a）触发叶片进入空气隙　　（b）触发叶片离开空气隙

图4-85　霍尔式传感器的工作原理
1—触发叶片　2—霍尔元件　3—永久磁铁
4—底板　5—磁轭（或导磁钢片）

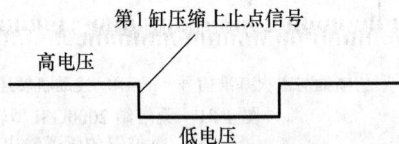

图4-86　霍尔式传感器输出电压

② 桑塔纳 2000GSi 型轿车的霍尔式凸轮轴位置传感器。这种霍尔式凸轮轴位置传感器的结构如图4-87所示，主要由信号转子（又称触发叶轮，其上带有180°缺口的转子）、霍尔集成电路及永久磁铁等组成。霍尔式凸轮轴位置传感器安装在缸盖前端凸轮轴的同步带轮后，用于检测第1缸压缩上止点位置。

霍尔式凸轮轴位置传感器的工作原理：发动机工作时，发动机曲轴每转两圈（720°），霍尔式凸轮轴位置传感器信号转一圈（360°），对应产生一个高电压信号和一个低电压信号，其中低电压信号对应第1缸压缩上止点前一定的角度。霍尔式凸轮轴位置传感器和电磁式曲轴位置传感器产生的电压信号不断送给ECU，当ECU接收到电磁式曲轴位置传感器的基准信号和霍尔式凸轮轴位置传感器的低电压信号时，判断出第1缸活塞处于压缩上止点位置，从而进行顺序喷射控制和各缸点火时刻控制，并根据曲轴位置传感器的脉冲信号控制喷油和点火时刻，如图4-88所示。

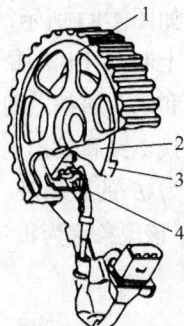

图4-87　桑塔纳2000GSi型轿车的霍尔式凸轮轴位置传感器
1—凸轮轴同步带轮　2—信号转子（触发叶轮）3—霍尔元件
4—隔板（触发叶片）

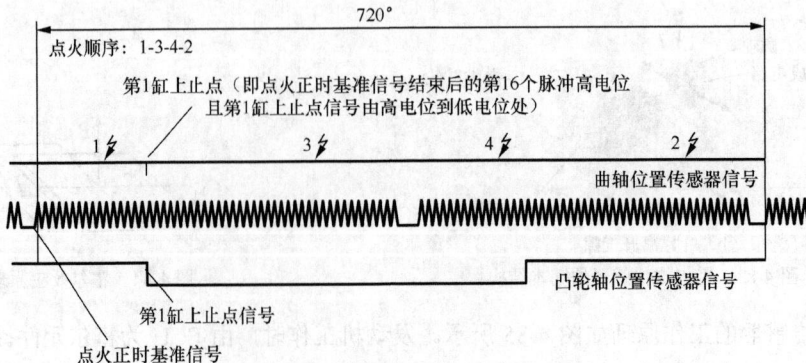

图4-88　发动机第1缸上止点位置的确定

霍尔式凸轮轴位置传感器控制电路如图4-89所示。打开点火开关，用万用表检测线束插接器端子1与3之间的电压应接近5V，端子2与3之间的电压应接近蓄电池电压（11.5V以上）。

（3）光电式凸轮轴/曲轴位置传感器

光电式凸轮轴/曲轴位置传感器的结构如图4-90所示，主要由信号转子（信号盘）、发光二极管、光敏晶体管和放大电路等组成。它是利用半导体的光电效应原理制成的。

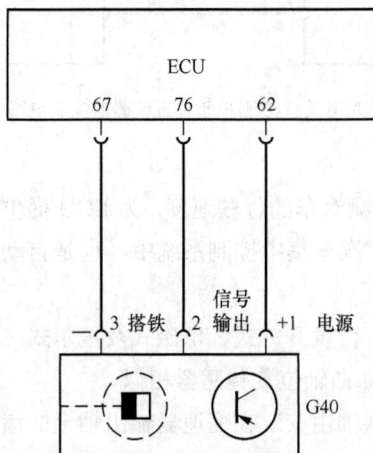

图4-89 桑塔纳2000GSi型轿车的霍尔式凸轮轴位置传感器控制电路

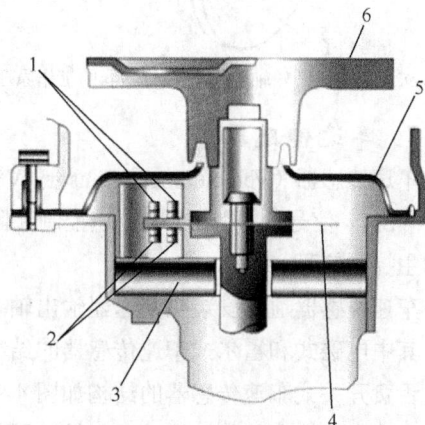

图4-90 光电式凸轮轴/曲轴位置传感器
1—发光二极管 2—光敏晶体管 3—放大电路
4—信号转子 5—密封盖 6—分火头

信号转子布置在两组发光二极管与光敏晶体管之间，其上制有一定数量且间隔角度均匀的透光孔，它是以发光二极管作为信号源。外圈制有360条细缝隙，间隔角度为1°，用于产生发动机转速信号和曲轴转角信号。内圈开有6条粗缝隙，间隔角度为60°，用于产生各缸的上止点位置信号，其中较宽的一条粗缝用于产生第1缸上止点位置信号，如图4-91所示。

光电式凸轮轴/曲轴位置传感器的工作原理如图4-92所示。发动机工作时，分电器轴（或曲轴、凸轮轴）带动信号转子旋转。显然，信号转子从发光二极管和光敏晶体管之间

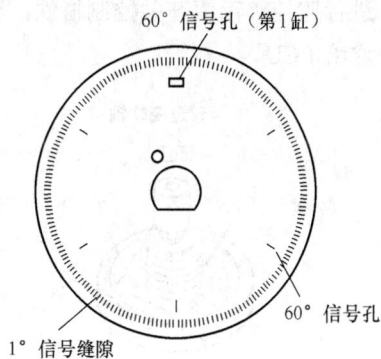

图4-91 信号转子

穿过。当隙缝对准发光二极管时，光线穿过缝隙照射在光敏晶体管上，光敏晶体管导通，传感器输出低电压信号，经放大电路放大后输送给ECU。当隙缝转过发光二极管时，光线被遮挡，光敏晶体管截止，传感器输出高电压信号给ECU。这样，信号转子每转一周，外侧隙缝触发外侧光敏晶体管导通和截止各360次，该信号作为发动机转速信号和曲轴转角信号送给ECU；内侧隙缝触发内侧光敏晶体管导通和截止各6次，该信号作为各缸上止点位置信号送给ECU，其中较宽的隙缝为第1缸压缩上止点的基准位置信号。

光电式凸轮轴/曲轴位置传感器控制电路如图4-93所示。将点火开关转至"ON"位置，测量电控单元侧端子1与2之间电压应为12V。给传感器侧的端子1与2之间直接施加12V电源电压，并分别在信号输出端子3和4与1之间接上电流表，转动信号转子一圈时，两个电流表应分别摆动1次和4次（与透光孔数量相等），每次电流表指示电流应约为1mA。

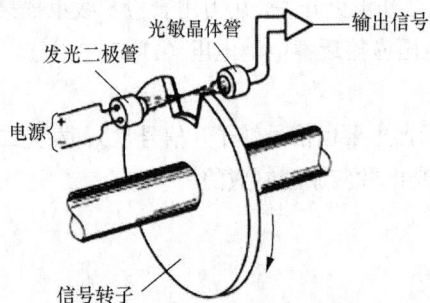

图 4-92　光电式凸轮轴/曲轴位置传感器的工作原理

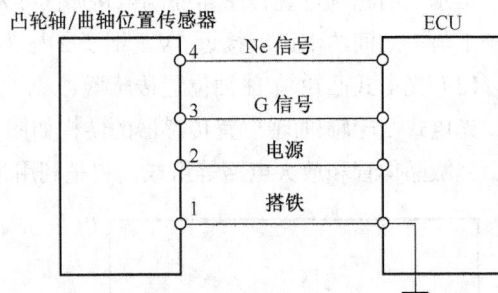

图 4-93　光电式凸轮轴/曲轴位置传感器控制电路

7．车速传感器

车速传感器（Vehicle Speed Sensor，VSS），其功用是检测汽车的行驶速度，为 ECU 提供车速信号（SPD 信号），用于巡航定速控制和限速断油控制。在汽车集中控制系统中，也是自动变速器的主控制信号。

车速传感器通常安装在变速器输出轴上。车速传感器有舌簧开关式、电磁式及霍尔式三种类型，其中电磁式和霍尔式车速传感器的结构和原理与凸轮轴/曲轴位置传感器相似。

舌簧开关式车速传感器的结构如图 4-94 所示。车速表软轴由安装在变速器输出轴上的齿轮驱动，车速表软轴驱动磁铁旋转，每转一圈相对固定的舌簧开关，磁铁的极性变换 4 次，从而使开关触点闭合或断开，ECU 根据触点开闭的频率即可确定车速。

舌簧开关式车速传感器控制电路如图 4-95 所示，ECU 给车速传感器提供 12V 标准电压并进行监控，舌簧开关控制搭铁，当舌簧开关闭合使电路接通时，传感器便产生一个脉冲信号输送给 ECU。

图 4-94　舌簧开关式车速传感器
1—磁铁　2—舌簧开关

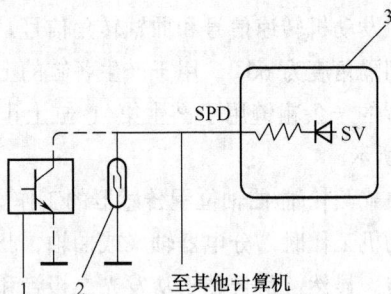

图 4-95　舌簧开关式车速传感器控制电路
1—组合仪表计算机　2—舌簧开关　3—ECU

8．信号开关

在发动机控制系统中，ECU 必须根据一些开关的信号确定发动机及其他系统的工作状态，常用的信号开关有起动开关（STA）、空调开关（A/C）、挡位开关、制动灯开关、动力转向开关和巡航控制开关等。

四、电控单元（ECU）

电控单元（ECU）主要由输入回路、A/D 转换器（模拟/数字信号转换器）、微型计算机（简称微机）和输出回路组成，其基本结构如图 4-96 所示。

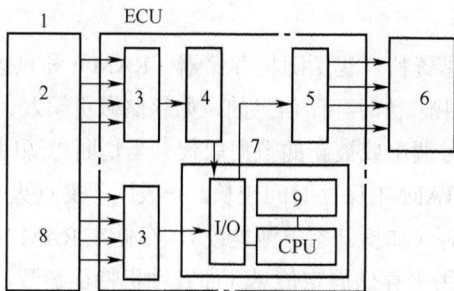

图 4-96 ECU 的组成

1—传感器 2—模拟信号 3—输入回路 4—A/D 转换器 5—输出回路
6—执行元件 7—微型计算机 8—数字信号 9—ROM/RAM 记忆装置

1. 输入回路

输入回路的作用是将系统中各传感器检测到的信号经过 I/O（输入/输出）接口进行预处理，数字信号直接输入微机，模拟信号则送往 A/D 转换器转换成数字信号后再输入微机，同时还可以除去输入信号的杂波，将正弦波转变为矩形波后，再转换成输入电平。输入回路的作用如图 4-97 所示。

2. A/D 转换器（模拟/数字信号转换器）

从传感器送来的信号有模拟信号（如叶片式空气流量计信号、节气门位置传感器信号、进气温度传感器信号等）和数字信号（如转速信号、卡门旋涡式空气流量计信号等）两种，如图 4-98 所示。数字信号可直接输入微机，但由于微机不能直接接受模拟信号，必须由 A/D 转换器将传感器输入的模拟信号转换成数字信号，再输入微机进行处理。

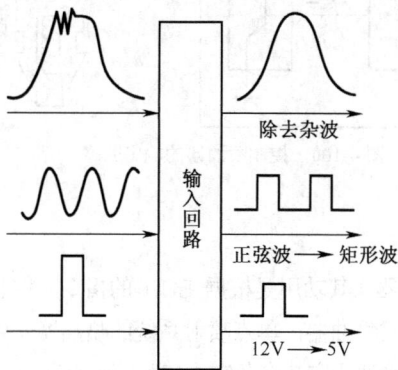

图 4-97 输入回路的作用

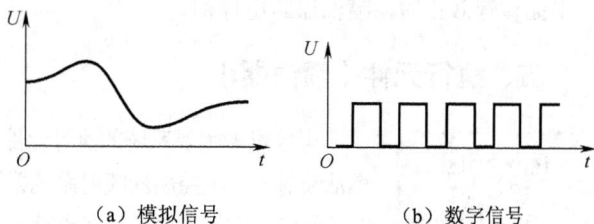

（a）模拟信号　　（b）数字信号

图 4-98 传感器输入信号类型

3. 微机

微机是控制系统的神经中枢，其功用是根据工作需要，利用其内存程序和数据对各传感器输送来的信号进行运算处理，并将处理结果送往输出回路。微机主要由中央处理器（CPU）、存储器、输入/输出装置（I/O）、总线等组成，如图 4-99 所示。

（1）中央处理器

中央处理器的功用是读出命令并执行数据处理任务，主要由进行算术运算和逻辑运算的运算器、暂时存储数据的寄存器、按照程序在各装置之间完成信号输送及控制任务的控制器等组成。

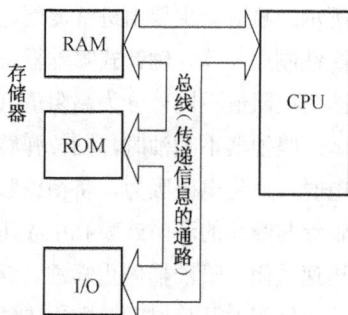

图 4-99 微型计算机的组成

（2）存储器

存储器的功用是存储信息资料，包括随机存储器（RAM）和只读存储器（ROM）。

随机存储器（RAM）是用来暂时存储信息的，如存储微机输入、输出和计算过程中产生的中间数据等，存储的信息可随时调出或被新的数据取代，当切断电源时，存储在 RAM 中的信息将丢失。为使故障码等信息在 RAM 中保存时间较长，一般用不受点火开关控制的专用电路给 RAM 提供电源；当专用电路断开时（如拆开蓄电池电缆），存储在 RAM 中的信息将会丢失。

只读存储器（ROM）是用来存储固定信息（如发动机特征参数、控制程序等）的，存储的内容一般由制造商一次性存入，使用中不能更改，但可随时调出使用。即使切断电源，存储在 ROM 中的信息也不会丢失。

（3）输入/输出装置

输入/输出装置也称为 I/O 接口，是微机与外界进行信息交流的纽带，具有数据缓冲、电平匹配、时序匹配等多种功能。控制系统在工作时，输入/输出装置根据中央处理器的命令，在中央处理器与输入回路和输出回路之间负责数据传送。

4．输出回路

微机输出数字信号且输出的电流很小，一般不能直接驱动执行元件工作。作为微机与执行元件之间连接桥梁的输出回路，其主要功用就是将微机的处理结果放大，转换成可以驱动执行元件工作的控制信号。

输出回路一般采用的是功率晶体管，根据微机的指令通过功率晶体管的导通或截止来控制执行元件的搭铁回路。控制喷油器的输出回路如图 4-100 所示，当功率晶体管导通时，喷油器通电喷油；当功率晶体管截止时，喷油器断电停油。

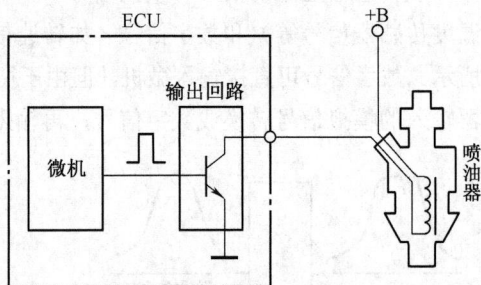
图 4-100　控制喷油器的输出回路

五、执行元件（喷油器）

喷油器的工作原理

电控燃油喷射系统的执行元件是喷油器，其功用是根据 ECU 的指令，控制燃油喷射量。电控燃油喷射系统采用电磁式喷油器，单点喷射系统的喷油器安装在节气门体空气入口处，多点喷射系统的喷油器安装在各缸进气歧管或缸盖上。

1．喷油器的结构

喷油器按其总体结构不同，可分为孔式和轴针式两种类型，如图 4-101 所示。喷油器主要由进油滤网、线束插接器、电磁线圈、回位弹簧、衔铁和针阀等组成。针阀与衔铁制成一体。轴针式喷油器针阀下端有一个轴针，轴针伸入喷孔内。此外，喷油器按其电磁线圈的电阻值不同，分为高阻值（电阻值为 13～18Ω）和低阻值（电阻值为 2～5Ω）两种类型。

喷油器不喷油时，回位弹簧通过衔铁使针阀压紧在阀座上，防止喷油器滴油。当电磁线圈通电时，产生电磁吸力，将衔铁吸起并带动针阀离开阀座，同时压缩回位弹簧，燃油经过针阀并由轴针与喷孔的环隙或喷孔中喷出。当电磁线圈断电时，电磁吸力消失，回位弹簧通过衔铁使针阀迅速关闭，喷油器停止喷油。这样，在喷油器的结构尺寸和喷油压差一定时，喷油器的喷油量取决于针阀的开启时间，即电磁线圈的通电时间。回位弹簧的弹力对针阀密封性和喷油器断油的迅速程度产生一定影响。

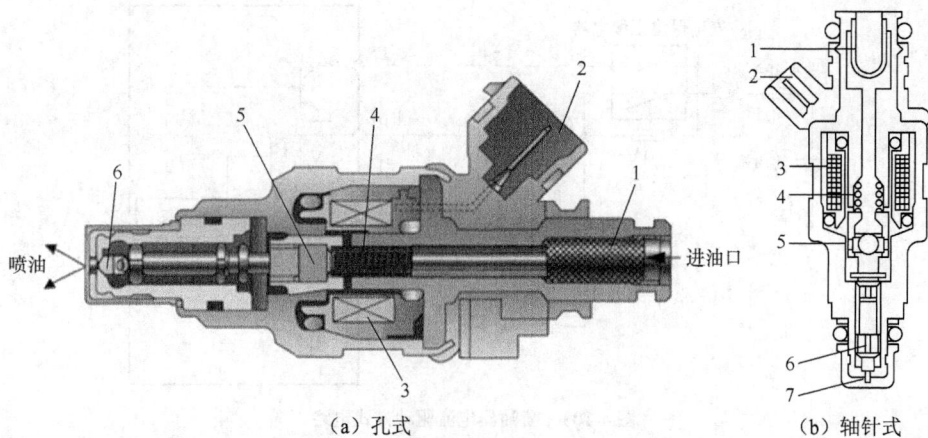

（a）孔式　　　　　　　　　　　　　　　　（b）轴针式

图 4-101　喷油器

1—进油滤网　2—线束插接器　3—电磁线圈　4—回位弹簧　5—衔铁　6—针阀　7—轴针

单点燃油喷射系统的喷油器一般采用下部进油方式，即进油口不在喷油器顶部，而是设在其侧面，其目的是降低喷油器的高度而将其安装在节气门体内。

2．喷油器的驱动方式

喷油器的驱动方式可分为电流驱动和电压驱动两种方式，如图 4-102 所示。电流驱动方式只适用于低阻值喷油器，电压驱动方式适用于高阻值喷油器和低阻值喷油器。

（1）电流驱动方式

在采用电流驱动方式的喷油器控制电路中，不需附加电阻器，低阻值喷

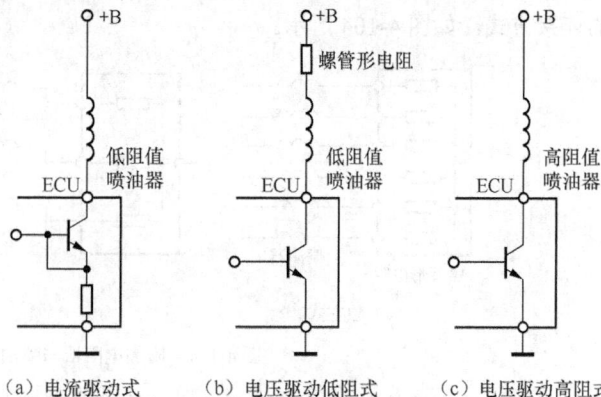

（a）电流驱动式　　（b）电压驱动低阻式　　（c）电压驱动高阻式

图 4-102　喷油器驱动方式

油器直接与蓄电池连接，通过 ECU 中的晶体管对流过喷油器线圈的电流进行控制。

喷油器电流驱动方式电路如图 4-103 所示，蓄电池通过点火开关和主继电器（或熔体）直接给喷油器和 ECU 供电，ECU 控制喷油器和主继电器线圈的搭铁回路。点火开关接通时，继电器触点闭合，ECU 中的喷油器驱动电路使晶体管 VT_1 导通，流过喷油器线圈的电流在晶体管 VT_1 发射极电阻上产生电压降；A 点的电压达到设定值时，喷油器驱动电路使晶体管 VT_1 截止。当蓄电池电压为 14V 时，流过喷油器线圈的峰值电流为 8A，喷油器针阀达到最大升程后，保持这一稳定、静止状态的电流为 2A；在此过程中，晶体管 VT_1 以 20Hz 的频率导通和截止。晶体管 VT_2 的作用是吸收晶体管 VT_1 导通或截止时在喷油器线圈中产生的反电动势，防止电流突然减小。继电器的作用是防止流过喷油器线圈的电流过大，若流过喷油器线圈的电流超过设定值，继电器触点自动断开，以切断喷油器电源。

在喷油器电流驱动方式电路中，由于无附加电阻器，电路的阻抗小，ECU 向喷油器发出喷油指令信号时，流过喷油器线圈的电流增加迅速，喷油器针阀开启速度快，喷油器喷油滞后时间缩短，响应性更好。此外，采用电流驱动方式，保持针阀开启使喷油器喷油时的电流较小，喷油器线圈不易发热，也可减少电能损耗。

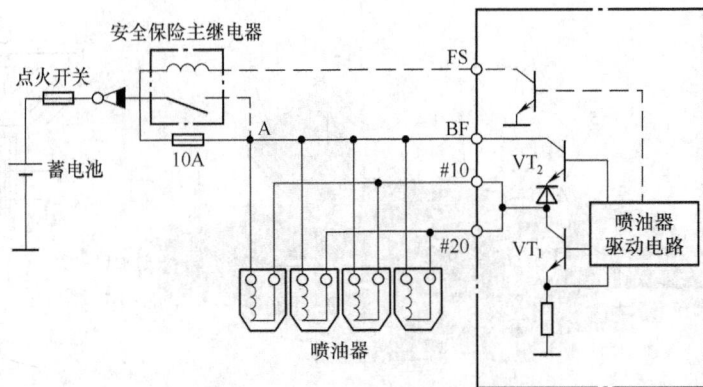

图 4-103　喷油器电流驱动方式电路

（2）电压驱动方式

低阻值喷油器采用电压驱动方式时必须加入附加电阻器。因为低阻值喷油器线圈的匝数较少，加入附加电阻器，可减小工作时流过线圈的电流，以防止线圈发热而损坏。附加电阻器与喷油器的连接方式，如图 4-104 所示。

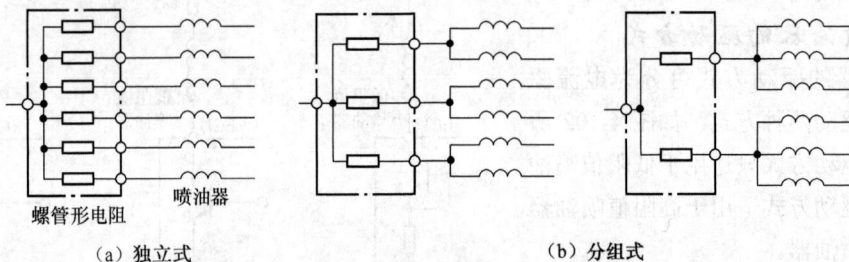

螺管形电阻　　喷油器

（a）独立式　　　　　　　　　　（b）分组式

图 4-104　附加电阻器与喷油器的连接方式

电压驱动方式中的喷油器驱动电路较简单，但因其回路中的阻抗大，故喷油器的喷油滞后时间长。其中，高阻值喷油器采用电压驱动方式时的喷油滞后时间最长，低阻值喷油器采用电压驱动方式时的喷油滞后时间次之，喷油器采用电流驱动方式时的喷油滞后时间最短。

3．喷油器控制电路

各车型喷油器控制电路基本相同，一般是通过点火开关和主继电器（或熔体）给喷油器供电，ECU 控制喷油器搭铁。只是不同发动机的电控燃油喷射系统，由于喷油器的数量和喷射顺序不同，喷油器控制电路中的驱动回路数量不同。四缸发动机不同喷射系统的喷油器控制电路如图 4-15、图 4-17 和图 4-19 所示。

实操技能训练

一、质量空气流量计的拆卸与安装

丰田卡罗拉轿车（1.6L）发动机质量空气流量计的相关零部件分解图如图 4-105 所示。

1．拆卸

（1）断开质量空气流量计连接器。

（2）拆下 2 个螺钉和质量空气流量计，如图 4-106 所示。

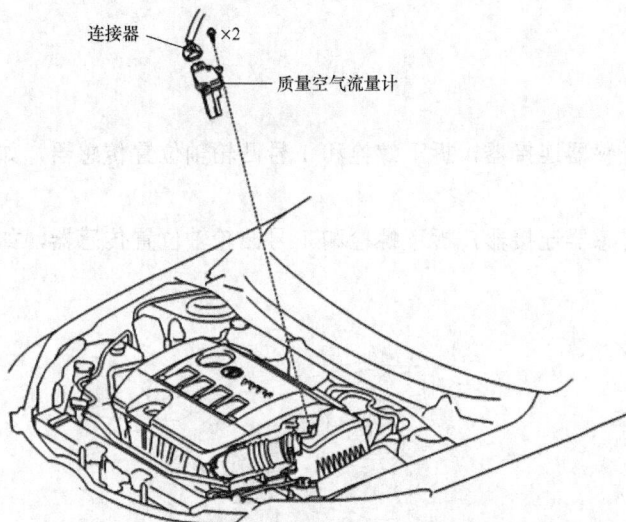

图 4-105　质量空气流量计的相关零部件分解图

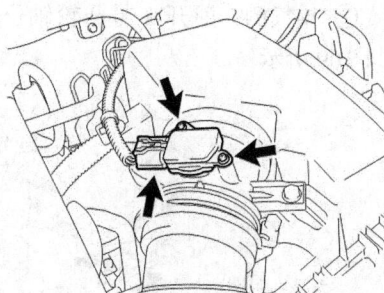

图 4-106　拆卸质量空气流量计

2．安装

（1）用 2 个螺钉安装质量空气流量计（见图 4-106）。注意：安装时，确保 O 形圈没有破裂或卡住。

（2）连接质量空气流量计连接器。

二、凸轮轴位置传感器的拆卸与安装

丰田卡罗拉轿车（1.6L）发动机凸轮轴位置传感器的相关零部件分解图如图 4-107 所示。

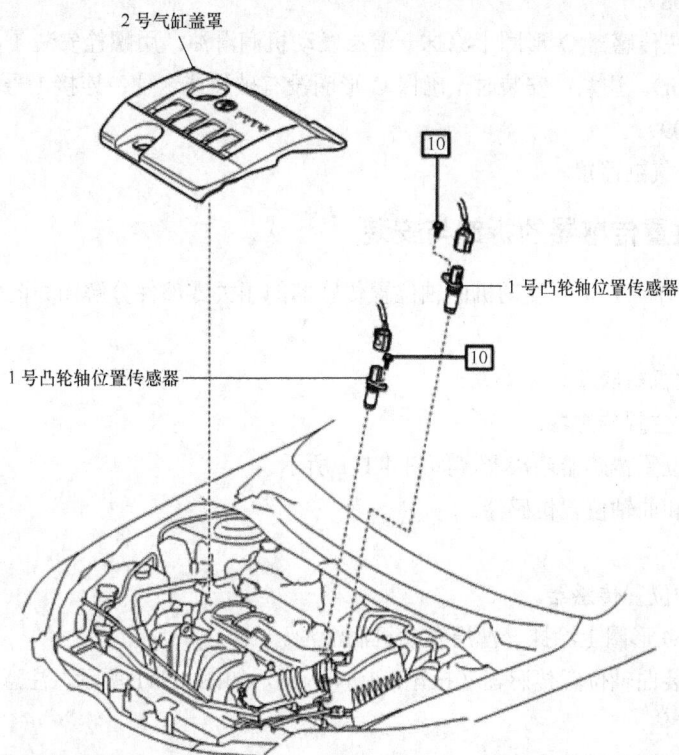

N·m：规定的紧固力矩

图 4-107　凸轮轴位置传感器的相关零部件分解图

1. 拆卸

（1）拆卸2号气缸盖罩。

（2）拆卸1号凸轮轴位置传感器。

① 进气侧：断开1号凸轮轴位置传感器连接器，拆下螺栓和1号凸轮轴位置传感器，如图4-108所示。

② 排气侧：断开1号凸轮轴位置传感器连接器，拆下螺栓和1号凸轮轴位置传感器，如图4-109所示。

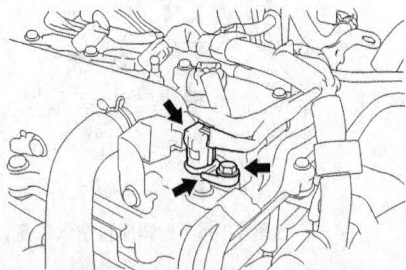

图4-108　拆卸1号凸轮轴位置传感器（进气侧）　　图4-109　拆卸1号凸轮轴位置传感器（排气侧）

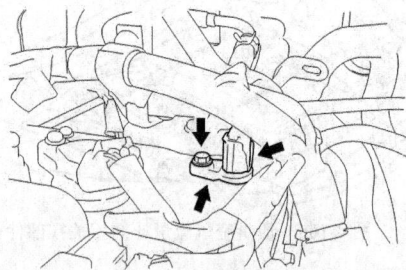

2. 安装

（1）安装1号凸轮轴位置传感器。

① 进气侧：在传感器O形圈上涂抹一薄层发动机润滑油；用螺栓安装1号凸轮轴位置传感器（扭矩：10N·m）。注意：安装时，确保O形圈没有破裂或卡住；连接1号凸轮轴位置传感器连接器（见图4-108）。

② 排气侧：在传感器O形圈上涂抹一薄层发动机润滑油；用螺栓安装1号凸轮轴位置传感器（扭矩：10N·m）。注意：安装时，确保O形圈没有破裂或卡住；连接1号凸轮轴位置传感器连接器（见图4-109）。

（2）安装2号气缸盖罩。

三、曲轴位置传感器的拆卸与安装

丰田卡罗拉轿车（1.6L）发动机曲轴位置传感器的相关零部件分解图如图4-110所示。

1. 拆卸

（1）拆卸发动机右底罩。

（2）拆卸曲轴位置传感器。

① 断开曲轴位置传感器连接器，如图4-111所示。

② 拆下螺栓和曲轴位置传感器。

2. 安装

（1）安装曲轴位置传感器。

① 在传感器O形圈上涂抹一薄层发动机润滑油。

② 用螺栓安装曲轴位置传感器（扭矩：10N·m），如图4-111所示。注意：安装时，确保O形圈没有破裂或卡住。

③ 连接曲轴位置传感器连接器。

（2）安装发动机右底罩。

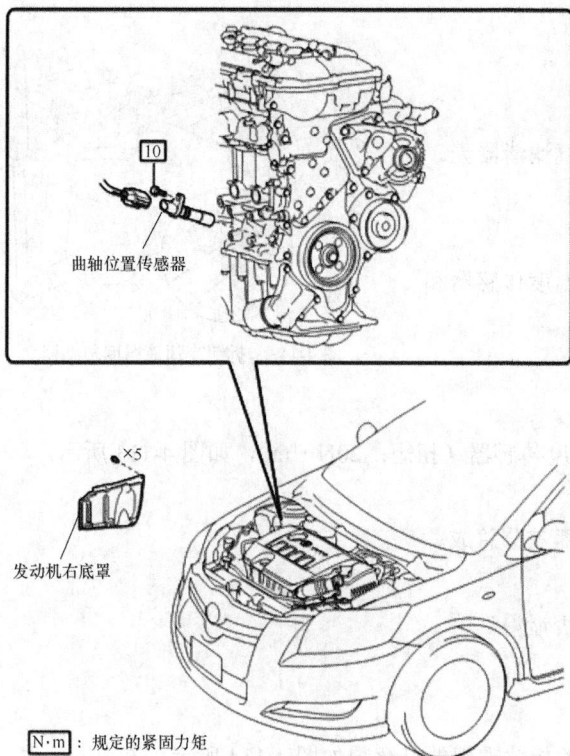

曲轴位置传感器

×5

发动机右底罩

N·m：规定的紧固力矩

图 4-110 曲轴位置传感器的相关零部件分解图

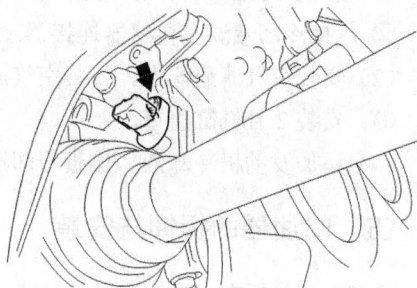

图 4-111 拆卸曲轴位置传感器

四、冷却液温度传感器的拆卸与安装

丰田卡罗拉轿车（1.6L）发动机冷却液温度传感器的相关零部件分解图如图 4-112 所示。

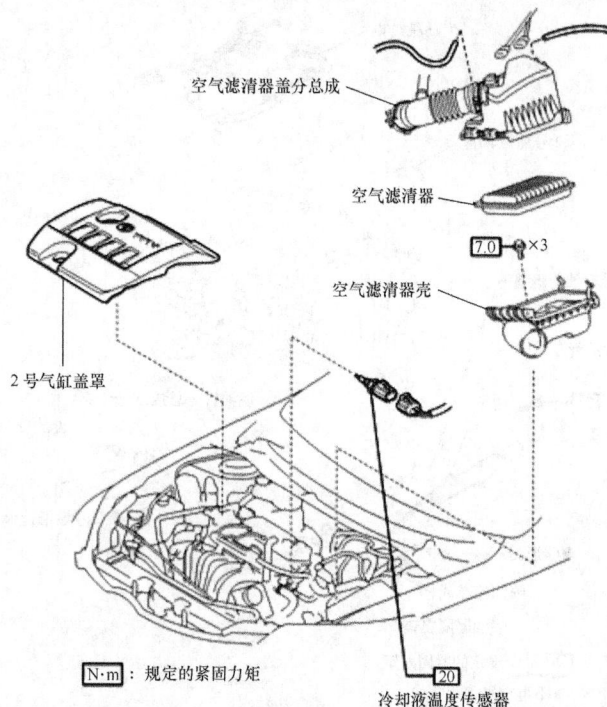

空气滤清器盖分总成

空气滤清器

7.0 ×3

空气滤清器壳

2 号气缸盖罩

N·m：规定的紧固力矩

20

冷却液温度传感器

图 4-112 冷却液温度传感器的相关零部件分解图

1．拆卸

（1）排净发动机冷却液。

（2）拆卸 2 号气缸盖罩。

（3）拆卸空气滤清器盖分总成。拆卸空气滤清器壳。

（4）拆卸冷却液温度传感器。

① 断开冷却液温度传感器连接器。

② 使用 SST 09817-33190 拆下冷却液温度传感器和衬垫，如图 4-113 所示。

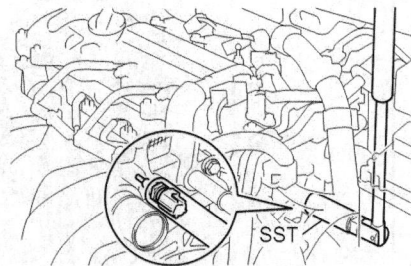

图 4-113　拆卸冷却液温度传感器

2．安装

（1）安装冷却液温度传感器。

① 使用 SST 09817-33190 安装冷却液温度传感器（扭矩：20N·m），如图 4-113 所示。

② 连接冷却液温度传感器连接器。

（2）安装空气滤清器壳。安装空气滤清器盖分总成。

（3）安装 2 号气缸盖罩。

（4）添加发动机冷却液。检查冷却液是否泄漏。

五、喷油器的拆卸与安装

丰田卡罗拉轿车（1.6L）发动机喷油器的相关零部件分解图如图 4-114 所示。

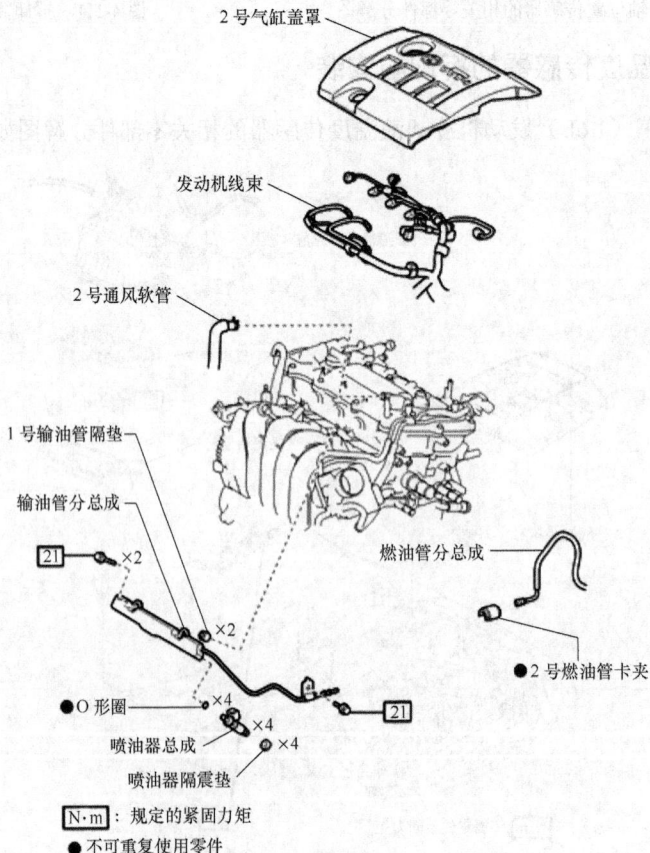

2 号气缸盖罩

发动机线束

2 号通风软管

1 号输油管隔垫

输油管分总成

21 ×2

燃油管分总成

×2

●O 形圈 　×4

喷油器总成 ×4

喷油器隔震垫 ×4

●2 号燃油管卡夹

21

N·m ：规定的紧固力矩

●不可重复使用零件

图 4-114　喷油器的相关零部件分解图

1．拆卸

（1）燃油系统卸压。

（2）从蓄电池负极端子断开电缆。

（3）拆卸 2 号气缸盖罩。

（4）分离 2 号通风软管，如图 4-115 所示。

（5）拆卸发动机线束。

① 拆下 2 个螺栓并断开搭铁线，断开 4 个喷油器总成连接器，断开 2 个线束卡夹，如图 4-116 所示。

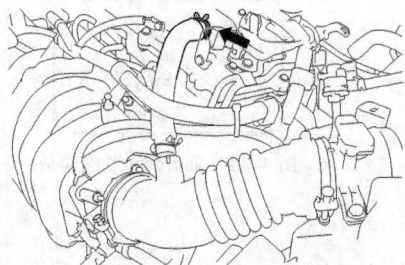

图 4-115　分离 2 号通风软管

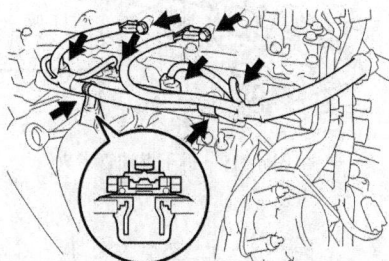

图 4-116　断开喷油器总成连接器

② 断开 4 个线束卡夹，如图 4-117 所示。

③ 拆下 2 个螺栓和 2 个线束支架，如图 4-118 所示。

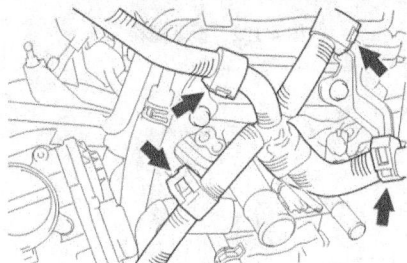

图 4-117　断开线束卡夹

图 4-118　拆下线束支架

（6）断开燃油管分总成。

① 拆下 2 号燃油管卡夹，如图 4-119 所示。

② 使用 SST 09268-21010 断开燃油管分总成，如图 4-120 所示。

（7）拆卸输油管分总成。

① 拆下螺栓并拆下线束支架，如图 4-121 所示。拆下 2 个螺栓，如图 4-122 所示。

② 拆下螺栓和输油管分总成，如图 4-123 所示。拆下 2 个 1 号输油管隔垫，如图 4-124 所示。

（8）拆卸喷油器总成。

① 从燃油输油管分总成中拉出 4 个喷油器总成，如图 4-125 所示。

② 重新安装时，在喷油器轴上贴上标签，如图 4-126 所示。注意：用塑料袋将喷油器包起来，以防异物进入。

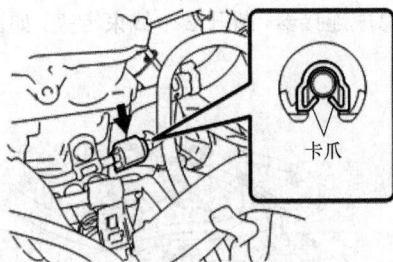

图 4-119　拆下燃油管卡夹

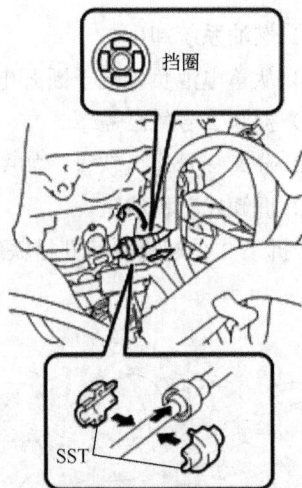

图 4-120　断开燃油管分总成

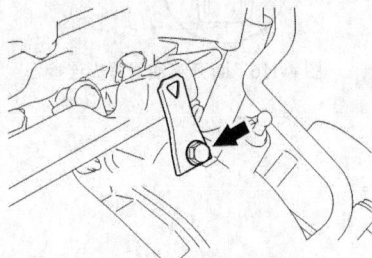

图 4-121　拆下线束支架

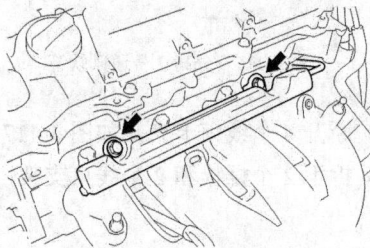

图 4-122　拆下螺栓

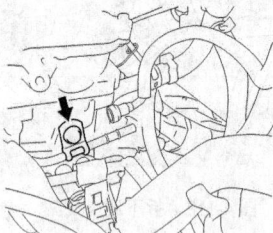

图 4-123　拆下输油管分总成

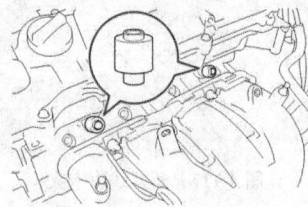

图 4-124　拆下 1 号输油管隔垫

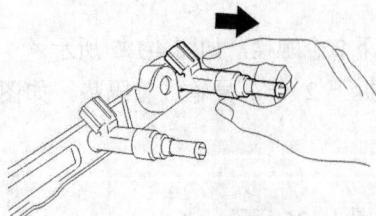

图 4-125　拆下喷油器总成

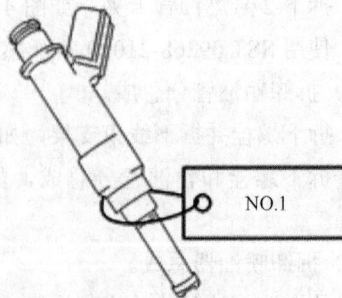

图 4-126　贴上标签

③ 拆下 4 个喷油器隔震垫，如图 4-127 所示。

2．安装

（1）安装喷油器总成。

① 将新喷油器隔震垫安装到喷油器总成上，在喷油器总成 O 形圈接触面上涂抹一薄层汽油或锭子油，如图 4-128 所示。

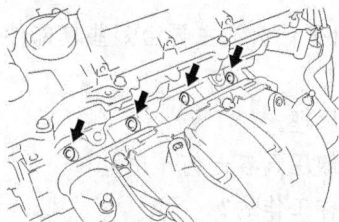

图 4-127　拆下喷油器隔震垫

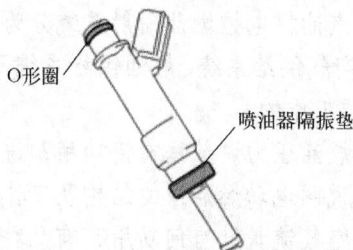

图 4-128　安装喷油器隔震垫

② 向左和向右转动喷油器总成，以将其安装到输油管分总成上。注意：不要扭曲 O 形圈。安装喷油器后，检查并确认它们可以平稳转动。如果不能平稳转动，换上新的 O 形圈。

（2）安装 1 号输油管隔垫。将 2 个 1 号输油管隔垫安装到气缸盖上（见图 4-124）。注意：以正确方向安装 1 号输油管隔垫。

（3）安装输油管分总成。

① 安装输油管分总成和 4 个喷油器总成，并暂时安装 2 个螺栓，将 2 个螺栓紧固至规定力矩（力矩：21N·m），如图 4-122 所示。注意：安装输油管分总成时不要掉落喷油器。安装输油管分总成后，检查并确认喷油器总成转动平稳。

② 安装螺栓以固定输油管分总成（力矩：21N·m），如图 4-123 所示。用螺栓安装线束支架（见图 4-121）。

（4）连接燃油管分总成。

① 将燃油管分总成连接器插入输油管，直到听到"咔嗒"声，如图 4-129 所示。注意：在工作前，检查并确认燃油管连接器和燃油管的断开部分周围没有划痕或异物。连接燃油管后拉动燃油管连接器与燃油管，检查并确认其已牢固连接。

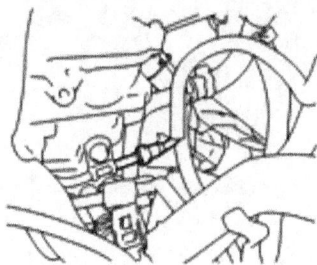

② 安装新的 2 号燃油管卡夹（见图 4-119）。

（5）连接发动机线束。

① 用 2 个螺栓安装 2 个线束支架（见图 4-118）。

② 连接 4 个线束卡夹（见图 4-117）。

③ 连接 4 个喷油器总成连接器，连接 2 个线束卡夹，用 2 个螺栓连接搭铁线（见图 4-116）。

图 4-129　安装燃油管分总成连接器

（6）连接 2 号通风软管（见图 4-115）。

（7）将电缆连接到蓄电池负极端子（力矩：5.4N·m）。

（8）检查燃油是否泄漏。

（9）安装 2 号气缸盖罩。

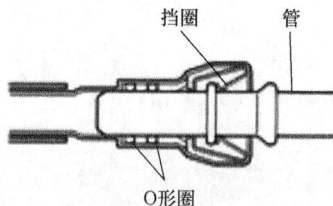

|练 习 题|

1. 混合气浓度的表示方法有哪两种？在实际工作中如何界定混合气的浓度？

2. 汽油机电控燃油喷射系统分为几种类型？

3. 空气供给系统、燃油供给系统及控制系统的功用是什么？主要由哪些零部件组成？它们是怎样工作的？

4. 燃油压力调节器有何功用？说明其结构及工作原理。

5. 说明电动燃油泵的结构及工作原理。出油阀和卸压阀各起何作用？

6. 空气流量计有何功用？有几种类型？它们是怎样工作的？

7. 节气门位置传感器有何功用？有几种类型？它们是怎样工作的？

8. 进气管绝对压力传感器有何功用？它是怎样工作的？

9. 温度传感器有何功用？它们是怎样工作的？

10. 凸轮轴/曲轴位置传感器有何功用？有几种类型？它们是怎样工作的？

11. 喷油器有何功用？说明喷油器的结构及工作原理。

本项目主要介绍电控汽油机辅助控制系统的功用与组成、各主要零部件的结构及其拆装等内容。

概　　述

汽油机电控燃油喷射系统除了由空气供给系统与废气排出系统、燃油供给系统和控制系统三个子系统组成以外，还包括各种辅助控制系统，如怠速控制系统、进气控制系统、增压控制系统、排放控制系统、故障自诊断系统、失效保护系统、应急备用系统等。

| 任务一　怠速控制系统 |

【学习目标】

1. 能够正确描述怠速控制系统的功用与组成。
2. 能够正确描述怠速控制系统各主要零部件的结构与工作原理。
3. 能够正确选择与使用工具、设备，并规范进行怠速控制系统各零部件的拆卸与装配。

相 关 知 识

怠速是指节气门关闭，加速踏板完全放松，且发动机对外无功率输出并保持最低转速稳定运转。

发动机在正常运行工况下，驾驶员通过加速踏板控制节气门开度，从而改变发动机的进气量，调节了发动机的转速和输出功率。在加速踏板完全放松的怠速工况下，驾驶员无法控制发动机进气量。而电控燃油喷射式发动机在怠速工况时，空气通过节气门缝隙或旁通空气道进入发动机各气缸，进气量通过空气流量计（或进气管绝对压力传感器）进行检测。ECU 根据进气量和发动机转速确定基本喷油量，再根据其他传感器和信号开关修正基本喷油量。

一、怠速控制系统的功能与组成

1．怠速控制系统的功能

怠速控制系统的功能是根据发动机工作温度和负荷，由 ECU 自动控制怠速工况下的空气供给量，以维持发动机怠速的稳定。

2．怠速控制系统的控制内容

不同车型的怠速控制系统，其控制内容也不完全相同，怠速控制一般包括以下内容。

（1）起动初始位置的设定

为了改善发动机的起动性能，关闭点火开关使发动机熄火后，控制蓄电池继续给 ECU 和怠速控制阀供电，ECU 使怠速控制阀回到起动初始（全开）位置。待怠速控制阀回到起动初始位置后，控制蓄电池停止给 ECU 和怠速控制阀供电，怠速控制阀保持全开位置，为下次起动做准备。

（2）起动控制

发动机起动时，由于怠速控制阀预先设定在全开位置，在起动期间经怠速空气道或节气门可供给最大的空气量，有利于发动机起动。但怠速控制阀如果始终保持在全开位置，发动机起动后的怠速转速会过高，所以在起动期间和起动后，ECU 根据冷却液温度的高低控制怠速控制阀，调节怠速控制阀的开度，使之达到起动后暖机控制的最佳位置，此位置随冷却液温度升高而减小，控制特性（步进电动机的步数与冷却液温度的关系曲线）存储在 ECU 内。

（3）暖机控制

暖机控制又称快怠速控制。在暖机过程中，ECU 根据冷却液温度信号按内存的控制特性控制怠速控制阀开度，随着温度升高，怠速控制阀开度逐渐减小。当冷却液温度达到70℃时，暖机控制过程结束。

（4）反馈控制

反馈控制又称怠速稳定控制。发动机怠速运转时，ECU 将接收到的实际转速信号与确定的目标转速进行比较，其差值超过一定值（一般为20r／min）时，ECU 将控制怠速控制阀，调节怠速工况下的进气量，使发动机实际转速与目标转速相同。目标转速根据发动机工况而定，例如冷却液温度、空调开关和空挡起动开关是否接通等。

（5）怠速预测控制

发动机在怠速运转时，如变速器挡位、动力转向、空调工作状态的变化都将使发动机转速发生可以预见的变化。为了避免发动机怠速转速波动或熄火，在发动机转速出现变化前，ECU 会根据各负载设备开关信号（A/C 开关等），提前调节怠速控制阀的开度。

（6）负荷变化控制

发动机怠速运转时，如果使用的电器负载增大到一定程度，蓄电池电压会降低。为了保证电控系统正常的供电电压，ECU 根据蓄电池电压调节怠速控制阀的开度，提高发动机的怠速转速，以提高电动机的输出功率。

（7）学习控制

在发动机使用过程中，由于磨损等原因会导致怠速控制阀的性能改变，虽然怠速控制阀的位置未变，但实际的怠速转速与设定的目标转速略有不同。在此情况下，ECU 在利用反馈控制使怠速转速达到目标转速的同时，还将怠速控制阀的位置存储在存储器中，以便在以后的怠速控制过程中使用。

3．怠速控制系统的组成

怠速控制系统主要由传感器、电控单元（ECU）和执行元件组成，如图 5-1 所示。发动机怠速控制系统的各组成部分和功用如表 5-1 所示。

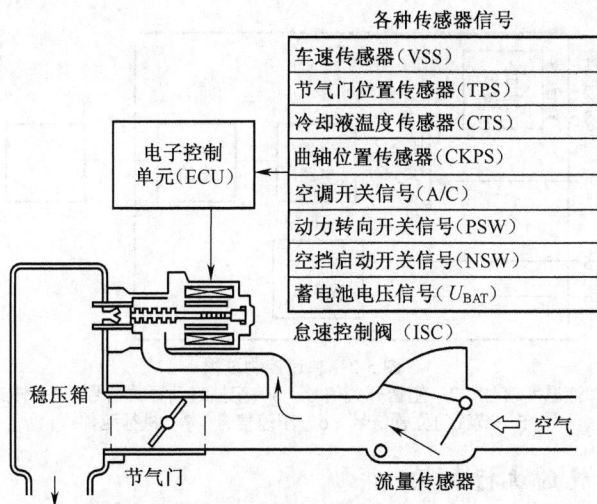

图 5-1　怠速控制系统

表 5-1　　　　　　　　　　　　　发动机怠速控制系统的组成及功用

组　件		功　用
传感器	曲轴位置传感器	检测发动机的实际转速
	车速传感器	检测汽车的行驶速度
	起动开关	检测发动机的起动状态
	冷却液温度传感器	检测发动机冷却液的温度
	节气门位置传感器	检测发动机是否处于怠速工况
	空挡起动开关	检测自动变速器换挡杆的位置
	液力变矩器负荷信号	检测液力变矩器负荷的变化
	发电机负荷信号	检测发电机的负荷变化
	空调开关	检测空调的工作状态
	动力转向开关	检测动力转向装置的工作状态
执行元件	怠速控制阀	控制旁通空气道或节气门
电控单元（ECU）		根据各传感器输入的信号，把发动机的实际转速与各传感器的信号所确定的目标转速进行比较。根据比较得出的差值，确定相当于目标转速的控制量，并驱动执行机构，使怠速保持在目标转速上

　　传感器的功用是检测发动机的运行工况和负载设备的工作状况，ECU 根据各种传感器的输入信号确定一个怠速运转的目标转速，并与实际转速进行比较，根据比较结果控制执行元件工作，以调节进气量，使发动机的怠速转速达到所确定的目标转速。

　　在怠速以外的其他工况下，若怠速控制系统对发动机实施怠速控制，会与驾驶员通过加速踏板对进气量的调节发生干涉。因此，在怠速控制系统中，ECU 需要根据节气门位置信号和车速信号确认怠速工况，只有在节气门全关、车速为零时，才进行怠速控制。

　　怠速控制过程如图 5-2 所示。ECU 首先根据节气门位置信号和车速信号，判断发动机是否处于怠速状态；然后根据冷却液温度传感器、空调开关及动力转向开关等信号，从存储器中存储的怠速转速数据中确定出相应的目标转速（即能稳定运转的怠速转速），再与发动机转速传感器输送来的实际转速进行比较，计算出转速差值；最后通过怠速控制阀来调节发动机转速，使发动机在怠速工况下稳定运转。

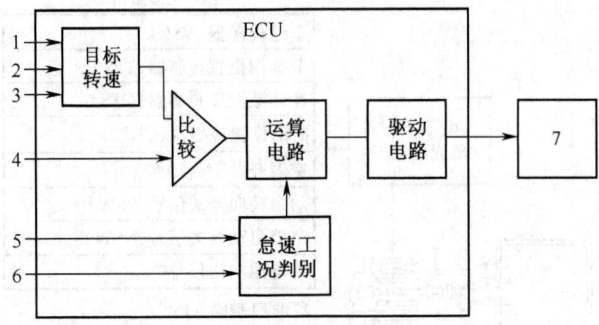

图 5-2　怠速控制过程

1—冷却液温度信号　2—空调开关信号　3—空挡起动开关信号　4—转速信号
5—节气门位置信号　6—车速信号　7—执行元件

4．怠速控制系统的执行机构

怠速控制的实质就是对怠速工况下的进气量进行控制。在发动机集中控制系统中，控制怠速工况下的进气量方式可分为节气门直动式和旁通空气式两种基本类型，如图 5-3 所示。节气门直动式怠速控制系统是通过执行元件改变节气门的最小开度来控制怠速工况下的进气量，而旁通空气式怠速控制系统是通过执行元件改变怠速旁通空气道的流通截面来控制怠速工况下的进气量。

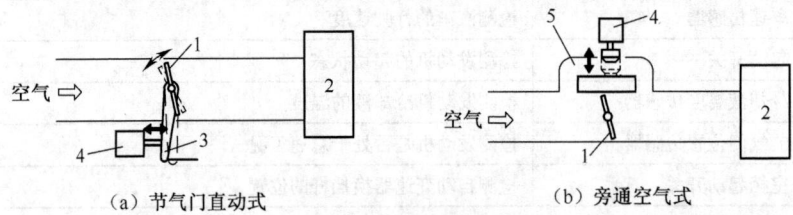

（a）节气门直动式　　　　　　　　　　　　（b）旁通空气式

图 5-3　怠速控制方式

1—节气门　2—进气管　3—节气门操纵臂　4—执行元件　5—怠速旁通空气道

二、节气门直动式怠速控制器

节气门直动式怠速控制器的结构如图 5-4 所示，主要由怠速开关、怠速节气门位置传感器、节气门位置传感器、电动机、减速齿轮传动机构及线束插接器等组成。

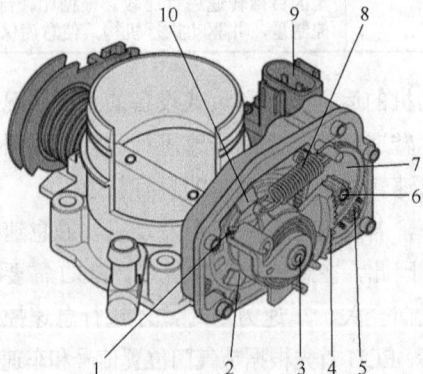

图 5-4　节气门直动式怠速控制器

1—怠速开关　2—节气门位置传感器　3—节气门轴　4—齿扇　5—电动机和驱动齿轮
6—小齿轮　7—大齿轮　8—应急弹簧　9—线束插接器　10—怠速节气门位置传感器

怠速节气门位置传感器安装在节气门体内，它是一种可变电阻式传感器，通过节气门轴、减速齿轮传动机构（包括齿扇、小齿轮、大齿轮及驱动齿轮）与电动机相连，将发动机怠速运转时的节气门开度信号转换成电压信号输送给 ECU。

如果发动机加速并使节气门离开怠速位置，怠速节气门位置传感器则处于极限位置而保持不动，但节气门开度可以继续增大。此时怠速节气门位置传感器信号中断，应急弹簧进入应急工作状态，节气门开度保持在某一位置上，此时怠速转速一般在 1500r / min 左右。

节气门位置传感器也是一种可变电阻式传感器，直接与节气门轴相连，与加速踏板联动。发动机工作时，将节气门的开度信号输送给 ECU，ECU 据此判断发动机的运行工况。在汽车集中控制系统中，节气门开度信号也是自动变速器的主控制信号。

控制怠速的电动机是永磁式步进电动机，其一端固定安装驱动齿轮，驱动齿轮与大齿轮啮合，小齿轮固装在大齿轮轴上且与齿扇相啮合，齿扇松套在节气门轴上。当电动机旋转时，通过减速齿轮传动机构带动节气门轴同步转动。

怠速开关松套在节气门轴上，为一联动触点，将发动机怠速状态输送给 ECU。节气门关闭时，怠速开关触点闭合，ECU 即可判定发动机处于怠速工况，并根据发动机负荷和温度信号，按照怠速工况要求控制喷油。当加速时，怠速开关触点断开，ECU 按照小负荷工况要求控制喷油。怠速开关信号还可作为判断是否进行怠速自动控制和减速断油控制的主要依据。

节气门直动式怠速控制器的怠速控制过程：当发动机怠速运转时，怠速节气门位置传感器将其阻值变化转换成电压信号输送给 ECU，ECU 根据此信号确定节气门位置，通过电动机微量调节节气门的开度来调节发动机的怠速转速。ECU 根据发动机负荷和冷却液温度信号确定目标转速，当发动机实际转速低于目标转速时，ECU 控制脉冲电流从电动机的正极端子流入，从电动机的负极端子流出，电动机正转，通过减速齿轮传动机构使节气门微开，进气量增加，使发动机的怠速转速提高至目标转速；当发动机实际转速高于目标转速时，ECU 控制脉冲电流从电动机的负极端子流入，从电动机的正极端子流出，电动机反转，通过减速齿轮传动机构使节气门微关，进气量减少，使发动机的怠速转速降低至目标转速。

三、旁通空气式怠速控制阀

在电控燃油喷射系统中，旁通空气式怠速控制系统的工作原理就是在节气门旁设有一个旁通空气道，并由 ECU 控制阀门的开启和关闭，实现怠速控制。当阀门开度增加时，发动机进气量增多，怠速转速升高；反之，怠速转速降低。

旁通空气式怠速控制阀有多种形式，结构上有很大差异。常见的旁通空气式怠速控制阀有步进电动机型、旋转电磁阀型、占空比控制电磁阀型、开关型等。

1. 步进电动机型怠速控制阀

步进电动机型怠速控制阀的结构如图 5-5 所示。步进电动机由转子和定子构成，丝杠机构将步进电动机的旋转运动转变为阀杆的直线运动，控制阀与阀杆制成一体。步进电动机型怠速控制阀安装在节气门体上，控制阀伸入到设在怠速空气道内的阀座处。发动机怠速运转时，ECU 根据各种传感器及开关信号，控制步进电动机的正反转和转动量，以调节控制阀与阀座之间的间隙，从而改变怠速空气道的流通截面，实现怠速工况下进气量的自动控制。

步进电动机的结构如图 5-6 所示，主要由永久磁铁制成有 16 个（8 对）磁极的转子和两个定子铁心组成。每个定子都由 2 个带 16 个爪极的铁心交错装配在一起，两个定子上分别绕有 1 相和

3 相、2 相和 4 相两组线圈，且每个定子上两组线圈的绕制方向相反。ECU 控制步进电动机工作时，给线圈输送的是脉冲信号，4 个线圈的通电顺序（相位）不同，步进电动机的转动方向就不同。当按一定顺序输入一定数量的脉冲时，步进电动机就向某一方向转过一定的角度，步进电动机的转动量取决于输入脉冲的数量。因此，ECU 通过对定子线圈通电顺序和输入脉冲数量的控制，即可改变步进电动机型怠速控制阀的位置（即开度），从而控制怠速工况下的进气量。由于给步进电动机每输入一定量的脉冲只转过一定的角度，其转动是不连续的，故称为步进电动机。

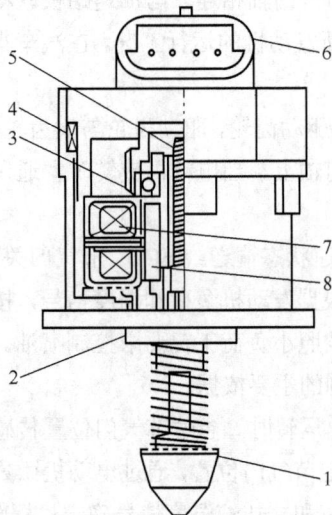

图 5-5　步进电动机型怠速控制阀
1—控制阀　2—前轴承　3—后轴承　4—密封圈
5—丝杠机构　6—线束插接器　7—定子　8—转子

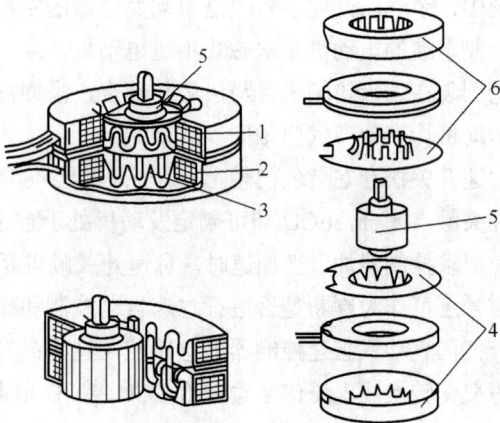

图 5-6　步进电动机的构造
1、2—线圈　3—爪极　4、6—定子　5—转子

步进电动机的工作原理如图 5-7 所示。当 ECU 控制步进电动机线圈按 1－2－3－4 顺序单独通电时，定子磁场顺时针转动，由于它与转子磁场间的相互作用（同性相斥，异性相吸），使转子随定子磁场同步转动。同理，当 ECU 控制步进电动机线圈按相反的顺序单独通电时，转子则随定子磁场同步反转。转子每转一步与定子错开一个爪极的位置，由于定子有 32 个爪极（上、下两个铁心各 16 个爪极），所以步进电动机每转一步为 1/32 圈，步距角为 $11.25°$。从一次通电到另一次通电称为一拍，每一拍转子转过的角度称为步距角。

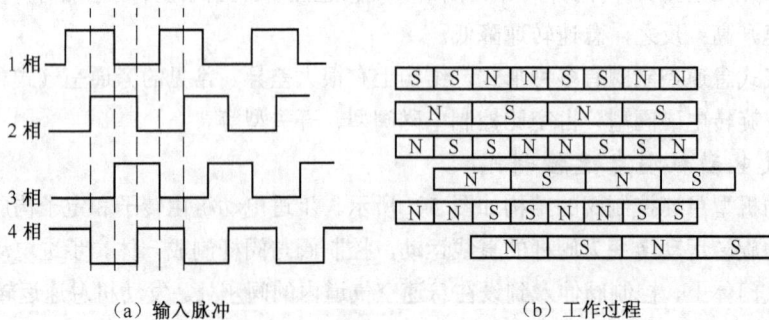

（a）输入脉冲　　　（b）工作过程
图 5-7　步进电动机的工作原理

步进电动机型怠速控制阀控制电路如图 5-8 所示。主继电器触点闭合后，蓄电池电源经主继电器到达怠速控制阀的 B_1 端子和 B_2 端子、ECU 的 +B 端子和 +B_1 端子，B_1 端子向步进电动机的 1

相、3 相两个线圈供电，B_2 端子向 2 相、4 相两个线圈供电。4 个线圈分别通过端子 S_1、S_2、S_3 和 S_4 与 ECU 端子 ISC_1、ISC_2、ISC_3 和 ISC_4 相连，ECU 控制各线圈的搭铁回路，以控制怠速控制阀的工作。

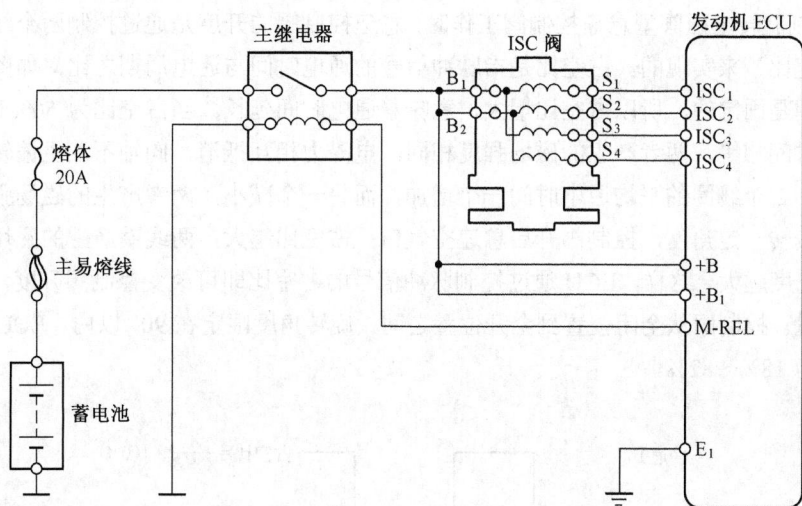

图 5-8 步进电动机型怠速控制阀控制电路

2．旋转电磁阀型怠速控制阀

旋转电磁阀型怠速控制阀的结构如图 5-9 所示。怠速控制阀安装在阀轴的中部，阀轴的一端装有圆柱形永久磁铁，永久磁铁对应的圆周位置上装有位置相对的两个线圈。由 ECU 控制两个线圈的通电或断电，改变两个线圈产生的磁场强度，两个线圈产生的磁场与永久磁铁形成的磁场相互作用，即可改变怠速控制阀的位置，从而调节怠速空气口的开度，实现怠速工况下进气量的自动控制。

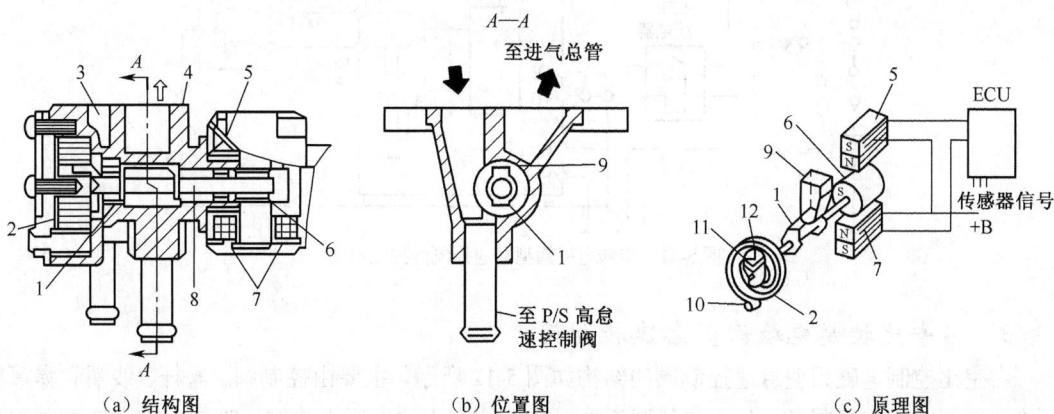

（a）结构图　　　　　　　　（b）位置图　　　　　　　　（c）原理图

图 5-9 旋转电磁阀型怠速控制阀

1—控制阀　2—双金属片　3—冷却液腔　4—阀体　5、7—线圈　6—永久磁铁
8—阀轴　9—怠速空气口　10—固定销　11—挡块　12—阀轴限位杆

双金属片制成卷簧形，外端通过固定销固定在阀体上，内端与阀轴端部的挡块相连接。阀轴上的限位杆穿过挡块的凹槽，使阀轴只能在挡块凹槽限定的范围内摆动。流过阀体冷却液腔的冷

却液温度变化时，双金属片变形，带动挡块转动，从而改变阀轴转动的两个极限位置，以控制怠速控制阀的最大开度和最小开度。此装置主要起保护作用，只要怠速控制系统工作正常，阀轴上的限位杆不与挡块的凹槽两侧接触，即可防止怠速控制系统电路出现故障时，发动机转速过高或过低。

ECU 控制旋转电磁阀型怠速控制阀工作时，怠速控制阀的开度是通过控制两个线圈的平均通电时间（占空比）来实现的。占空比是指脉冲信号的通电时间与通电周期之比，如图 5-10 所示。一般通电周期是固定的，所以占空比增大，意味着通电时间延长。当占空比为 50%时，2 个线圈的平均通电时间相等，两者产生的磁场强度相同，电磁力相互抵消，阀轴不发生偏转。当占空比大于 50%时，2 个线圈的平均通电时间一个增加，而另一个减小，两者产生的磁场强度也不同，所以使阀轴偏转一定角度，控制阀开启怠速空气口。占空比越大，两线圈产生的磁场强度相差越多，控制阀开度越大。这样，ECU 通过控制脉冲信号的占空比即可改变控制阀开度，从而控制怠速时的进气量。控制阀从全闭位置到全开位置之间，旋转角度限定在 90° 以内，ECU 控制的占空比调整范围为 18%～82%。

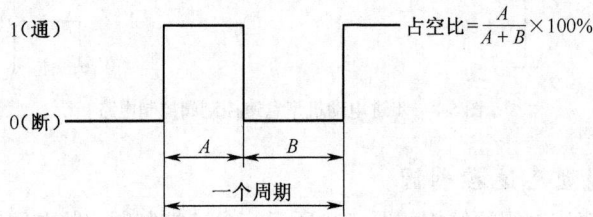

$$占空比 = \frac{A}{A+B} \times 100\%$$

图 5-10 占空比

旋转电磁阀型怠速控制阀控制电路如图 5-11 所示。

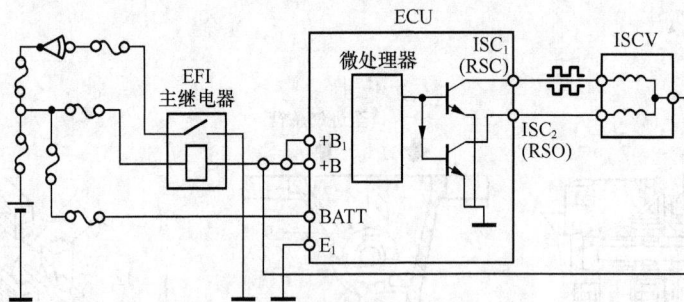

图 5-11 旋转电磁阀型怠速控制阀控制电路

3．占空比控制电磁阀型怠速控制阀

占空比控制电磁阀型怠速控制阀的结构如图 5-12 所示，主要由控制阀、阀杆、线圈和弹簧等组成。控制阀与阀杆制成一体，当线圈通电时，线圈产生的电磁力将阀杆吸起，使怠速控制阀打开。怠速控制阀的开度取决于线圈产生的电磁力大小，与旋转电磁阀型怠速控制阀相同，ECU 也是通过控制输入线圈脉冲信号的占空比来控制磁场强度，以调节怠速控制阀的开度，从而实现对怠速工况下进气量的自动控制。

占空比控制电磁阀型怠速控制阀控制电路如图 5-13 所示。

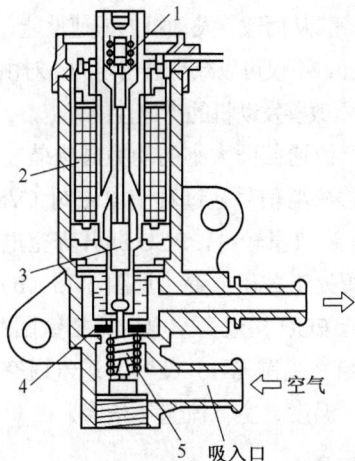

图 5-12　占空比控制电磁阀型怠速控制阀
1、5—弹簧　2—线圈　3—阀杆　4—控制阀

图 5-13　占空比控制电磁阀型怠速控制阀控制电路

4．开关型怠速控制阀

开关型怠速控制阀的结构如图 5-14 所示，主要由线圈和怠速控制阀组成。其工作原理与占空比控制电磁阀型怠速控制阀类似。不同的是开关型怠速控制阀工作时，ECU 只对阀内线圈通电或断电两种状态进行控制，电磁线圈通电时，怠速控制阀开启，线圈断电则怠速控制阀关闭。开关型怠速控制阀也只有开或关两个位置。

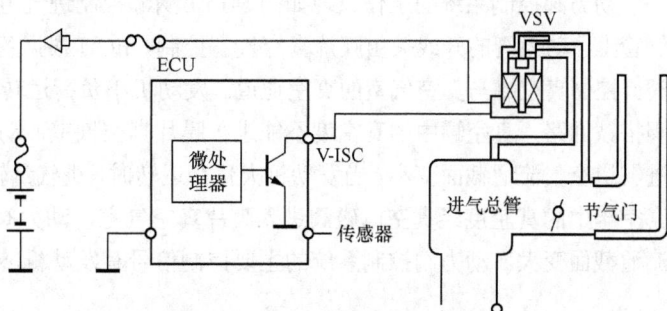

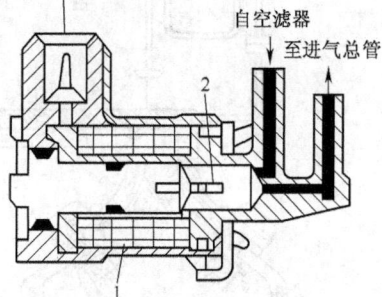

图 5-14　开关型怠速控制阀
1—线圈　2—控制阀

| 任务二　　进气控制系统 |

【学习目标】

1．能够正确描述进气控制系统的功能与常见形式。

2．能够正确描述进气控制系统各主要零部件的结构与工作原理。

3．能够正确选择与使用工具、设备，并规范进行进气控制系统各零部件的拆卸与装配。

相 关 知 识

一、动力阀控制系统

动力阀控制系统的功能是控制发动机进气道的空气流通截面大小，以适应发动机不同转速和负荷时的进气量需求，从而改善发动机的动力性。在进气量较少的低速、小负荷工况下，进气道空气流通截面减小，可提高进气流速，增大进气流惯性，以提高发动机的充气效率；此外，随进气流速提高也可增加气缸内的涡流强度，有利于低速小负荷工况下的燃烧和热效率的提高，从而改善发动机的低速性能。而在进气量较多的高速、大负荷工况下，适当增大进气道空气流通截面，不仅可以减小进气阻力，对由于进气流速过高而导致的燃烧室内气流扰动也可起到抑制作用，有助于改善发动机的高速性能。

动力阀控制系统的工作原理如图 5-15 所示。控制进气道空气流通截面大小的动力阀安装在进气管上，动力阀的开或关由膜片真空气室控制，ECU 根据各种传感器信号通过真空电磁阀（VSV阀）控制真空罐与真空气室的真空通道。发动机小负荷运转时，进气量较少，ECU 断开真空电磁阀搭铁回路，真空罐中的真空度不能进入膜片真空气室，动力阀处于关闭位置（见图 5-15（b）），进气道空气流通截面变小。当发动机大负荷运转时，进气量较多，ECU 接通真空电磁阀搭铁回路，真空罐中的真空度经真空电磁阀进入膜片真空气室，动力阀开启（见图 5-15（a）），进气道空气流通截面变大。动力阀控制系统的主要控制信号有发动机转速、温度、空气流量等信号。

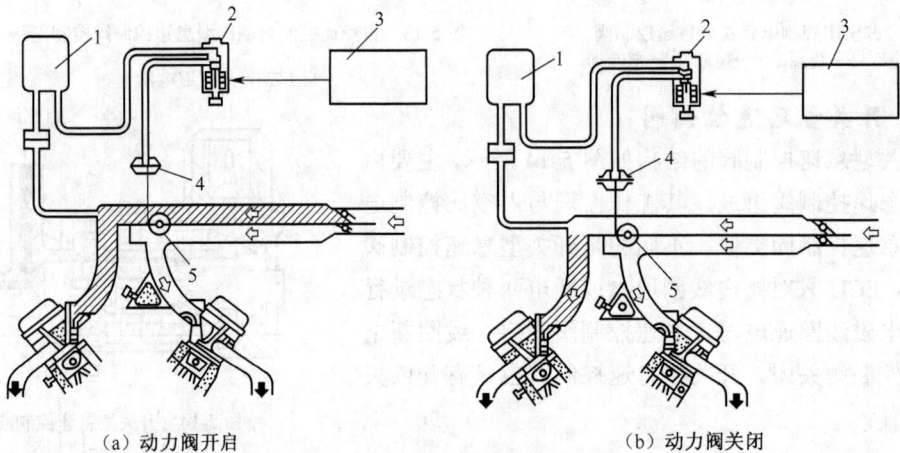

（a）动力阀开启　　　　　　　　　　　　　　（b）动力阀关闭

图 5-15　动力阀控制系统的工作原理

1—真空罐　2—真空电磁阀　3—ECU　4—膜片真空气室　5—动力阀

二、谐波进气增压控制系统

发动机工作中，进气管内的气体经进气门高速流入气缸，当进气门关闭时，由于气流惯性使进气门附近的气体受到压缩而压力增高；当气流惯性消失过后，进气门附近被压缩的气体膨胀而流向与进气相反的方向，压力下降；膨胀的气体流动到进气管口时又被反射回来，这样在进气管内即产生了压力波。在有些电控燃油喷射发动机上，即利用了进气管内的压力波与进气门的开启配合，当进气门开启时，使反射回来的压力波正好传到该气门附近，从而形成进气增压的效果，提高发动机的充气效率和功率。

发动机工作时，从进气门关闭到下一次开启的间隔时间取决于发动机的转速，而进气管内的压力波反射回到进气门处所需的时间取决于压力波传播路线的长度。进气管较长时，压力波传播距离长，发动机低速性能较好；进气管较短时，压力波传播距离短，发动机高速性能较好。谐波进气增压控制系统的功能就是根据发动机转速的变化，改变进气管内压力波的传播距离，以提高充气效率，改善发动机性能。

谐波进气增压控制系统的工作原理如图 5-16 所示。在进气管中部增设了进气控制阀和大容量的进气室，当发动机转速较低时，同一气缸的进气门关闭与开启间隔的时间较长，此时进气控制阀关闭，使进气管内压力波的传递距离为进气门到空气滤清器的距离，这一距离较长，压力波反射回到进气门附近所需时间也较长；当发动机处于高速运转时，进气控制阀开启，由于大容量进气室的影响，使进气管内压力波传递距离缩短为进气门到进气室之间的距离，与同一气缸的进气门关闭与开启间隔的时间较短相适应，从而使发动机在高速运转时得到较好的进气增压效果。

谐波进气增压控制系统的组成如图 5-17 所示，ECU 根据发动机转速信号控制真空电磁阀的开或关，高速运转时真空电磁阀开启，真空罐内的真空进入真空驱动器的膜片气室，真空驱动器驱动进气控制阀开启。反之，低速运转时真空电磁阀关闭，真空罐内的真空不能进入真空驱动器的膜片气室，进气控制阀处于关闭状态。

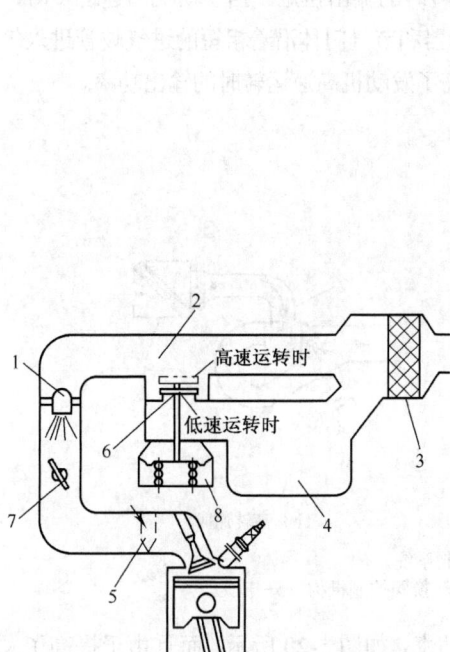

图 5-16 谐波进气增压控制系统工作原理
1—喷油器 2—进气道 3—空气滤清器 4—进气室
5—涡流控制气门 6—进气控制阀 7—节气门
8—真空驱动器

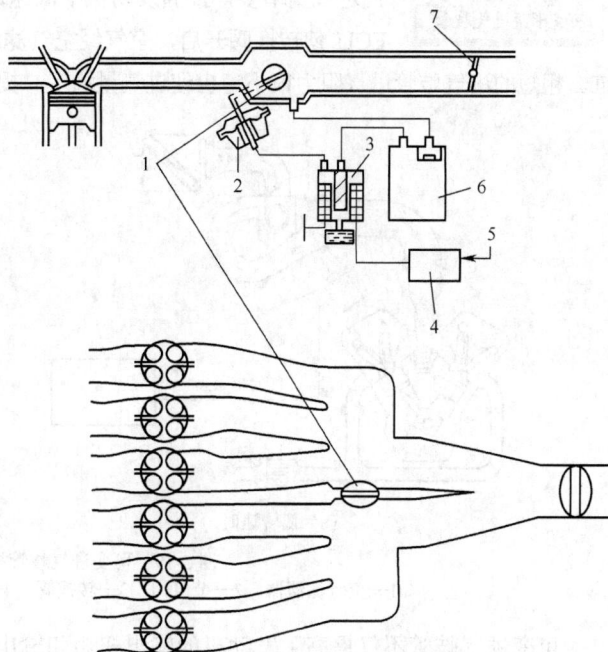

图 5-17 谐波进气增压控制系统的组成
1—进气控制阀 2—真空驱动器 3—真空电磁阀
4—ECU 5—转速信号 6—真空罐 7—节气门

谐波进气增压控制系统控制电路如图 5-18 所示，主继电器触点闭合后，通过端子 3 给真空电磁阀供电，ECU 通过 ACIS 端子控制真空电磁阀的搭铁回路。维修时，检查真空电磁阀的电阻，正常应为 $38.5 \sim 44.5\Omega$。

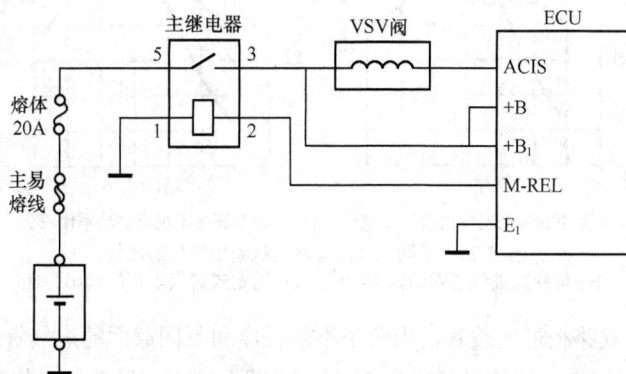

图 5-18 谐波进气增压控制系统控制电路

三、可变进气歧管控制系统

可变进气歧管能根据发动机转速和负荷的变化自动改变进气歧管的有效长度，使发动机在高转速和大负荷时配用粗短的进气歧管，而在中低转速和中小负荷时配用细长的进气歧管。

可变进气歧管控制系统如图5-19所示。当发动机中低速运转时，ECU通过转换阀控制机构关闭转换阀，这时空气经空气滤清器和节气门体沿着弯曲而细长的进气歧管进入气缸。细长的进气歧管提高了进气速度，增强了气流的惯性，使进气量增多，提高发动机中低速运转时的输出扭矩。当发动机高速运转时，ECU使转换阀开启，空气经空气滤清器和节气门体沿着粗短的进气歧管进入气缸。粗短的进气歧管进气阻力很小，也使进气量增多，提高了发动机高速运转时的输出功率。

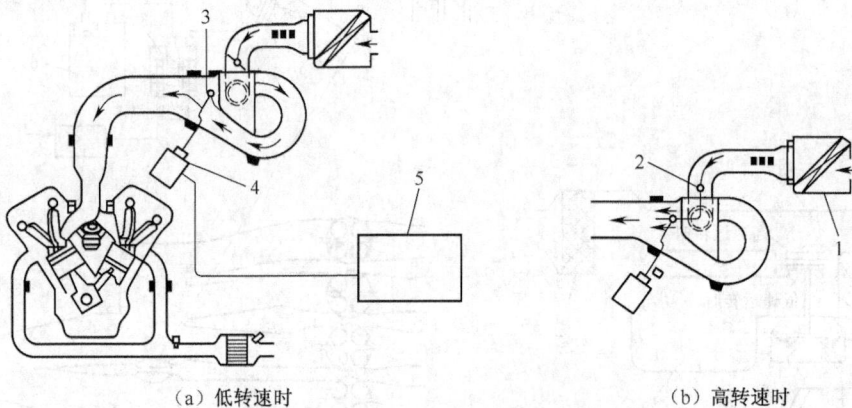

（a）低转速时　　　　　　　　　　　（b）高转速时

图 5-19　可变进气歧管控制系统
1—空气滤清器　2—节气门　3—转换阀　4—转换阀控制机构　5—ECU

可变进气歧管不仅提高了发动机的输出扭矩和输出功率，如图5-20所示，而且由于提高了发动机在中低速运转时的进气速度而增强了气缸内的气流强度，从而改善了燃烧过程，使发动机中低速时的燃油经济性有所提高。

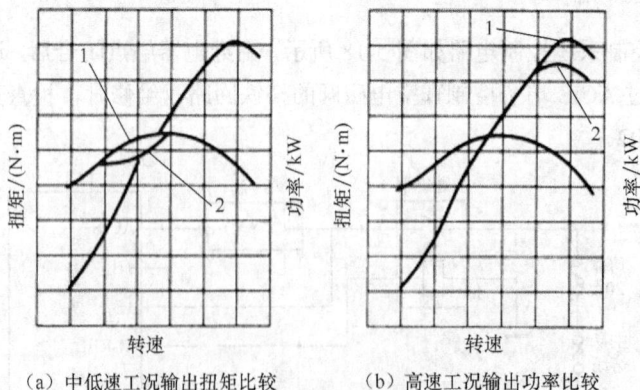

（a）中低速工况输出扭矩比较　　　（b）高速工况输出功率比较
图 5-20　不同进气歧管发动机输出特性的比较
1—可变式进气歧管的输出特性　2—固定式进气歧管的输出特性

有些发动机采用双路径进气歧管，由两个不同长度和不同截面的进气管道组合而成。长管道长度为780mm，截面较小；短管道长度为380mm，截面较大。发动机工作时，ECU根据发动机转速变化，通过转换控制阀控制六个风门打开或关闭。当发动机低速运转（$n<4\,700r/min$）时，风门关闭，气流沿着路径较长而截面较小的进气管道进入气缸，提高了发动机的输出扭矩；当发动机高速运转（$n\geqslant4\,700r/min$）时，风门全开，气流沿着路径较短而截面较大的进气管道进入气缸，提高了发动机的输出功率，如图 5-21 所示。

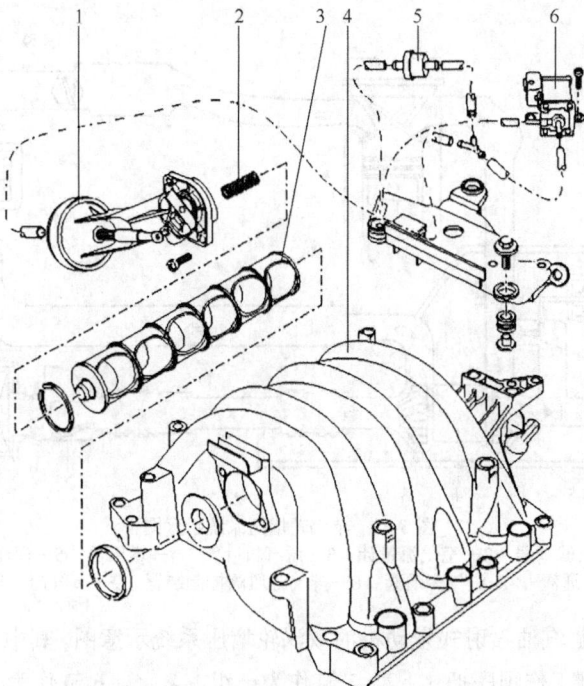

图 5-21　双路径进气歧管控制系统
1—真空执行元件　2—压力弹簧　3—转换阀　4—进气歧管　5—单向阀　6—进气歧管转换电磁阀（N156）

| 任务三　增压控制系统 |

【学习目标】

1. 能够正确描述增压控制系统的功能与类型。
2. 能够正确描述增压控制系统各主要零部件的结构与工作原理。
3. 能够正确选择与使用工具、设备，并规范进行增压控制系统各零部件的拆卸与装配。

相 关 知 识

进气增压就是将空气预先压缩后再供入气缸，以提高进气密度，增加进气量。采用增压系统后，在发动机排量不变的情况下，由于每个循环进入气缸的空气量增加，可以向气缸内提供更多的燃料而获得充分燃烧，从而提高了发动机的输出功率。按增压装置结构原理不同，进气增压系统可分为废气涡轮增压、机械增压、谐波增压等多种形式，其中废气涡轮增压系统在汽车发动机上应用最广。

一、废气涡轮增压系统

涡轮增压系统分为单涡轮增压系统和双涡轮增压系统。只有一个涡轮增压器的增压系统为单涡轮增压系统，如图 5-22 所示。涡轮增压系统除涡轮增压器之外，还包括进气旁通阀、排气旁通阀和排气旁通阀控制装置等。

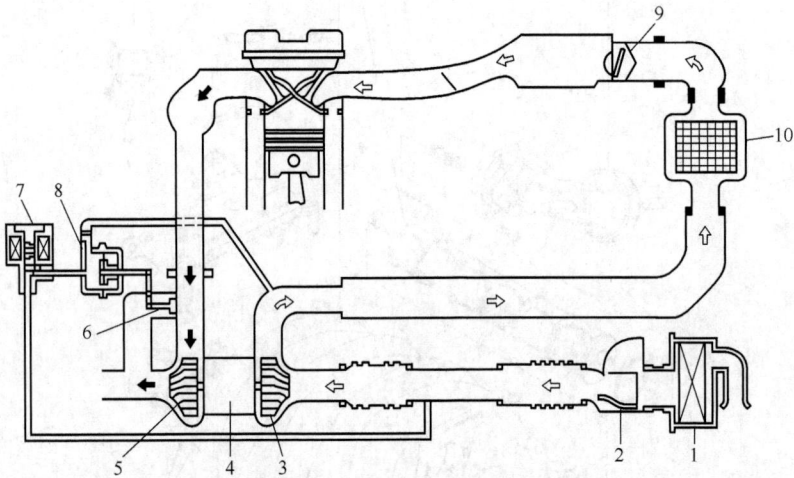

图 5-22　单涡轮增压系统示意图
1—空气滤清器　2—空气流量计　3—压气机叶轮　4—增压器　5—涡轮机叶轮
6—排气旁通阀　7—进气旁通阀　8—排气旁通阀控制装置　9—节气门　10—中冷器

图 5-23 所示为六缸汽油喷射式发动机的双涡轮增压系统示意图。其中 2 个涡轮增压器并列布置在排气管中，按气缸工作顺序把 1、2、3 缸作为一组，4、5、6 缸作为另一组，每组 3 个气缸的排气驱动 1 个涡轮增压器。3 个气缸的排气间隔相等，使增压器转动平稳，且把 3 个气缸分成一组还可防止各缸之间的排气干扰。这种增压系统除除涡轮增压器、进气旁通阀、排气旁通阀及排气旁通阀控制装置以外，还包括中冷器、谐振室和增压压力传感器等。

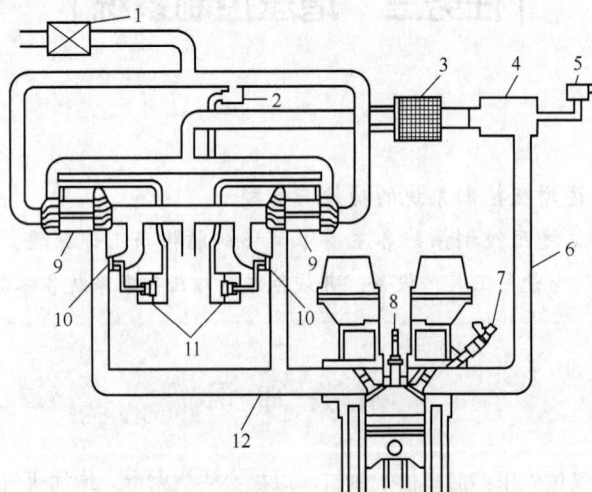

图 5-23　双涡轮增压系统示意图
1—空气滤清器　2—进气旁通阀　3—中冷器　4—谐振室　5—增压压力传感器　6—进气管　7—喷油器　8—火花塞
9—涡轮增压器 10—排气旁通阀　11—排气旁通阀控制装置　12—排气管

1．涡轮增压器

根据涡轮增压器所采用的涡轮形式不同，涡轮增压器分为径流式（废气沿涡轮径向流动）、轴流式（废气沿涡轮轴向流动）和混流式（废气介于径流和轴流二者之间的斜向流动）三种。汽车发动机主要采用径流式涡轮增压器。

径流式废气涡轮增压器的结构如图 5-24 所示，它主要由离心式压气机、径流式涡轮机和中间体等组成。增压器轴通过两个浮动轴承支撑在中间体内。

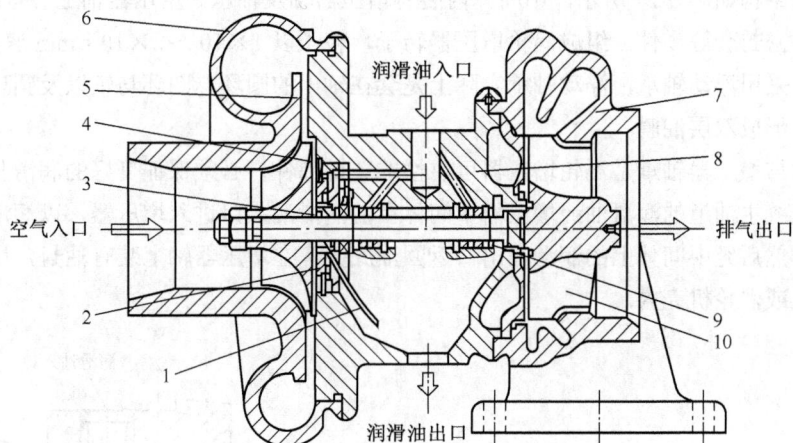

图 5-24　径流式废气涡轮增压器的结构
1—挡油板　2—推力轴承　3—密封环　4—压气机后盖板　5—压气机叶轮
6—压气机壳　7—涡轮壳　8—中间体　9—浮动轴承　10—涡轮

（1）离心式压气机

离心式压气机通常由进气道、压气机叶轮、扩压器和压气机壳组成，如图 5-25 所示。

① 进气道。其作用是将气流有秩序地导入压气机的工作叶轮进行压缩。按其结构和空气流动的特性，主要有轴向进气、径向进气和涡轮进气等三种形式。轴向进气道的进气气流沿轴向进入工作叶轮，空气损失较小，多用于小型增压器。径向进气道的进气气流由径向流入，再转为轴向流入工作叶轮，由于气流流入工作叶轮要转弯，空气损失较大，常用于大型增压器。而涡轮进气道应用很少。

② 压气机叶轮。压气机叶轮旋转时，使空气在离心力的作用下受到压缩并甩向工作叶轮外缘，使空气得到能量，从而使空气的温度、压力和流速都增加。

③ 扩压器和压气机壳。扩压器的作用是使流经叶轮后的气流速度降低，从而进一步增加气体的静压力。按结构不同，扩压器可分为无叶片式和有叶片式两种。压气机壳的作用是收集从扩压器中流出的空气，并输向发动机进气管，同时继续压缩气体，使从扩压器出来的气体流速再次降低，以提高气体的静压力。

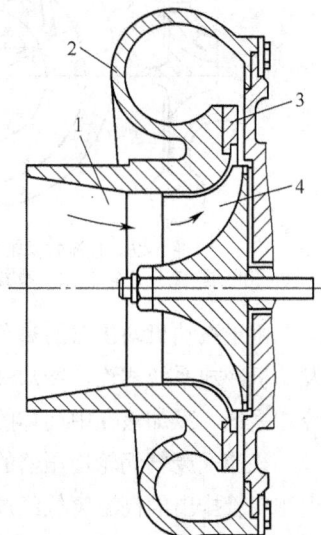

图 5-25　离心式压气机
1—进气道　2—压气机壳
3—扩压器　4—压气机叶轮

（2）径流式涡轮机

涡轮增压器的废气涡轮是利用发动机排出的废气能量来转动，从而带动压气机转动的一种动力装置。

径流式涡轮机主要由进气涡轮壳、喷嘴环、工作轮以及出气道等组成，如图 5-26 所示。进气涡轮壳的作用是把发动机与增压器连接起来，并且通过涡轮壳的进口与发动机排气管相连。喷嘴环又叫导向器，其作用是引导废气进入叶轮。工作轮就是叶轮，其作用是把喷嘴环出口高速废气的动能和压力势能转变为机械能。

（3）中间体

中间体的结构如图 5-27 所示。中间体内装有增压器轴及轴承。增压器轴上装有涡轮机叶轮、压气机叶轮和密封套等零件，组成涡轮增压器转子，转子以 $1\times10^5\sim2\times10^5$r/min 速度高速旋转。增压器轴承常采用浮动轴承，浮动轴承实际上是套在轴上的圆环。圆环与轴以及圆环与轴承座之间都有间隙，形成双层油膜。

增压器轴与增压器轴承是涡轮增压器可靠性的关键部件，必须保证良好的润滑与冷却。来自发动机润滑系统主油道的润滑油经增压器中间体上的润滑油入口进入增压器，以润滑和冷却增压器轴和轴承。然后经中间体上的润滑油出口返回油底壳。在增压器轴上装有油封，用来防止润滑油窜入压气机或涡轮机壳内。

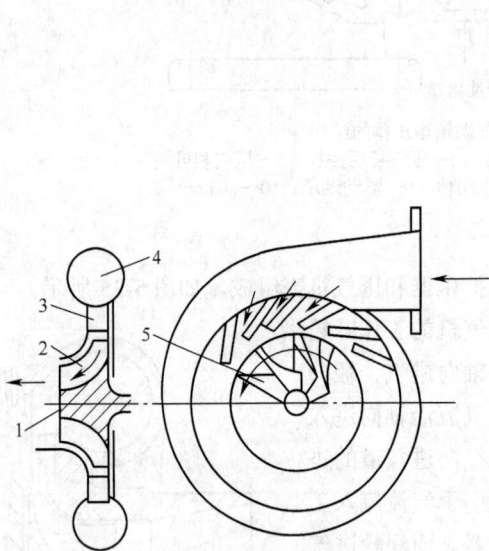

图 5-26　径流式涡轮机结构示意图
1—出气道　2—工作轮　3—喷嘴环　4—进气涡轮壳

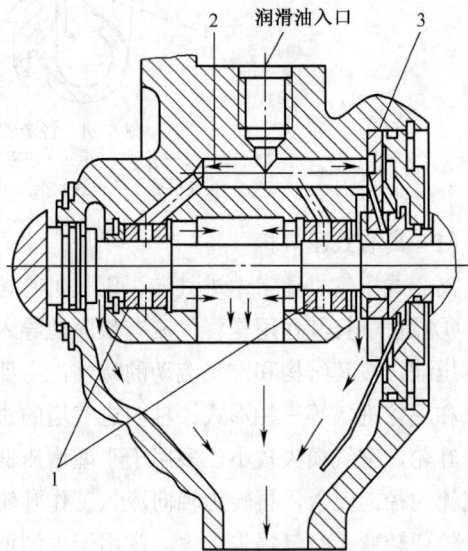

图 5-27　中间体的结构
1—浮动轴承　2—润滑油道　3—推力轴承

由于汽油机增压器的热负荷大，因此在增压器中间体的涡轮机侧设置冷却水套，并用软管与发动机冷却系统相连。冷却液从中间体上的冷却液进口流入冷却水套，经冷却液出口流回发动机冷却系统。冷却液在中间体的冷却水套中循环，对增压器轴及增压器轴承进行冷却。

径流式废气涡轮增压器的工作原理如图 5-28 所示，压气机前装有空气滤清器。发动机工作时，由排气管排出的高温废气经过涡轮壳进入喷嘴，将废气的热能及弹性势能转变成动能，并以一定的方向流向涡轮叶轮，从而使涡轮高速旋转。压气机叶轮也随之高速旋转并产生吸力，新鲜空气经过空气滤清器过滤后被吸入高速旋转的压气机叶轮，使气流速度增加，压力提高。再经过压气机壳，使气流的动能变为弹性势能，压力进一步提高后进入发动机进气管，增加进入气缸的空气密度，改善了发动机的燃烧条件，从而提高发动机的功率。

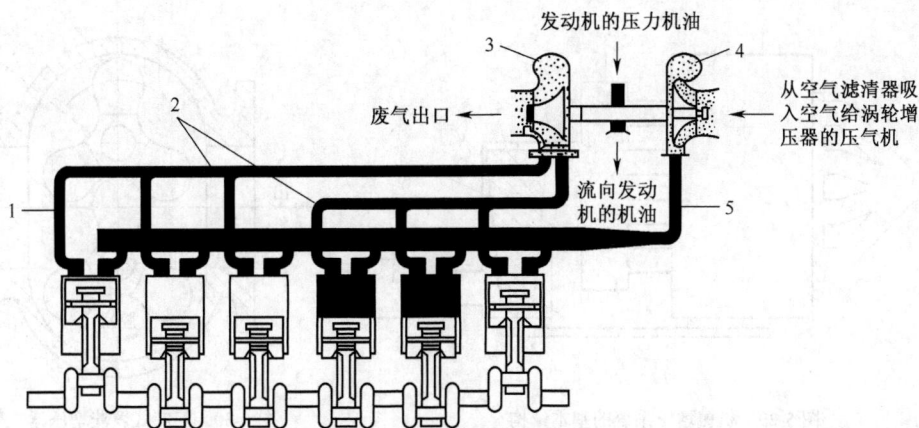

图 5-28　径流式涡轮增压器工作原理
1—进涡轮增压器涡轮机的废气　2—从发动机至涡轮增压器涡轮机的废气通道
3—涡轮机　4—压气机　5—进入发动机的压缩空气

由于推动涡轮增压器涡轮高速旋转的动力是排气管排出的高温废气，因此，涡轮增压器的转速随排气的废气量、脉冲压力和热量的增加而增加。

2．中间冷却器

中间冷却器（又称中冷器）的功用是降低增压发动机的进气温度，提高进气密度，增加充气量，降低排气温度，改善发动机热负荷和经济性。

增压发动机一般设有中间冷却器，它安装在涡轮增压器和燃烧室之间。气流经涡轮增压器进入燃烧室前，要经中间冷却器冷却降温，使气体体积减小，密度增大，更多的空气压缩进入燃烧室，使发动机功率增大。与此同时，被冷却的气体还进一步降低燃烧室内混合气的温度，有利于减轻爆燃和提高输出功率。

二、机械增压系统

在机械增压系统中，机械增压器的压气转子由发动机曲轴通过齿形带、齿轮、链条等传动装置直接驱动旋转，从而将空气压缩并送入到发动机气缸，达到进气增压的目的。机械增压系统的主要优点是结构简单，体积小，价格便宜，而且其工作温度介于 70℃~100℃，比涡轮增压系统的 400℃~900℃的高温工作环境低很多，因此对于冷却系统、润滑系统的要求与自然吸气式发动机基本相同。但增压比较高时，消耗的驱动功率很大，可超过指示功率的 10%，使整机的机械效率下降，油耗增加，因此主要用于小型发动机，通常压气机出口压力不超过 170kPa。机械增压系统的基本结构如图 5-29 所示。

常见的机械增压器有叶片式和转子式两种，轿车发动机多采用转子式增压器。

转子式增压器又称罗茨式增压器，可分为双叶转子和三叶转子两种形式。其区别在于转子每旋转一周，双叶转子产生四次增压动作，而三叶转子产生六次增压动作，故供气比较均匀，气流波动较小。

三叶式罗茨增压器的工作原理如图 5-30 所示，一对啮合的转子在椭圆形的外壳中按箭头所示方向旋转，空气从进气口吸入，经腔室而推向出气口，送入发动机气缸。空气在腔室中并不受压缩，只有当腔室与出气口相通时，空气回流才使腔室压力增高，直至与出气口压力平衡而又一起被推送到出气口腔中。

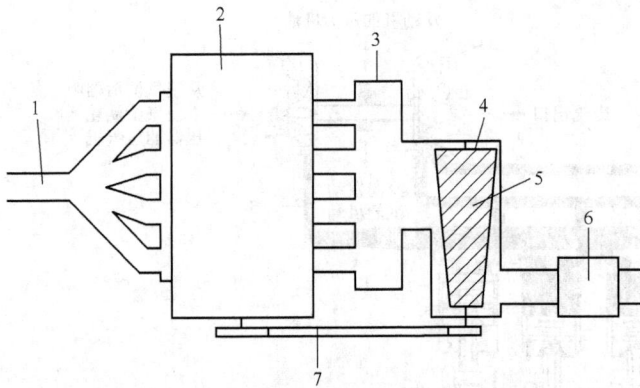

图 5-29　机械增压系统的基本结构
1—排气管　2—发动机　3—进气歧管　4—机械增压器
5—叶片　6—空气流量计　7—齿形带

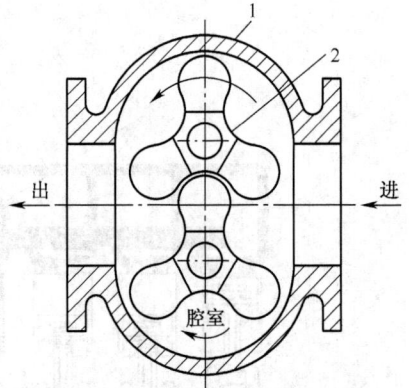

图 5-30　三叶式罗茨增压器工作原理
1—壳体　2—转子

转子式增压器转子轮齿的啮合间隙要求比较严格，一般在 0.025～0.050mm 范围内才能保证良好的供气性能。在工作过程中，要求转子不得互相接触，也不得与壳壁及端板接触。转子式增压器具有结构简单、工作可靠、寿命长以及运转范围较宽等优点。在增压要求不超过 135kPa 的情况下，广泛应用于轿车和柴油机上。

任务四　排放控制系统

【学习目标】

1. 能够正确描述排放控制系统的功用与组成。

2. 能够正确描述排放控制系统各主要零部件的结构与工作原理。

3. 能够正确选择与使用工具、设备，并规范进行排放控制系统各零部件的拆卸与装配。

相 关 知 识

排放控制系统的功用是控制汽车排放污染物。汽油机排放的主要污染物包括 CO、HC 和 NO_x，柴油机的主要排放污染物包括 HC、NO_x 和微粒（PM）。为降低汽车排放污染，现代汽车发动机装用了多种排放控制系统，主要包括曲轴箱强制通风（PCV）系统、汽油蒸发排放（EVAP）控制系统、废气再循环（EGR）系统、三元催化转换（TWC）系统、二次空气供给系统和热空气供给系统等。

一、曲轴箱强制通风（PCV）系统

1．PCV 系统的功用

PCV 系统的功用是利用发动机进气管中的真空度，将窜入曲轴箱内的可燃混合气和高温高压废气强制地吸入发动机进气管内，进入气缸进行燃烧。

2．PCV 系统的组成及工作原理

（1）PCV 系统的组成

PCV 系统的组成如图 5-31 所示，主要由 PCV 阀、PCV 软管和平衡管等组成，发动机工作时，利用发动机进气歧管内的真空度将窜入曲轴箱内的气体经 PCV 阀和 PCV 软管吸入进气歧管，随新鲜空气一同进入气缸参加燃烧。

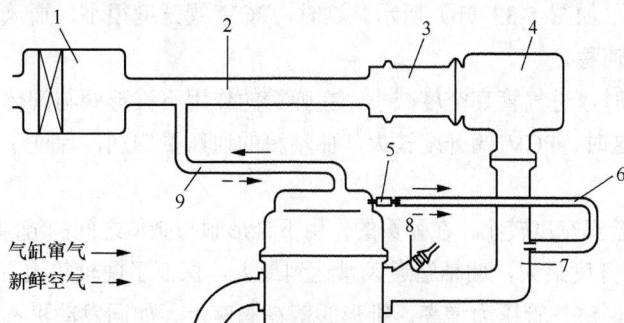

图 5-31　曲轴箱强制通风（PVC）系统

1—空气滤清器　2—进气软管　3—节气门体　4—进气缓冲室　5—PCV 阀　6—PCV 软管　7—进气歧管
8—喷油器　9—平衡管

（2）PCV 阀的结构及工作原理

PCV 阀的功用是根据发动机工况的变化自动调节进入气缸的曲轴箱气体数量。它主要由 PCV 阀体、弹簧、锥形阀和阀座等组成，如图 5-32 所示。

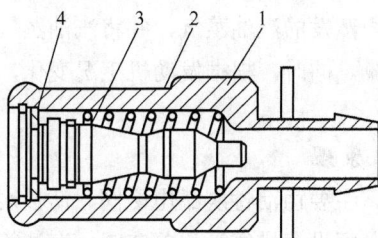

图 5-32　PCV 阀

1—PCV 阀体　2—弹簧　3—锥形阀　4—阀座

PCV 阀的工作原理如图 5-33 所示。

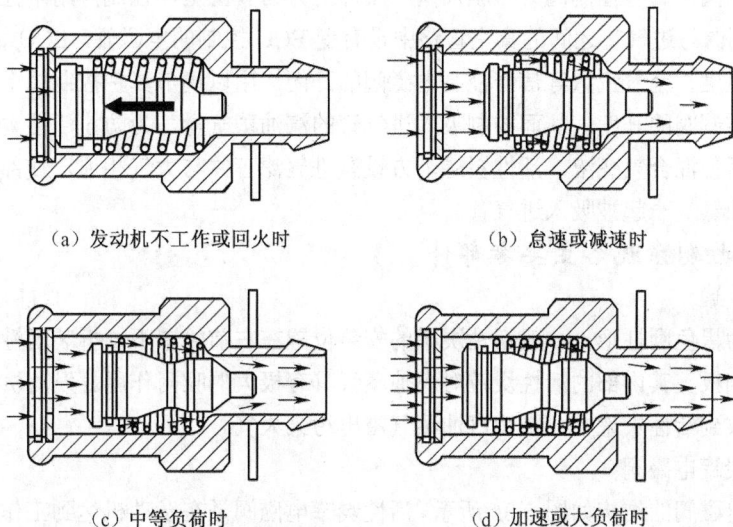

（a）发动机不工作或回火时　　　　（b）怠速或减速时

（c）中等负荷时　　　　（d）加速或大负荷时

图 5-33　PCV 阀的工作原理

发动机不工作时，锥形阀在弹簧的作用下压紧在阀座上，关闭了曲轴箱与进气歧管的通路，如图5-33（a）所示。

怠速或减速时，进气管真空度很大，真空度克服弹簧力把锥形阀吸向右端，使锥形阀与阀体之间只有很小的缝隙，如图5-33（b）所示。这时，PCV阀开度很小，通风量很少，既保证了通风效果，又保证了怠速稳定。

节气门开度增加时，进气管真空度减小，在弹簧的作用下锥形阀与阀体之间的缝隙增大，如图5-33（c）所示。这时，PCV阀开度较大，曲轴箱的通风量增加，保证了曲轴箱内的气体抽出和空气的更新。

大负荷时，进气管真空度较小，在弹簧的作用下锥形阀与阀体之间的缝隙最大，如图5-33（d）所示。这时，PCV阀开度最大，曲轴箱通风量达到最大，保证了曲轴箱内气体的大量对流。

当进气管回火时，进气管压力增高，锥形阀落在阀座上，如同发动机不工作一样，以防止回火进入曲轴箱而引起发动机爆炸。当活塞或气缸严重磨损时，将有过多的气体窜入曲轴箱，这时即使PCV阀开度最大，也不能保证这些窜入的气体都流入进气管。此时，曲轴箱压力将会升高，部分曲轴箱气体经平衡管进入进气软管，再随同新鲜空气一起流入气缸，如图5-31所示。

二、汽油蒸发排放（EVAP）控制系统

1．EVAP控制系统的功用

EVAP控制系统的功用是收集汽油箱内蒸发的汽油蒸气，并将汽油蒸气导入气缸参加燃烧，从而防止汽油蒸气直接排入大气而造成污染。同时，根据发动机工况变化，适时控制进入气缸参加燃烧的汽油蒸气量。

2．EVAP控制系统的组成与工作原理

EVAP控制系统的组成如图5-34所示，主要由活性炭罐电磁阀、活性炭罐真空控制阀、蒸汽管路和真空管路等组成。活性炭罐与油箱之间设有排气管和单向阀，汽油箱内的汽油蒸气超过一定压力时，顶开单向阀经排气管进入活性炭罐，活性炭罐内的活性炭将汽油蒸气吸附在炭罐内。发动机工作时，活性炭罐内的汽油蒸气经定量排放孔、吸气管被吸入进气管。活性炭罐的上部设有一个真空控制阀，真空控制阀为一膜片阀，膜片上方为真空室，控制阀用来控制定量排放孔的开闭。真空控制阀与进气管之间的真空管路中设有受ECU控制的电磁阀，ECU根据发动机转速、节气门开度、温度、空气流量等信号控制电磁阀的开闭，用以调节真空控制阀上方真空室的真空度，改变真空控制阀的开度，从而控制吸入进气管的汽油蒸气量。为防止活性炭罐内的汽油蒸气被吸入进气管后使混合气变浓，活性炭罐下方设有进气滤芯并与大气相通，使部分清洁空气与活性炭罐内的汽油蒸气一起被吸入进气管。

3．EVAP控制系统各主要零部件

（1）活性炭罐

活性炭罐为黑色圆柱形，一般活性炭罐的安装位置在右前轮罩下，拆装活性炭罐时，要先拆下右前轮罩的挡板。其内部的活性炭粒对燃油蒸气具有极大的吸附作用。发动机不工作时，汽油蒸气全部被吸收到活性炭罐中，防止汽油蒸气溢出污染大气。

（2）活性炭罐电磁阀

活性炭罐电磁阀的结构如图5-35所示。活性炭罐电磁阀是在发动机达到工作温度和一定转速时才打开，让进气系统从炭罐中抽出汽油蒸气。电磁阀由发动机ECU控制，发动机不工作及怠速

时电磁阀关闭，此时 ECU 切断了电磁阀的搭铁电路。

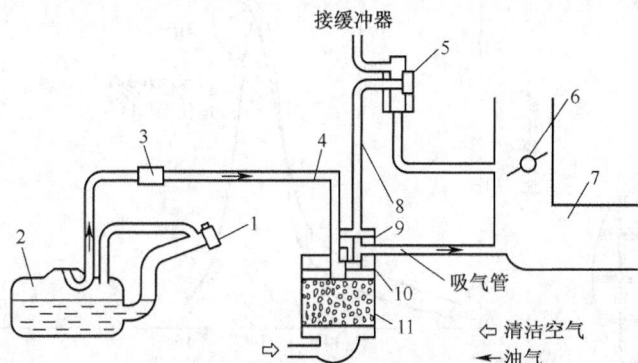

图 5-34　汽油蒸发排放控制系统
1—油箱盖　2—油箱　3—单向阀　4—排气管　5—活性炭罐电磁阀
6—节气门　7—进气管　8—真空室　9—真空控制阀
10—定量排放孔　11—活性炭罐

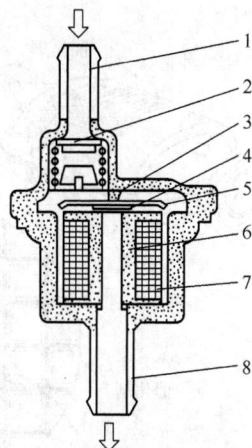

图 5-35　活性炭罐电磁阀的结构
1、8—管接头　2—单向阀　3—膜片弹簧
4—油封元件　5—电磁衔铁
6—密封座　7—电磁线圈

三、三元催化转换器（TWC）与空燃比反馈控制系统

1．TWC 的功用

TWC 一般安装在排气管中部消音器内，其功用是利用含有的铂、钯、铑等贵金属作为催化剂，在 300℃～900℃的温度下，将发动机排出废气中的有害气体 CO、HC 和 NO_x 转变成无害气体。

2．TWC 的结构

TWC 的结构如图 5-36 所示，一般由金属外壳、隔热金属丝网、催化剂载体和催化剂组成。催化剂载体一般由陶瓷（或金属）制成，分为颗粒型和蜂巢型两种。三元催化转换剂（铂或钯和铑的混合物）涂附在很薄的孔壁上。颗粒型载体将催化剂沉积在颗粒状氧化铝载体表面上，而蜂巢型载体将催化剂沉积在蜂巢状氧化铝载体表面上。作为催化剂载体的氧化铝表面形状复杂，以增加催化剂与废气的实际接触面积。发动机排出的废气经 TWC 时，利用铂（或钯）作为催化剂，使废气中的有害气体 CO、HC 进一步氧化，同时又利用铑作为催化剂，使废气中的有害气体 NO_x 还原，最终生成无害气体 CO_2、H_2O 和 N_2 等。

3．影响 TWC 转换效率的因素

TWC 将有害气体变成无害气体的效率受诸多因素的影响，其中影响最大的是混合气的浓度和排气温度。

TWC 的转换效率与空燃比的关系如图 5-37 所示，在标准的理论空燃比 14.7 附近，对废气中三种有害气体（HC、CO 和 NO_x）的转换效率均较高。在发动机工作中，为将实际空燃比精确控制在标准的理论空燃比附近，在装用三元催化转换器的汽车上，一般装有氧传感器，用以检测废气中氧的浓度。

氧传感器信号输送给 ECU 后用来对空燃比进行反馈控制，即电控燃油喷射系统的闭环控制。

在电控燃油喷射开环控制系统中，ECU 只是根据转速信号、进气量信号、冷却液温度信号等确定喷油量，以控制空燃比，但对实际控制的空燃比是否精确不进行检测。在闭环控制系统中，氧传感器安装在 TWC 与发动机之间的排气管或排气歧管上，将检测到的废气中氧浓度信号输送

给 ECU，ECU 根据此信号对喷油量进行修正，使实际的空燃比更接近理论空燃比。

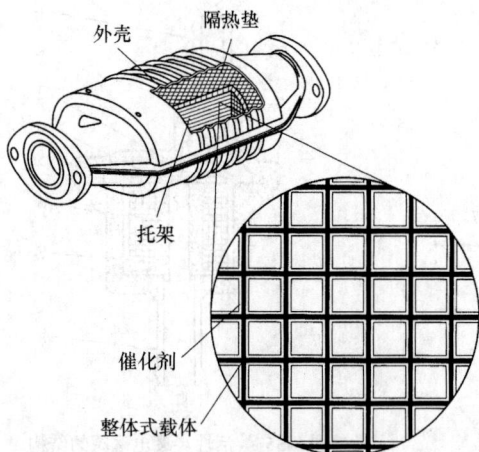

图 5-36　三元催化转换器

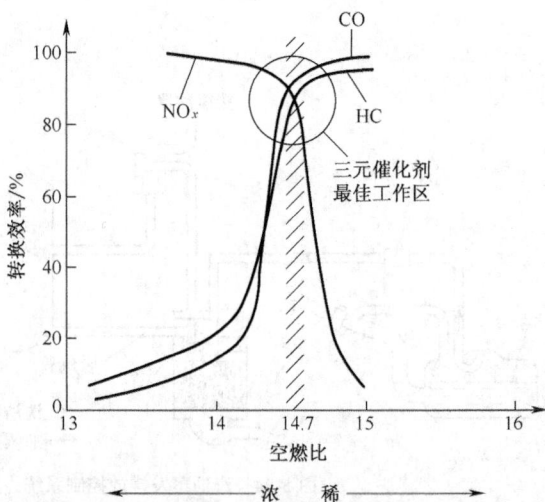

图 5-37　三元催化转换器的转换效率与空燃比之间的关系

　　在装有氧传感器的电控燃油喷射发动机上，电控燃油喷射系统（EFI）并不是在所有工况下都进行闭环控制。在发动机起动、怠速、暖机、全负荷、减速断油等工况下，发动机不可能以理论空燃比工作，仍采用开环控制方式。此外，氧传感器温度在 400℃以下以及氧传感器或其电路发生故障时，也只能采用开环控制。电控燃油喷射系统进行开环控制还是进行闭环控制，由 ECU 根据相关输入信号确定。

　　发动机的排气温度过高（815℃以上）时，TWC 的转换效率将明显下降。有些 TWC 中装有排气温度报警装置，当报警装置发出报警时，应停机熄火，查明排气温度过高的原因，予以排除。在使用中，排气温度过高一般是由于发动机长时间在大负荷下工作或因故障而燃烧不完全所致。

4．氧传感器

　　氧传感器（Oxygen Sensor，O2S），其功用是检测废气中的氧含量，并将该信号转换成电压信号输送给 ECU，用以修正喷油量，实现空燃比的反馈控制。

　　氧传感器安装在排气管上，氧传感器按其材料和结构的不同分为氧化锆（ZrO_2）式和氧化钛（TiO_2）式；按其工作特性的不同分为跃变型和宽频带型；按其是否有加热装置分为加热型和非加热型。

　　（1）氧化锆式氧传感器

　　氧化锆式氧传感器的结构及其输出特性如图 5-38 所示。该传感器的基本元件是氧化锆管，氧化锆管固定在带有安装螺纹的固定套内，在氧化锆管的内、外表面均覆盖一薄层铂作为电极，传感器内侧通大气，外侧直接与排气管中的废气接触。在氧化锆管外表面的铂层上还覆盖着一层多孔的陶瓷涂层，并加有带槽口的防护套管，用来防止废气对铂电极产生腐蚀。在传感器的线束插接器端有金属护套，其上设有小孔，以便使氧化锆管内侧通大气。

　　氧化锆式氧传感器实质上是一个化学电池，又称氧浓度差电池。在 400℃以上的高温时，若氧化锆管内、外表面接触的气体中氧的浓度有很大差别，在氧化锆管内、外表面的两个铂电极之间将会产生电动势。发动机工作时，由于氧化锆管内表面接触的大气中氧浓度是固定的，而与外表面接触的废气中氧浓度是随空燃比变化的，所以将氧化锆管内、外表面两个电极之间产生的电动势输送给 ECU，即可作为判断实际空燃比的依据。

　　发动机工作时，当实际空燃比大于理论空燃比（混合气较稀）时，废气中的氧含量较高，氧传感器内、外表面之间的氧浓度差较小，内、外电极之间产生的电压很低（接近 0V）；当实际空燃比小于理论空燃比（混合气较浓）时，废气中的氧含量较低，氧传感器内、外表面之间的氧浓度差较大，内、外电极之间产生的电压较高（接近 1V）；在理论空燃比的附近，氧传感器输出的电压信号有一突变，ECU 可以检测到这一突变。这样，当混合气浓度变化时，使内、外表面间氧浓度差变化，内、外电极之间产生的电压也变化，ECU 以此电压信号来修正喷油量，使实际空燃比更接近理论空燃比。

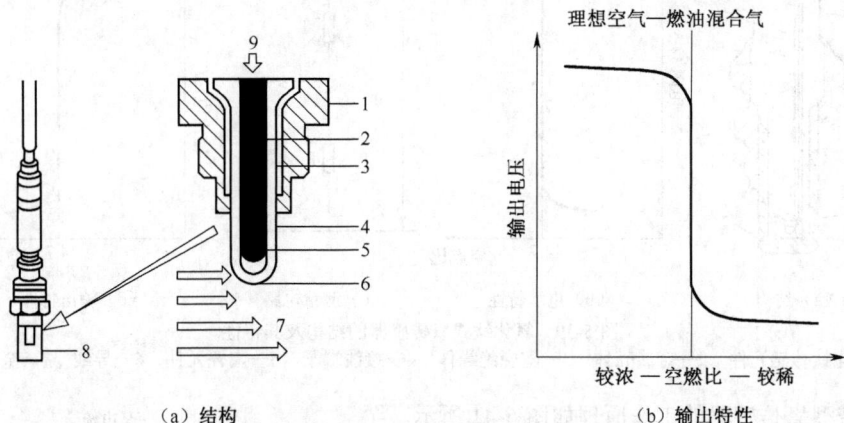

（a）结构　　　　　　　　　　（b）输出特性

图 5-38　氧化锆式氧传感器的结构及其输出特性

1—法兰　2—铂电极（内）　3—氧化锆管　4—铂电极（外）　5—加热器　6—涂层　7—废气　8—防护套管　9—大气

由于氧化锆只有在 400℃ 以上的高温时才能正常工作，为保证发动机在进气量少、排气温度低时也能正常工作，有的氧化锆式氧传感器内装有加热器，称为加热型氧化锆式氧传感器，加热器的工作由 ECU 控制。不带加热器的氧化锆式氧传感器则称为非加热型氧化锆式氧传感器。

（2）氧化钛式氧传感器

氧化钛式氧传感器与氧化锆式氧传感器有很大的区别，它是利用二氧化钛材料的电阻值随排气中氧含量的变化而变化的特性制成的，故又称电阻型氧传感器。二氧化钛是一种在室温下具有很高电阻的半导体，但当排气中氧含量少（混合气浓）时，二氧化钛中的氧分子将逃逸，使其晶体出现缺陷后，将有更多的电子可用来传送电流，材料的电阻也随之降低，这种现象与温度和氧含量有关。因此，欲将二氧化钛在 300℃~900℃ 的排气温度中连续使用，必须进行温度补偿。

氧化钛式氧传感器的结构及其特性如图 5-39 所示。它主要由二氧化钛传感元件、导线、金属壳体和接线端子等组成。当混合气较稀时，废气中氧浓度较高，二氧化钛的电阻值增大；当混合气较浓时，废气中氧浓度较低，二氧化钛的电阻值减小。将氧化钛式氧传感器与一个标准电阻 R 串联组成测量电路，由 ECU 提供标准电压 V_C，即可获得电压信号 V_S，ECU 根据此信号确定实际的空燃比。同样，在理论空燃比的附近，氧传感器输出的电压信号有一突变。

（3）宽频带型氧传感器

跃变型氧传感器在理论空燃比附近，其输出电压会急剧变化。而宽频带型氧传感器能够在较宽的空燃比范围内检测废气中的氧浓度，使空燃比的反馈和调整更精确，又称之为空燃比传感器。宽频带型氧传感器是以氧化锆式氧传感器为基础发展而来的。

宽频带型氧传感器的结构如图 5-40 所示，主要由氧化锆参考电池、氧化锆泵电池、扩散小孔（或扩散通道）、测量室、控制器 A 和 B 等组成。氧化锆参考电池与氧化锆氧传感器的工作原理相同，其功用是感知通过扩散小孔进入测量室中废气的氧浓度，并在内、外两电极之间产生电动势 U_S；氧化锆泵电池则相当于一个氧气泵，通过给其输入泵电流，将废气中的氧"泵入"测量室，或将测量室中的氧"泵出"；控制器的功用则是力图使测量室内的氧浓度保持不变，即保持氧化锆参考电池产生的电动势 U_S 为 0.45V（参考电压 U_U）的平衡状态。

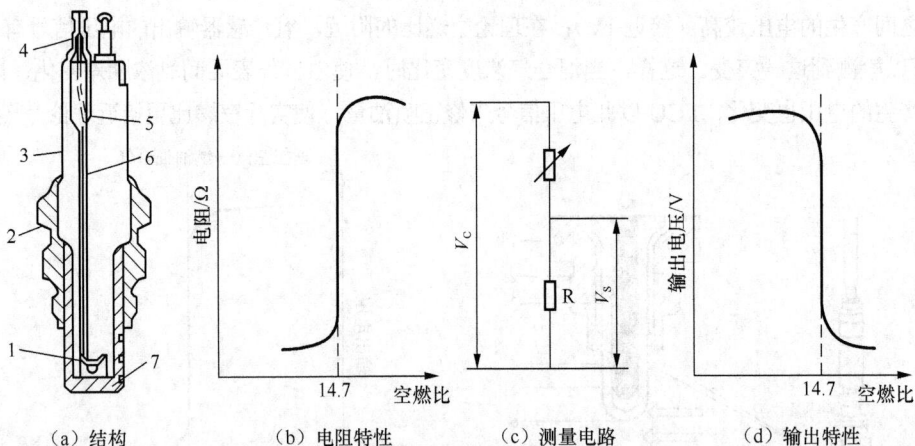

（a）结构　　（b）电阻特性　　（c）测量电路　　（d）输出特性

图 5-39　氧化钛式氧传感器的结构及其特性

1—二氧化钛传感元件　2—金属壳体　3—陶瓷绝缘体　4—接线端子　5—陶瓷元件　6—导线　7—金属保护管

宽频带型氧传感器的工作原理如图 5-41 所示。当混合气较浓，废气中的氧浓度较小时，氧化锆参考电池将产生高于 0.45V 的电动势，此时控制器给氧化锆泵电池输入一个正向泵电流，将废气中的氧气泵入测量室，以恢复到 U_S 为 0.45V 的平衡状态；当混合气较稀，废气中的氧浓度较大时，氧化锆参考电池将产生低于 0.45V 的电动势，此时控制器给氧化锆泵电池输入一个反向泵电流，将测量室中的氧气泵出，以恢复到 U_S 为 0.45V 的平衡状态。这样，当废气中的氧浓度变化时，氧化锆参考电池产生的电动势也变化，而要恢复到 U_S 为 0.45V 平衡状态，所需要的泵电流也随之成正比发生变化，通过控制器将变化的泵电流信号

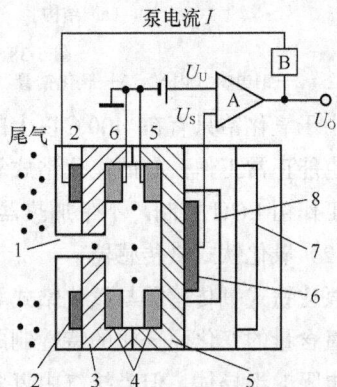

图 5-40　宽频带型氧传感器

1—扩散小孔　2、6—阳极　3—氧化锆泵电池　4—阴极　5—氧化锆参考电池　7—加热器　8—空气

转变成为连续变化的电压信号 U_O（0~5V），ECU 根据此电压信号就可确定混合气的实际空燃比。

宽频带型氧传感器能够在 10~20 的空燃比范围内连续工作，输出的信号电压随空燃比增大而成正比增大，其输出特性如图 5-42 所示。

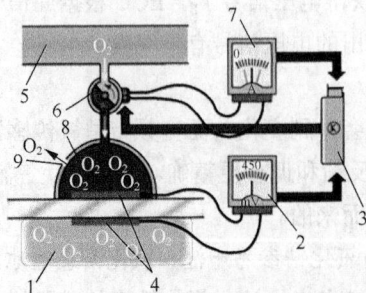

图 5-41　宽频带型氧传感器的工作原理

1—空气　2—传感器电压　3—ECU　4—测量片　5—废气　6—单元泵　7—单元泵电流　8—测量室　9—扩散小孔（或扩散通道）

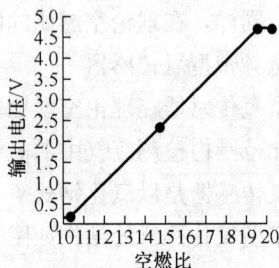

图 5-42　宽频带型氧传感器的输出特性

四、废气再循环（EGR）控制系统

1．EGR 控制系统的功用

NO_x 是空气中的氮气与氧气在高温、高压条件下形成的。发动机排出的 NO_x 量主要与气缸内的最高温度有关，气缸内最高温度越高，排出的 NO_x 量越多。

EGR 控制系统的功用是将适量的废气重新引入气缸参加燃烧，从而降低气缸内的最高温度，以减少 NO_x 的排放量。为保证发动机正常工作和不过多影响其性能，必须根据发动机工况的变化，控制废气再循环量。

目前，采用 ECU 控制的废气再循环系统主要有两种类型：EGR 开环控制系统和 EGR 闭环控制系统。

2．EGR 开环控制系统

EGR 开环控制系统中，ECU 根据各传感器信号确定发动机工况，按其内存的废气再循环率与转速、负荷的对应关系进行控制，对其控制的结果不进行检测。

EGR 开环控制系统如图 5-43 所示，主要由 EGR 阀和 EGR 电磁阀等组成。EGR 阀安装在废气再循环通道中，用以控制废气再循环量。EGR 电磁阀安装在通向 EGR 阀的真空通道中，ECU 根据发动机冷却液温度、节气门开度、转速和起动等信号来控制电磁阀的通电或断电。ECU 不给 EGR 电磁阀通电时，控制 EGR 阀的真空通道接通，EGR 阀开启，进行废气再循环；ECU 给 EGR 电磁阀通电时，控制 EGR 阀的真空通道被切断，EGR 阀关闭，废气再循环停止。

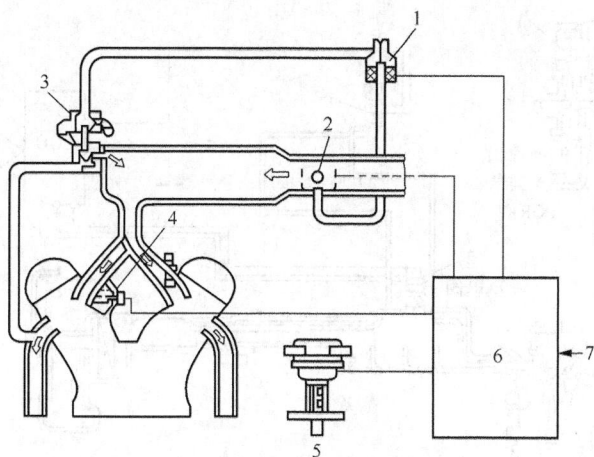

图 5-43　EGR 开环控制系统
1—EGR 电磁阀　2—节气门　3—EGR 阀　4—冷却液温度传感器
5—曲轴位置传感器　6—ECU　7—起动信号

发动机工作时，ECU 给 EGR 电磁阀通电停止废气再循环的工况有：起动工况（起动开关信号）、怠速工况（节气门位置信号）、暖机工况（冷却液温度信号），转速低于 900r/min 或高于 3200r/min（转速信号）。在除上述以外的其他工况，ECU 均不给 EGR 电磁阀通电，都进行废气再循环。废气再循环量取决于 EGR 阀的开度，而 EGR 阀的开度由真空度控制。由于真空管口设在靠近节气门全闭位置的上方，随发动机转速和负荷（节气门开度）的增大，真空管口处的真空度增加，EGR 阀的开度增大。反之，EGR 阀的开度减小。发动机工作进行废气再循环时，废气再循环量的多少可利用废气再循环率（EGR 率）来表示。EGR 率是指废气再循环量在进入气缸内的气

体中所占的比率，即

$$EGR 率＝［EGR 量/（进气量＋EGR 量）］×100\%$$

有些发动机的 EGR 控制系统中，ECU 采用占空比来控制 EGR 电磁阀的开度，从而通过调节作用在 EGR 阀上的真空度来控制 EGR 阀的开度，以实现对废气再循环量的控制。在此系统中，通向 EGR 阀的真空管口一般设在节气门之后。

在不采用 ECU 控制的 EGR 控制系统中，通向 EGR 阀的真空管路一般由两个控制阀共同控制。一个是双金属开关阀，根据冷却液温度控制真空通道的通断；另一个是膜片式真空控制阀，根据负荷变化（进气管真空度和排气压力变化）控制真空通道的通断。当冷却液温度和负荷达到一定值进行废气再循环时，与采用普通电磁阀控制的 EGR 系统一样，EGR 阀的开度直接由真空度控制，即废气再循环量取决于真空管口处的真空度。

3．EGR 闭环控制系统

EGR 闭环控制系统中，ECU 根据各传感器信号确定发动机工况，按其内存的 EGR 率与转速、负荷的对应关系进行控制，检测实际的 EGR 率或 EGR 阀开度作为反馈控制信号，其控制精度更高。多数汽车发动机采用闭环控制的 EGR 系统。

用 EGR 阀开度作为反馈信号的 EGR 闭环控制系统的组成如图 5-44 所示。与采用占空比控制型电磁阀的 EGR 开环控制系统相比，只是在 EGR 阀上增设了一个 EGR 阀开度传感器。EGR 闭环控制系统工作时，ECU 可根据 EGR 阀开度传感器的反馈信号修正电磁阀的开度，使 EGR 率保持在最佳值。

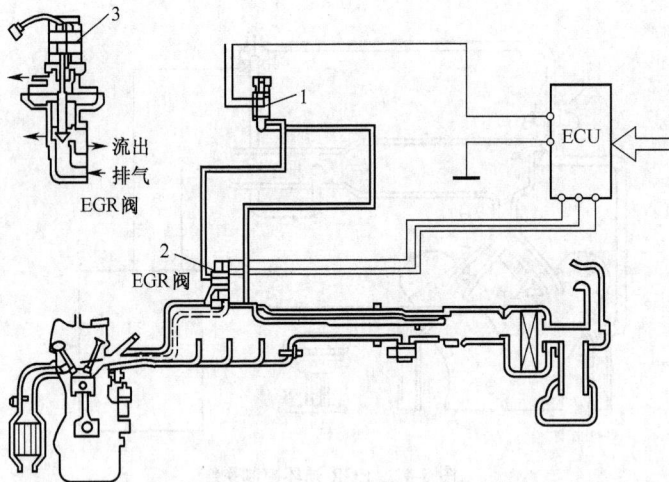

图 5-44　用 EGR 阀开度作为反馈信号的 EGR 闭环控制系统
1—EGR 电磁阀　2、3—EGR 阀开度传感器

EGR 阀开度传感器为电位计式，其工作原理与电位计式节气门位置传感器类似。EGR 阀开度传感器与 ECU 之间有三条连接线路，分别为电源线、搭铁线和信号线，ECU 通过电源线给 EGR 阀开度传感器提供 5V 的标准电压，传感器将 EGR 阀开启高度变化转换为电信号，经信号线输送给 ECU。

用 EGR 率作为反馈信号的 EGR 闭环控制系统的组成如图 5-45 所示。ECU 根据 EGR 率传感器信号对 EGR 电磁阀实行反馈控制，EGR 率传感器安装在进气总管中的稳压箱上，新鲜空气经节气门进入稳压箱，参与再循环的废气经 EGR 电磁阀进入稳压箱，传感器检测稳压箱内气体中的氧浓度（氧浓度随 EGR 率的增加而降低），并转换成电信号输送给 ECU。ECU 根据此反馈信号修正 EGR 电磁阀的开度，使 EGR 率保持在最佳值。

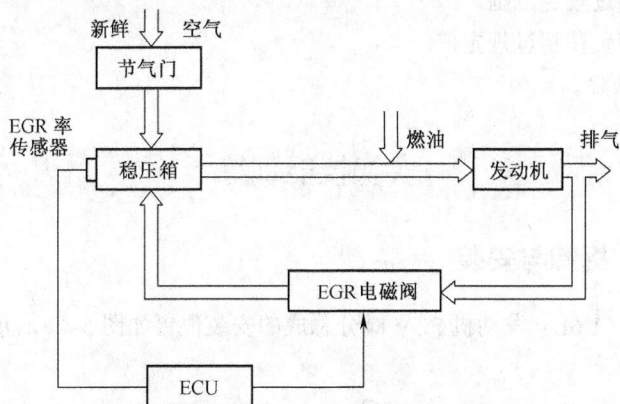

图 5-45　用 EGR 率反馈控制的 EGR 闭环控制系统

五、二次空气供给系统

1．二次空气供给系统的功用

二次空气供给系统的功用是在一定工况下，将新鲜空气送入排气管，促使废气中的一氧化碳和碳氢化合物进一步氧化，从而降低一氧化碳和碳氢化合物的排放量，同时加快三元催化转换器的升温。

2．二次空气供给系统的组成及工作原理

电控二次空气供给系统的组成如图 5-46 所示。点火开关接通后，蓄电池即向二次空气电磁阀供电，ECU 控制电磁阀搭铁回路。在 ECU 不给电磁阀通电时，关闭通向膜片阀真空室的真空通道，膜片阀弹簧推动膜片下移，关闭二次空气供给通道，不允许向排气管内提供二次空气；ECU 给电磁阀通电时，电磁阀开启膜片阀真空室的真空通道，进气管真空度将膜片阀吸起，排气管内的脉动真空即可吸开舌簧阀，使二次空气进入排气管。

二次空气控制阀由舌簧阀和膜片阀组成，来自空气滤清器的二次空气进入排气管的通道受膜片阀控制，膜片阀的开闭由进气歧管的真空度驱动，其真空通道由ECU 通过二次空气电磁阀控制。装在二次空气控制阀中的舌簧阀是一个单向阀，主要用来防止排气管中的废气倒流。

有些发动机的二次空气供给系统利用

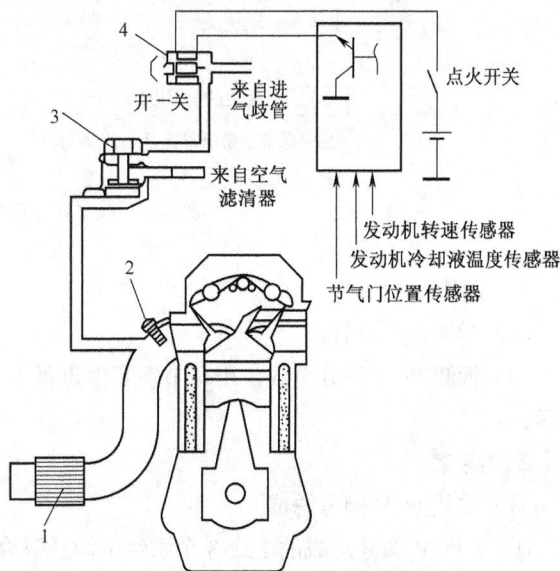

图 5-46　电控二次空气供给系统
1—催化转换器　2—氧传感器　3—二次空气控制阀
4—二次空气电磁阀

空气泵将新鲜空气强制送入排气管。在下列情况下，ECU 不给二次空气电磁阀通电。

① 电控燃油喷射系统进入闭环控制。

② 冷却液温度超过规定范围。

③ 发动机转速和负荷超过规定值。

④ ECU 发现有故障。

实操技能训练

一、PCV 阀的拆卸与安装

丰田卡罗拉轿车（1.6L）发动机 PCV 阀分总成的安装位置如图 5-47 所示。

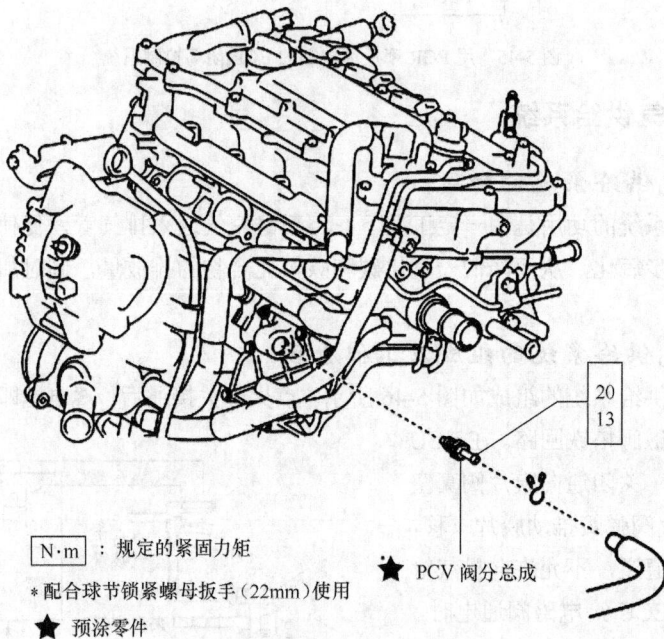

N·m：规定的紧固力矩

＊配合球节锁紧螺母扳手（22mm）使用

★ 预涂零件

★ PCV 阀分总成

图 5-47　PCV 阀分总成的安装位置

1．拆卸

（1）拆卸进气歧管。

（2）拆卸 PCV 阀分总成。用球节锁紧螺母扳手 （22 mm），拆下 PCV 阀分总成，如图 5-48 所示。

2．安装

（1）安装 PCV 阀分总成。

① 在 PCV 阀分总成的 2 或 3 个螺纹上涂抹黏合剂，如图 5-49 所示。

② 用球节锁紧螺母扳手（22 mm），安装 PCV 阀分总成，如图 5-48 所示。不用球节锁紧螺母扳手（22 mm）的扭矩为 19N·m；用球节锁紧螺母扳手（22 mm）的扭矩为 10N·m。

（2）安装进气歧管。

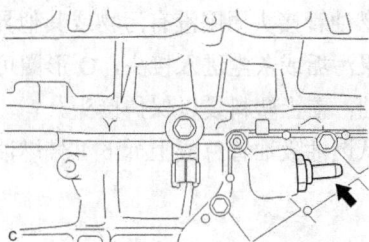

图 5-48 拆下 PCV 阀分总成

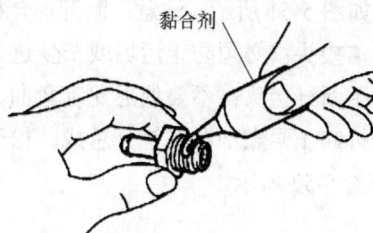

图 5-49 涂抹黏合剂

二、炭罐的拆卸与安装

丰田卡罗拉轿车（1.6L）发动机排放控制系统炭罐的相关零部件分解图如图 5-50 和图 5-51 所示。

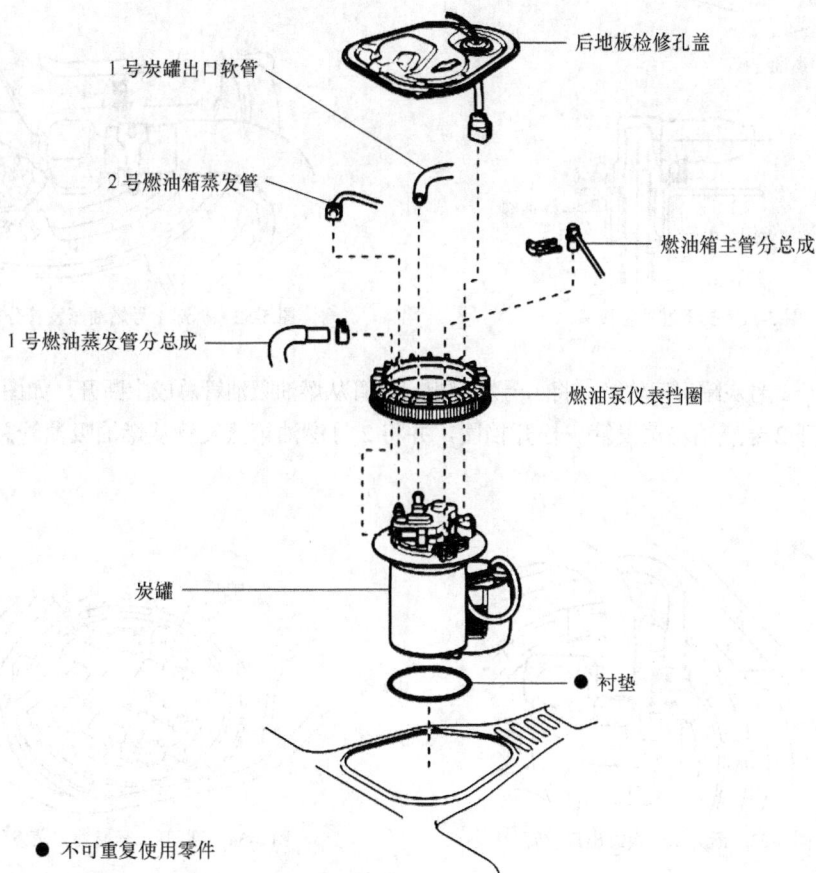

图 5-50 炭罐的相关零部件分解图

1．拆卸

（1）拆卸后排座椅坐垫总成。

（2）拆卸后地板检修孔盖。

（3）燃油系统卸压。

（4）将电缆从蓄电池负极端子断开。

（5）拆卸燃油箱主管分总成。拆下油管接头卡子，然后从燃油吸油管总成的螺塞上拉出燃油管接头，如图 5-51 所示。注意：断开前，检查并确认燃油管接头周围没有污物或其他异物。如有必要，清洁接头；必须防止污垢或灰尘进入接头。如果污垢或灰尘进入接头，O 形圈可能密封不良。仅用手断开接头；不要使尼龙管弯曲、打结或扭曲；盖上塑料袋以保护接头。

（6）拆卸 1 号燃油蒸发管分总成。松开卡子，并从燃油吸油管总成上拆下 1 号燃油蒸发管分总成，如图 5-52 所示。

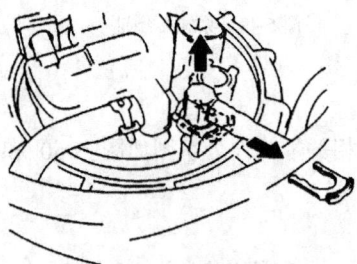

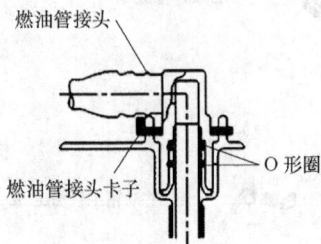

图 5-51　拆下燃油管接头

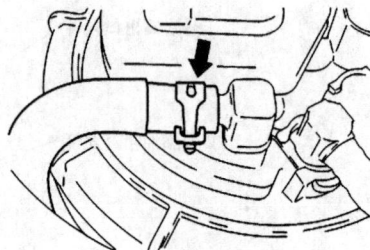

图 5-52　拆卸 1 号燃油蒸发管分总成

（7）断开 1 号炭罐出口软管。将 1 号炭罐出口软管从燃油吸油管总成上断开，如图 5-53 所示。

（8）断开 2 号燃油箱蒸发管。松开挡圈，并将 2 号燃油箱蒸发管从燃油吸油管总成上断开，如图 5-54 所示。

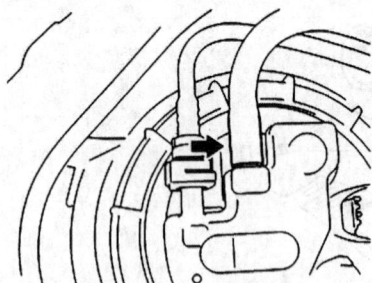

图 5-53　断开 1 号炭罐出口软管

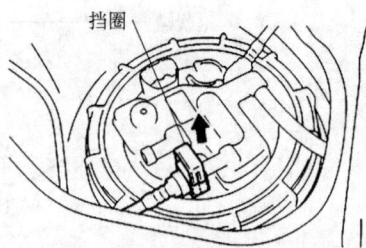

图 5-54　断开 2 号燃油箱蒸发管

（9）拆卸燃油泵仪表挡圈。

① 用 6 mm 六角套筒扳手，将 SST 09808-14020（09808-01410，09808-01420，09808-01430）安装到燃油泵仪表挡圈上，如图 5-55 所示。注意：将 SST 槽口插入燃油泵仪表挡圈肋片。

② 使用 SST 09808-14020（09808-01410，09808-01420，09808-01430），松开燃油泵仪表挡圈，如图 5-56 所示。注意：不要使用其他任何工具，例如螺丝刀；将 SST 槽口插入燃油泵仪表挡圈肋片。

③ 用手固定燃油吸油管总成，以拆下燃油泵仪表挡圈。

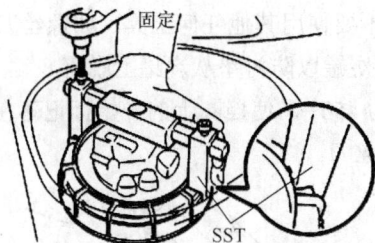

图 5-56　安装 SST 至仪表挡圈

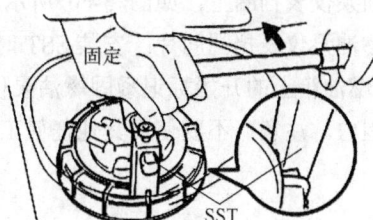

图 5-56　松开仪表挡圈

（10）拆卸炭罐。

① 将炭罐从燃油箱上拆下。注意：确保燃油表传感器臂没有弯曲。

② 将衬垫从燃油箱上拆下，如图 5-57 所示。

2．安装

（1）检查燃油泵仪表挡圈的配合。检查燃油泵仪表挡圈。在燃油吸油管总成断开时，将燃油泵仪表挡圈手动安装至燃油箱。如果能用手转动燃油泵仪表挡圈 180° 或更多，可重复使用挡圈；如果不能用手转动燃油泵仪表挡圈 180° 或更多，则使用新燃油泵仪表挡圈零件。

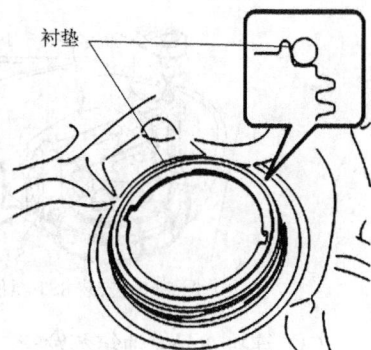

图 5-57　拆下衬垫

（2）安装炭罐。

① 将新衬垫安装到燃油箱上，如图 5-57 所示。

② 将炭罐放置到燃油箱上。注意：确保燃油表传感器臂没有弯曲。

③ 将炭罐凸出部分对准燃油箱槽口，如图 5-58 所示。

④ 固定炭罐以防止其倾斜时，对准燃油泵仪表挡圈和燃油箱上的开始标记，并手动将燃油泵仪表挡圈拧转 180°，如图 5-59 所示。注意：检查并确认燃油箱上的螺纹没有损坏、凹痕、异物或其他缺陷；提供的燃油泵仪表挡圈的直径大于工厂安装的挡圈，预期燃油箱将不断膨胀扩大。如果工厂安装的挡圈直径太小以至于不能重新安装，则用提供的燃油泵仪表挡圈。

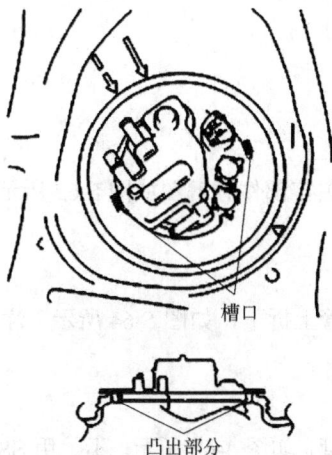

图 5-58　安装炭罐并对准

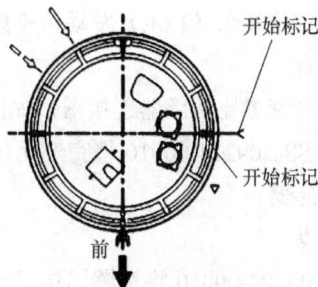

图 5-59　对准标记转动仪表挡圈

⑤ 用 6 mm 六角套筒扳手，将 SST 09808-14020（09808-01410，09808-01420，09808-01430）

安装到燃油泵仪表挡圈上，如图 5-60 所示。注意：不要使用其他任何工具，如螺丝刀；将 SST 槽口插入燃油泵仪表挡圈肋片；安装 SST 时，要固定炭罐以防衬垫从炭罐上脱落。

⑥ 从燃油箱上的开始标记紧固燃油泵仪表挡圈约 450°，使挡圈上的开始标记落在如图 5-61 所示的范围内。注意：不要使用其他任何工具，如螺丝刀。

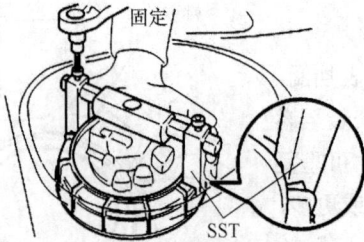

图 5-60　安装 SST 至仪表挡圈上　　　　图 5-61　紧固仪表挡圈

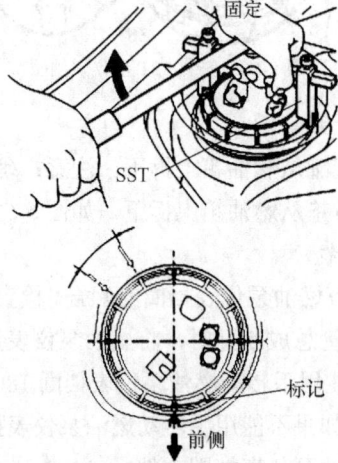

（3）连接 2 号燃油箱蒸发管。将 2 号燃油箱蒸发管连接至燃油吸油管总成，如图 5-54 所示。

（4）连接 1 号炭罐出口软管。将 1 号炭罐出口软管连接至燃油吸油管总成，如图 5-53 所示。注意：在 2 号燃油箱蒸发管和 1 号炭罐出口软管连接后，检查并确认 2 号燃油箱蒸发管置于 1 号炭罐出口软管下。

（5）连接 1 号燃油蒸发管分总成。用卡子将 1 号燃油蒸发管分总成连接至燃油吸油管总成，如图 5-52 所示。

（6）连接燃油箱主管分总成。

（7）将电缆连接到蓄电池负极端子。

（8）检查燃油是否泄漏。

（9）安装后地板检修孔盖。

（10）安装后排座椅坐垫总成。

三、空燃比传感器（S1）的拆卸与安装

丰田卡罗拉轿车（1.6L）发动机空燃比传感器的相关零部件分解图如图 5-62 所示。

1．拆卸

（1）断开空燃比传感器连接器，如图 5-63 所示。

（2）用 SST 09224-00010 将空燃比传感器从排气歧管上拆下，如图 5-64 所示。注意：不要损坏空燃比传感器。

2．安装

用 SST 09224-00010 将空燃比传感器安装至排气歧管，如图 5-65 所示。不使用 SST 时扭矩为 44N·m；使用 SST 时扭矩为 40N·m。注意：使用力臂长度为 300 mm 的扭矩扳手；不要损坏空燃比传感器。

12 ×4

排气歧管1号隔热罩

44
40*

空燃比
传感器

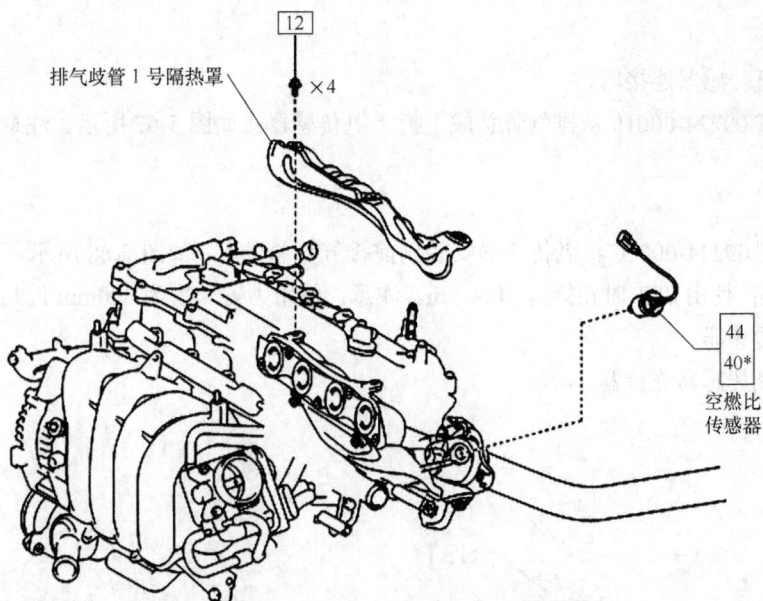

N·m ：规定的紧固力矩
* 配合 SST 使用

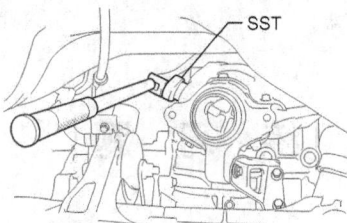

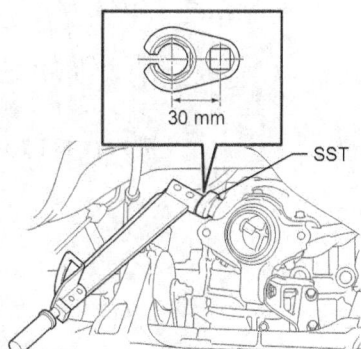

图 5-62　空燃比传感器的相关零部件分解图

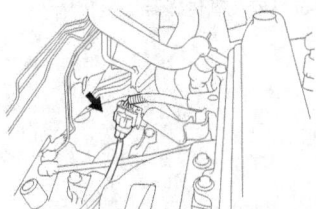

30 mm

SST

SST

图 5-63　断开空燃比传感器连接器　　图 5-64　拆下空燃比传感器　　图 5-65　安装空燃比传感器

四、氧传感器（S2）的拆卸与安装

丰田卡罗拉轿车（1.6L）发动机氧传感器的相关零部件分解图如图 5-66 所示。

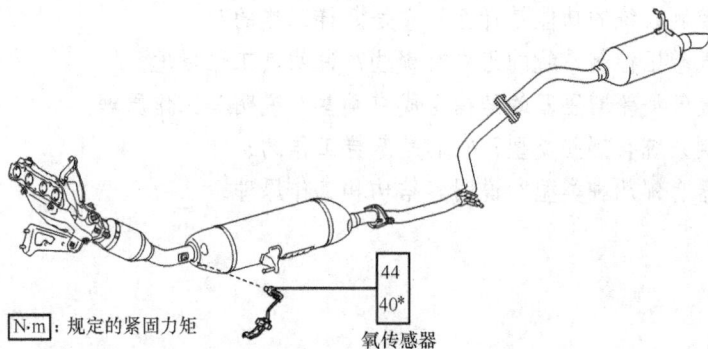

44
40*

N·m ：规定的紧固力矩
*使用 SST

氧传感器

图 5-66　氧传感器的相关零部件分解图

1．拆卸

（1）断开氧传感器连接器。

（2）用 SST 09224-00010 从排气管总成上拆下氧传感器，如图 5-67 所示。注意：不要损坏氧传感器。

2．安装

（1）用 SST 09224-00010 将氧传感器安装到前排气管总成上，如图 5-68 所示。不使用 SST 时扭矩为 44N·m；使用 SST 时扭矩为 40N·m。注意：使用力臂长度为 300mm 的扭矩扳手；不要损坏加热型氧传感器。

（2）连接氧传感器连接器。

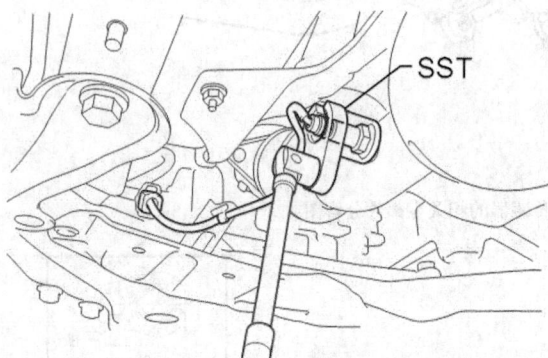

图 5-67　拆下氧传感器

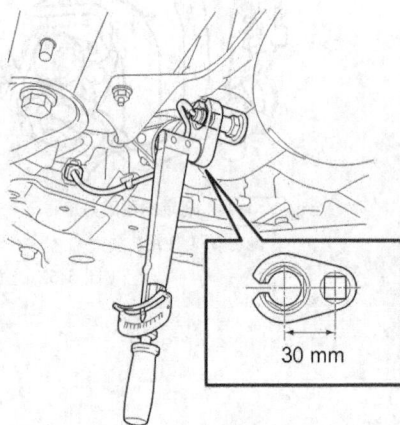

图 5-68　安装氧传感器

练 习 题

1. 怠速控制系统有何功能？由哪些基本元件组成？
2. 怠速控制的方式有哪两种？其控制原理是什么？
3. 节气门直动式怠速控制器的结构有哪些？说明其怠速控制过程。
4. 旁通空气式怠速控制阀有哪几种？它们是怎样工作的？
5. 动力阀控制系统的功能是什么？它是怎样工作的？
6. 谐波进气增压控制系统的组成有哪些？说明其工作原理。
7. 径流式废气涡轮增压器的结构组成有哪些？说明其工作原理。
8. 排放控制系统有哪些类型？它们是怎样工作的？
9. 氧传感器有哪几种类型？说明其结构和工作原理。

项目六
柴油机燃料供给系统

本项目主要介绍柴油机燃料供给系统的功用、组成、各主要零部件的结构及其拆装等内容。

概　述

柴油机具有良好的燃油经济性（比汽油机省油 30%）、工作可靠性（柴油机靠压缩自燃，无需点火系统，减少了故障发生率，其平均使用寿命是汽油机的 1.5 倍）、排气污染低（多数工况下柴油机过量空气系数比较大，不完全燃烧产物 CO 和 HC 比汽油机少，但 NO_x 和炭烟的生成量比汽油机多）等优点，特别是电控技术在柴油机上的广泛应用，有效改善了混合气的形成质量和燃烧过程，提高了柴油机的动力性、经济性和排放性，所以柴油机在汽车上应用越来越广。

柴油机以柴油作为燃料，与汽油相比，柴油的黏度大、蒸发性差、自燃温度低（柴油为 473～573K，汽油为 653K），而点燃温度高（柴油为 313～359K，汽油为 263K）。柴油机混合气的形成、着火和燃烧方式都不同于汽油机，需要借助喷油泵和喷油器在接近压缩终了时将柴油以高压方式喷入燃烧室，因此柴油机燃料供给系统的结构组成及工作原理与汽油机有很大区别。

1. 混合气形成特点

柴油机工作中，在压缩行程接近终了时，喷油器将柴油喷入燃烧室，混合气在燃烧室内部形成，所以可燃混合气形成时间短、空间小，对混合气形成非常不利。因此，车用柴油机通常采用较大的压缩比，以提高压缩终了时气缸内空气的温度和压力；采用较高的喷油压力，以提高柴油的雾化质量；组织适当的空气涡流运动，以加速油雾的蒸发和扩散，使混合气的形成更加均匀；根据混合气形成方式选用适当的燃烧室结构形状，以保证油束的形状（射程、锥角）与燃烧室形状匹配，提高混合气的形成质量。

2. 混合气的形成方式

为保证柴油机工作时，能形成高质量的混合气，柴油机混合气的形成方式主要有空间雾化混合和油膜蒸发混合两种。

（1）空间雾化混合方式：指喷油器将柴油以一定压力、一定射程和一定雾化质量喷入燃烧室并形成油雾，雾状的柴油在燃烧室空间内吸热、蒸发，并在气缸内空气涡流作用下扩散，与空气混合形成可燃混合气。

（2）油膜蒸发混合方式：指喷油器将大部分柴油喷射到燃烧室壁面上形成油膜，油膜从燃烧室壁面上吸热并逐层蒸发，柴油蒸气在气缸内空气涡流的作用下扩散，与空气混合形成可燃混合气。

实际在柴油机工作中，柴油或多或少会喷射到燃烧室壁面上，所以这两种混合方式兼而有之，只是主次有所不同。目前多数柴油机仍是以空间雾化混合方式为主，只有采用球形燃烧室的柴油机则是以油膜蒸发混合方式为主。有些柴油机采用复合式燃烧室（U 形燃烧室），其混合气的形成属于空间雾化和油膜蒸发兼用的复合式混合方式，且一般是以空间雾化混合方式为主、油膜蒸发混合方式为辅。

柴油机燃料供给系统按照结构和控制原理不同，可分为机械式柴油机燃油供给系统和电控柴油机燃油喷射系统两种类型。

|任务一　机械式柴油机燃油供给系统|

【学习目标】

1. 能够正确描述机械式柴油机燃油供给系统各主要零部件的结构、功用与工作原理。
2. 能够正确选择与使用工具、设备，并规范进行机械式柴油机燃油供给系统各零部件的拆卸与装配。

相 关 知 识

机械式柴油机燃油供给系统的功用是完成燃料的储存、滤清和输送工作，根据柴油机各种工况的不同要求，定时、定量、定压并以一定的喷油质量将燃料喷入燃烧室，使其与空气迅速混合并燃烧，最后将燃烧废气排出气缸。

机械式柴油机燃油供给系统的基本组成如图 6-1 所示。它主要由燃油供给装置、空气供给装置、混合气形成装置和废气排出装置四部分组成。

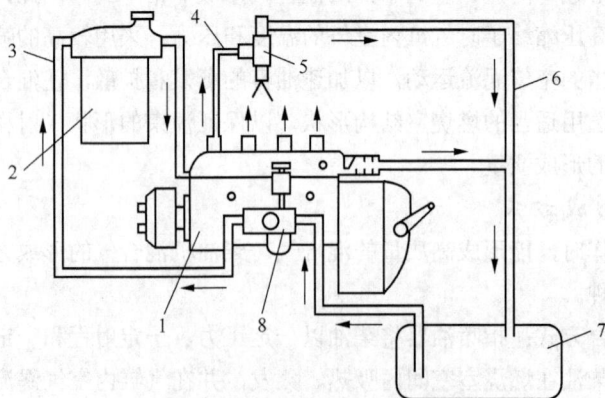

图 6-1　机械式柴油机燃油供给系统
1—喷油泵　2—柴油滤清器　3—低压油管　4—高压油管　5—喷油器　6—回油管　7—油箱　8—输油泵

（1）燃油供给装置：其功用是完成燃料的储存、滤清和输送工作，并以一定压力和喷油质量定时、定量地将燃料喷入燃烧室。根据发动机工作时的燃油压力不同，燃油供给装置可分为高压油路和低压油路两部分，低压油路主要包括油箱、输油泵、柴油滤清器和低压油管等，高压油路主要包括喷油泵、喷油器和高压油管等。

（2）空气供给装置：其功用是供给发动机清洁的空气，包括空气滤清器、进气管及进气道等，有些柴油机还装有进气增压装置。

（3）混合气形成装置：其功用是使燃油与空气混合形成混合气。由于柴油的蒸发性较差，柴油机在压缩上止点附近，燃油供给装置将柴油直接喷入燃烧室。在燃烧室内，柴油与空气边混合边燃烧，所以柴油机的混合气形成装置就是燃烧室。

（4）废气排出装置：其功用是在做功后排出气缸内的燃烧废气。包括排气道、排气管及排气消声器等。

柴油机的空气供给装置、废气排出装置与汽油机基本相同。

柴油机工作时，活塞式输油泵将柴油从油箱内吸出，并以 0.15～0.30MPa 的低压输送给柴油滤清器，清洁的柴油经低压油管进入柱塞式喷油泵；柱塞式喷油泵将柴油压力提高到 10MPa 以上，并根据发动机负荷的大小，将一定量的高压柴油经高压油管输送给喷油器，由喷油器将柴油喷入燃烧室。输油泵的供油量远大于柴油机的耗油量，多余的柴油经喷油泵回油管流回油箱，而通过喷油器间隙泄漏的少量柴油也经喷油器回油管流回油箱。

一、喷油器

1. 喷油器的功用与类型

喷油器是柴油机燃料供给系统中实现燃油喷射的重要部件，其功用是根据柴油机混合气的形成特点，将燃油雾化成细小颗粒，并将其喷射到燃烧室内，以便与空气混合形成可燃混合气。喷油器应满足不同类型的燃烧室对雾化特性的要求。一般来说，喷柱应具有一定的喷射压力和射程（即喷射距离）以及合适的喷射锥角和雾化质量，而且喷停要迅速，不发生滴漏现象。

车用柴油机上广泛采用闭式喷油器，即喷油器不喷油时，其针阀关闭喷孔，使喷油器的油腔与燃烧室隔开。这种喷油器主要由喷油器体、调压装置和喷油嘴等部件组成，如图6-2所示。根据喷油嘴结构形式的不同，闭式喷油器又可分为孔式喷油器和轴针式喷油器两种类型。

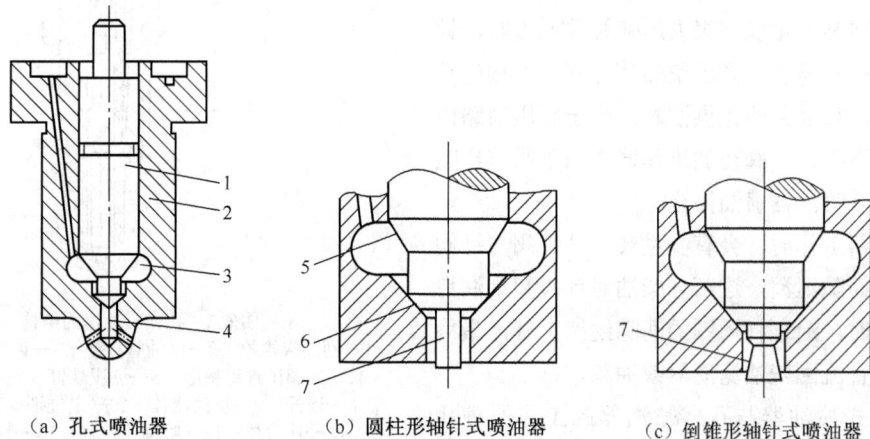

（a）孔式喷油器　　（b）圆柱形轴针式喷油器　　（c）倒锥形轴针式喷油器
图6-2 喷油器的类型
1—针阀　2—针阀体　3—高压油腔　4—压力室　5—承压锥面　6—密封锥面　7—轴针

孔式喷油器主要用于直接喷射式燃烧室的柴油机上，其针阀下端位于针阀体内部，喷油器头部加工一个或多个喷孔，有一个喷油孔的称单孔喷油器，有两个喷孔的称双孔喷油器，有 3 个以上喷孔的称多孔喷油器。一般喷孔数目为 1～8 个，喷孔直径为 0.2～0.8mm，喷孔越多、直径越小，则雾化越好。但喷孔直径不宜过小，否则既不易加工，又容易使喷孔在使用中因积炭而堵塞。轴针式喷油器主要用于分隔式及 U 形燃烧室的柴油机上，其针阀下端有轴针，它穿过喷油器喷孔且伸出针阀体之外。轴针一般加工成圆柱形或倒锥形，在轴针和喷孔之间形成圆环形狭缝。这样，在喷油器喷油时，柴油从圆环形狭缝中呈空心圆柱状（轴针为圆柱形）或空心圆锥状（轴针为倒锥形）喷入燃烧室中。轴针式喷油器喷孔直径大，不易堵塞，工作可靠。

孔式喷油器结构

2．喷油器的结构与工作原理

孔式喷油器的结构如图 6-3 所示，它主要由针阀、针阀体、调压弹簧、调压螺钉、顶杆和喷油器体等部件组成。喷油器不喷油时，调压弹簧通过顶杆使针阀压紧在针阀体内锥面上。调压弹簧的预紧力可通过调压螺钉来调整。为防止细小杂物堵塞喷孔，喷油器进油管接头内一般装有滤芯。

针阀与针阀体是闭式喷油器的一对精密偶件，针阀上部的外圆柱表面和针阀体的内圆柱面配合精度很高，其配合间隙只有 0.0010～0.0025mm。如果配合间隙过大，会因漏油而导致油压下降，直接影响雾化质量；如果配合间隙过小，会影响针阀在针阀体内正常运动。

喷油器针阀下端的锥面与针阀体的内锥面配合，实现了对喷油器内腔的可靠密封，称为密封锥面；针阀中部位于高压油腔内的锥面为承压锥面，如图 6-2（b）所示。

喷油泵供油时，高压柴油由进油管接头经过喷油器体和针阀体的内部油道进入喷油器的高压油腔中，油压作用在承压锥面上，对针阀产生向上的轴向推力。随高压油腔油压的升高，当针阀所受的轴向推力足以克服调压弹簧预紧力时，针阀上移而打开喷孔，高压柴油从针阀体下端的喷孔中喷出。喷油泵停止供油时，由于高压油路内油压迅速下降，针阀在调压弹簧作用下回位，喷孔被关闭，喷油器喷油停止。

喷油器工作时，会有少量柴油从针阀与针阀体之间的间隙泄漏，这部分柴油对针阀起到润滑作用。同时，沿顶杆周围的间隙继续上升，最终通过回油管流回柴油滤清器或油箱。

轴针式喷油器与孔式喷油器的工作原理相同、结构上有相似之处，只是喷油嘴的结构即针阀和针阀体的结构有所不同。

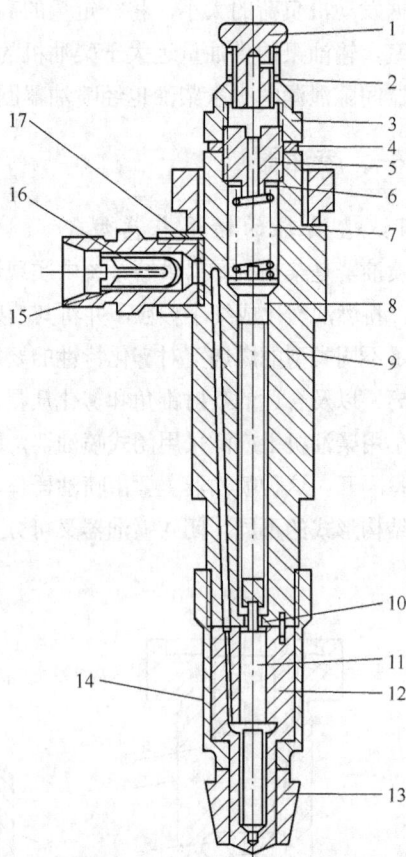

图 6-3　孔式喷油器的结构

1—回油管螺栓　2—回油管衬垫　3—调压螺钉护帽
4、6—调压螺钉垫圈　5—调压螺钉　7—调压弹簧
8—顶杆　9—喷油器体　10—定位销　11—针阀
12—针阀体　13—喷油器锥体　14—紧固螺套
15—进油管接头　16—滤芯　17—进油管接头衬垫

二、喷油泵

喷油泵又称高压油泵，其功用是接受输油泵输送来的低压柴油，并对柴油进行加压后，根据柴油机各种不同工况的要求，定时、定量地向喷油器输送高压柴油。

为了保证柴油机的正常工作，多缸柴油机的喷油泵应满足以下要求：喷油泵应按柴油机的工作顺序逐缸供油，各缸的供油提前角相同，其误差小于 0.5°～1° 曲轴转角。供油提前角应随着柴油机工况变化而变化，所以应装有供油提前角自动调节器；各缸的供油量均匀。在标定工况下各缸供油量之间的不均匀度不大于 3%～5%。供油量应随着柴油机工况变化而变化，所以喷油泵必须有供油量调节机构；各缸的供油持续角应保持一致；油压的建立和供油停止要迅速，以免产生喷油器的滴油现象或不正常喷射现象。

喷油泵种类很多，根据结构原理的不同分为柱塞式、转子分配式、喷油泵—喷油器等类型。

1. 柱塞式喷油泵

（1）柱塞式喷油泵的基本结构和工作原理

柱塞式喷油泵主要由柱塞分泵、油量调节机构、分泵驱动机构和泵体等组成。

① 柱塞分泵。柱塞分泵的结构如图 6-4 所示。它主要由柱塞偶件、出油阀偶件、柱塞弹簧、出油阀弹簧等组成。

柱塞偶件由柱塞和柱塞套筒组成。柱塞套筒安装在喷油泵体内，并用定位螺钉固定，防止其周向转动；柱塞套筒上加工有两个油孔，均与喷油泵体上的低压油腔相通。柱塞与柱塞套筒为精密配合，柱塞的圆柱表面加工有斜槽，斜槽的内腔与柱塞上面的泵腔有油孔连通。在柱塞下端固定有调节臂，通过它可使柱塞在套筒内转动。在调节臂与喷油泵体之间装有柱塞弹簧和弹簧座，柱塞弹簧将柱塞推向下方，并使柱塞下端面与装在滚轮体中的垫块、滚轮与凸轮保持接触。发动机工作时，曲轴通过传动机构驱动喷油泵凸轮轴转动，在凸轮轴上的凸轮和柱塞弹簧共同作用下，使柱塞在柱塞套筒内做往复运动。出油阀偶件安装在柱塞偶件上部，并通过压紧座和压紧垫片使出油阀座与柱塞套筒压紧，以保证密封。

图 6-4 柱塞分泵
1—出油阀压紧座 2—出油阀弹簧 3—出油阀 4—出油阀座
5—压紧垫片 6—柱塞套筒 7—柱塞 8—柱塞弹簧
9—弹簧座 10—滚轮体 11—凸轮 12—滚轮
13—调节臂 14—供油拉杆 15—调节叉
16—夹紧螺钉 17—垫片 18—定位螺钉

出油阀偶件的结构如图 6-5 所示。出油阀的圆锥面是阀的密封面，通过出油阀弹簧将其压紧在阀座上。出油阀尾部与阀座内孔之间为间隙配合，为出油阀运动起导向作用。其尾部开有切槽，

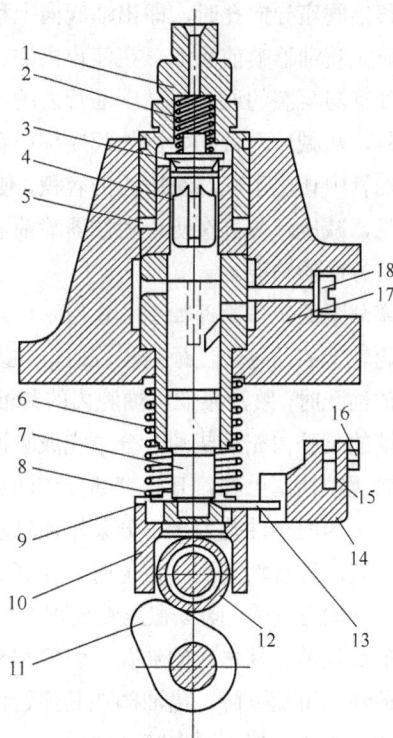

形成十字形横截面，以便喷油泵供油时使泵腔内的柴油流出。

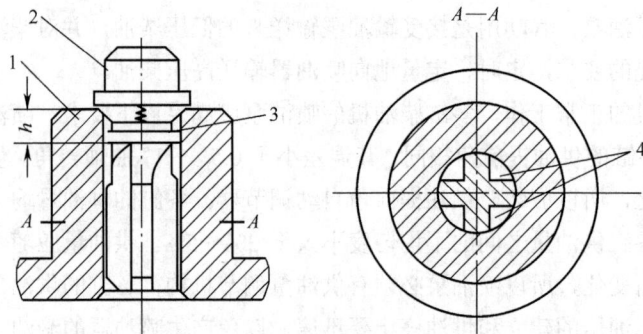

图 6-5　出油阀偶件
1—出油阀座　2—出油阀　3—减压环带　4—切槽

　　出油阀中部的圆柱部分称为减压环带。在分泵柱塞压油使油压达到一定值时，泵腔内的油压顶开出油阀，使出油阀密封锥面离开出油阀座，但泵腔内的柴油并不能立即泵出。只有当减压环带完全移出阀座导向孔时，即出油阀向上移动一段距离 h 后，泵腔内的柴油才能进入高压油管，这样可防止喷油器喷前滴油。在停止供油、出油阀落座时，减压环带首先进入出油阀导向孔，切断高压油管与泵腔的通道，高压油管内的柴油停止回流，这样可保持高压油管内有一定的残余压力。此外，从减压环带开始进入阀座导向孔，直到出油阀密封锥面与阀座接触时，由于减压环带在高压油管中让出了其凸缘所占的容积，使高压油管内的油压迅速下降，从而使喷油器停油干脆。由此可见，减压环带具有防止喷油器喷前滴油、保持高压油管内具有一定残余压力和使喷油器停油干脆三方面的功能。

　　柱塞分泵的工作原理如图 6-6 所示，可分为吸油、压油和回油三个过程。发动机工作中，喷油泵凸轮轴上的凸轮转过最高位置时，柱塞在柱塞弹簧作用下向下移动；当柱塞上端面低于柱塞套筒上的油孔时，喷油泵低压油腔内的柴油被吸入柱塞上端的泵腔；当柱塞运动到最下端位置时，柱塞上端的泵腔内充满柴油，分泵完成吸油过程，如图 6-6（a）所示。随喷油泵凸轮轴的继续转动，凸轮驱动柱塞上移，开始有部分柴油从泵腔挤回低压油腔，直到柱塞上端的圆柱面完全封闭柱塞套筒上的两个油孔为止，分泵压油过程开始，如图 6-6（b）所示；此后柱塞继续上移，泵腔内油压升高，油压增高到一定值时，便克服出油阀弹簧的弹力，顶开出油阀，高压柴油经出油阀和高压油管输送给喷油器。在压油过程中柱塞上移，当柱塞上的斜槽与柱塞套筒上的油孔接通时，泵腔内的高压油经柱塞内的油孔、斜槽和柱塞套筒上的油孔流回低压油腔，如图 6-6（c）所示，泵腔内的油压迅速下降，出油阀在其弹簧作用下立即关闭；在此回油过程中，柱塞仍向上移动，直到上止点为止，但不再向喷油器供油。

　　从出油阀开启到柱塞上的斜槽与柱塞套筒上的油孔接通时柱塞向上移动的距离，称为柱塞有效行程。显然，柱塞分泵每次泵出的油量取决于有效行程的长短。使柱塞在柱塞套筒内转动即可改变斜槽与柱塞套筒上油孔的相对位置，从而改变柱塞的有效行程。柱塞式喷油泵就是以这种方式来调节发动机的负荷。

　　② 油量调节机构。油量调节机构的功用是执行驾驶员或调速器的指令，改变柱塞与柱塞套筒的相对位置，从而改变喷油泵的供油量，并保证各缸供油量一致，以适应发动机不同工况对供油量的要求。油量调节机构主要有齿条式、拨叉式和球销角板式等三种形式。

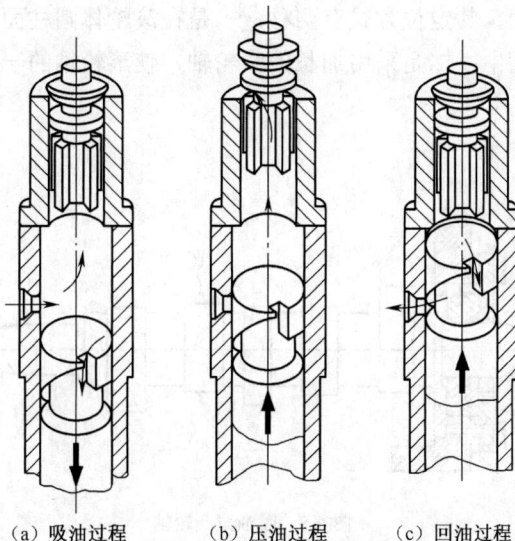

（a）吸油过程　　　（b）压油过程　　　（c）回油过程

图 6-6　柱塞分泵的工作原理

　　齿条式油量调节机构如图 6-7 所示。传动套筒松套在柱塞套筒的外面，传动套筒下端的切槽卡住柱塞下端的凸块，齿圈套装在传动套筒上端并用螺钉紧固，各分泵传动套筒上的齿圈均与供油齿条啮合，当驾驶员或调速器推动供油齿条轴向移动时，齿条带动齿圈和传动套筒一起相对柱塞套筒转过一定角度，从而改变喷油泵的供油量。当需要调整某分泵的供油量时，松开齿圈紧固螺钉，然后转动传动套筒，并带动柱塞相对齿圈转动一个角度，可实现对某一分泵供油量的调节，以使各分泵供油均匀。

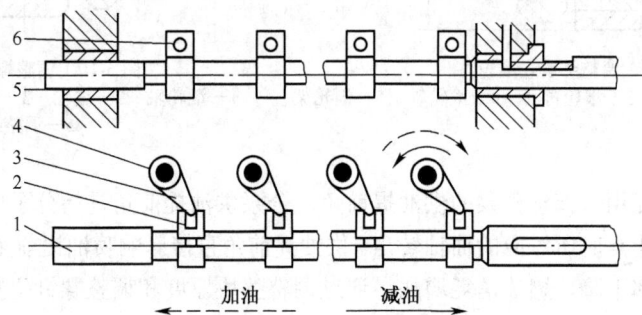

加油　　　减油

图 6-7　齿条式油量调节机构

1—供油拉杆　2—拨叉　3—调节臂　4—柱塞　5—供油拉杆衬套　6—拨叉固定螺钉

　　③ 分泵驱动机构。分泵驱动机构的功用是驱动柱塞在柱塞套筒内往复运动，使喷油泵完成吸油、压油和回油过程。它主要由喷油泵的凸轮轴和滚轮体等传动件组成。

　　凸轮轴的前后端通过两个轴承支撑在喷油泵体上，如图 6-8 所示。凸轮轴上加工有驱动分泵的凸轮和驱动输油泵的偏心轮。凸轮轴一般由曲轴通过一组正时齿轮驱动。改变前端盖与泵体之间的密封垫的厚度或改变轴承与轴肩之间的调整垫片的厚度，可调整凸轮轴的轴向间隙。

　　滚轮体主要有调整垫块式（见图 6-9）和调整螺钉式（见图 6-10）两种形式。滚轮体与配气机构中的气门挺杆相当，其主要功用是将喷油泵凸轮的旋转运动转变为自身的直线往复运动，以推动分泵柱塞上行供油，同时利用滚轮在凸轮上的滚动，减轻了磨损且磨损均匀。为防止滚轮体在泵体导向孔内转动，其定位方式有两种：一是在滚轮体圆柱面上开轴向切槽，用拧在泵体上的定位螺钉插入切槽中；二是采用加长的滚轮轴，使滚轮轴的一端插入泵体导孔中的轴向切槽内。

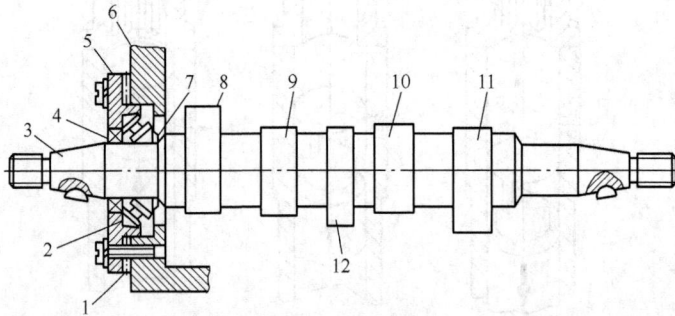

图 6-8　喷油泵凸轮轴
1—密封垫　2—圆锥滚子轴承　3—连接锥面　4—油封　5—前端盖
6—泵体　7—调整垫片　8、9、10、11—凸轮　12—输油泵偏心轮

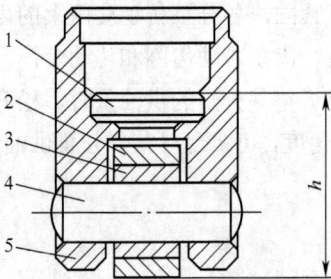

图 6-9　调整垫块式滚轮体
1—调整垫块　2—滚轮　3—滚轮衬套　4—滚轮轴　5—滚轮架

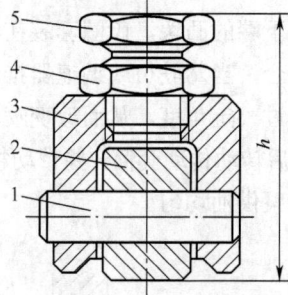

图 6-10　调整螺钉式滚轮体
1—滚轮轴　2—滚轮　3—滚轮架　4—锁紧螺母
5—调整螺钉

此外，滚轮体还用来调整分泵的供油提前角。分泵供油提前角是指分泵供油开始，至该气缸活塞运行到压缩上止点时所对应的曲轴转角。供油提前角直接影响喷油提前角，喷油提前角过大、过小都使柴油机功率下降，燃油消耗增加。通过调整垫块厚度和调整螺钉位置，都增加了滚轮体的有效高度 h，这样在喷油泵凸轮位置不变时，使分泵柱塞升高，分泵供油提前角增大（供油时刻提前）；反之，降低滚轮体有效高度 h，分泵供油提前角减小（供油时刻推迟）。

④ 泵体。泵体是喷油泵的基体，柱塞分泵、油量调节机构及分泵驱动机构都安装在泵体内。泵体的结构类型有整体式和分体式两种。整体式泵体具有结构紧凑、体积小、质量轻便等优点，但喷油泵的拆装不方便。分体式泵体分上、下两部分，用螺栓连接在一起，上体用来安装柱塞分泵，下体用来安装油量调节机构和分泵驱动机构。

（2）喷油泵的驱动和供油提前角调节装置

① 喷油泵的驱动。喷油泵一般是由曲轴前端的正时齿轮驱动，各传动齿轮之间均有正时标记，安装时必须对正正时标记，以保证喷油泵的供油正时（用供油提前角表示），如图 6-11 所示。

② 联轴器。联轴器不仅起传递动力的作用，而且可以弥补喷油泵安装时造成的喷油泵凸轮轴和驱动轴的同轴度偏差以及利用少量的角位移来调节喷油泵的供油提前角，以获得最佳的喷油提前角。

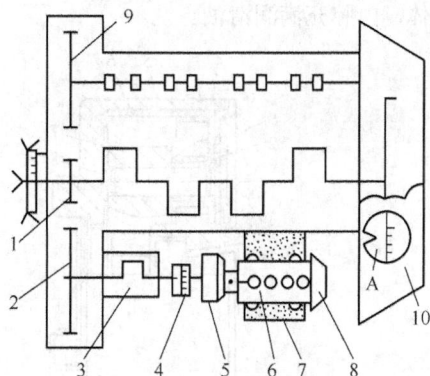

图 6-11　喷油泵的驱动
1—曲轴正时齿轮　2—喷油泵驱动齿轮　3—空气压缩机
4—联轴器　5—喷油泵供油提前角自动调节器　6—喷油泵
7—托盘　8—调速器　9—配气机构正时齿轮
10—飞轮上的喷油正时标记　A—正时标记

喷油泵所用的联轴器通常为挠性钢片式联轴器，如图 6-12 所示，主要由两组弹性钢片、连接叉等组成。两组弹性钢片用螺栓与连接叉固定连接，弹性钢片前端用螺栓与喷油泵驱动轴相连，弹性钢片后端通过连接盘与供油提前角自动调节器连接。连接盘上的螺栓孔为弧形，松开连接盘与弹性钢片的连接螺栓，即可改变喷油泵凸轮轴相对发动机曲轴的角位置，从而调节喷油泵供油提前。一般在联轴器与喷油泵壳体上刻有第一缸供油标记，安装时将标记对正即可。

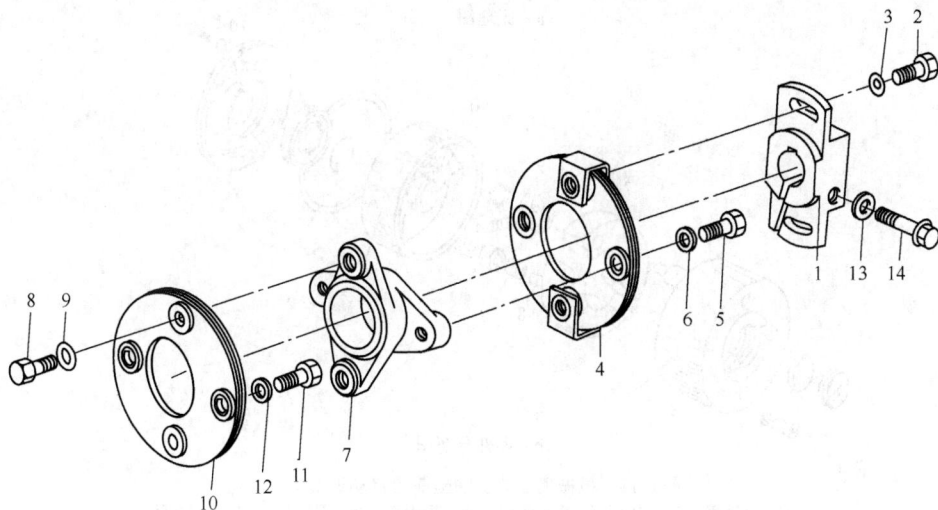

图 6-12　挠性钢片式联轴器
1—连接盘　2、5、8、11、14—螺栓　3、6、9、12、13—垫片　4、10—弹性钢片　7—连接叉

③ 供油提前角自动调节器。最佳供油提前角是随着柴油机的负荷和转速的变化而变化，随着转速和负荷增加，所要求的最佳供油提前角相应增加。由于车用柴油机的负荷和转速都在很大范围内变化，为了适应在各种不同工况下所要求的最佳供油提前角，所以车用柴油机上装有供油提前角自动调节器。

常用的供油提前角自动调节器为机械离心式，如图 6-13 所示。它安装在联轴器与喷油泵之间，前端由带两个方形凸块的驱动盘与联轴器相连，在驱动盘的后端面上压装着两个销轴，两个飞块松套在销轴上。每个飞块的另一端压装有销钉，销钉上松套着内座圈和滚轮。调节器从动盘用半圆键与喷油泵凸轮轴连接，从动盘内腔两臂的弧形侧面分别与两个滚轮接触，其平侧面则压在弹簧上。弹簧的另一端支撑在弹簧座上，弹簧座用螺钉固定在销轴的顶端。整个调节器为一个密封的整体，内腔充满润滑油。

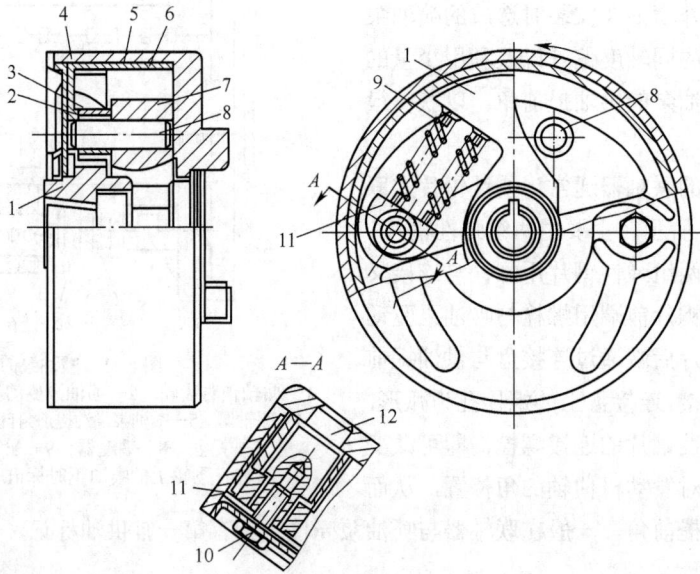

（a）原理图

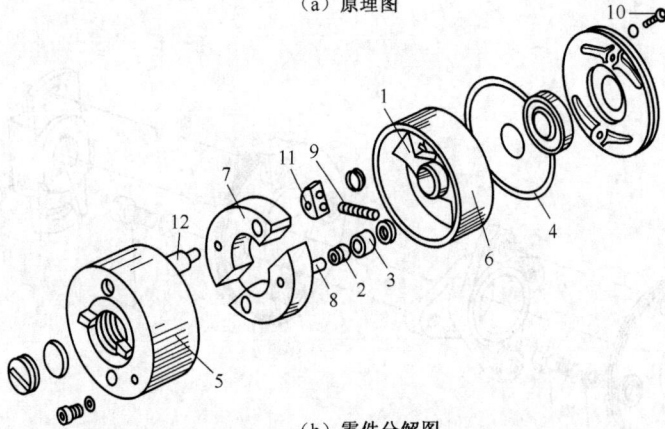

（b）零件分解图

图 6-13　机械离心式供油提前角自动调节器

1—从动盘臂　2—内座圈　3—滚轮　4—密封圈　5—驱动盘　6—从动盘
7—飞块　8—销钉　9—弹簧　10—螺钉　11—弹簧座圈　12—销轴

　　发动机工作时，调节器沿顺时针方向旋转，两个飞块的自由端向外甩开，并通过滚轮和从动盘臂使从动盘也沿顺时针方向转过一定角度，当弹簧弹力与飞块离心力平衡时，驱动盘与从动盘同步旋转。当发动机转速增加时，飞块离心力增大，其自由端继续向外甩开，使从动盘带动喷油泵凸轮轴一起相对驱动盘前进一定角度，喷油泵供油提前角增大。发动机转速降低时，飞块自由端因离心力减小而收缩，在弹簧力的作用下，通过从动盘臂使从动盘后退一定角度，喷油泵供油提前角减小。

VE 型分配泵

2．转子分配式喷油泵

　　转子分配式喷油泵按结构不同，分为径向压缩式和轴向压缩式两种。与柱塞式喷油泵相比，转子分配式喷油泵有以下特点：转子分配式喷油泵结构简单，体积小，质量轻，使用中故障少，维修方便；转子分配式喷油泵精密偶件加工精度高，供油均匀性好，因此不需要进行各缸供油量和供油定时的调节；转子分配式喷油泵的运动件靠喷油泵体内的柴油进行润滑和冷却，因此，对柴油的清洁度要求很高；转子分配式喷油泵凸轮的升程小，有利于提高柴油机转速。

南京依维柯装用的索菲姆（SOFIM）柴油机采用德国博世（BOSCH）公司生产的轴向压缩式转子分配泵，装有轴向压缩式转子分配泵的柴油机燃油供给系统如图6-14所示。膜片式输油泵由配气机构的凸轮轴驱动，装在分配泵体内的叶片式输油泵由驱动轴驱动。由于叶片式输油泵出口油压随驱动轴转速的增加而增加，为保持分配泵内腔油压的稳定，在叶片式输油泵出油口设有调压阀。柴油机工作时，当分配泵内腔油压超过规定值时，调压阀开启，部分柴油经调压阀返回叶片式输油泵进油口。

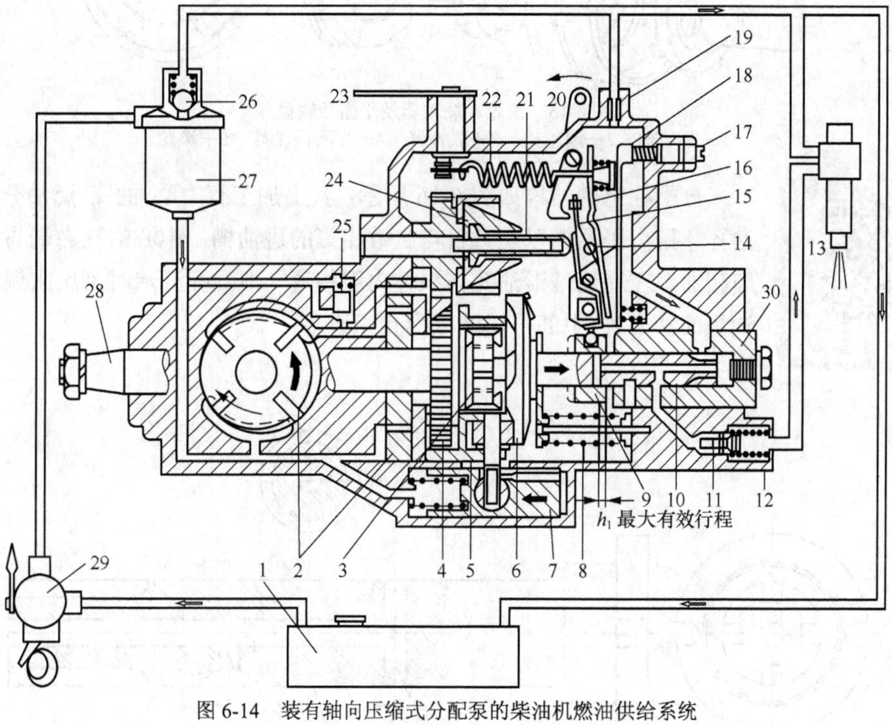

图6-14　装有轴向压缩式分配泵的柴油机燃油供给系统

1—燃油箱　2—叶片式输油泵　3—联轴器　4—调速器驱动齿轮　5—滚轮机构　6—平面凸轮盘　7—供油提前角自动调节器
8—柱塞弹簧　9—油量调节套筒　10—分配柱塞（分配转子）　11—出油阀　12—出油阀弹簧　13—喷油器
14—张力杠杆限位螺钉　15—起动杠杆　16—张力杠杆　17—最大供油量调节螺钉　18—预调杠杆
19—溢流节流孔　20—停车操纵杆　21—调速套筒　22—调速弹簧　23—操纵杆　24—离心飞块总成
25—调压阀　26—溢流阀　27—柴油滤清器　28—驱动轴　29—膜片式输油泵　30—柱塞套

柴油机工作时，膜片式输油泵将柴油从柴油箱吸出，经柴油滤清器过滤后的清洁柴油进入分配泵，由叶片式输油泵二次泵油，输出的低压柴油分两路：一路流向供油提前角自动调节器，另一路经泵体内的油道、分配泵柱塞上的轴向油槽进入分配泵内腔。进入分配泵内腔的部分柴油被分配柱塞（又称分配转子）加压后经中心油道、燃油分配孔、出油阀和高压油管供给喷油器。

轴向压缩式转子分配泵主要由分配泵、叶片式输油泵、电磁式断油阀等组成，此外，机械调速器和供油提前角自动调节器也安装在泵体内。

（1）分配泵

驱动轴由柴油机曲轴通过正时齿轮（或正时带轮等）驱动。驱动轴一方面驱动叶片式输油泵工作，另一方面通过调速器驱动齿轮、调速器传动齿轮驱动调速器工作。驱动轴右端通过联轴器与平面凸轮盘连接，平面凸轮盘上的平面凸轮数与气缸数相同。平面凸轮盘右侧端面上装有一个传动销，该传动销嵌入在分配柱塞左端的缺口中，利用传动销驱动分配柱塞运动。柱塞弹簧安装在泵体和弹簧座之间，使分配柱塞、平面凸轮盘及滚轮之间相互压紧。滚轮通过滚轮轴嵌装在滚轮架的凹槽中。当驱动轴旋转时，通过联轴器带动平面凸轮盘、分配柱塞同步运动，并在滚轮、平面凸轮和柱塞弹簧的共同作用下，使分配柱塞在柱塞套内边转动边轴向移动，如图 6-15 所示。

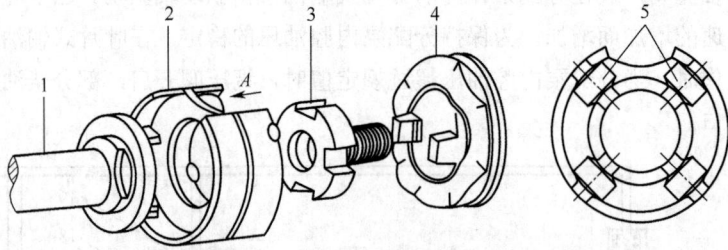

图 6-15　滚轮、联轴器及平面凸轮盘
1—驱动轴　2—滚轮架　3—联轴器　4—平面凸轮盘　5—滚轮

分配柱塞的结构如图 6-16 所示，其上加工有中心油孔、燃油分配孔、泄油孔、压力平衡槽以及数目与缸数相等的进油槽；中心油孔右端与柱塞套内腔相通，左端通过泄油孔与泵体内腔相通（泄油孔开启时刻用来调节循环供油量的大小），中部与燃油分配孔相通。

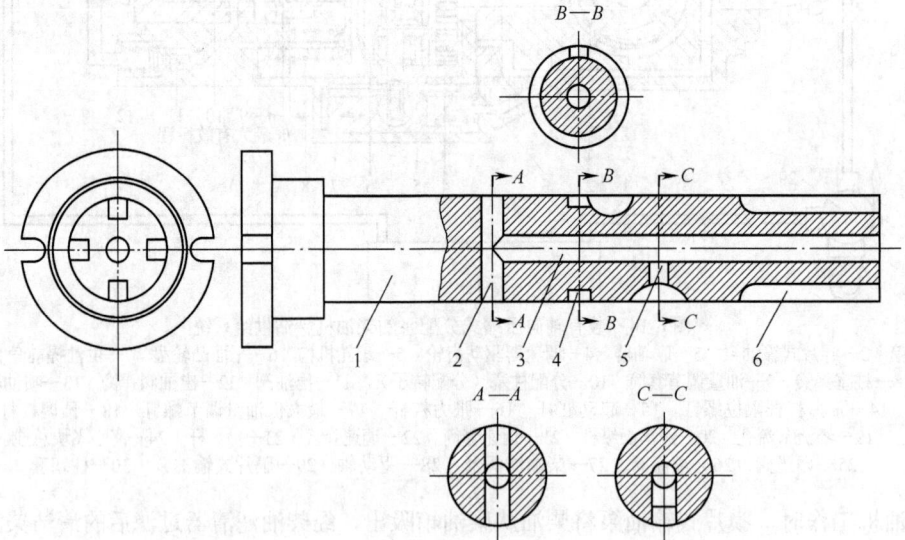

图 6-16　分配柱塞
1—分配柱塞　2—泄油孔　3—中心油孔　4—压力平衡槽　5—燃油分配孔　6—进油槽

柱塞套上有一个进油孔以及数目与缸数相同的出油孔，每个出油孔分别对应一个分配油道和出油阀。

分配泵的工作过程分为进油、泵油、停油和压力平衡四个过程，如图 6-17 所示。

① 进油过程，如图 6-17（a）所示。当平面凸轮盘转至其凹下部分逐渐与滚轮接触时，在平面凸轮盘旋转带动及柱塞弹簧作用下，使分配柱塞边转边左移。此时由于泄油孔被油量调节套筒所封闭，燃油分配孔与柱塞套上的各出油孔也相互错开（燃油分配孔被封闭），所以柱塞套内腔因

容积增加而产生真空度。当分配柱塞上的某一进油槽与柱塞套的进油孔相通时，来自叶片式输油泵的柴油经泵体内腔、进油道、进油孔、进油槽，进入柱塞套内腔和中心油孔，当分配柱塞转至完全关闭该进油槽时，进油过程结束。

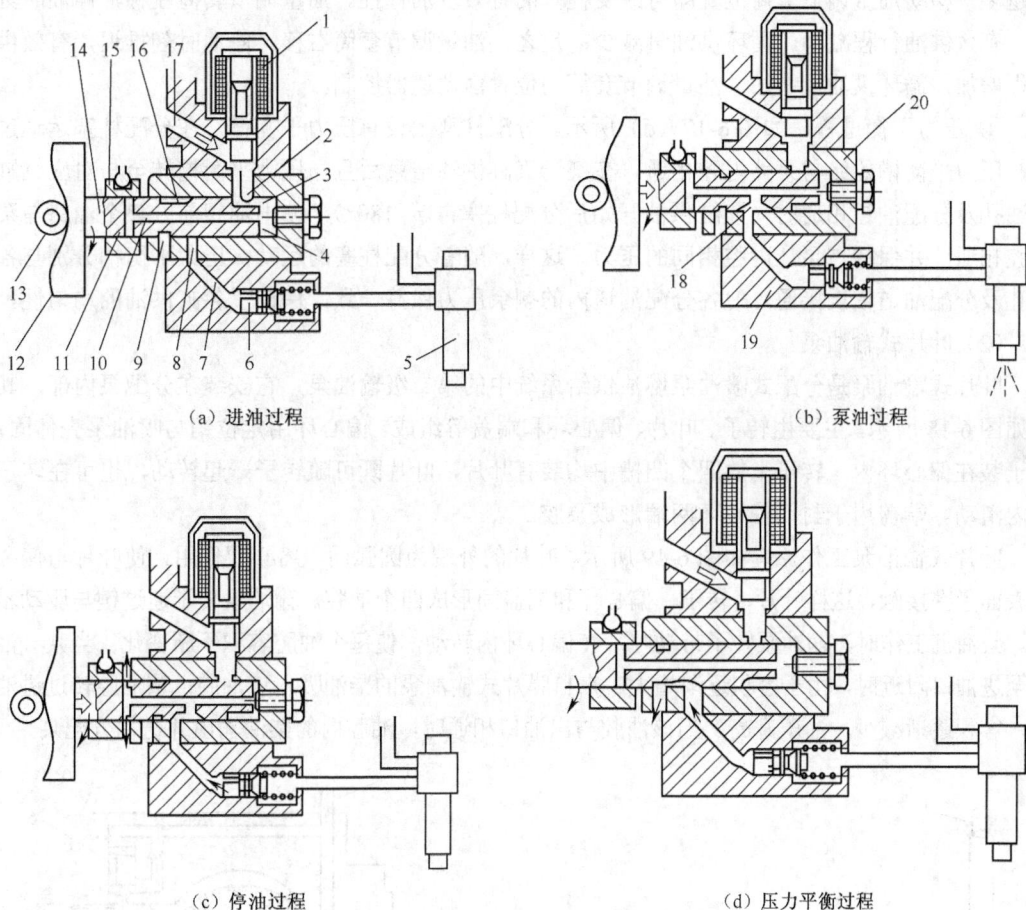

图 6-17　分配泵的工作过程

1—断油阀　2—进油孔　3—进油槽　4—柱塞腔　5—喷油器　6—出油阀　7—分配油道　8—出油孔
9—压力平衡孔　10—中心油孔　11—泄油孔　12—平面凸轮盘　13—滚轮　14—分配柱塞　15—油量
调节套筒　16—压力平衡槽　17—进油道　18—燃油分配孔　19—泵体　20—柱塞套

② 泵油过程，如图 6-17（b）所示。当平面凸轮盘转至其凸起部分逐渐与滚轮接触时，在平面凸轮盘的旋转带动下，克服柱塞弹簧力的作用，使分配柱塞边转边右移。此时进油孔被分配柱塞封闭，柱塞套内腔容积减小而油压升高。当分配柱塞上燃油分配孔与柱塞套上的某一出油孔相通时，柱塞套内腔的高压柴油经中心油孔、燃油分配孔、出油孔，进入分配油道，顶开出油阀，供往喷油器，完成泵油过程。

由于分配柱塞不断地进行旋转运动和轴向移动，因此分配柱塞上的燃油分配孔与柱塞套上的出油孔的对合位置也在不断变化，从而完成了高压燃油的分配。平面凸轮盘每转一周，燃油分配孔与每个出油孔及相应的分配油道依次接通各一次，从而向各缸喷油器完成一次供油过程。

③ 停油过程，如图 6-17（c）所示。在平面凸轮盘旋转带动下，分配柱塞继续边转边右移。当分配柱塞上的泄油孔移出油量调节套筒而与分配泵泵体内腔相通时，柱塞套内腔的高压柴油经中心油孔和泄油孔流回泵体内腔，柱塞套内腔及分配油道油压急剧下降，出油阀弹簧使出油阀迅

速关闭，分配泵供油停止。

从分配柱塞上的燃油分配孔与柱塞套上的出油孔相通的时刻起，至泄油孔移出油量调节套筒的时刻止，分配柱塞所移动的距离为柱塞的有效供油行程。显然，有效供油行程越大，循环供油量越多。移动油量调节套筒位置即可改变柱塞的有效供油行程。油量调节套筒左移，停油时刻提前，有效供油行程减小，循环供油量减少；反之，油量调节套筒右移，停油时刻推迟，有效供油行程增加，循环供油量增加。油量调节套筒的位置由调速器控制。

④ 压力平衡过程，如图 6-17（d）所示。分配柱塞上设有压力平衡槽。在分配柱塞运动过程中，压力平衡槽始终与泵体内腔相通。在某一气缸供油结束后且当压力平衡槽转至与对应气缸的出油孔及分配油道相通时（该缸供油开始后分配柱塞再转 180°），使出油阀前方整个油路与泵体内腔相通，并保持与泵体内腔相同的压力。这样，随着分配柱塞的运动，压力平衡槽分别与各出油孔及分配油道依次接通，使各分配油道内的剩余压力保持一致，保证了各缸供油的均匀性。

（2）叶片式输油泵

叶片式输油泵是分配式喷油泵燃油供给系统中的第二级输油泵，它安装在分配泵内部，其结构如图 6-18 所示，主要由转子、叶片、偏心环和端盖等组成。偏心环用定位销与喷油泵壳体固定；转子装在偏心环内，转子上的四个凹槽中均装有叶片，叶片既可随转子一起转动，也可在转子凹槽内滑动。端盖用于封闭偏心环两端形成泵腔。

叶片式输油泵工作原理如图 6-19 所示。叶片的外端为圆弧面，离心力作用，使叶片与偏心环内表面紧密接触，这样叶片、转子、偏心环和端盖间形成四个油腔。输油泵转子通过键与驱动轴连接。柴油机工作时，输油泵转子带动叶片在偏心环内转动，使每个油腔容积不断变化；当某一油腔转至进油口附近时，由于容积逐渐增大，来自膜片式输油泵的柴油吸入该油腔；该油腔转过进油口后，容积逐渐减少，油压升高；当该油腔与出油口相通时，油腔内的柴油输出并送往分配泵。

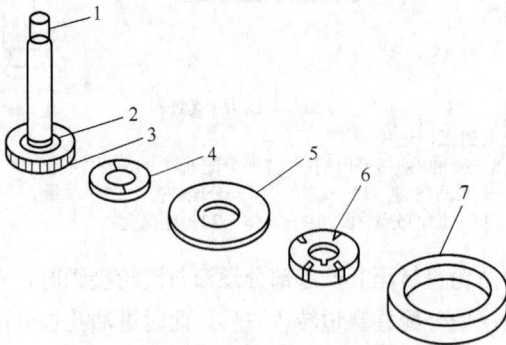

图 6-18 叶片式输油泵
1—分配泵驱动轴 2—弹性连接块 3—调速器驱动齿轮
4—垫片 5—端盖 6—转子 7—偏心环

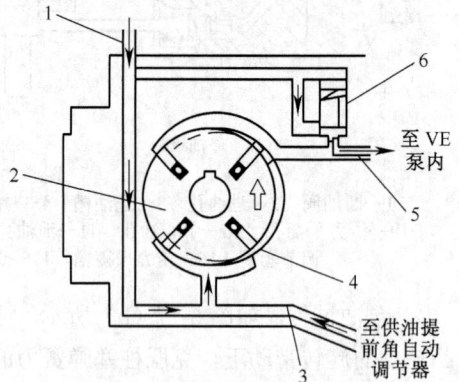

图 6-19 叶片式输油泵工作原理
1—低压油管 2—转子 3—油道 4—叶片
5—输出油道 6—调压阀

调压阀用来限制叶片式输油泵的输出压力，当输油泵输出的油压超过规定值时，柴油顶开调压阀，部分柴油经调压阀流回低压油管。调压阀也可调整输油泵输出油压，增加调压阀弹簧预紧力，输出油压提高；反之，输出油压降低。

（3）电磁式断油阀

分配泵上装有电磁式断油阀，其功用是打开或关闭进油道。其控制电路和结构如图 6-20 所示，它主要由电磁线圈、回位弹簧和阀门等组成。

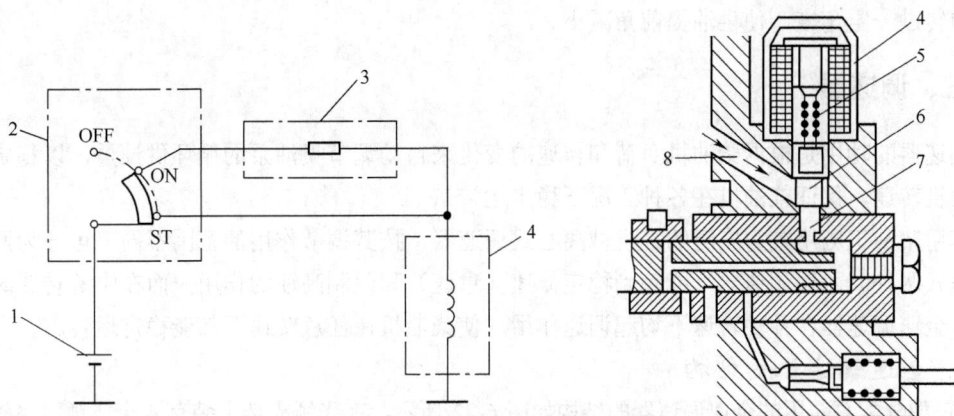

图 6-20　电磁式断油阀控制电路和结构
1—蓄电池　2—起动开关　3—电阻　4—电磁线圈　5—回位弹簧　6—阀门　7—进油孔　8—进油道

起动时，起动开关处于 ST 位置，来自蓄电池的电流直接流过电磁线圈，产生较大的电磁吸力，克服回位弹簧力的作用，将阀门吸起，进油孔开启，进油道被打开。起动后，起动开关处于 ON 位置，这时电流经电阻流过电磁线圈，电流减小，产生的电磁吸力减弱，但由于受油压作用，进油孔仍处于开启状态，为发动机提供起动和正常工作的柴油。停机时，起动开关处于 OFF 位置，这时电路断开，在回位弹簧力作用下，阀门下移，进油孔关闭，进油道被切断，供油结束，发动机停止工作。

（4）供油提前角自动调节器

供油提前角自动调节器安装在泵体下部，其结构如图 6-21 所示。

正时柱塞上加工两个互相垂直的径向孔，水平方向的径向孔内装有连接销，连接销上也加工有垂直方向的径向孔。传动销下端安装在柱塞和连接销之间的垂直径向孔内，上端安装在滚轮架的径向孔内。通过连接销和传动销实

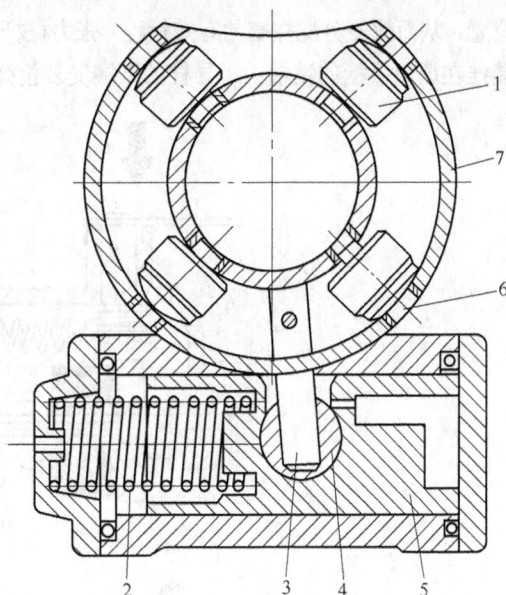

图 6-21　供油提前角自动调节器
1—滚轮　2—弹簧　3—传力销　4—连接销
5—正时柱塞　6—滚轮轴　7—滚轮架

现了柱塞与滚轮架之间的连接。柱塞右端有一小孔与泵体内腔相通（其压力等于叶片式输油泵的出口压力），柱塞左端安装有弹簧，并通过油孔与叶片式输油泵吸入端相连。

当柴油机在某一转速下稳定运转时，作用于正时柱塞左、右两侧的力相等，正时柱塞处于某一平衡位置不动。当柴油机转速升高时，叶片式输油泵运转速度加快，出口压力增加，作用于柱塞右侧的力随之增加，推动柱塞左移，并通过连接销和传力销带动滚轮架绕其轴线顺时针转动一定角度，直至作用于柱塞两侧的力重新达到平衡为止。由于滚轮架旋转方向与平面凸轮盘的旋转方向正好相反，使平面凸轮提前一定角度与滚轮接触，供油时刻提前，供油提前角增大。转速越高，泵体内腔的油压越大，柱塞左移量越多，供油提前角越大；反之，当柴油机转速降低时，作用于柱塞右侧的力随之减小，柱塞右移，并通过连接销和传力销带动滚轮架向着平面凸轮盘旋转

的方向转过一定角度，使供油提前角减小。

三、调速器

调速器的功用是根据柴油机负荷和转速的变化来自动调节喷油泵的循环供油量，以稳定和限制柴油机转速，保证柴油机在各种工况下稳定运转。

车用柴油机应用较为广泛的是机械离心式调速器，按其调节作用的范围不同，可分为两速式和全速式两种。两速调速器只能起到稳定低速（怠速）和限制高速的作用，而在中等转速时不起作用。全速调速器在各种转速下均起调速作用，使柴油机在任意转速下都能稳定运转。

1．全速调速器的结构

VE 型分配泵装用的全速调速器的结构如图 6-22 所示，在飞锤支架上装有 4 个飞锤，飞锤通过止推片推动调速套筒移动。张力杠杆、起动杠杆和导杆组成调速器杠杆系统，它们通过销轴连在一起并可分别绕销轴摆动。导杆通过销轴固定在分配泵体上。起动杠杆的下端是球头销，嵌入油量调节套筒的凹槽中。当起动杠杆摆动时，球头销将拨动油量调节套筒，改变其与分配柱塞上泄油孔的相对位置，从而改变分配柱塞的有效行程。张力杠杆上端通过怠速弹簧与调速弹簧连接，调速弹簧的另一端挂在调速手柄的销轴上。导杆的下端受复位弹簧的推压，使其上端靠在最大供油量调节螺钉上。

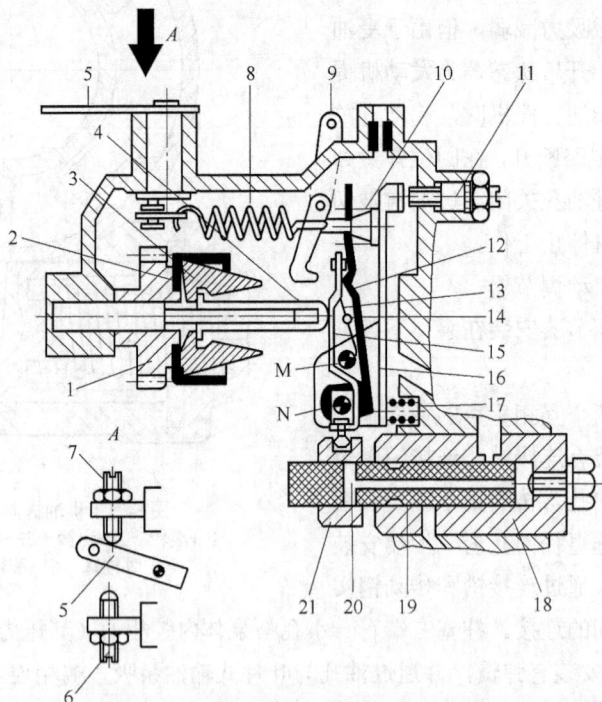

图 6-22　VE 型分配泵全速调速器的结构

1—调速器传动齿轮　2—飞锤支架　3—飞锤　4—调速套筒　5—调速手柄　6—怠速调节螺钉　7—最高速限止螺钉
8—调速弹簧　9—停车手柄　10—怠速弹簧　11—最大供油量调节螺钉　12—张力杠杆　13—起动弹簧
14—张力杠杆挡销　15—起动杠杆　16—导杆　17—回位弹簧　18—柱塞套　19—分配柱塞　20—泄油孔
21—油量调节套筒　M—导杆支撑销轴（固定）　N—起动杠杆、张力杠杆及导杆支撑销轴（可动）

2．VE 型分配泵装用的全速调速器的工作原理

（1）起动工况

如图 6-23 所示，起动前，将调速手柄推靠在最高速限止螺钉上。这时调速弹簧被拉伸，弹簧

的张力拉动张力杠杆绕销轴向左摆动，并通过板形起动弹簧使起动杠杆压向调速套筒，从而使静止的飞锤处于完全闭合的状态。与此同时，起动杠杆下端的球头销将油量调节套筒向右拨到起动加浓供油位置 C，供油量最大。起动后，飞锤的离心力克服作用在起动杠杆上的起动弹簧的弹力，使起动杠杆绕销轴向右摆动，直到抵靠在张力杠杆的挡销上。此时，起动杠杆下端的球头销向左拨动油量调节套筒，供油量自动减少。

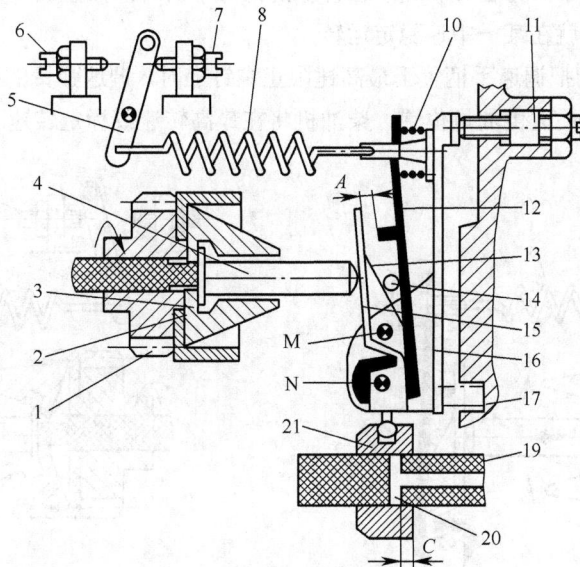

图 6-23　起动工况
A—起动弹簧压缩量　　C—起动加浓供油位置（图注同图 6-22）

（2）怠速工况

如图 6-24 所示，柴油机起动后，将调速手柄移至怠速调节螺钉上。在这个位置，调速弹簧的张力几乎为零，即使调速器传动轴的转速很低，飞锤也会向外张开推动调速套筒，使起动杠杆和张力杠杆绕销轴向右摆动，并使怠速弹簧受到压缩。这时，飞锤离心力对调速套筒的作用力与怠速弹簧及起动弹簧对调速套筒的作用力平衡，油量调节套筒处于怠速供油位置，柴油机在怠速下稳定运转。

若由于某种原因使柴油机转速升高，则飞锤离心力增大，上述的平衡被打破，飞锤推动调速套筒、起动杠杆和张力杠杆进一步压缩怠速弹簧而向右摆动，油量调节套筒则向左移，供油量减少，转速回落复原。若柴油机转速降低，飞锤离心力减小，怠速弹簧推动张力杠杆和起动杠杆向左摆动，油量调节套筒则向右移，增加供油量，使转速回升。

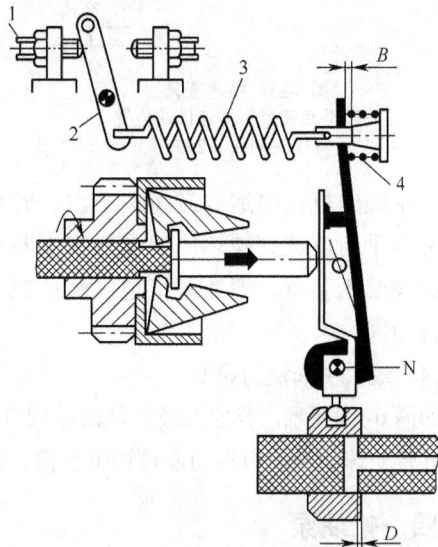

图 6-24　怠速工况
1—怠速调节螺钉　2—调速手柄　3—调速弹簧　4—怠速弹簧
N—起动杠杆、张力杠杆及导杆支撑销轴（可动）
D—怠速供油位置　B—怠速弹簧压缩量

（3）中速和最高速工况

如图 6-25 所示，欲使柴油机在高于怠速而又低于最高转速的中速工作时，则需将调速手柄置于怠速调节螺钉与最高速限止螺钉之间某一位置。这时，调速弹簧被拉伸，同时拉动张力杠杆和起动杠杆绕销轴向左摆动，而起动杠杆下端的球头销则向右拨动供油量调节套筒，使供油量增加，柴油机由怠速转入中速状态。此时转速升高，飞锤离心力增大，当其向右作用于调速套筒上的推力与调速弹簧向左作用于张力杠杆和起动杠杆上的拉力平衡时，油量调节套筒便稳定在某一中等供油量位置，柴油机也就在某一中速稳定运转。

如图 6-26 所示，当把调速手柄置于最高速限止螺钉上时，调速弹簧的张力达到最大，供油量调节套筒也相应地移至最大供油量位置，柴油机将在最高转速或标定转速下工作。

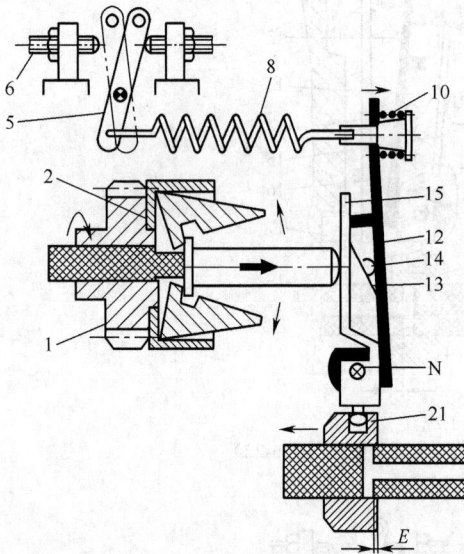

图 6-25　中速工况
E—部分负荷最高转速供油位置
（图注同图 6-22）

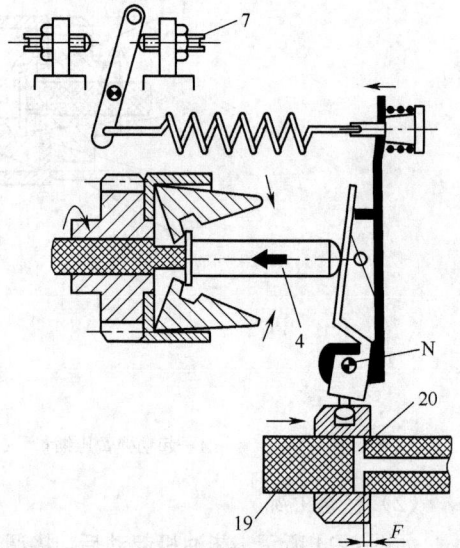

图 6-26　最高速度工况
F—全负荷最高转速供油位置
（图注同图 6-22）

不论柴油机在中速或最高速工作，若负荷发生变化而引起转速改变，飞锤离心力与调速弹簧力的平衡就遭到破坏，调速器将立即动作，通过增减供油量，使转速复原。如果突然全部卸掉柴油机负荷，调速器将把供油量减至最小，以防止柴油机超速，其调速过程与稳定怠速过程相同。

（4）最大供油量的调节

如图 6-23 所示，若拧入最大供油量调节螺钉，则导杆绕销轴逆时针方向转动，销轴也随之转动，并带动球头销向右拨动油量调节套筒，这时最大供油量增加；反之，最大供油量减少。

四、输油泵

输油泵的功用是使柴油产生一定的压力，用以克服柴油滤清器和管路中的阻力，保证连续不断地向喷油泵输送足够的柴油。输油泵一般安装在油箱和高压油泵之间，常见的结构形式有活塞式、膜片式、叶片式和齿轮式等几种。膜片式和叶片式输油泵分别作为分配式喷油泵的一级和二级输油泵，而活塞式输油泵则与柱塞式喷油泵配套使用。

1．活塞式输油泵的结构

活塞式输油泵的结构如图 6-27 所示，它主要由泵体、活塞、进油阀、出油阀、手油泵等组成。活塞式输油泵安装在喷油泵壳体上，用喷油泵凸轮轴上的偏心轮驱动。

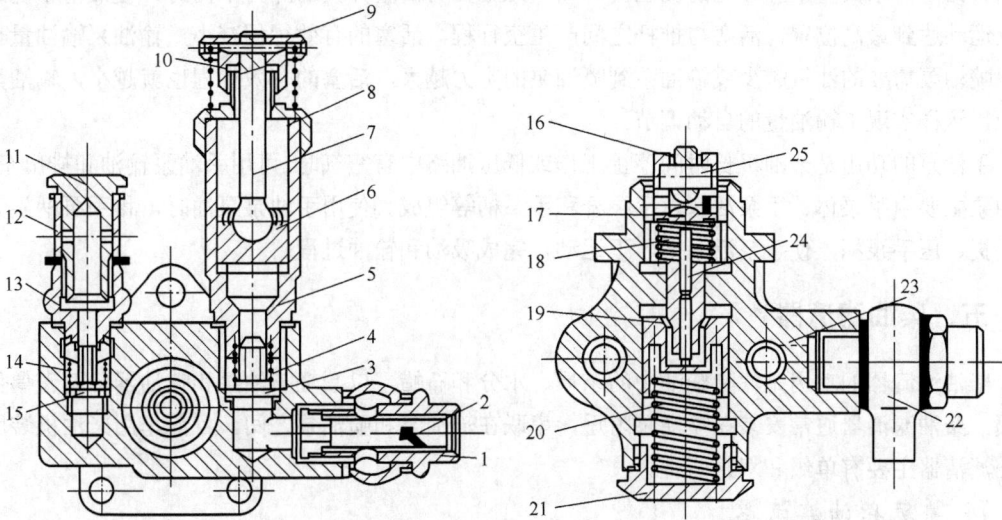

图 6-27　活塞式输油泵

1—进油管接头螺栓　2—滤网　3—进油阀　4—进油阀弹簧　5—手泵体　6—手泵活塞　7—手泵杆
8—手泵盖　9—手泵销　10—手泵柄　11—出油管接头螺套　12—保护套　13—油管接头
14—出油阀弹簧　15—出油阀　16—滚轮　17—滚轮架　18—滚轮弹簧　19—活塞
20—活塞弹簧　21—螺塞　22—进油管接头　23—泵体　24—推杆　25—滚轮销

2．活塞式输油泵的工作原理

活塞式输油泵的工作原理如图 6-28 所示。喷油泵凸轮轴转动时，轴上的偏心轮驱动滚轮、滚轮架、推杆和活塞向下运动，使泵腔 I 因容积减小而油压升高，进油阀被关闭，出油阀被压开，柴油由泵腔 I 通过出油阀流向泵腔 II。当喷油泵凸轮轴上的偏心轮转过时，在活塞弹簧的作用下，推动活塞向上运动，于是泵腔 II 内的油压升高，出油阀关闭，泵腔 II 内的柴油经出油管输出；与此同时，由于泵腔 I 内的容积增大，形成一定的真空度，将进油阀吸开，油箱内的柴油经进油管和进油阀被吸入泵腔 I。

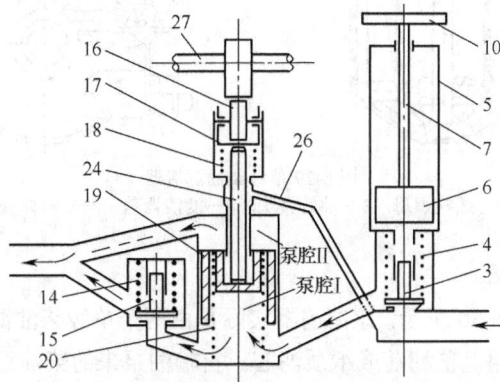

图 6-28　活塞式输油泵的工作原理图
26—回油道　27—喷油泵凸轮轴　（其余图注同图 6-27）

活塞式输油泵的输油量取决于活塞的行程，当活塞行程等于偏心轮的偏心距时，输油量最大，一般为发动机全负荷时最大耗油量的3～4倍。输油压力取决于活塞弹簧的弹力，活塞式输油泵的输油压力一般为 0.15～0.30MPa。如果输油泵的输油量大于喷油泵需要的油量或输油泵到喷油泵的油管路阻力增大，泵腔Ⅱ内的油压会升高，此压力与活塞弹簧的弹力平衡时，使活塞不能继续向上运动达到最高位置，活塞与推杆之间产生空行程，活塞的有效行程减小，输油泵输油量也减少。喷油泵需要的油量越少或输油泵到喷油泵的阻力越大，活塞的有效行程也就越小，输油量也越少，这样实现了输油量的自动调节。

手油泵的功用是柴油机长时间停止工作或低压油路中有空气时，可用手油泵输油和排出空气。手油泵主要由手泵体、手泵活塞、手泵杆和手泵柄等组成。使用手油泵泵油时，将手泵柄旋开，用手提、压手泵柄，使手泵活塞上、下运动，完成吸油和输油过程。

五、柴油滤清器

柴油滤清器的功用是滤除柴油中的杂质、水分和石蜡，以减轻喷油泵和喷油器各精密偶件的磨损。柴油滤清器通常安装在喷油泵附近，串联在输油泵和喷油泵之间。目前车用柴油机装用的柴油滤清器主要有单级和双级两种。

1．单级柴油滤清器

单级柴油滤清器的结构如图 6-29 所示，其结构原理与纸质滤芯可拆式机油粗滤器基本相同，区别主要在于柴油滤清器盖上设有放气螺钉和限压阀。柴油经过滤清器时，水分沉淀在壳体内，杂质被滤芯滤除。放气螺钉用于排除低压油路内的空气。当滤清器内压力超过限压阀开启压力（0.1～0.15MPa）时，限压阀开启，使多余的柴油流回油箱，从而保证滤清器内油压在一定限度内。

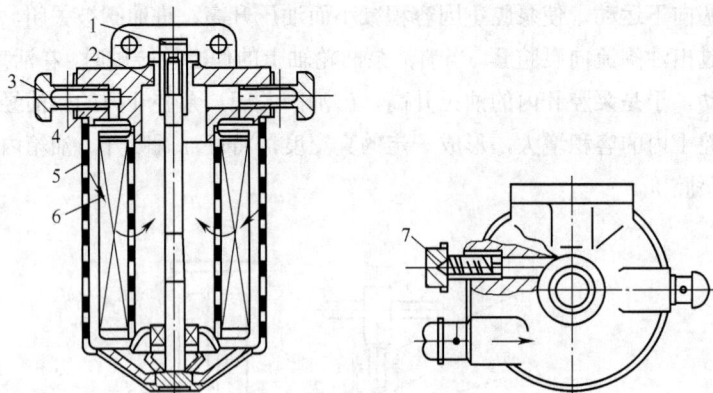

图 6-29 单级柴油滤清器
1—放气螺钉　2—中心螺栓螺母　3—油管接头　4—滤清器盖　5—壳体　6—滤芯　7—限压阀

2．双级柴油滤清器

双级柴油滤清器如图 6-30 所示，该滤清器实际是由两个单级柴油滤清器串联成一体，第一级采用纸质滤芯，第二级采用毛毡滤芯或纸质滤芯。自输油泵来的柴油经第一级滤清器过滤后，由滤清器内部油道进入第二级滤清器，从而保证更好的过滤效果。滤清器盖上设有一个放气螺钉和一个限压阀。

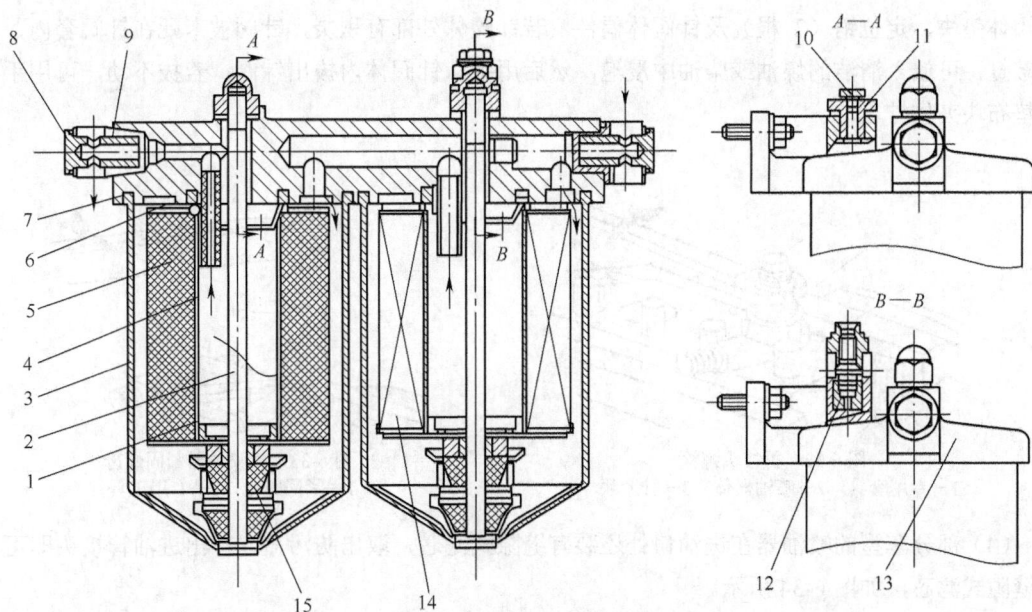

图 6-30　双级柴油滤清器

1—绸滤布　2—中心螺栓　3—壳体　4—滤芯内筒　5—毛毡　6—滤芯密封圈　7—壳体密封圈　8—油管接头
9—油管接头垫　10—放气螺钉　11—螺塞　12—限压阀　13—滤清器盖　14—纸质滤芯　15—滤芯衬垫

实操技能训练

一、喷油器的拆装

1．拆卸

（1）如图 6-31 所示，从气缸盖上取出喷油器，按次序放好各缸喷油器及空心螺栓、固定凸缘、铜垫等。

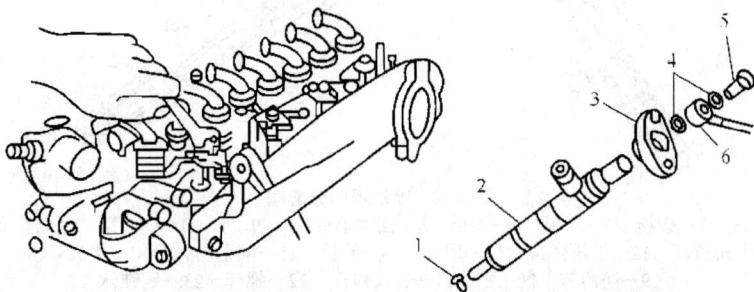

图 6-31　从气缸盖上取出喷油器

1—铜垫　2—喷油器　3—固定凸缘　4—垫片　5—空心螺栓　6—鼓形接头

（2）如图 6-32 所示，将喷油嘴朝下夹在垫有铜皮或专用套具的虎钳上，拆下接头螺栓、垫片及防尘套，拧出调压护帽及调压螺钉，取出调压弹簧座、调压弹簧和顶杆（有调整垫的收存各种调整垫），将拆下的零件放在清洁油盆内。

（3）如图6-33所示，将喷油嘴朝上夹在虎钳上，拆下喷油嘴紧固螺母，有针阀体垫块的取出针阀体垫块、定位销（2根）及针阀体偶件。若针阀体外部有积炭，针阀被卡死在针阀套内，不可敲打，可放入清洁的煤油或柴油中浸泡，然后用手从针阀体内拔出针阀；若拔不动，可用手钳加垫布块夹住拧出。

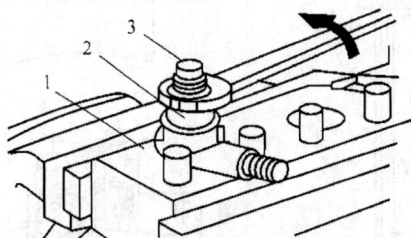

图6-32　拆接头螺栓
1—专用套具　2—喷油器体　3—拧紧块

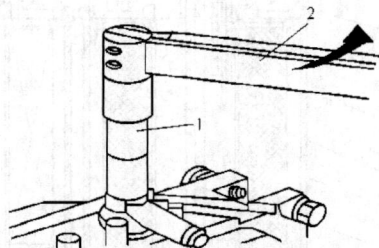

图6-33　拆喷油器紧固螺母
1—紧固螺母　2—专用工具

（4）部分车型的喷油器在进油口处还装有缝隙式滤芯，取出防污盖，拧出进油管接头即可取出缝隙式滤芯，如图6-34所示。

分解后的零件应摆放整齐，各喷油嘴的针阀与针阀体应成对放置在清洁的装有柴油的专用保存盒内，切勿错乱。

2．安装

安装顺序与拆卸分解顺序相反。

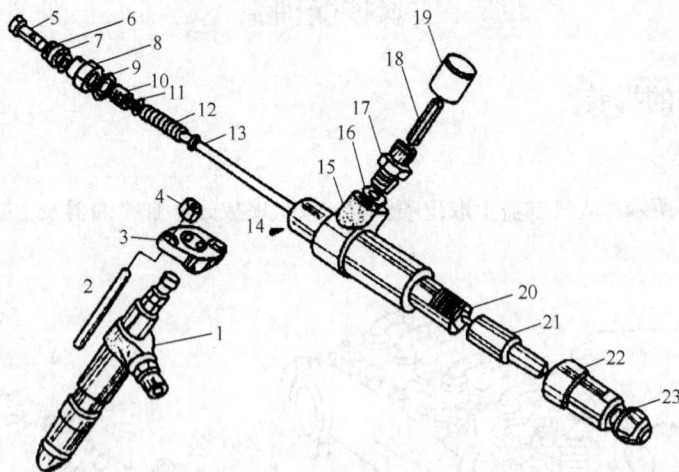

图6-34　喷油器的分解图
1—喷油器总成　2—螺栓　3—压板　4—螺母　5—回油螺钉　6、9、11、16—垫圈　7—防尘套　8—护帽
10—调压螺钉　12—调压弹簧　13—顶杆　14—锁销　15—喷油器体　17—接头　18—滤芯
19—防污盖　20—销　21—针阀偶件　22—螺套　23—铜锥体

二、柴油滤清器的拆装

1．拆卸

拆卸前应检查滤清器是否有漏油情况，以便装复时维修。

（1）对于不可拆式滤清器，只需更换总成，如图6-35所示。

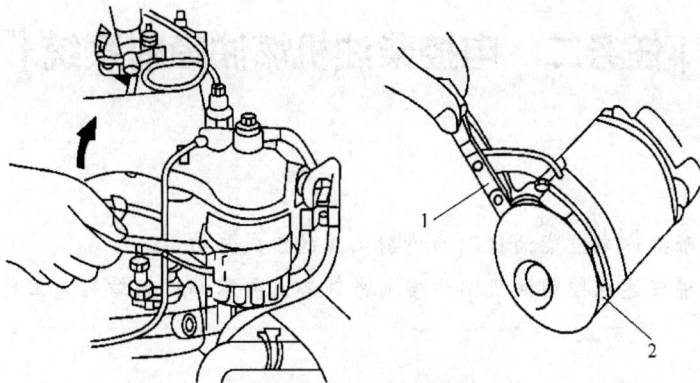

图 6-35 拆卸柴油滤清器
1—专用工具   2—滤清器的拆装位置

（2）对于可拆式滤清器，先旋下滤清器下端的排污螺塞，放出污垢，然后对滤清器外壳进行清洁。拧出滤清器的拉杆螺栓，取出壳体、弹簧、托盘、各密封圈和滤芯等，并进行清洗，如图 6-36 所示。纸质滤芯更换新品，金属陶瓷滤芯可用丙酮或溶解性更强的溶剂清洗。

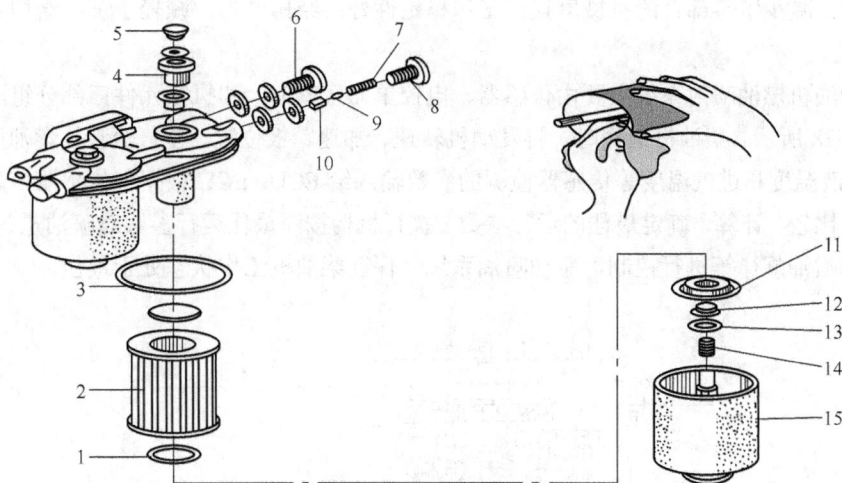

图 6-36 可拆式滤清器的拆装清洗
1、3—密封垫圈 2—滤芯总成 4—拉杆螺帽 5—放气螺塞 6—管接头螺钉 7—弹簧
8—螺钉 9—钢球 10—溢流阀座 11—托盘 12—密封圈 13—托座 14—弹簧 15—壳体组合件

2．安装

安装按拆卸相反的顺序进行。但在装配过程中应注意以下两点。

（1）不可拆式滤清器安装时应先在 O 形圈处涂上一层润滑油，如图 6-37 所示。然后用手将滤清器旋紧在支座上，最后用专用工具套在有特殊台阶的拆装位置上旋紧少许即可。

（2）可拆式滤清器在装复滤芯时，应注意沉淀杯与外壳位置要正确，必要时还要在二者的接合处涂上密封剂。

图 6-37 安装前先涂润滑油

|任务二 电控柴油机燃油喷射系统|

【学习目标】

1. 能够正确描述电控柴油机燃油喷射系统的组成与功用。
2. 能够正确描述电控柴油机燃油喷射系统各主要零部件的结构与工作原理。

相 关 知 识

传统的柴油喷射系统是采用机械方式进行喷油量和喷油时间调节和控制的。由于机械运动存在滞后性，控制精度稍差，难以准确控制喷油速率、喷油压力和喷油时间，导致柴油机动力性、经济性及排放性下降。电控柴油机燃油喷射系统具有如下优点：提高了喷油正时的控制精度，响应速度快；精确控制喷油量，可实现预喷射和主喷射，改善了喷油规律；提高了喷油压力，改善了燃烧过程；减少了零部件的机械磨损，工作稳定性好；结构紧凑，减轻重量；结构简单，适用性强。

电控柴油机燃油喷射系统主要由传感器、电控单元（ECU）和执行元件三部分组成，其控制原理如图 6-38 所示。柴油机工作时，将发动机转速、加速踏板位置、空气流量、燃油压力、燃油温度、冷却液温度和进气温度等传感器检测的参数输入给 ECU。ECU 根据各传感器信息与储存的参数值进行比较、计算，确定最佳的运行参数。执行机构按照最佳运行参数对喷油量、喷油压力、喷油时间和喷油规律等进行控制，驱动喷油系统，保证柴油机工作状态处于最佳。

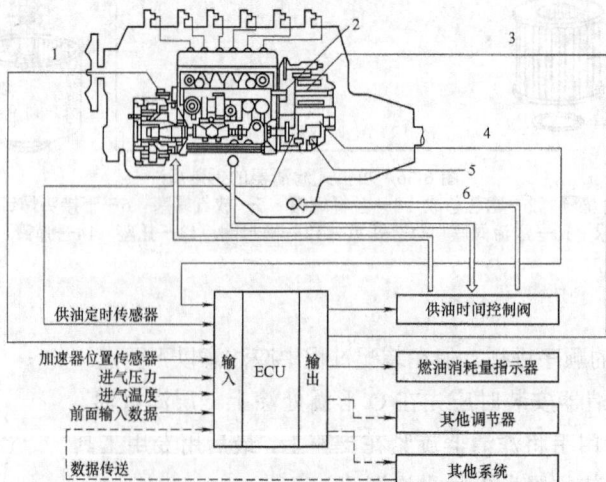

图 6-38 电控柴油机燃油喷射系统控制原理
1—发动机转速传感器 2—油量控制齿杆 3—齿杆控制电磁线圈
4—齿杆位置传感器 5—功率放大器 6—发动机润滑油

电控柴油机燃油喷射系统按控制部件的不同，可分为电控喷油泵和电控喷油器两种类型。按对供（喷）油量、供（喷）油正时的控制方式不同，可分为位置控制式电控燃油喷射系统、时间控制式电控燃油喷射系统和压力时间控制式高压共轨电控燃油喷射系统三种类型。位置控制式电控燃油喷射系统包括电控直列柱塞泵系统和电控分配泵系统两种类型。时间控制式电控燃油喷射系统包括电控直列柱塞泵系统、电控分配泵系统、电控泵喷嘴系统和电控单体泵系统等类型。压力时间控制式高压共轨电控燃油喷射系统包括蓄压式电控高压喷射系统、电控液压式泵喷嘴系统和高压共轨电控喷射系统。

一、电控泵喷嘴系统

电控泵喷嘴系统将产生高压的喷油泵与喷油器和控制单元（电磁阀）等组合在一起，并省去了高压油管。柴油机每缸装有一个泵喷嘴，它安装在气缸盖上，如图 6-39 所示。由于取消了高压油管，因此避免了高压油管中压力波和燃油压缩的影响，高压容积大大减少，因此可产生 200MPa 以上的喷油压力。电控泵喷嘴系统用高速强力电磁阀来控制喷油正时和喷油量，属于时间控制式。高速电磁阀受 ECU 控制，即控制流过线圈电流的通、断时刻及通断时间的长短，从而控制喷油量与喷油提前角。

电控泵喷嘴系统主要由燃油供给系统、喷射系统和电控系统三部分组成。

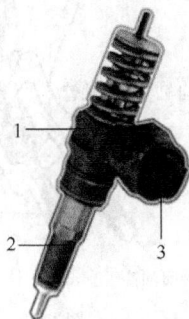

图 6-39 泵喷嘴
1—压力产生泵 2—喷嘴
3—控制单元（电磁阀）

1. 燃油供给系统

电控泵喷嘴的燃油供给系统的结构如图 6-40 所示，它主要由油箱、燃油泵、燃油冷却器、过滤器、燃油温度传感器、单向阀和限压阀等组成。

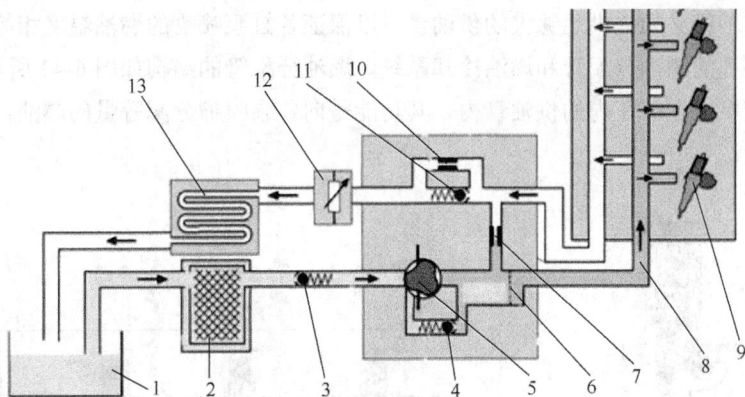

图 6-40 燃油供给系统
1—油箱 2、13—燃油冷却器 3—燃油滤清器 4、11—限压阀 5—燃油泵 6—过滤器
7—节流孔 8—燃油分配管 9—泵喷嘴 10—旁通阀 12—燃油温度传感器

（1）燃油泵

燃油泵的功用是将燃油从油箱输送给泵喷嘴。它安装在气缸盖上，由发动机凸轮轴驱动。燃油泵是间歇式叶片泵，其结构如图 6-41 所示。

间歇式叶片泵依靠弹簧将叶片压紧在转子上，其优点是在发动机转速较低时也可向泵喷嘴供油；而旋转式叶片泵则依靠离心力将叶片压紧在定子上，只有在发动机达到一定转速时才能向泵喷嘴供油。泵体内始终存有一定量的燃油，保证燃油供给的连续性。

燃油泵的工作过程如图 6-42 所示。柴油机工作时，间歇叶片、转子和泵体内腔形成两个吸油腔和两个压油腔，它是利用油腔容积的变化而完成吸油和压油过程。转子沿逆时针方向旋转时，油腔Ⅰ和油腔Ⅳ的容积增加，产生真空度，将燃油吸入油腔；油腔Ⅱ和油腔Ⅲ的容积减少，油压升高，高压燃油经过滤器输送给泵喷嘴。

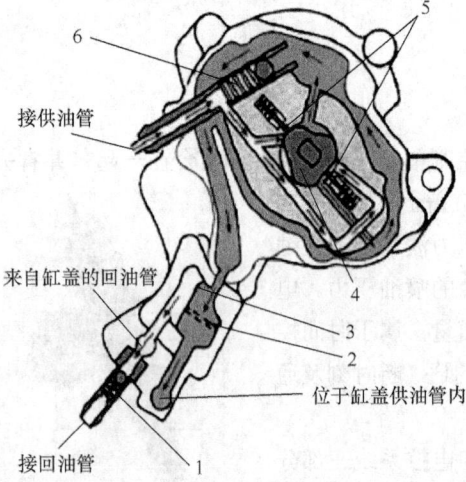

图 6-41　燃油泵的结构
1—回油管压力调节阀　2—过滤器　3—节流孔
4—转子　5—间歇叶片　6—供油管压力调节阀

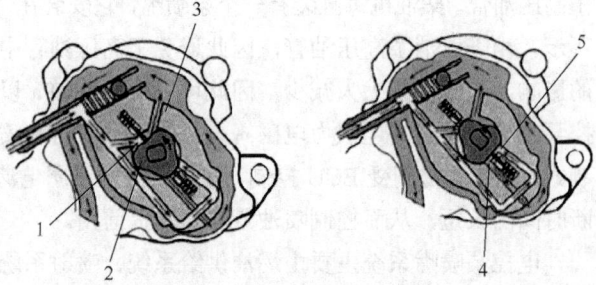

图 6-42　燃油泵的工作过程
1—油腔Ⅰ　2—转子　3—油腔Ⅱ　4—油腔Ⅲ　5—油腔Ⅳ

（2）燃油分配管

由于进油道铸造在气缸盖内，燃油在压缩和溢流过程中会产生热量，气缸盖的热量也传给燃油，因此要求供油管必须提供足够大的供油量，以保证各缸泵喷嘴的燃油温度相等。为此，该系统设有带有十字孔的燃油分配管和燃油冷却系统，燃油分配管的结构如图 6-43 所示。

燃油分配管集成在缸盖内的供油管内，其功能是向各泵喷嘴分配等量的燃油，其工作过程如图 6-44 所示。

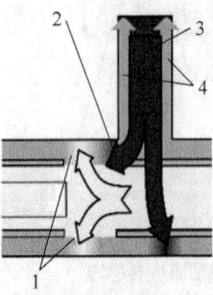

图 6-43　燃油分配管
1—十字孔　2—环形管内燃油混合
3—从泵喷嘴流回的燃油　4—到泵喷嘴的燃油

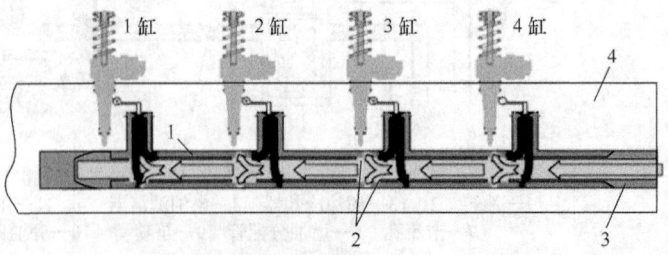

图 6-44　燃油分配管的工作过程
1—环形管　2—十字孔　3—燃油分配管　4—气缸盖

燃油泵将燃油输送到缸盖内的供油管内。在供油管内，燃油沿着分配管内管流向 1 缸，并通过十字孔进入分配管和缸盖壁之间的环形管中。此时，燃油与泵喷嘴流回的受热燃油混合，并被泵喷嘴强制流回供油管，从而使供油管内流向各缸的燃油温度一致，这样提供给所有泵喷嘴的燃油量也相等，保证了发动机平稳运转。

（3）燃油冷却系统

燃油冷却系统的功用是冷却从泵喷嘴流回的高温燃油，防止油箱和油位传感器受到过热燃油的影响。燃油冷却系统由燃油冷却器、燃油冷却泵和管路等组成，如图 6-45 所示。燃油冷却器安装在燃油滤清器内。

燃油冷却泵采用电子式再循环泵，其功用是使冷却液在冷却环路中循环。当油温达到 70℃时，控制单元（ECU）通过燃油冷却继电器将其接通。

燃油冷却环路的工作过程如图 6-46 所示。从泵喷嘴流回的燃油在经过燃油冷却器时，将热量传给燃油冷却环路中的冷却液，使高温燃油得以冷却；燃油冷却环路与柴油机冷却环路是分开的，因为柴油机运行时冷却液温度过高，不能使高温燃油得以冷却；燃油冷却环路和柴油机冷却环路在膨胀罐附近相通，这样燃油冷却环路能够得到充注，而且因为温度波动而产生的体积变化也会得到补偿。

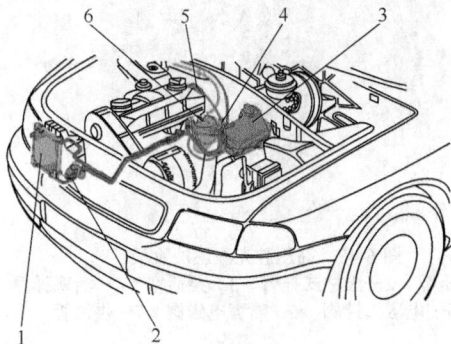

图 6-45　燃油冷却系统
1—辅助水冷器　2—燃油冷却泵　3—膨胀罐
4—冷却液传感器　5—燃油泵　6—燃油冷却器

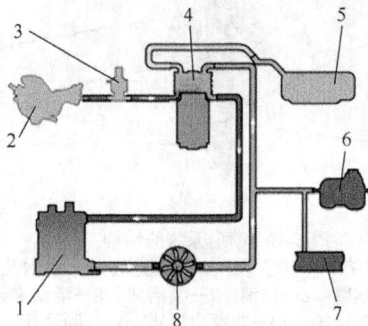

图 6-46　燃油冷却循环路线
1—辅助水冷器　2—燃油　3—燃油温度传感器　4—燃油冷却器
5—油箱　6—膨胀罐　7—柴油机冷却环路　8—燃油冷却泵

2．喷射系统

喷射系统的结构如图 6-47 所示。喷射凸轮有一个陡峭上升面和一个平滑下降面，当喷射凸轮转至陡峭上升面与摇臂接触时，泵活塞被高速下压并获得一个高喷射压力；当喷射凸轮转至平滑下降面与摇臂接触时，泵活塞缓慢平稳地上下移动，允许无气泡的燃油流入泵喷嘴的高压腔。

喷射系统的工作过程包括高压腔充注燃油阶段、预喷射循环阶段和主喷射循环阶段，并利用针阀缓冲元件（缓冲活塞）控制针阀上升时的升程变化，保证其具有"先缓后急"的理想喷油规律。

（1）高压腔充注燃油阶段

泵活塞在活塞弹簧力的作用下向上移动，高压油腔内容积增大。此时喷嘴电磁阀不动作，电磁阀针阀处于静止位置，进油管到高压油腔的通道打开，供油管内高压使燃油流入高压腔，为喷射循环做好准备。高压腔充注燃油阶段如图 6-48 所示。

（2）预喷射循环阶段

在主喷射循环开始之前，少量燃油在低压下喷入燃烧室。少量燃油燃烧使燃烧室内的压力和温度上升，可以减少着火延迟（着火延迟是开始喷油和燃烧室内压力开始上升之间的时间，这段时间应短暂，否则在此期间喷油量大，压力会突然上升并产生很大的燃烧噪声，即工作粗暴）。

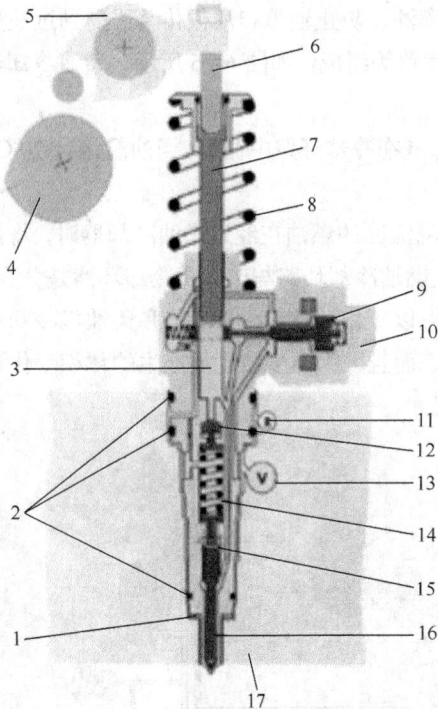

图 6-47　喷射系统的结构

1—隔热密封垫　2—O 形环　3—高压腔　4—喷射凸轮
5—滚柱式摇臂　6—球销　7—泵活塞　8—活塞弹簧
9—电磁阀针阀　10—喷嘴电磁阀　11—回油管
12—收缩活塞　13—供油管　14—喷嘴弹簧
15—针阀缓冲元件（缓冲活塞）
16—针阀　17—气缸盖

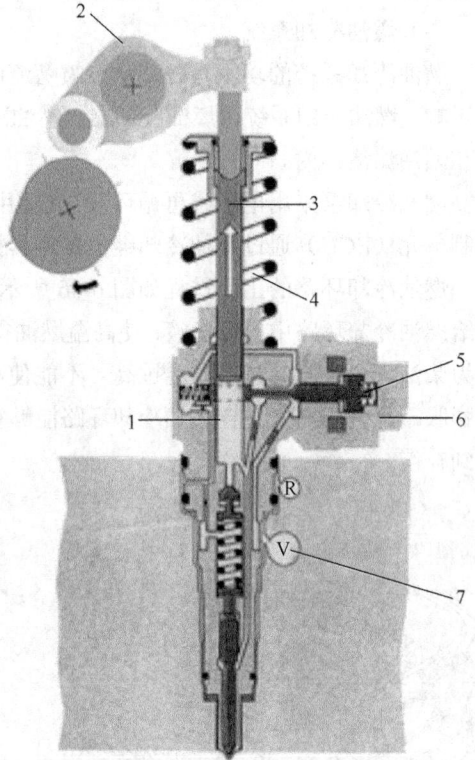

图 6-48　高压腔充注燃油阶段

1—高压腔　2—滚柱式摇臂　3—泵活塞　4—活塞弹簧
5—电磁阀针阀　6—喷嘴电磁阀　7—供油管

① 预喷射循环开始。喷射凸轮通过滚柱式摇臂将泵活塞压下，将高压腔内的燃油排出到供油管。发动机控制单元给喷嘴电磁阀电信号，电磁阀针阀被压入到阀座内，关闭高压腔到供油管的通道。高压腔内开始产生压力，当压力达到 18MPa 时，此压力高于喷嘴弹簧压力，针阀上升，预喷射循环开始，如图 6-49 所示。在这一阶段，喷油嘴针阀的升程受到阻尼单元液压力的限制。

在针阀上升开启喷油孔过程中，针阀缓冲元件（缓冲活塞）起到限制针阀上升速度的作用，实现了理想喷油规律的"先缓"。喷油开始前，喷嘴弹簧将缓冲活塞和针阀压至最下端位置，使针阀关闭喷油孔，此时在针阀室上部充满燃油；开始喷油时，针阀和缓冲活塞一起上升，针阀室上部的燃油被压回喷嘴弹簧室，由于缓冲活塞与喷嘴内孔之间泄油间隙的节流作用，使针阀上升速度受到阻尼作用，喷油速率增长平缓。在针阀上升初期（见图 6-50（a）），泄油间隙大，节流作用小，缓冲活塞对针阀上升的阻尼作用较小；当缓冲活塞下端开始进入针阀室和喷嘴弹簧室之间直径较小的内孔时（见图 6-50（b）），由于泄油间隙很小、节流作用增强，缓冲活塞对针阀上升的阻尼作用明显增加，针阀升程增加更为缓慢。

② 预喷射循环结束。预喷射循环阶段的喷油量很小，时间很短。当预喷射开始后，高压腔内的油压作用在收缩活塞上，随着泵活塞压油行程的继续进行，高压腔内的油压进一步提高。当压

力达到一定值时，收缩活塞下移，高压腔内容积增大，使高压腔内的油压瞬间下降，针阀关闭喷油孔，预喷射循环结束，如图 6-51 所示。由于收缩活塞的下移，增加了喷嘴弹簧的压紧程度，这样在预喷射循环后的主喷射循环阶段，若想再次打开针阀，油压必然比预喷射循环中的油压高。

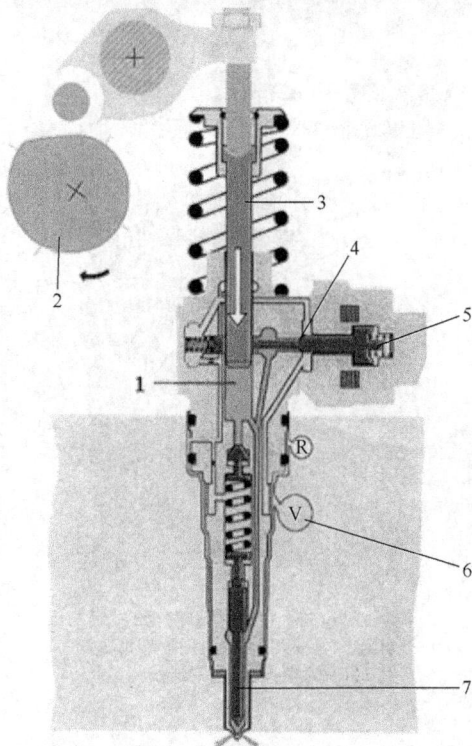

图 6-49 预喷射循环开始
1—高压腔 2—喷射凸轮 3—泵活塞 4—电磁阀座
5—电磁阀针阀 6—供油管 7—针阀

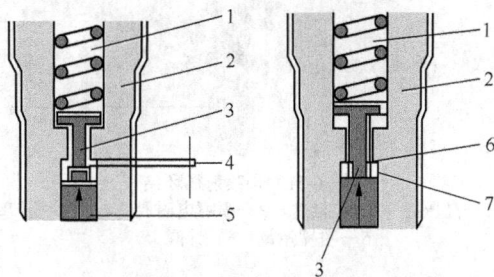

（a）针阀上升初期　　（b）针阀上升后期
图 6-50 缓冲活塞作用原理
1—喷嘴弹簧室 2—喷嘴壳体 3—缓冲活塞 4—无阻尼冲程
5—针阀 6—泄油间隙 7—液力阻尼垫

在预喷射循环和主喷射循环之间的喷射间隔，燃烧室内的压力平缓上升，使燃烧噪声降低，氮氧化合物排放量也少。

（3）主喷射循环阶段

① 主喷射循环开始。预喷射循环结束后，喷嘴电磁阀仍然关闭，随着泵活塞继续压油，高压腔内油压立即重新上升。当油压上升到约 30MPa（燃油压力高于喷嘴弹簧作用力）时，针阀再次上升而开启喷油孔，主喷射循环开始，如图 6-52 所示。在主喷射循环阶段，由于喷油孔的节流作用，喷油压力进一步提高，最高压力可达 205MPa。

② 主喷射循环结束。当喷油量达到预期控制目标时，电控单元（ECU）切断喷嘴电磁阀电路，电磁阀开启，高压腔的燃油流回供油管，压力迅速下降，喷嘴弹簧通过针阀迅速关闭喷油孔，同时收缩活塞和缓冲活塞也回到初始位置，主喷射循环结束，如图 6-53 所示。

由泵喷嘴的工作过程可知：喷嘴电磁阀通电时刻即为喷油器喷油的开始时刻，其通电时间长短决定了喷油量大小。

（4）泵喷嘴回油

泵喷嘴的回油路线如图 6-54 所示。泵喷嘴进油阶段高压腔充满燃油后或电磁阀关闭进油通道后，来自供油管的燃油全部经过回油管流回油箱。其目的是冷却泵喷嘴、排出泵活塞泄出的燃油和通过回油管内的节流孔分离来自供油管内的气泡。

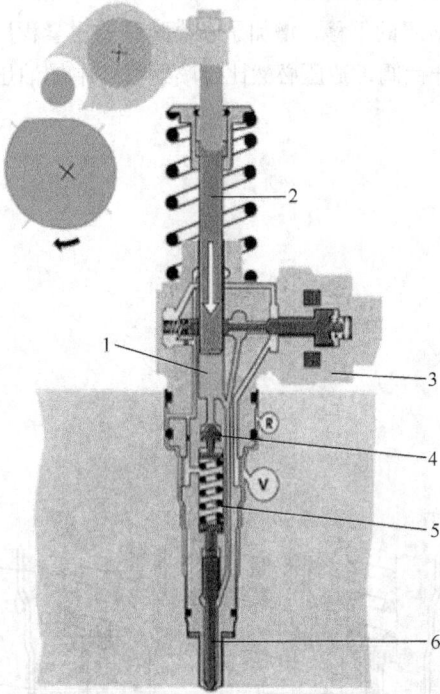

图 6-51　预喷射循环结束
1—高压腔　2—泵活塞　3—喷嘴电磁阀　4—收缩活塞
5—喷嘴弹簧　6—针阀

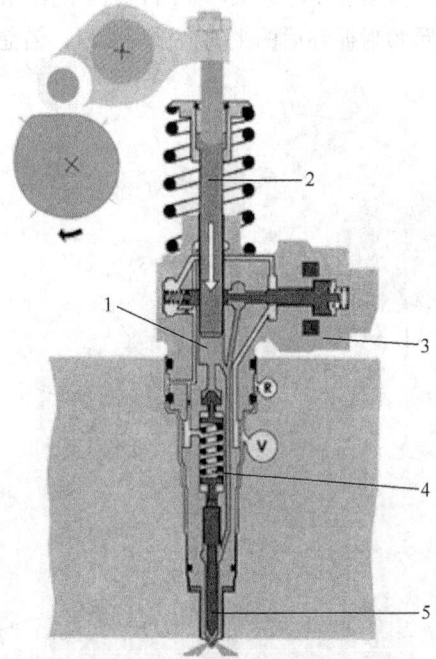

图 6-52　主喷射循环开始
1—高压腔　2—泵活塞　3—喷嘴电磁阀
4—喷嘴弹簧　5—针阀

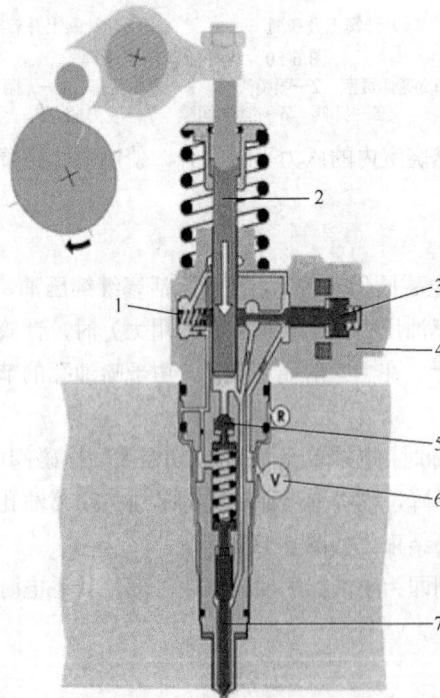

图 6-53　主喷射循环结束
1—电磁阀弹簧　2—泵活塞　3—电磁阀针阀　4—喷嘴电磁阀
5—收缩活塞　6—供油管　7—针阀

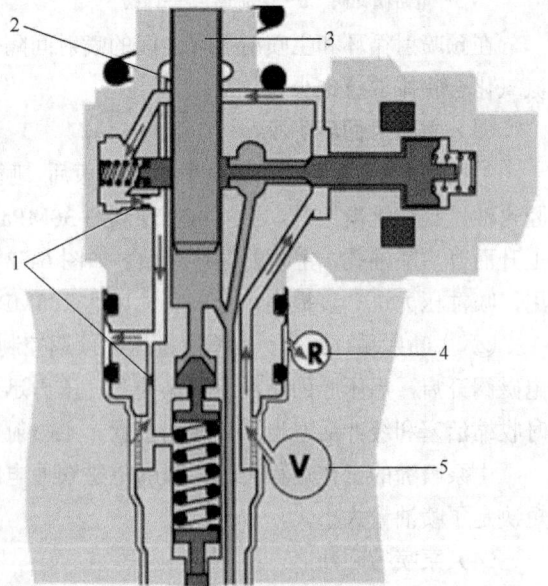

图 6-54　泵喷嘴回油路线
1—节流孔　2—泄油孔　3—泵活塞　4—回油管
5—供油管

3．电控系统

泵喷嘴电控系统由传感器、电控单元和执行元件组成。传感器包括发动机转速传感器、凸轮轴位置传感器、加速踏板位置传感器、空气流量计、冷却液温度传感器、油温传感器、进气歧管压力传感器、进气歧管温度传感器、海拔高度传感器、离合器踏板开关、制动灯开关、制动踏板开关、怠速开关和巡航开关等。执行元件包括喷油器电磁阀、预热塞继电器、废气再循环电磁阀、增压压力控制电磁阀和进气歧管翻板转换电磁阀等。

二、共轨式电控燃油喷射系统

在共轨式电控燃油喷射系统中，油压的建立和燃油的喷射彼此分开，由一个独立的高压泵提供燃油喷射所需要的高压燃油，并将高压燃油存储在公共油轨中，通过公共油轨将高压燃油输送给各缸喷油器，利用压电晶体（或电磁阀）作为执行元件，通过控制喷油器喷油的开始与结束来实现燃油喷射控制。共轨式电控燃油喷射系统由燃油供给系统和电控系统两部分组成。

1．燃油供给系统

共轨式电控燃油供给系统的结构如图 6-55 所示，它主要由高压泵、机械齿轮泵、公共油轨、压电式喷油器、水冷式燃油冷却器、电动燃油泵、压力保持阀、燃油计量阀、燃油压力调节阀、燃油滤清器和油箱等组成。

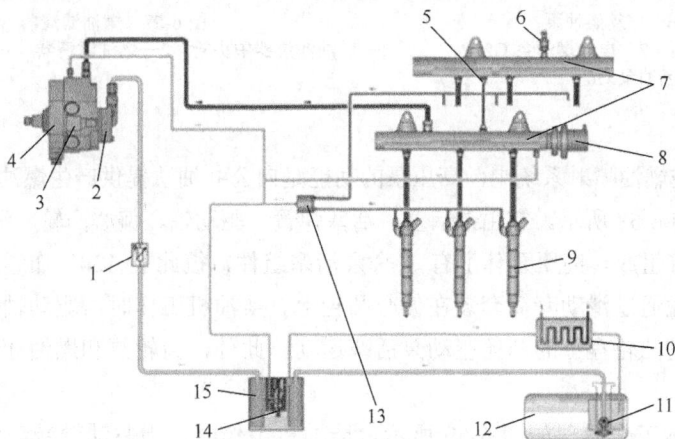

图 6-55　共轨式电控燃油供给系统
1—燃油温度传感器　2—齿轮泵　3—燃油计量阀　4—高压泵　5—节流阀　6—燃油压力传感器
7—公共油轨　8—燃油压力调节阀　9—压电式喷油器　10—水冷式燃油冷却器　11—电动燃油泵
12—油箱　13—压力保持阀　14—预热阀（膨胀元件）　15—燃油滤清器

（1）电动燃油泵

电动燃油泵是一种机械式齿轮泵，通常安装在油箱中。有些车型装有左右两个油箱，油箱内各装有一个电动燃油泵和一个吸入式喷射泵，如图 6-56 所示。两个吸入式喷射泵均由电动燃油泵驱动。当起动开关打开且发动机转速超过 40r/min 时，两个电动燃油泵由燃油喷射系统控制单元通过燃油泵继电器起动，以建立先导压力。一旦发动机开始运行，电动燃油泵将持续向供油系统泵送燃油。

（2）燃油滤清器

燃油滤清器的结构如图 6-57 所示，其功用是防止燃油喷射系统受到颗粒和水的污染等引起的磨损。燃油滤清器中央管装有一个预热阀，它由膨胀元件、弹簧和活塞等组成。预热阀根据燃油温度的变化使燃油从高压泵、公共油轨和喷油器流回燃油滤清器或油箱，防止由于环境温度较低时形成石蜡晶体而使燃油滤清器阻塞，从而影响柴油机的正常工作。当燃油温度低于 5℃时，膨胀元件完全收缩，活塞在弹簧力作用下关闭返回油箱的通道。这样，从高压泵、公共油轨和喷油器流回的燃油被输送至燃油滤清器并对其进行加热。当燃油温度超过 35℃时，膨胀元件完全打开，从而接通返回油箱的通道。这样，流回的燃油直接返回油箱。

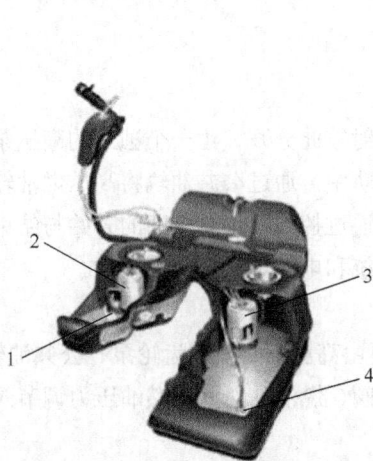

图 6-56　电动燃油泵
1、4—吸入式喷射泵　2—电动燃油泵 G23
3—电动燃油泵 G6

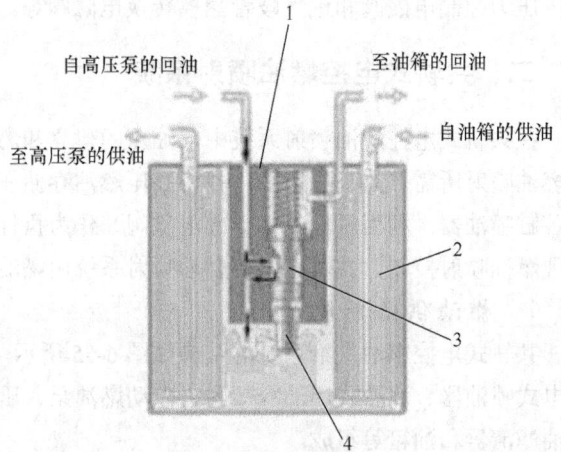

图 6-57　　燃油滤清器
1—燃油滤清器中央管　2—燃油滤清器　3—活塞　4—膨胀元件

（3）高压泵

在共轨式电控燃油喷射系统中，高压泵的功能是向公共油轨提供产生燃油喷射所需要的高压燃油，其结构如图 6-58 所示。它由泵活塞、活塞弹簧、驱动轴、偏心凸轮、滑动套筒、凸轮盘、进油阀和出油阀等组成。高压泵体上有 3 个泵活塞组件，彼此呈 120°布置。偏心凸轮固定在驱动轴上，凸轮盘通过滑动套筒套装在偏心凸轮上。柴油机工作时，驱动轴带动偏心凸轮和滑动套筒旋转，通过凸轮盘上的凸轮驱动泵活塞运动。此外，齿轮泵和燃油计量阀也集成安装在高压泵体中。

高压泵的基本工作原理如图 6-59 所示。柴油机工作时，当驱动轴带动偏心凸轮旋转使泵活塞下行时，压缩室由于容积增加，进油阀开启，来自齿轮泵的低压燃油经进油阀进入压缩室，完成进油过程；当偏心凹轮顶起使泵活塞上行时，进油阀关闭，压缩室内的燃油被压缩，油压升高；当压缩室内的燃油压力达到共轨压力时，顶开出油阀，高压燃油进入共轨中，完成压油过程。

燃油计量阀的功用是根据发动机工况实时调节高压泵的进油量。其优点是高压泵仅需产生当前运行工况所需的燃油压力，从而降低高压泵的功率损耗和燃油温度。燃油计量阀开闭由燃油喷射系统控制单元来控制，其工作原理如图 6-60 所示。当控制单元脉冲信号的占空比为 0 时，控制活塞两侧燃油压力差也为 0，在弹簧力的作用下，控制活塞处于最左位置，此时阀的开度最小，仅有少量的燃油经进油阀进入高压泵的压缩室内。当控制单元脉冲信号的占空比较小时，控制活塞两侧燃油压力差也小，控制活塞右移量小，阀的开度增量少，进入高压泵的燃油量略有增加。控制单元脉冲信号的占空比越大，控制活塞两侧的燃油压力差越大，阀的开度越大，进油量越多。

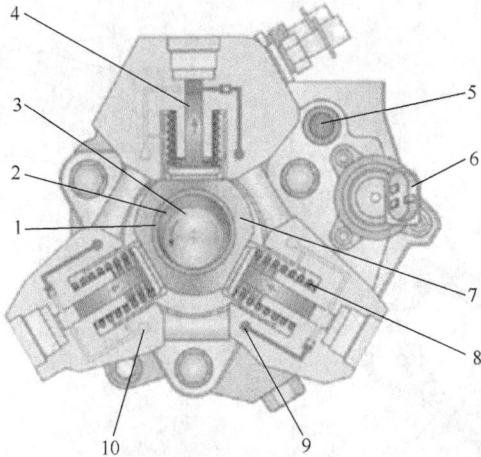

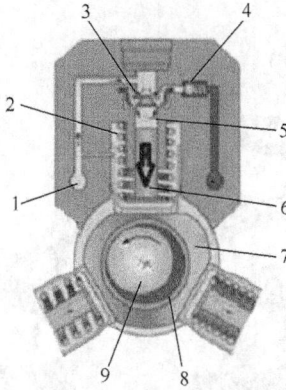

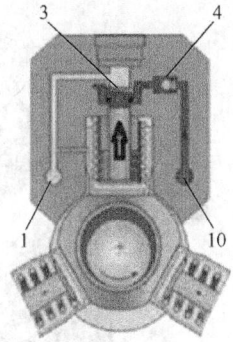

图 6-58 高压泵的结构

1—滑动套筒 2—偏心凸轮 3—驱动轴 4—泵活塞
5—高压接头 6—燃油计量阀 7—凸轮盘
8—活塞弹簧 9—至高压接头环形口
10—自齿轮泵环形口

（a）进油过程　　　　（b）压油过程

图 6-59 高压泵的基本工作原理

1—自齿轮泵环形口 2—活塞弹簧 3—进油阀 4—出油阀
5—压缩室 6—泵活塞 7—凸轮盘 8—偏心凸轮
9—驱动轴 10—至高压接头环形口

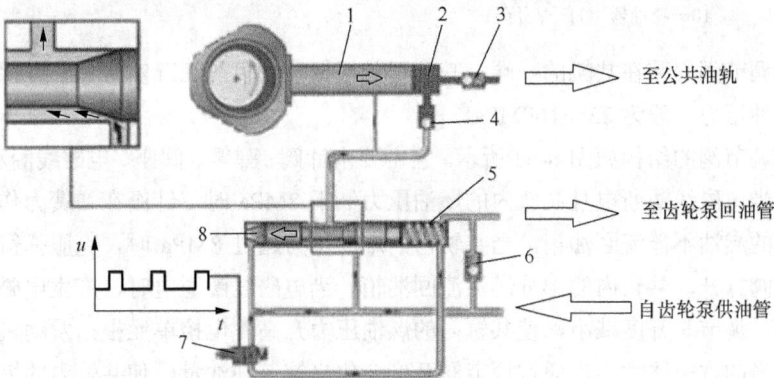

至公共油轨

至齿轮泵回油管

自齿轮泵供油管

图 6-60 燃油计量阀的工作原理

1—泵活塞 2—压缩室 3—出油阀 4—进油阀 5—弹簧 6—安全阀 7—燃油计量阀 8—控制活塞

齿轮泵也是由高压泵驱动轴驱动。其功能是提高油箱中两个电动燃油泵的供油压力，保证柴油机在各种工况下向高压泵提供足量的燃油。

（4）共轨组件

共轨组件的功用是存储所有气缸产生高压喷射所需的高压燃油，并保持内部压力的稳定，其结构如图 6-61 所示。共轨上安装有燃油压力传感器、节流阀和燃油压力调节阀等。

柴油机工作时，共轨内始终充满着高压燃油。虽然高压泵间歇地向共轨提供高压燃油，使共轨内的压力波动较大，但由于共轨存储容量较大以及节流阀等补偿作用，实际上在喷射燃油时共轨内的压力仍保持相对的稳定。

燃油压力传感器用于监测共轨中高压燃油的压力，其结构如图 6-62 所示。它主要由压力传感膜片、测量元件、测量电路和线束插接器等组成。当共轨内的燃油压力变化时，压力传感膜片使测量元件形状也发生变化。测量元件是一个压力转换元件，其阻值随形状不同而变化。测量电路将燃油压力信号转变成电压信号输送给燃油喷射系统控制单元，再根据控制单元中的存储特性曲线计算出共轨内的燃油压力。

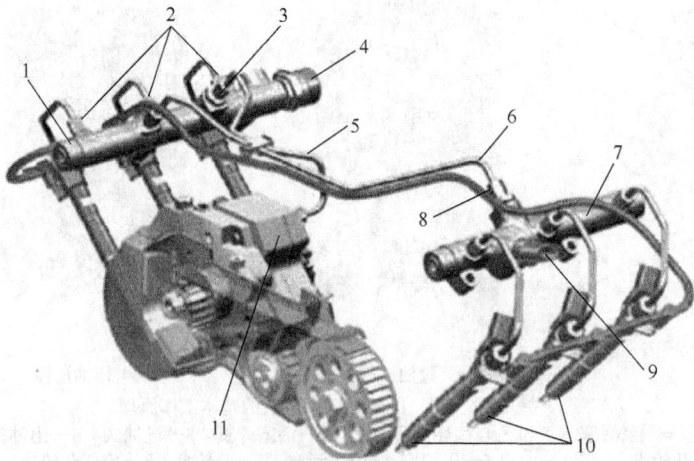

图 6-61　共轨组件
1—左列气缸共轨　2—至喷油器管接头　3、8—节流阀　4—燃油压力调节阀
5—进油管　6—连接管　7—右列气缸共轨　9—燃油压力传感器
10—喷油器　11—高压泵

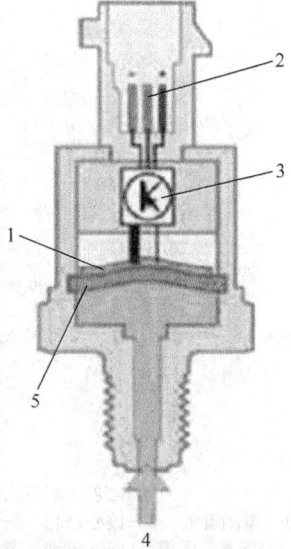

图 6-62　燃油压力传感器
1—测量元件　2—线束插接器
3—测量电路　4—高压接头
5—压力传感膜片

　　燃油压力调节阀安装在共轨的一端，其功用是根据发动机的工况实时调节并保持共轨内的燃油压力。其燃油压力一般为 23～160MPa。

　　燃油压力调节阀的结构如图 6-63 所示。它主要由针阀、弹簧、阀座、电磁线圈和衔铁等组成。其工作过程是当电磁线圈断电且共轨内的燃油压力低于 8MPa 时，针阀在弹簧力作用下压紧在阀座上，共轨内的燃油不能流回油箱。当共轨内的燃油压力超过 8MPa 时，克服弹簧力的作用使针阀右移，调节阀打开，共轨内的部分燃油流回油箱。当电磁线圈通电时，产生电磁吸力，通过衔铁使针阀左移，调节阀开度减小，使共轨内的燃油压力升高。电控单元根据发动机的工况控制电磁线圈脉冲信号的占空比大小，通过调节阀开度变化来控制回油量，使共轨内的燃油压力保持在 23～160MPa。此外，调节阀还对共轨内高压燃油的压力波动起一定的补偿作用。

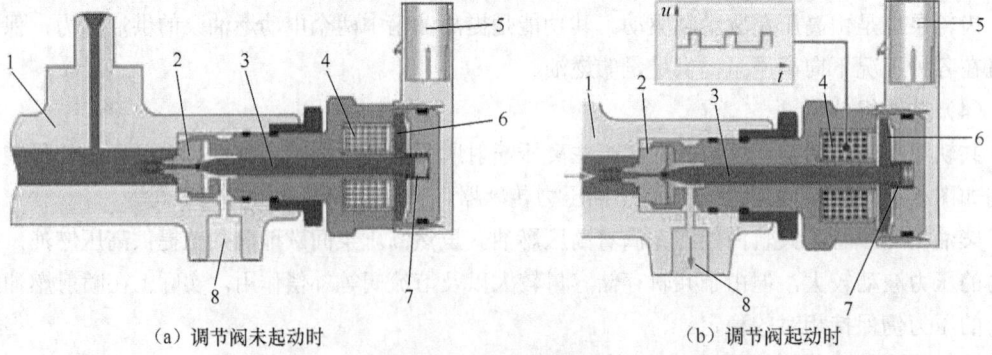

（a）调节阀未起动时　　　　　　　　　　　　　　（b）调节阀起动时

图 6-63　燃油压力调节阀
1—共轨　2—阀座　3—针阀　4—电磁线圈　5—线束插接器　6—衔铁　7—弹簧　8—至油箱

　　（5）压力保持阀

　　压力保持阀安装在喷油器与燃油系统的回油管路之间，其功用是使喷油器回油管路中的燃油压力保持在 1MPa 左右，从而保证喷油器的正常工作。

压力保持阀的结构如图 6-64 所示，它主要由钢球和弹簧等组成。在发动机工作时，燃油从喷油器经回油管路流至压力保持阀。当燃油压力超过 1MPa 时，克服弹簧的作用使钢球离开球座，燃油通过压力保持阀流回油箱，使回油管路中的燃油压力保持在 1MPa 左右。

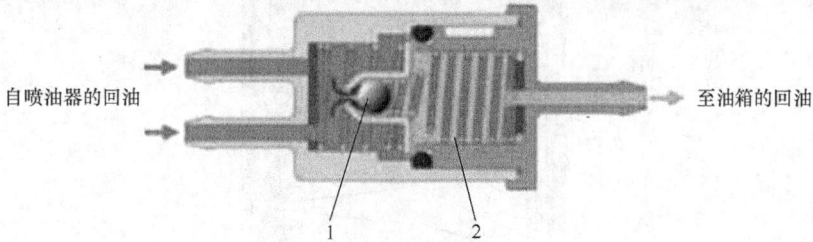

图 6-64　压力保持阀
1—钢球　2—弹簧

（6）压电式喷油器

压电式喷油器是共轨燃油喷射系统的核心部件，它安装在气缸盖上。其功用是精确地控制向气缸的喷油时间、喷油量和喷油规律。

压电式喷油器由压电执行元件控制，由于压电执行元件的转换速度大约是电磁阀的 4 倍，所以与电磁阀控制的喷油器相比，具有转换时间极短、每个工作周期可进行多次燃油喷射和精确控制喷油量等优点。压电式喷油器可灵活且精确控制喷油时间和喷油量，从而根据柴油机的运行工况调节整个喷射过程，在每次喷射过程中最多可实现 5 次局部喷射控制，如图 6-65 所示。

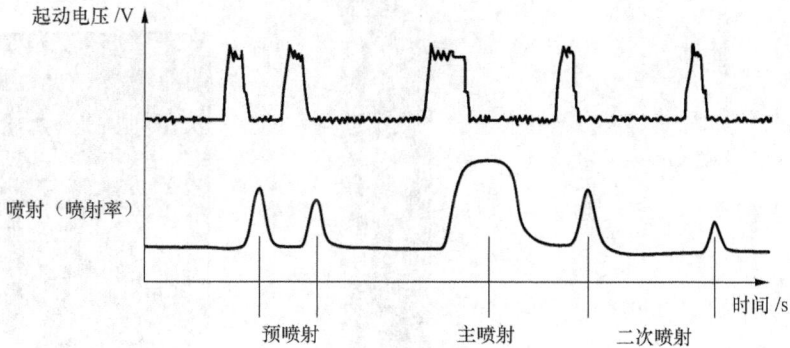

图 6-65　压电式喷油器的喷射过程

压电式喷油器的结构如图 6-66 所示，它主要由压电执行元件、连接活塞、阀活塞、阀活塞弹簧、转换阀、转换阀弹簧、喷油器弹簧、针阀和过滤器等组成。压电执行元件位于喷油器壳体内，它是由多个压电元件组成，可获得足够长的转换行程。施加控制电压时，压电执行元件的最大伸长量为 0.03mm。连接模块由连接活塞和阀活塞组成，其工作方式与液压缸相同。柴油机工作时，连接模块将压电执行元件的纵向变化进行液压转换并驱动转换阀。由于采用液压传递，因此对转换阀的开启产生一定的阻尼作用，从而使燃油喷射控制更加精确。柴油机工作时，燃油喷射系统控制单元根据柴油机的不同工况，通过压电执行元件控制喷油器的开启和关闭。

压电式喷油器的工作原理如图 6-67 所示。

喷油器关闭（静止状态）：压电执行元件在静止状态下不受控制，喷油器关闭。喷油器针阀控制室和转换阀周围充满着高压燃油。转换阀在油压和转换阀弹簧力的作用下压紧在阀座上，封闭了高压燃油与回油管路之间的通路；喷油器针阀在油压和喷油器弹簧力的作用下处于关闭位置。此时压力保持阀使回油管路中的燃油压力保持在 1MPa 左右，如图 6-67（a）所示。

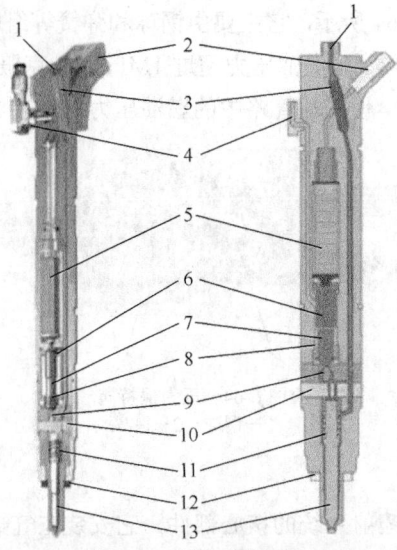

图 6-66　压电式喷油器

1—高压油管接头　2—线束插接器　3—过滤器　4—回油管接头　5—压电执行元件　6—连接活塞
7—阀活塞　8—阀活塞弹簧　9—转换阀　10—节流阀板　11—喷油器弹簧　12—密封环　13—针阀

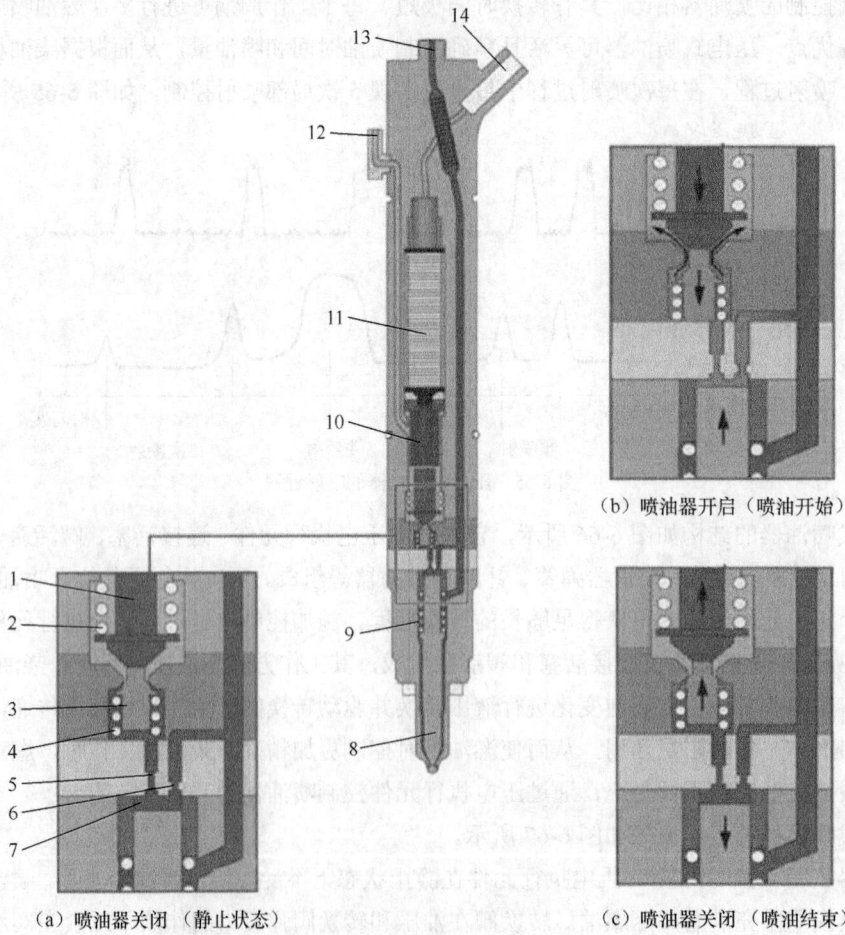

（a）喷油器关闭（静止状态）　　　　　（c）喷油器关闭（喷油结束）

图 6-67　压电式喷油器的工作原理

1—阀活塞　2—阀活塞弹簧　3—转换阀　4—转换阀弹簧　5—排油节流阀　6—进油节流阀　7—控制室　8—针阀
9—喷油器弹簧　10—连接活塞　11—压电执行元件　12—回油管接头　13—高压油管接头　14—线束插接器

喷油器开启（喷油开始）：当压电执行元件施加控制电压时，压电执行元件伸长并产生向下推力，并将此位移和推力传递给连接活塞，通过连接活塞和阀活塞推动转换阀下移，转换阀开启，接通了高压燃油和回油管路之间的通路。控制室内的高压燃油经排油节流阀和回油管路流回油箱，燃油压力迅速下降，使针阀上移并离开阀座，喷油器开始喷油，如图6-67（b）所示。

喷油器关闭（喷油结束）：当压电执行元件撤除控制电压时，压电执行元件恢复至初始位置，通过连接活塞带动阀活塞上移。转换阀在弹簧力作用下压紧在阀座上，封闭了高压燃油与回油管路之间的通路。这样，高压燃油经进油节流阀流入控制室内，使其燃油压力再次升高至共轨压力，从而关闭喷油器针阀，喷射过程结束，如图6-67（c）所示。

2．电控系统

共轨式燃油喷射电控系统由传感器、电控单元和执行元件组成。传感器包括发动机转速传感器、霍尔传感器、加速踏板位置传感器、质量空气流量计、燃油温度传感器、冷却液温度传感器、进气温度传感器、排气温度传感器、尾气催化净化器温度传感器、燃油压力传感器、增压压力传感器、排气压力传感器、氧传感器、制动灯开关、制动踏板开关和强制降挡开关等。执行元件包括压电式喷油器、电动燃油泵、燃油压力调节阀、燃油计量阀、进气歧管翻板电动机、节气门控制单元、废气再循环阀、废气再循环冷却器转换阀、涡轮增压器控制单元、氧传感器加热装置、预热周期指示灯、排气警告灯和柴油微尘滤清器指示灯等。

|练 习 题|

1．机械式柴油机燃料供给系统由几部分组成？各部分的功用是什么？

2．喷油器有几种类型？说明孔式喷油器的结构和工作原理。

3．柱塞式喷油泵主要由哪些元件组成？柱塞分泵是怎样工作的？出油阀减压环带有何功用？

4．轴向压缩式转子分配泵主要由哪些零部件组成？其工作过程是怎样的？

5．调速器的功用是什么？它有哪些类型？说明 VE 型分配泵装用的全速调速器的结构及工作过程。

6．输油泵有哪几种类型？说明活塞式输油泵的结构和工作原理。

7．电控柴油机燃油喷射控制系统的组成有哪些？其控制原理是怎样的？

8．说明电控泵喷嘴喷射系统的结构及工作过程。

9．说明压电式喷油器的结构及工作过程。

项目七
冷却系统和润滑系统

本项目主要介绍冷却系统和润滑系统的功用与组成、各主要零部件的结构及其拆装等内容。

概　述

发动机工作时，气缸内的气体温度可达到 1800℃～2600℃，若不及时冷却，将造成发动机零部件温度过高，尤其是直接与高温气体接触的零件，会因受热膨胀影响正常的配合间隙，导致运动件运动受阻，甚至卡死。此外，高温还会造成发动机零部件的机械强度下降，使润滑油失去必要的作用等。实验证明，当发动机工况其他条件相同，冷却液温度降低到 30℃左右时，气缸的磨损量将比正常温度时高 4～5 倍，油耗增加 30%，功率下降 10%。为此，发动机必须设置冷却系统，以保证发动机在最适宜的温度下工作。

同时，发动机在工作中，相对运动的零件必然因相互摩擦而消耗发动机的一部分功率，从而降低发动机的效率，引起发热和磨损。为保证发动机的正常工作，必须对相对运动零件的表面加以润滑，以减小摩擦阻力，降低功率消耗，减小机件磨损，延长发动机的使用寿命。所以，发动机必须设置润滑系统，以保证发动机在最佳的润滑条件下工作。

|任务一　冷却系统|

【学习目标】

1. 能够正确描述冷却系统的类型、组成与功用。
2. 能够正确描述冷却系统各主要零部件的功用、结构与工作原理。
3. 能够正确选择与使用工具、设备，并规范进行冷却系统各零部件的拆卸与装配。

相关知识

发动机冷却系统的功用就是对在高温条件下工作的发动机零部件进行冷却，保证发动机在最适宜的温度下工作。发动机冷却系统的冷却强度必须适宜，冷却不足会使发动机过热，冷却过度则会使发动机温度过低，发动机过热或温度过低均会影响其正常工作。另外，冷却系统还为暖风系统提供热源。目前，汽车上广泛应用的水冷式发动机正常工作温度（冷却液温度）一般为80℃～90℃。

一、冷却系统的类型

按照冷却介质的不同，发动机冷却系统可分为水冷式和风冷式两种类型。

1. 水冷却系统

水冷却系统是以冷却液为冷却介质，依靠冷却液的循环流动将高温机件的热量带走，最后将热量散发到大气中。目前车用发动机大都采用强制循环式水冷却系统，即利用水泵提高冷却液的压力，强制冷却液在发动机中循环流动。它一般由散热器、水泵、节温器、冷却风扇、水套和温度指示器等组成，如图7-1所示。

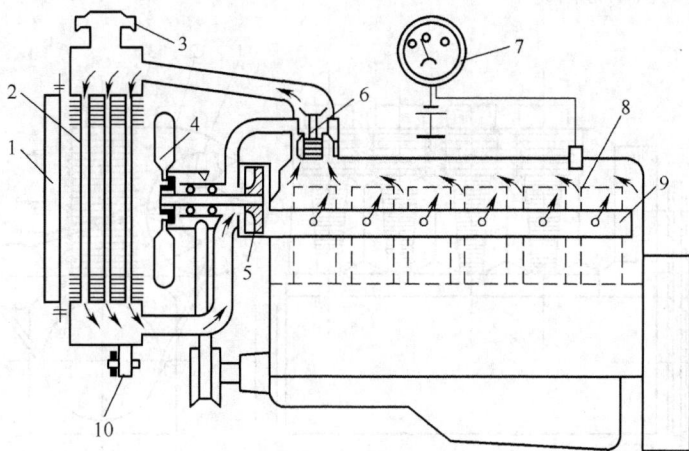

图7-1 水冷却系统
1—百叶窗 2—散热器 3—散热器盖 4—风扇 5—水泵 6—节温器 7—水温表
8—水套 9—分水管 10—放液阀

水套是直接铸造在气缸体和气缸盖内相互连通的空腔，它通过橡胶软管与安装在发动机前端的散热器相连，从而形成一个封闭的冷却液循环通道。发动机工作时，水套和散热器内充满冷却液。水泵安装在水套与散热器之间，由发动机曲轴通过正时齿形带驱动，使冷却液在水套与水泵或水套与散热器之间循环流动。冷却液流经气缸体和气缸盖内的水套时，将热量带走，使发动机得以冷却，而流经散热器时，将热量散发到大气中。

风扇安装在散热器后面，风扇工作时，产生较大的吸力，增加了流经散热器的空气流量和流速，提高了散热器的散热效果。在一些发动机上，采用硅油风扇离合器、温控开关或冷却液温度传感器等来控制风扇的工作状态，以根据冷却液温度来调节发动机冷却强度。

节温器安装在水套出水口处，根据冷却液的温度自动控制水套和散热器之间冷却液的通路，以调节发动机冷却强度。当发动机温度较低（76℃以下）时，节温器自动关闭通向散热器的通路，而开启通向水泵的通路，从水套流出的冷却液通过软管直接进入水泵，并经水泵加压后泵回水套，此循环路线称小循环。发动机温度较高（86℃以上）时，节温器自动关闭通向水泵的通路，而开启通向散热器的通路，从水套流出的冷却液全部经过散热器，再由水泵加压后泵回水套，此循环路线称大循环。发动机工作温度为76℃～86℃时，一部分冷却液进行大循环，而另一部分冷却液进行小循环，即大、小循环同时存在。

百叶窗安装在散热器前面，由驾驶员控制其开度，从而控制流经散热器的空气流量，调节了发动机的冷却强度。

分水管为一扁平的长管，上面加工有若干出水孔，离水泵越远，出水孔的尺寸越大，这样保证发动机各缸冷却均匀。

此外，为方便驾驶员及时掌握冷却系统的工作情况，还设有水温表、水温警告指示灯等。

2．风冷却系统

风冷却系统是以空气为冷却介质，利用高速流动的空气流经气缸体和气缸盖表面，将热量散发到大气中。它一般由风扇、散热片、导流罩和分流板等组成，如图7-2所示。

为加强冷却效果，增加散热面积，在气缸体和气缸盖外表面铸有许多散热片；为提高冷却强度，利用风扇增加流经发动机表面的空气流量和流速；为保证发动机各缸冷却均匀，利用分流板和导流罩控制空气的流动方向。

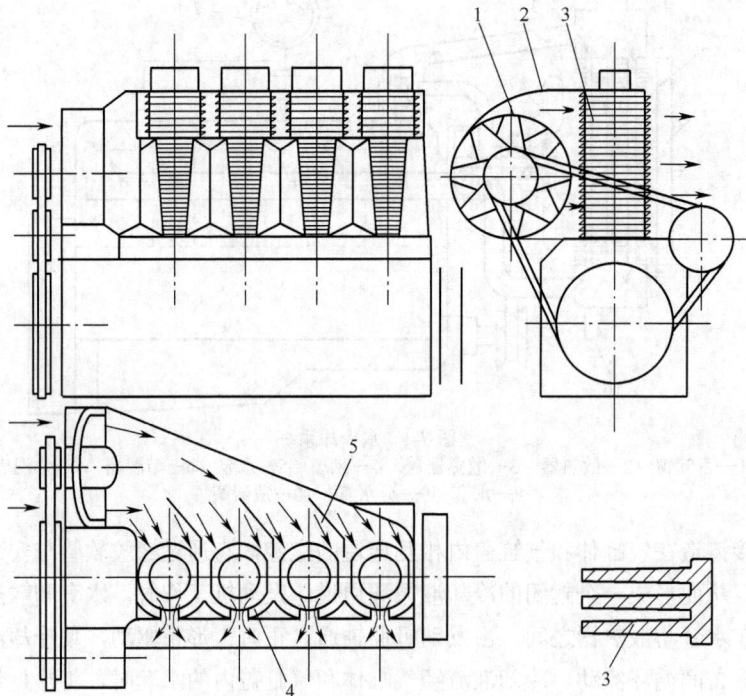

图7-2　风冷却系统
1—风扇　2、4—导流罩　3—散热片　5—分流板

与水冷却系统相比，风冷却系统具有结构简单、质量轻、无需特殊保养、故障少等优点，但由于存在对机体材料的耐热性和传热性要求高，且冷却不够均匀，工作噪声大等缺点，在汽车发动机上应用很少。

二、冷却系统各主要零部件的构造

1．散热器

（1）功用

散热器又称"水箱"，其功用是将水套中流出的高温冷却液分成许多股细流，并利用散热片增加散热面积，使冷却液的温度迅速下降，以保持发动机的正常温度。散热器一般安装在发动机车架前横梁上。

（2）结构

根据冷却液流动方向的不同，散热器分为纵流式（自上而下竖向流动）和横流式（自左而右横向流动）两种。其中，横流式散热器应用较为广泛，如图 7-3 所示，它主要由左储水室、右储水室、进水管、出水管、散热器芯和散热器盖等组成。左储水室通过橡胶软管与缸盖水套出水口相连，右储水室则通过橡胶软管与水泵进水口相连，左、右储水室之间焊接有散热器芯。有些散热器在上端设有冷

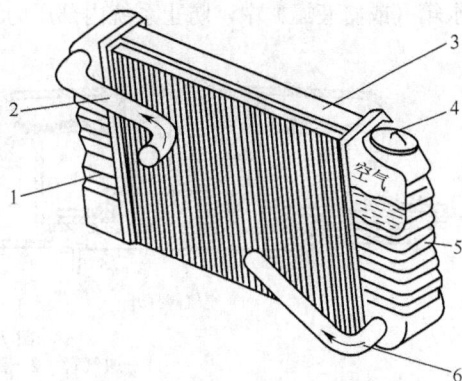

图 7-3　横流式散热器的结构
1—左储水室　2—进水管　3—散热器芯
4—散热器盖　5—右储水室　6—出水管

却液加注口，一般情况下此加注口被散热器盖所封闭。右储水室底部一般设有冷却液放出阀，必要时可放出系统中的冷却液。

散热器芯的结构形式主要有管片式和管带式两种。管片式散热器芯的结构如图 7-4 所示，它由许多扁圆形的散热管和散热片组成。管带式散热器芯的结构如图 7-5 所示，它由散热管和波纹状散热带组成。

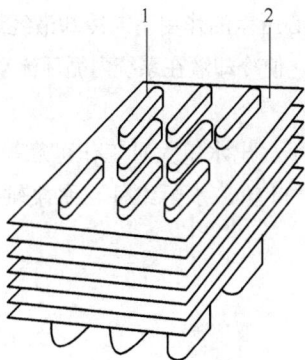

图 7-4　管片式散热器芯
1—散热管　2—散热片

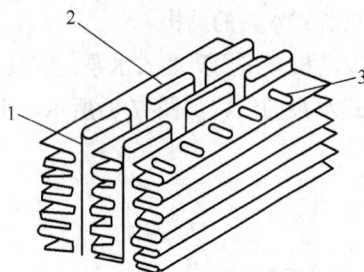

图 7-5　管带式散热器芯
1—散热带　2—散热管　3—缝孔

散热管两端与两个储水室之间及散热管与散热片之间均用锡焊焊接。冷却液在流经散热器时被散热管分成许多股细流，并通过散热管外围的散热片（或散热带）将热量散发到大气中。散热片（或散热带）用来增加散热器的散热面积，同时提高散热器的强度和刚度。与管片式散热器相比，管带式散热器的散热能力强、质量轻、成本也低，但强度和刚度差。

目前，汽车发动机多采用封闭式水冷却系统，这种冷却系统在散热器盖上装有自动阀门。当发动机处于正常工作温度时，自动阀门关闭，将冷却系统与大气隔开，一方面防止水蒸气逸失，另一方面使冷却系统内部压力稍高于大气压力，从而提高冷却液的沸点。当冷却系统压力过高或过低时，自动阀门开启，将冷却系统与大气相通，使冷却系统内部保持适当的压力。自动阀门是指装在散热器盖上的空气阀和蒸汽阀，其结构如图 7-6 所示。当散热器内部压力降低到一定值（一般为 87～99kPa）时，空气阀打开，外界空气进入散热器，防止系统内部压力过低而压坏散热器。当散热器内部压力升高到一定值（一般为 126～127kPa）时，蒸汽阀打开，部分水蒸气进入膨胀

水箱（或储液罐）中，防止系统内部压力过高而胀坏散热器。

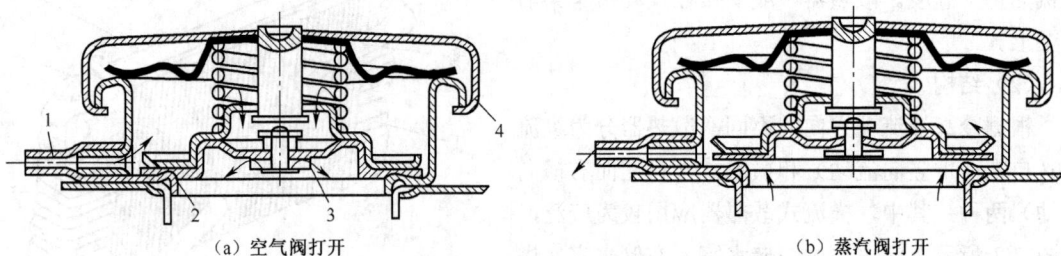

(a) 空气阀打开　　　　　　　　　　　　(b) 蒸汽阀打开

图 7-6　散热器盖的结构

1—通气管　2—蒸汽阀　3—空气阀　4—散热器盖

2．水泵

（1）水泵的功用及工作原理

水泵的功用是提高冷却液压力，使冷却液在冷却系统内循环流动。

水泵的基本组成有泵壳、叶轮、水泵轴、进水口和出水口等，如图 7-7 所示，叶轮固定在水泵轴上，泵壳安装在缸体上。发动机工作时，冷却系统内充满冷却液。曲轴通过正时齿形带驱动水泵轴并带动叶轮旋转，泵腔内冷却液也一起转动。在离心力的作用下，冷却液由叶轮中心被甩向外缘，并产生一定的压力，经水泵出水口进入水套。同时，在叶轮的中心处，由于冷却液不断被甩出，其压力降低。在水泵进水口与叶轮中心压差的作用下，冷却液经进水口被吸入叶轮的中心。随着水泵的旋转，提高了冷却液的工作压力，使冷却液在系统内循环流动。

> 离心式水泵基本组成及工作原理

（2）离心式水泵的结构

汽车发动机多采用离心式水泵，它具有结构简单、尺寸小、出水量大且工作可靠等优点。

离心式水泵的结构如图 7-8 所示，主要由泵壳、泵盖、叶轮、水封组件、水泵轴和轴承等组成。

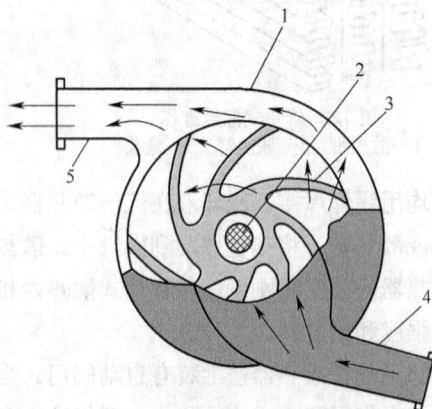

图 7-7　水泵的基本组成及基本原理

1—泵壳　2—水泵轴　3—叶轮　4—进水口
5—出水口

图 7-8　离心式水泵

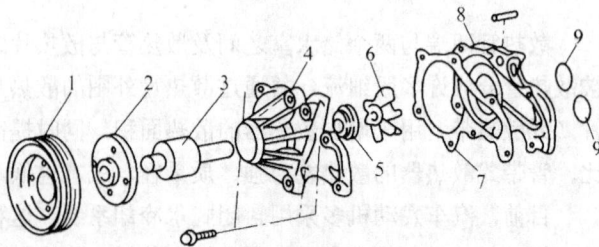

1—风扇带轮　2—带轮毂　3—水泵轴和轴承　4—泵壳
5—水封　6—叶轮　7—衬垫　8—泵盖　9—密封圈

泵壳的前半部分为水泵轴的轴承座孔，后半部分为叶轮工作室，泵壳上设有大循环进水口和小循环水管接头。泵盖和衬垫用螺钉安装在泵壳后面，用来封闭叶轮工作室。在泵盖上设有出水孔，水泵安装后出水孔与位于气缸体水套内的分水管相通。

水泵轴通过轴承支承在泵壳内。国产汽车发动机装用的水泵，水泵轴一般采用两个球轴承支承，两轴承间用隔套定位。进口汽车发动机装用的水泵，水泵轴与轴承多数为不可分解的整体结构。

叶轮通过其中心孔切削平面与水泵轴配合，并用螺钉紧固。水泵轴前端伸出泵壳，带轮毂通过半圆键与水泵轴连接，并用螺母紧固。风扇带轮用螺钉安装在轮毂上。

为防止叶轮工作室内的冷却液向外泄漏，在叶轮与泵壳之间装有水封组件。其结构如图7-9所示，主要由密封圈（采用石墨材料制成）、水封、弹簧和弹簧垫圈等组成。安装时弹簧有一定的预紧力，使叶轮、密封圈、水封、泵壳之间紧密接触，保证了各接触面间的可靠密封。水封组件为固定件，叶轮为旋转件。水泵工作时，在叶轮与密封圈之间发生滑磨。在支撑轴承右侧的水泵轴上装有挡水圈，漏出的冷却液被挡水圈挡住后并经泄水孔排出，这样可防止泄出的冷却液进入轴承而影响其正常工作。

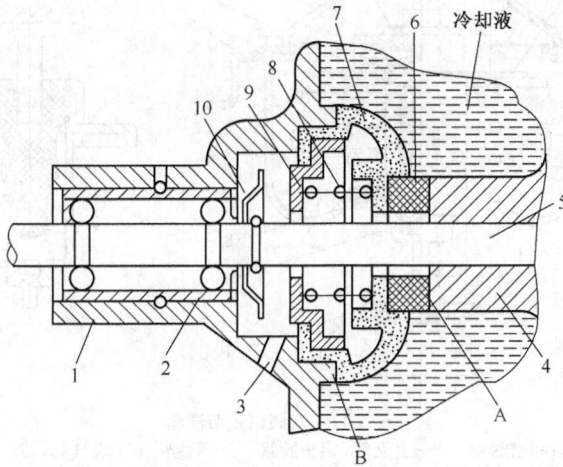

图7-9　水封组件的结构
1—泵壳　2—轴承　3—泄水孔　4—叶轮　5—水泵轴　6—密封圈　7—水封
8—弹簧　9—弹簧垫圈　10—挡水圈　A—滑磨密封面　B—静止密封面

3.节温器

（1）节温器的功用

节温器的功用是根据冷却液的温度来控制通过散热器的冷却液流量，使冷却液在散热器与水套之间进行不同的循环，调节了发动机的冷却强度，保证发动机在最适宜温度下工作。节温器一般安装在发动机气缸盖水套出水口或水泵进水口处。

（2）节温器的结构及工作原理

目前汽车发动机多采用蜡式节温器，它有双阀式和单阀式两种，其结构原理基本相同，如图7-10所示。节温器的核心部分为石蜡感温体。

双阀蜡式节温器的结构如图7-11所示，主要由主阀门、副阀门、中心杆、胶管、节温器壳体（感温体）、石蜡和弹簧等组成。节温器的上支架和下支架与阀座铆成一体，中心杆上端固定在上支架的中心，其下部插入胶管的中心孔内，中心杆下端呈锥形，石蜡装在胶管与节温器壳体之间的腔体内。为了提高导热性，石蜡中常掺有铜粉和铝粉。节温器壳体的上下两端制有联动的主阀门和副阀门。

（a）单阀式节温器　　　　　（b）双阀式节温器

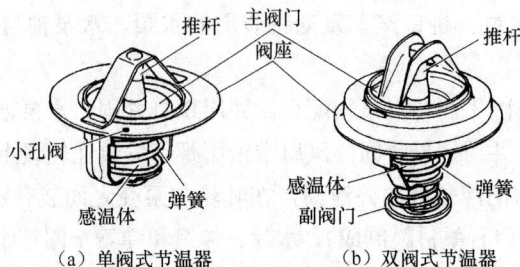

图 7-10　蜡式节温器

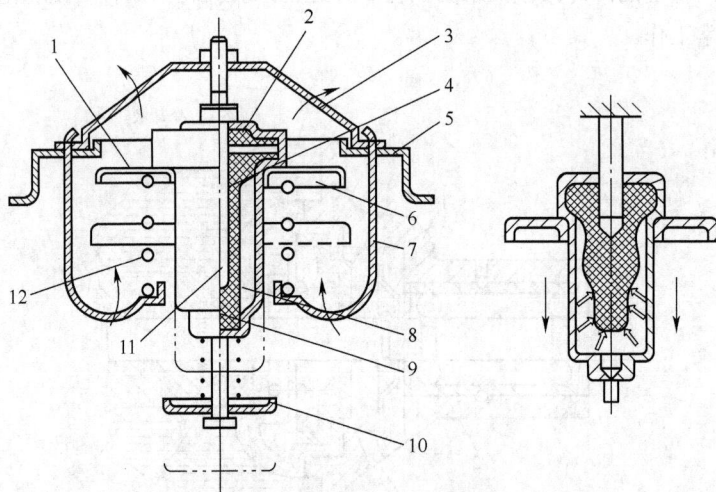

图 7-11　双阀蜡式节温器

1—主阀门　2—盖和密封垫　3—上支架　4—胶管　5—阀座　6—通气孔　7—下支架　8—石蜡
9—节温器壳体　10—副阀门　11—中心杆　12—弹簧

　　双阀蜡式节温器的工作原理：温度较低时石蜡呈固态，在弹簧的作用下主阀门压紧在阀座上，主阀门完全关闭，副阀门完全开启。来自发动机水套的冷却液经副阀门、旁通管直接进入水泵，经水泵加压后泵回发动机水套，冷却液进行小循环。由于冷却液只在水泵和水套之间循环流动，不经过散热器，且通过流量少，因此冷却强度小。温度升高时，石蜡逐渐熔化成液态，使其体积膨胀，迫使胶管收缩，并对中心杆产生向上的推力。由于中心杆固定在上支架上，使中心杆对胶管、节温器壳体产生向下的反推力。当冷却液温度升高到一定值（一般为 80℃～84℃）时，反推力克服弹簧的弹力使胶管、节温器壳体向下移动，主阀门逐渐开启，副阀门逐渐关闭。主阀门和副阀门均处于部分开启状态。此时，部分冷却液进行大循环，部分冷却液进行小循环（大、小循环同时存在）。当冷却液温度达到一定值（一般为 86℃）时，主阀门完全开启，副阀门完全关闭。来自发动机水套的冷却液全部经主阀门进入散热器，经水泵加压后泵回发动机水套，冷却液进行大循环，如图 7-12 所示。由于冷却液在散热器和水套之间循环流动，且通过流量大，所以冷却强度大。

　　单阀式节温器的工作原理和双阀式基本相同，区别在于单阀式节温器只有控制大循环的主阀

门，小循环的旁通管始终处于开启状态，即使在主阀门全开时，仍然存在部分小循环。为了防止小循环流量过多，通常小循环的旁通管设计得较小。如果节温器出现故障而失效，在弹簧的作用下主阀门一直处于关闭状态。由于冷却液始终进行小循环，使发动机温度迅速升高而过热，此时应及时更换节温器。

（3）节温器的布置形式

① 出水口控制式。早期汽车发动机将节温器布置在气缸盖出水管路中，称为出水口控制式。当发动机在寒冷天气冷车起动时，节温器主阀门关闭，冷却液进行小循环，发动机迅速暖机，使节温器主阀门开启。在此期间，经节温器进入散热器的是发动机水套中的高温冷却液，从而使节温器主阀门保持开启状态，如图 7-13（a）所示。此时散热器内低温冷却液进入发动机水套，使水套内的冷却液温度大幅下降。当低温的冷却液流经气缸盖出水口时，节温器又重新关闭。待冷却液温度再度升高，节温器主阀门再次打开。如果散热器内的冷却液温度很低且容量很大，那么这个动态控制时间相对较长，冷却液温度在一定范围内波动较大，从而冷却液带走的热量增多，造成一定的能量损失，使燃油消耗升高，排气污染增加。

图 7-12　冷却液的大、小循环
1—散热器　2—旁通管　3—双阀蜡式节温器
4—水套　5—水泵

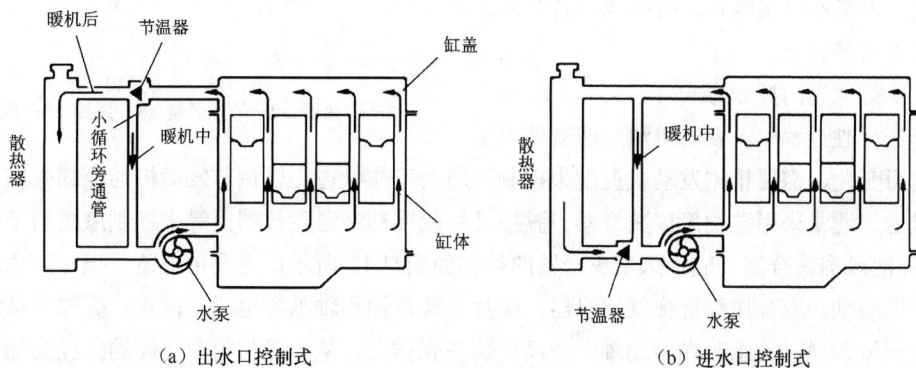

由于节温器装在发动机气缸盖水套的出水口处，感知的水温是整个发动机机体内的冷却液温度。节温器上排气孔的排气方向是朝向出水方向的，有利于发动机的排气。

② 进水口控制式。将节温器布置在发动机进水管路中，称为进水口控制式，目前多数轿车发动机都是采用这种布置形式，如图 7-13（b）所示。在进水口处节温器感知的水温是其周围冷却液的温度，而不是整个发动机机体内冷却液的温度。当发动机机体内冷却液温度达到节温器开启温度时，节温器主阀门开启，一定量低温冷却液流经节温器，吸收发动机热量，冷却液进行大循环，进入散热器。而散热器内的低温冷却液又经节温器，进入发动机水套，使其温度降低，节温器主阀门又关闭，完成第一次开启和关闭。在此控制过程中，只有少量的低温冷却液进入发动机水套，因此，冷却液温度控制比较迅速，波动较小。

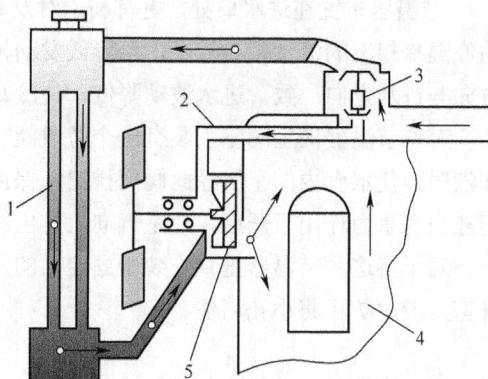

（a）出水口控制式　　　　（b）进水口控制式
图 7-13　节温器的布置形式

节温器布置在进水口处，更有利于对发动机内冷却液的精确控制。而每次进入发动机水套内的低温冷却液的流量相对较少，可降低发动机机体内冷热冲击的变化程度。同时，节温器的开口方向与进水方向一致，进水波动降低，使冷却液的流动更加顺畅。

有些节温器的主阀座上装有一个旁通阀（也称小孔阀），如图 7-14 所示，其作用是在加注冷却液时，使水套内的空气经此阀门排出，保证加满冷却液。其工作原理是：当发动机停机时，阀门在自身重力作用下开启，使空气向上排出；当发动机运转时，由于冷却液流动压力而使阀门关闭。对于将这种节温器垂直安装于固定面的发动机，安装时应使旁通阀位于上方位置，并注意涂抹密封胶时防止将小孔堵住。

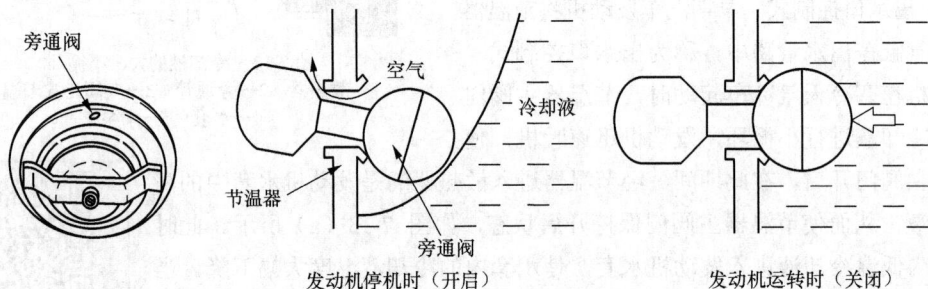

图 7-14　节温器上的旁通阀

4．冷却风扇

（1）冷却风扇的功用及结构

冷却风扇的功用是提高流经散热器的空气流速和流量，以增强散热器的散热能力，加快冷却液的冷却速度。冷却风扇一般安装在散热器与发动机之间，如图 7-15 所示。

在水冷却系统中，常用风扇的结构及类型如图 7-16 所示。有的发动机冷却风扇采用金属钢板冲压而成的叶片，叶片用螺钉固定在连接板上，而近年来采用塑料压铸而成的整体式风扇越来越多。风扇一般有 4～6 个叶片，叶片相对风扇旋转平面有一定的扭转角度（30°～45°），从叶根到叶尖扭转角度逐渐减小，有些风扇叶片的扭转角度是可调的。为减小风扇噪声，有些风扇各叶片之间的夹角不相等。

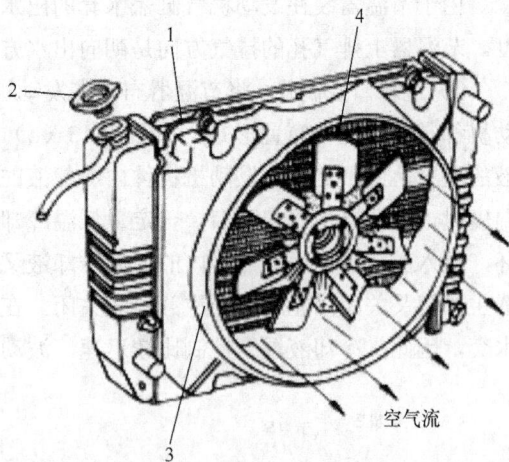

图 7-15　冷却风扇
1—散热器　2—散热器盖　3—风圈　4—风扇

（2）冷却风扇的控制方式

汽车在行驶过程中，发动机温度随着使用工况的变化而变化，需要根据发动机温度来控制风扇的工作状态，以调节发动机的冷却强度。在汽车发动机上，通常采用硅油风扇离合器、温控开关或冷却液温度传感器等来控制风扇的工作。

① 硅油风扇离合器。硅油风扇离合器的结构如图 7-17 所示，主要由前盖、壳体、主动盘、从动盘、主动轴、双金属螺旋弹簧感温器、阀片、阀片轴和轴承等组成。前盖、壳体和从动盘用螺钉组成一体，通过轴承装在主动轴上，风扇装在壳体上。从动盘与前盖之间的空腔为储油腔，内装有硅油（油面低于轴中心线）。从动盘与壳体之间的空腔为工作腔，主动盘与主动轴固定连接，

主动轴与水泵轴连接。从动盘上有进油孔 A，平时被阀片关闭，若阀片偏转，则进油孔开启。阀片的偏转由双金属螺旋弹簧感温器控制，从动盘上有凸台，以限制阀片的最大偏转角。从动盘外缘有回油孔 B，中心有漏油孔 C，以防静态时硅油沿阀片轴向外泄漏。双金属螺旋弹簧感温器的外端固定在前盖上，内端卡在阀片轴的槽内。

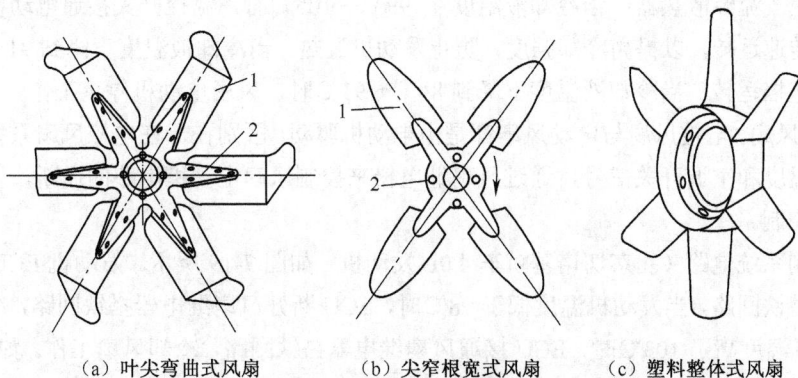

（a）叶尖弯曲式风扇　　（b）尖窄根宽式风扇　　（c）塑料整体式风扇
图 7-16　常用风扇的结构及类型
1—叶片　2—连接板

硅油风扇离合器以硅油作为传动介质，利用硅油高黏度的特性传递扭矩。同时利用散热器后面的空气温度，通过双金属螺旋弹簧感温器自动控制风扇离合器的分离和接合。低温时，硅油不流动，风扇离合器分离，风扇基本上处于空转状态。高温时，硅油流动，风扇离合器接合，风扇和水泵轴一起旋转，调节发动机的冷却强度。

硅油风扇离合器的感温元件是双金属螺旋弹簧感温器。其工作过程是：因负荷升高等原因，当流经散热器后的空气温度达到 65℃ 时，双金属螺旋弹簧感温器因受热而变形，通过阀片轴使阀片转动，进油孔开启，硅油由储油腔进入工作腔，风扇离合器接合，风扇开始转动。空气温度越高，进油孔开度越大，风扇转速越快。因

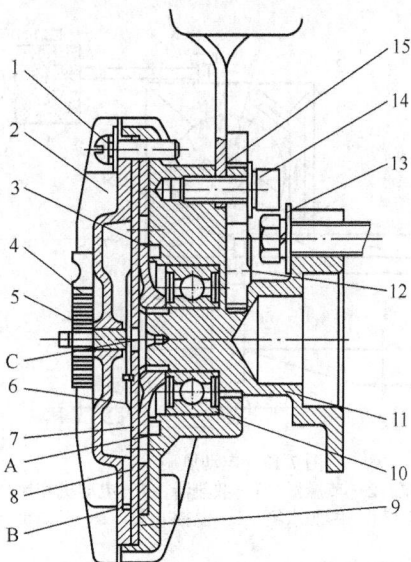

图 7-17　硅油风扇离合器的结构
1—螺钉　2—前盖　3—密封毛毡圈　4—双金属螺旋弹簧感温器
5—阀片轴　6—阀片　7—主动盘　8—从动盘　9—壳体　10—轴承
11—主动轴　12—锁止板　13—螺栓　14—圆柱头内六角螺钉
15—风扇　A—进油孔　B—回油孔　C—漏油孔

负荷下降等原因，当流经散热器后的空气温度逐渐降低时，双金属螺旋弹簧感温器逐渐恢复原状，通过阀片轴带动阀片使进油孔开度逐渐减小，风扇转速逐渐下降。当温度低于 65℃ 时，进油孔关闭。硅油不再进入工作腔，而进入工作腔内的硅油在离心力的作用下不断地经回油孔返回储油腔，直到排空为止，风扇离合器分离，风扇基本上处于空转状态。

电动风扇

② 电动风扇。电动风扇是指用电动机驱动的风扇，如图 7-18 所示。在前置发动机前驱动的

轿车上，由于发动机横置，散热器与曲轴的方向和位置变化，难以利用发动机通过传动带驱动风扇，因此装用电动风扇。

驱动风扇的电动机一般有高速和低速两个挡位，其工作状态通过温控开关并由冷却液温度控制。当散热器出口冷却液温度为 92℃～97℃时，温控开关接通电动机低速挡，风扇低速运转，保证有足够的空气流经散热器；当冷却液温度在 99℃～105℃时，温控开关接通电动机高速挡，风扇以更高的转速运转，以提高冷却强度，防止发动机过热。当冷却液温度下降到 91～98℃时，电动机恢复低速挡运转；当冷却液温度下降到 84℃～91℃时，风扇电动机停止工作。

③ 电控风扇。电控风扇与电动风扇都是由电动机驱动，区别在于在电控风扇系统中，由 ECU 根据冷却液温度和空调开关信号，通过风扇继电器来控制风扇电动机电路的通断，以实现对风扇工作状态的控制。

风扇控制系统电路（北京切诺基轿车 4.0L 发动机）如图 7-19 所示。发动机 ECU 控制风扇继电器线圈的搭铁回路，当发动机温度低于 98℃时，ECU 断开风扇继电器搭铁回路，冷却风扇不工作；当发动机温度高于 103℃时，ECU 接通风扇继电器搭铁回路，冷却风扇工作。如果选择空调，ECU 接到空调开关信号后，不管发动机温度高低，ECU 都将接通风扇继电器搭铁回路，使散热器风扇工作。

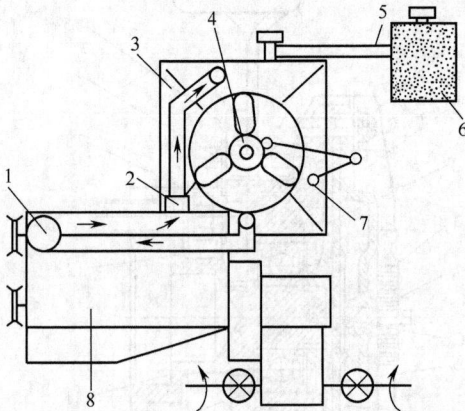

图 7-18　电动风扇

1—水泵　2—节温器　3—散热器　4—电动机和风扇
5—软管　6—膨胀水箱　7—温控开关　8—发动机

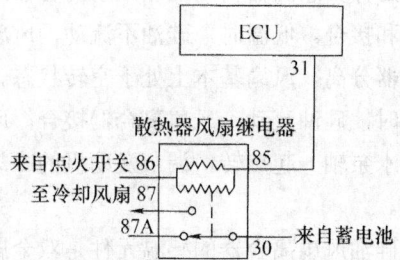

图 7-19　北京切诺基轿车 4.0L 发动机风扇控制系统电路

5．膨胀水箱

膨胀水箱的功用是把冷却系统变成永久性封闭系统，减少冷却液的溢失；避免空气进入而引起机件的氧化腐蚀，减少穴蚀；使冷却液、水蒸气彻底分离，提高了水泵的泵水量；使系统内部压力保持稳定。

膨胀水箱多用半透明材料（如塑料）制成，透过箱体可直接观察液面高度，无需打开散热器盖，如图 7-20 所示。膨胀水箱的上部通过出气管与散热器及水套相连，底部通过补充水管与水泵进水口相连，通常其位置略高于散热器。

水泵吸水的一侧压力较低，易产生气泡，使水泵的泵水量显著下降，并引起水泵叶轮和水套产生穴蚀，在其表面出现麻点或凹坑，降低水泵和水套使用寿命。散热器和水套中的气泡通过出气管进入膨胀水箱，使冷却液、水蒸气彻底分离。由于膨胀水箱温度较低，进入的水蒸气受到适当冷却，其中的一部分变成液体，重新参与循环；而积存在膨胀水箱液面上的水蒸气还能起到缓冲作用，使系统内部压力保持稳定。

　　有的冷却系统装有储液罐,它通过软管与散热器盖上的蒸汽放出口相连(管口插入液面以下),如图 7-21 所示。这种装置只能解决冷却液、水蒸气分离及冷却液的溢失问题,对穴蚀没有明显的改善。当散热器温度较高时,冷却液受热膨胀,多余的冷却液经软管流入储液罐;当散热器温度较低时,冷却液遇冷收缩,产生一定的真空度,将储液罐的部分冷却液吸回散热器。储液罐上有"高"和"低" 刻线,在使用中驾驶员应经常检查液面高度,液面高度应位于两刻线之间,冷却液不足时应及时充注。

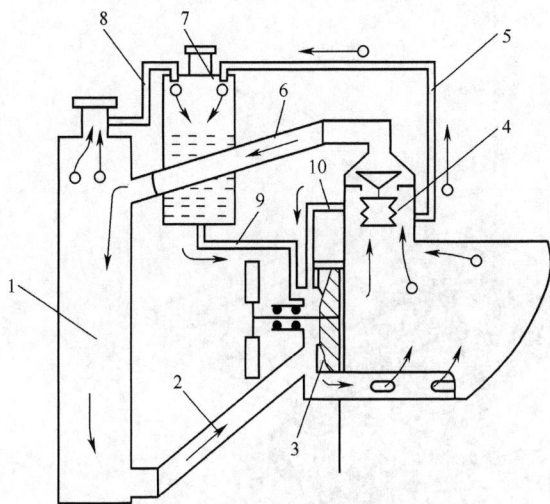

图 7-20　膨胀水箱连接图
1—散热器　2—水泵进水管　3—水泵　4—节温器
5—水套出气管　6—水套出水管　7—膨胀水箱
8—散热器出气管　9—补充水管　10—旁通管

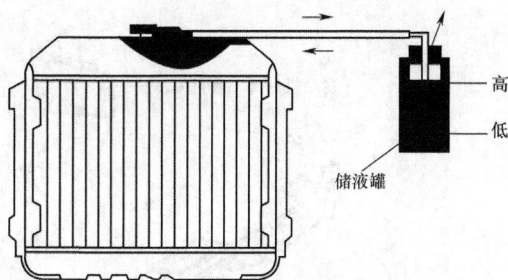

图 7-21　储液罐示意图

实操技能训练

一、水泵总成的拆卸与安装

丰田卡罗拉轿车（1.6L）发动机水泵总成的相关零部件分解图如图 7-22 所示。

1．拆卸

（1）拆卸散热器上空气导流板。拆卸 2 号气缸盖罩。拆卸发动机后部右侧底罩。

（2）从蓄电池负极端子断开电缆。排净发动机冷却液。

（3）拆卸齿形带。拆卸发电机总成。

（4）拆卸水泵总成。从正时链条盖上拆下 5 个螺栓和水泵总成,如图 7-23 所示。从正时链条盖上拆下水泵衬垫,如图 7-24 所示。

2．安装

（1）安装水泵总成。

将水泵新衬垫的凸出部分与正时链条盖上的切口对齐,并将衬垫安装到正时链条盖的凹槽中,如图 7-25 所示。注意：操作时要确保接触表面清洁。用 5 个螺栓将水泵总成安装到正时链（扭矩：24N·m）。

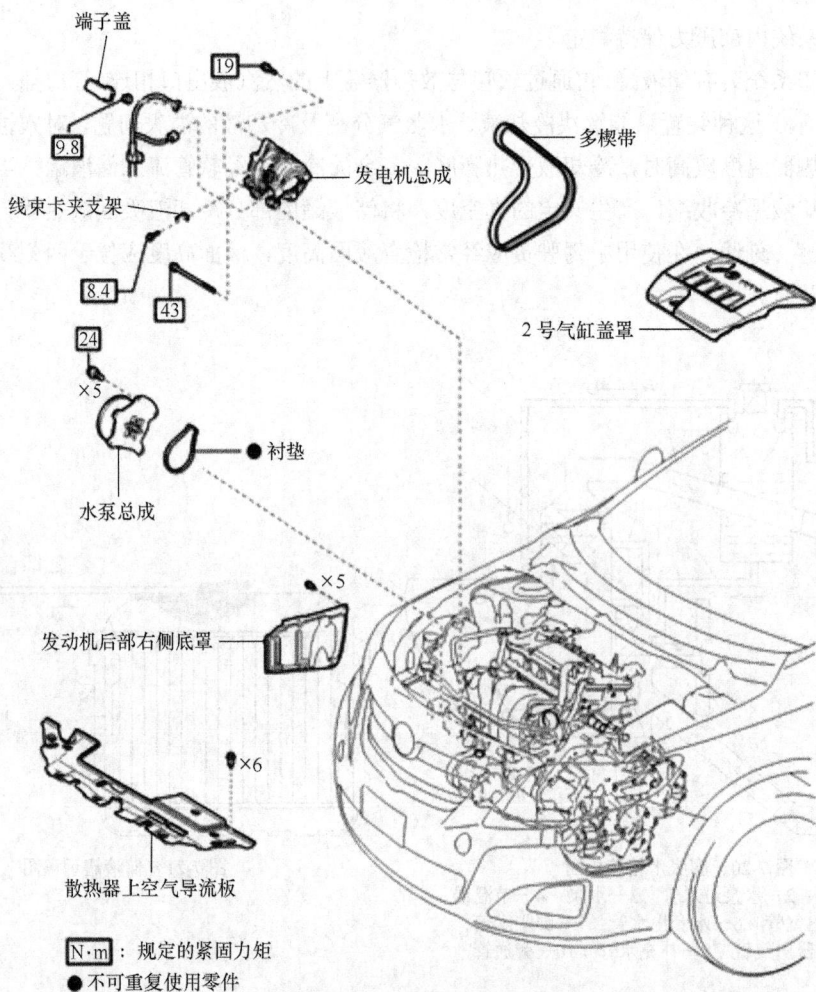

图 7-22　水泵总成的相关零部件分解图

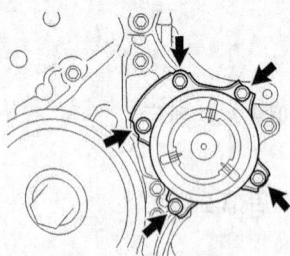

端子盖

19

9.8

多楔带

发电机总成

线束卡夹支架

8.4

43

2 号气缸盖罩

24

×5

●衬垫

水泵总成

×5

发动机后部右侧底罩

×6

散热器上空气导流板

N·m：规定的紧固力矩

●不可重复使用零件

凸出部分

图 7-23　拆卸水泵总成　　　　图 7-24　拆卸水泵衬垫　　　　图 7-25　安装水泵衬垫

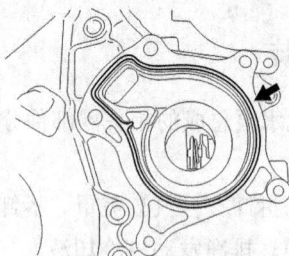

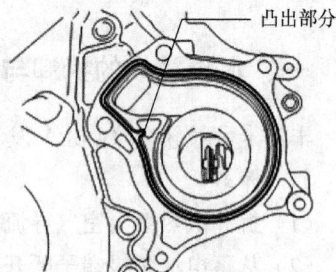

（2）安装发电机总成。安装、调整及检查齿形带。

（3）将电缆连接到蓄电池负极端子（扭矩：5.4N·m）。添加发动机冷却液。检查冷却液是否泄漏。

（4）安装右后发动机底罩。安装 2 号气缸盖罩。安装散热器上的空气导流板。

二、节温器的拆卸与安装

丰田卡罗拉轿车（1.6L）发动机节温器的相关零部件分解图如图 7-26 所示。

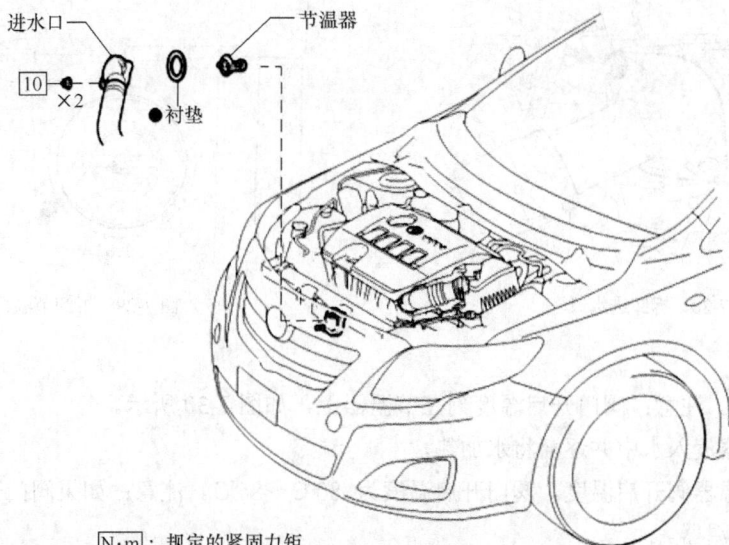

进水口　　　　　　　　节温器

[10] ×2　　　●衬垫

[N·m]：规定的紧固力矩

●不可重复使用零件

图 7-26　节温器的相关零部件分解图

1. 拆卸

（1）排净发动机冷却液，如图 7-27 所示。

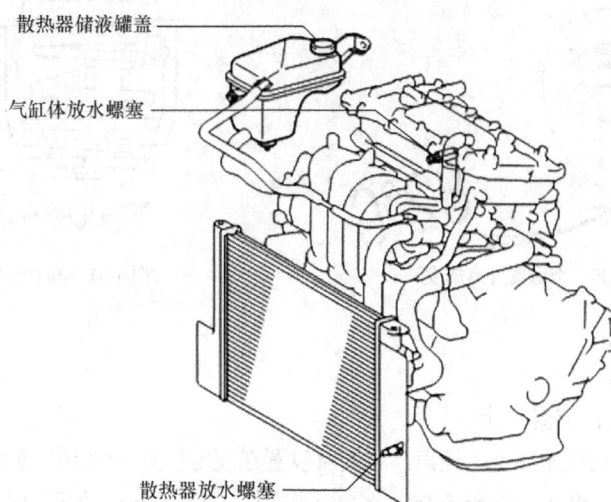

散热器储液罐盖

气缸体放水螺塞

散热器放水螺塞

图 7-27　排净发动机冷却液

① 松开散热器放水螺塞。注意：将冷却液收集到容器中，根据所在地区的法规进行报废处理。

② 拆下散热器储液罐盖。注意：在发动机和散热器还没有冷却下来时，不要拆下散热器储液罐盖；加压的热发动机冷却液和蒸汽可能会释放出来并导致严重烫伤。

③ 松开气缸体放水螺塞。注意：放水螺塞在排气歧管侧的发电机后面。

（2）拆卸进水口。拆下 2 个螺母和进水口，如图 7-28 所示。

（3）拆卸节温器，如图 7-29 所示。拆下节温器和衬垫。从节温器上拆下衬垫。

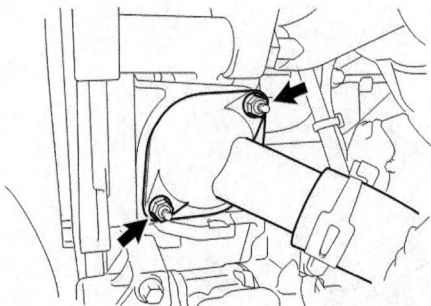

图7-28　拆卸进水口

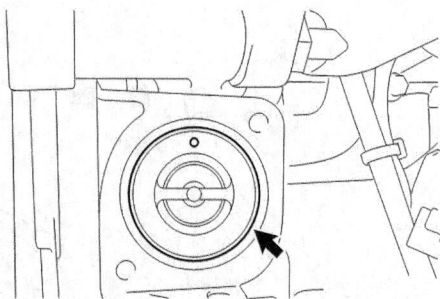

图7-29　拆卸节温器

2．检查

检查节温器。注意：阀门开启温度刻在节温器上，如图7-30所示。

① 将节温器浸入水中并逐渐将水加热。

② 检查节温器阀开启温度。阀门开启温度为 80℃～84℃。注意：如果阀门开启温度不符合规定，则更换节温器。

③ 检查阀门升程。阀门升程在95℃时为10mm或更大，如图7-31所示。注意：如果阀门升程不符合规定，则更换节温器。

④ 当节温器处于低温（低于77℃）时，确认阀门全关。注意：如果不能全关，则更换节温器。

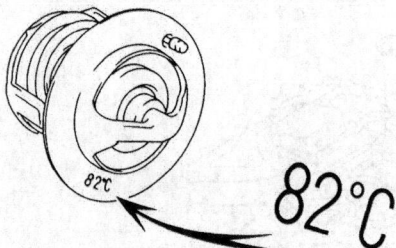

图7-30　节温器开启温度

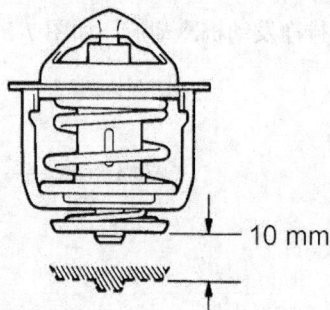

图7-31　检查节气门升程

3．安装

（1）安装节温器。

① 将新衬垫安装在节温器上。

② 将节温器安装到进水口上。注意：跳阀可设置在规定位置两侧10°范围内，如图7-32所示。

（2）安装进水口。用2个螺母安装进水口（扭矩：10 N·m），如图7-33所示。

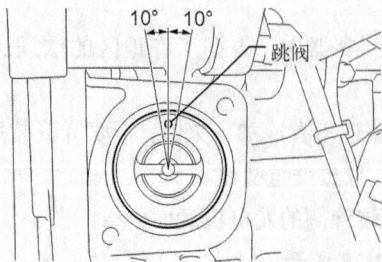

图7-32　安装节温器

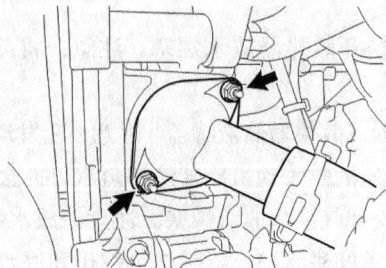

图7-33　安装进水口

（3）添加发动机冷却液。

① 紧固散热器放水螺塞。紧固气缸体放水螺塞（扭矩：13 N•m）。

② 将丰田超长效冷却液（SLLC）添加至散热器储液罐加注口。手动变速器冷却液标准容量为 5.6L，自动变速器冷却液标准容量为 5.5L。注意：不要用水代替发动机冷却液。

③ 拆下散热器盖并将冷却液添加至储液罐 B 刻度线，如图 7-34 所示。

④ 用手按压散热器进水软管和出水软管数次，检查冷却液液位。如果冷却液液位过低，应添加冷却液。

⑤ 安装盖子和阀门，使发动机充分暖机。

⑥ 排空冷却系统内的空气。注意：起动发动机前，关闭空调开关；将空调的温度调整为 MAX（HOT）；将空调鼓风机设置调整为 Lo。

（a）发动机暖机至节温器打开。节温器打开时，使冷却液循环数分钟。注意：按压散热器进水软管可以确认节温器的开启正时，并感觉发动机冷却液从何时开始流入软管。

（b）发动机暖机后，按照以下周期运行发动机至少 7min：以 3000r/min 的转速运转 5s，怠速运转 45s（按此周期重复操作至少 8 次）。

（c）用手按压散热器进水软管和出水软管数次，以排空系统内空气。

⑦ 发动机冷却后，检查并确认冷却液液位在 FULL 和 LOW 刻度线之间。如果冷却液液位低，则向储液罐内添加冷却液至 FULL 线。

（4）检查冷却液是否泄漏。注意：为避免烫伤，不要在发动机和散热器总成仍然很烫时拆下散热器盖分总成。热膨胀会导致热的发动机冷却液和蒸汽从散热器总成中溢出。

① 向散热器总成中注满发动机冷却液，然后连接散热器盖检测仪。

② 泵压至 108kPa，然后检查并确认压力没有降低。如果压力下降，检查软管、散热器总成和水泵总成是否泄漏；如果发动机外部没有冷却液泄漏痕迹，则检查加热器芯、气缸体和气缸盖，如图 7-35 所示。

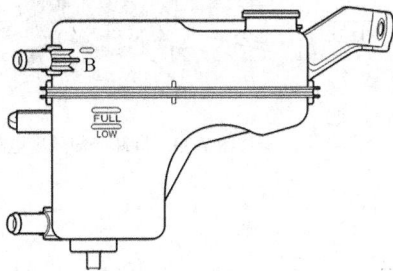

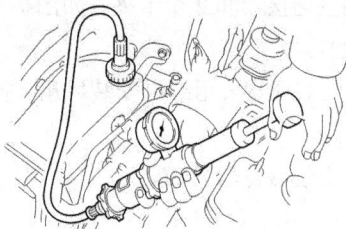

图 7-34　充注冷却液　　　　　　　图 7-35　用检测仪检查冷却液

三、冷却风扇电动机的拆卸与安装

丰田卡罗拉轿车（1.6L）发动机冷却风扇电动机的相关零部件分解图如图 7-36 所示。

1．拆卸

（1）拆卸散热器总成。

（2）拆卸风扇。先拆下螺母，然后拆下风扇，如图 7-37 所示。

（3）拆卸冷却风扇电动机，如图 7-38 所示。从风扇罩上断开连接器和 2 个卡夹。拆下 3 个螺钉，然后拆下冷却风扇电动机，如图 7-39 所示。

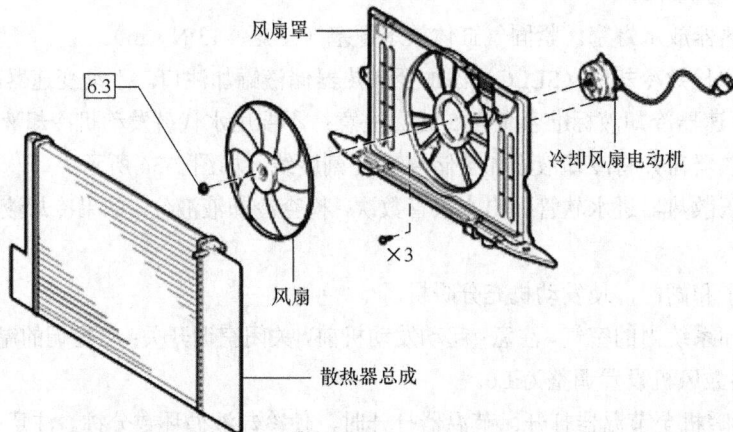

风扇罩

6.3

冷却风扇电动机

风扇

×3

散热器总成

N·m：规定的紧固力矩

图7-36 冷却风扇电动机的相关零部件分解图

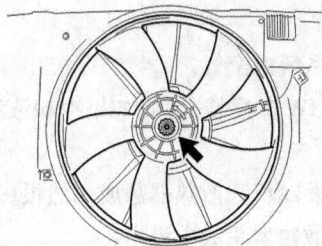

图7-37 拆卸风扇

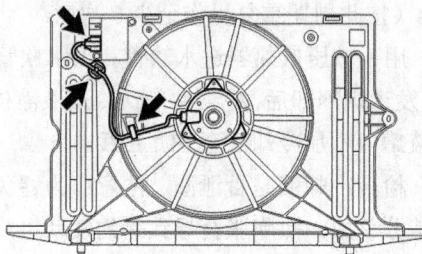

图7-38 断开连接器

2．安装

（1）安装冷却风扇电动机。

① 用3个螺钉安装冷却风扇电动机（见图7-39）。

②连接连接器和2个卡夹，如图7-38所示。注意：不要损坏连接器。

（2）安装风扇。用螺母安装风扇（扭矩：6.3 N·m），如图7-37所示。

（3）安装散热器总成。

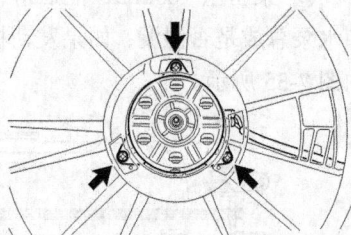

图7-39 拆卸冷却风扇电动机

任务二 润滑系统

【学习目标】

1. 能够正确描述润滑系统的功用与基本组成。

2. 能够正确描述润滑系统各主要零部件的功用、结构与工作原理。

3. 能够正确选择与使用工具、设备，并规范进行润滑系统各零部件的拆卸与装配。

相 关 知 识

润滑系统的功用是润滑发动机各零部件的摩擦表面，以减少摩擦表面的摩擦与磨损，并带走摩擦表面上的磨屑等杂质，冷却摩擦表面，提高气缸的密封性。此外，润滑油黏附在零部件表面上，避免了各零部件与空气、水和燃气等直接接触，防止各零部件的氧化和腐蚀。

一、发动机的润滑方式

发动机工作时，由于各零部件的相对运动速度、承受的机械负荷和热负荷的不同，因此对润滑强度的要求也不同。为保证各零部件的正常工作，必须根据它们的工作特点而采取适当的润滑方式。发动机润滑方式可分为压力润滑、飞溅润滑和定期润滑三种。

1．压力润滑

利用机油泵通过油道将润滑油输送到各零部件的摩擦表面上，这种润滑方式称为压力润滑。发动机上机械负荷大、相对运动速度高的零部件，一般采用这种润滑方式，如主轴颈与主轴承、连杆轴颈与连杆轴承、凸轮轴轴颈与凸轮轴轴承等。采用压力润滑可靠性高，但结构复杂，必须设有专门油道输送润滑油。

2．飞溅润滑

依靠运动的零部件将润滑油飞溅到各零部件的摩擦表面上或依靠专门的油孔将润滑油喷射到各零部件的摩擦表面上，这种润滑方式称为飞溅润滑。发动机上的一些外露部位、机械负荷较小的零部件、相对运动速度较低的零部件，一般采用这种润滑方式，如活塞与气缸壁、凸轮与挺杆等。采用飞溅润滑结构比较简单，但可靠性较差。

3．定期润滑

采用定期加注润滑脂的方式来润滑各零部件的摩擦表面，这种润滑方式称为定期润滑。发动机上的一些不太重要、比较分散的部位一般采用这种润滑方式，如水泵、发电机及起动机轴承等。定期润滑不属于润滑系统的工作范畴。

二、润滑系统的基本组成

为了实现润滑系统的功能，发动机润滑系统一般由油底壳、机油泵、油道、机油滤清器、限压阀、油压开关和油压警告灯等组成，如图 7-40 所示。

（1）油底壳。油底壳的主要功用是储存润滑油。

（2）机油泵。机油泵的主要功用是建立压力润滑并维持润滑油在系统内循环流动所必需的油压。

（3）油道。油道的主要功用是将机油泵输出的压力润滑油输送到各零部件的摩擦表面上。油道可直接铸造在缸体和缸盖上或加工在一些零部件内部，它分为主油道和分油道。主油道一般是指铸造在缸体侧壁内部并沿发动机纵向布置的油道，其余油道均为分油道。

（4）机油滤清器。滤清器的主要功用是滤除润滑油中的杂质，根据能够滤除杂质直径（过滤能力）的不同分为集滤器、粗滤器和细滤器。

认识发动机润滑系统

（5）限压阀。限压阀又称为减压阀，其主要功用是控制润滑油的工作压力。

（6）机油压力报警开关及机油压力报警/指示灯。机油压力报警开关及机油压力报警/指示灯

的主要功用是检测并指示润滑油的压力或系统工作状况。

三、润滑系统的润滑油路

现代汽车发动机润滑油路的布置方案大致相同，但由于润滑系统的工作条件和具体结构的不同而略有差异。

桑塔纳2000GSi轿车AJR发动机润滑系统采用压力润滑与飞溅润滑相结合的润滑方式，其润滑系统示意图如图7-41所示，其润滑系统的油路示意图如图7-42所示。发动机工作时，润滑油从油底壳经集滤器被机油泵送给机油滤清器。润滑油经机油滤清器过滤后，在机油滤清器支架内分为三路：第一路进入气缸体主油道，经主油道将润滑油分配给曲轴各主轴承，由曲轴上的斜油孔通往各连杆轴承，再由连杆体内部油道通往连杆小头衬套；第二路通过安装在机油滤清器支架上的一个单向阀进入气缸体并通向气缸体上平面油道，经气缸盖上第四个螺栓孔进入气缸盖油道，将润滑油分配到各凸轮轴轴颈和液压挺柱；第三路通往一个减压阀。

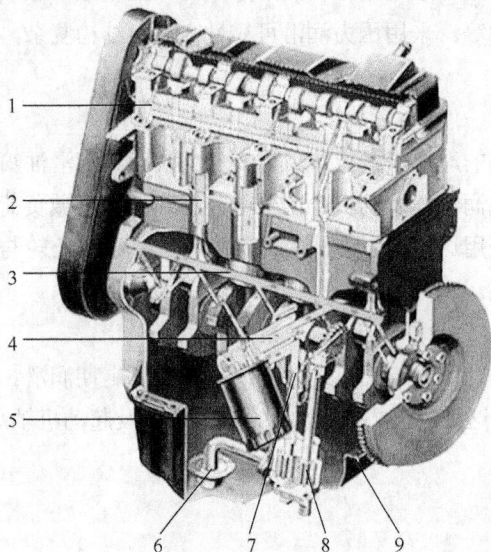

桑塔纳2000GSi轿车AJR发动机润滑油路示意图

图7-40　润滑系统的基本组成
1—气缸盖油道　2—回油孔　3—主油道　4—滤清器出油道
5—机油滤清器　6—集滤器　7—滤清器进油道
8—机油泵　9—油底壳

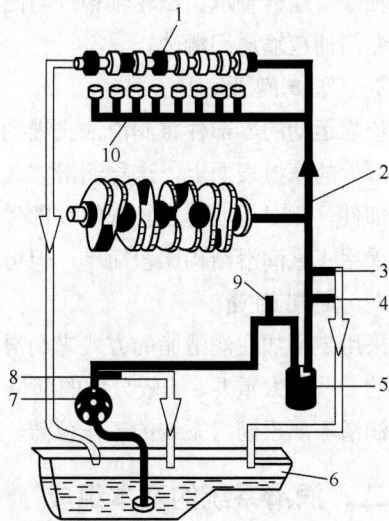

图7-41　桑塔纳2000GSi轿车AJR发动机润滑系统示意图
1—凸轮轴　2—单向阀　3、8—减压阀　4—油压开关
（0.18MPa）　5—机油滤清器（带旁通阀）　6—油底壳
7—转子式机油泵　9—油压开关（0.025MPa）
10—液压挺柱

在机油滤清器支架上装有两个报警开关，一个是作用压力为0.025MPa的低压报警开关，另一个是作用压力为0.18MPa的高压报警开关，以检测系统内的润滑油压力。打开点火开关后，仪表盘上的机油压力报警灯即开始闪烁；发动机起动后，若润滑油压力高于0.025MPa，低压报警开关触点断开，机油压力报警灯自动熄灭。发动机转速较低时，若润滑油压力低于0.025MPa，低压报警开关触点闭合，机油压力报警灯闪烁；发动机转速超过2150r/min时，若润滑油压力低于0.18MPa，高压报警开关触点断开，机油压力报警灯闪烁，同时蜂鸣器鸣响报警。机油压力报警灯闪烁或蜂鸣器报警时，说明润滑油压力低于标准值，润滑系统有故障，此时应停机检查。

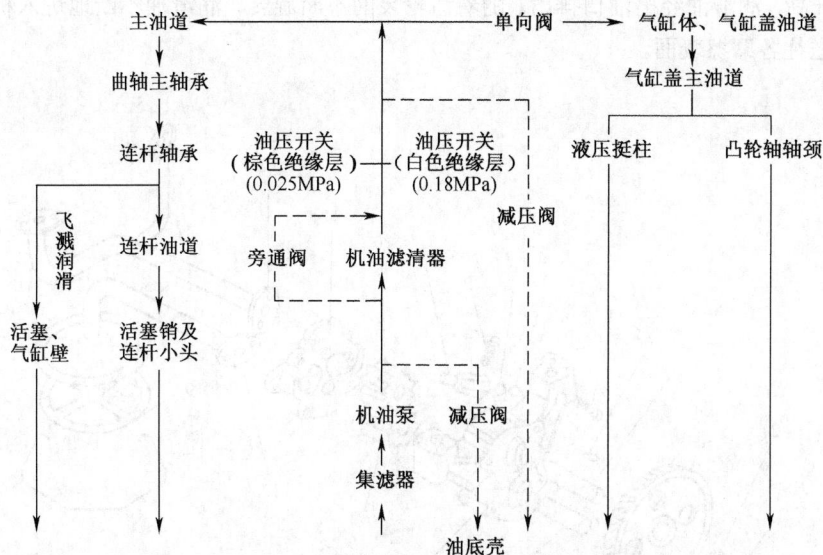

图 7-42 桑塔纳 2000GSi 轿车 AJR 发动机润滑油路示意图

同时，为保证润滑系统的正常工作，在润滑油路中装有 2 个减压阀。一个减压阀装在机油泵上，另一个减压阀装在机油滤清器支架上。减压阀的作用是当润滑油压力超过规定值，减压阀打开，部分润滑油经减压阀流回油底壳。旁通阀的作用是当机油滤清器堵塞时，旁通阀打开，润滑油不再经过滤清器过滤而是由旁通阀直接进入主油道。单向阀的作用是当发动机停机时，保持气缸盖油道内存油，防止发动机再次起动时由于气缸盖供油压力不足而影响到液压挺柱的正常工作。

四、润滑系统各主要零部件的构造

1. 机油泵

机油泵的功用是提高润滑油的工作压力，强制地将润滑油压送到发动机各摩擦表面上。机油泵一般安装在曲轴箱内，由曲轴、凸轮轴或中间轴驱动。汽车发动机多采用齿轮式机油泵和转子式机油泵。

（1）齿轮式机油泵

齿轮式机油泵有内啮合式和外啮合式两种。

① 外啮合齿轮式机油泵。外啮合齿轮式机油泵的结构如图 7-43 所示。泵壳用螺栓安装在曲轴箱内第一道主轴承座两侧，泵壳内装有主动轴和从动轴，主动齿轮和从动齿轮分别安装在主动轴和从动轴上。泵盖用螺栓安装在泵壳上，机油泵的进油口和出油口均设在泵盖上，带有固定式集滤器的吸油管用螺栓固定在进油口处，出油管用螺栓固定在机油泵出油口与发动机机体上的相应油道之间。主动轴的前端伸出泵壳，并用半圆键、锁片和螺母将传动齿轮固定安装在主动轴上，发动机工作时，通过传动齿轮与曲轴正时齿轮啮合驱动机油泵工作。限压阀安装在机油泵出油口处，限压阀主要由阀体、球阀、弹簧和弹簧座组成，开口销用来固定弹簧座的位置。

外啮合齿轮式机油泵的工作原理如图 7-44 所示。发动机工作时，机油泵齿轮按图中箭头所示方向旋转，进油腔的容积因轮齿逐渐脱离啮合而增加，产生一定的真空度，将润滑油从进油口吸入进油腔。随齿轮的旋转，轮齿间的润滑油被带到出油腔。出油腔的容积因轮齿逐渐进入啮合而

减小，油压升高，润滑油经出油口排出。随着齿轮泵的不断旋转，润滑油不断地进入机油滤清器，经滤清后被送往各摩擦表面。

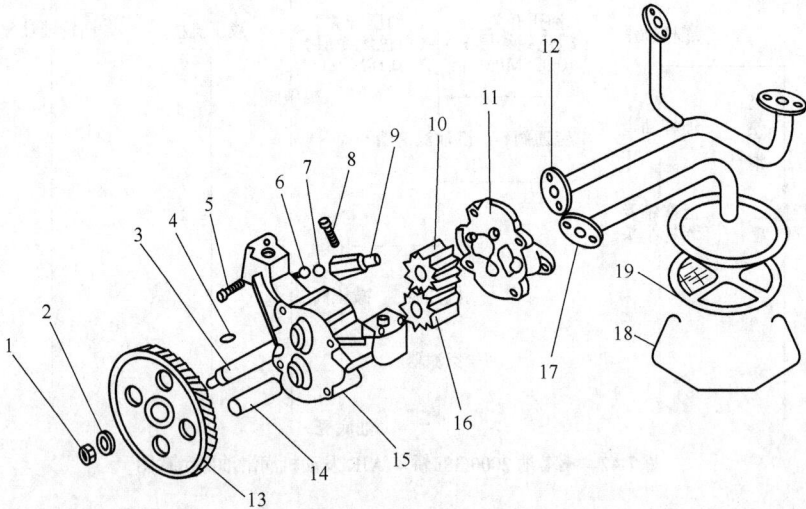

图 7-43　外啮合齿轮式机油泵

1—螺母　2—锁片　3—主动轴　4—半圆键　5—弹簧座　6—限压阀弹簧　7—球阀　8—开口销　9—阀体
10—主动齿轮　11—泵盖　12—出油管　13—传动齿轮　14—从动轴　15—泵壳　16—从动齿轮
17—吸油管　18—卡簧　19—集滤器滤网

为保证齿轮传动的连续性，当前一对轮齿尚未脱离啮合时，后一对轮齿已进入啮合，这样在两对啮合轮齿之间的润滑油会因轮齿逐渐啮合而受到挤压，并产生很高的压力，不仅增加齿轮旋转的阻力，而且此压力通过齿轮作用在齿轮轴上，会加剧齿轮和齿轮轴的磨损。为此，通常在泵盖上加工有卸压槽，使两啮合轮齿间被挤压的润滑油通过此槽流进出油腔。

外啮合齿轮式机油泵具有泵油效率高、功率损失小、结构简单、工作可靠等优点，但需要中间传动机构，制造成本较高。

② 内啮合齿轮式机油泵。内啮合齿轮式机油泵的结

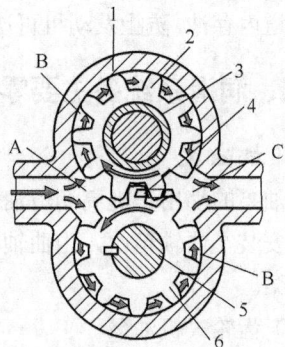

图 7-44　外啮合齿轮式机油泵工作原理

1—机油泵体　2—机油泵从动齿轮　3—衬套
4—卸压槽　5—驱动轴　6—机油泵主动齿轮
A—进油腔　B—过渡油腔　C—出油腔

构如图 7-45 所示。机油泵体内腔装有内齿圈，小齿轮（外齿轮）的中心线与内齿圈的中心线不重合，啮合后形成一个月牙形空腔，在该空腔内安装一个月牙块，将内、外齿分开。小齿轮为主动齿轮。发动机工作时，小齿轮随驱动轴一起转动并带动内齿圈同向旋转。内齿圈和外齿轮在转至进油口处时开始逐渐脱离啮合，沿旋转方向两者形成的容积逐渐增大，产生一定的真空度，将润滑油从进油口吸入。由于内齿圈和外齿轮被月牙块隔开，随着齿轮的继续旋转，轮齿间的润滑油带往出油口。在靠近出油口处，内齿圈和外齿轮间的容积逐渐减少，油压升高，润滑油从机油泵的出油口送往发动机油道中，内齿圈和外齿轮又重新啮合。

由于内啮合齿轮式机油泵由曲轴直接驱动，无需中间传动机构，所以零件数量少，制造成本低，占用空间小，但由于内、外齿轮间有一处无用的空间，使机油泵的泵油效率降低。

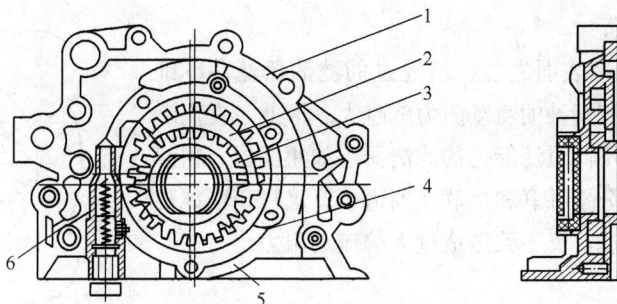

图 7-45　内啮合齿轮式机油泵
1—泵体　2—月牙块　3—小齿轮　4—内齿圈　5—进油口　6—限压阀

（2）转子式机油泵

转子式机油泵的结构如图 7-46 所示，主要由泵壳、泵盖、内转子、外转子、转子轴、机油泵链轮、传动链、限压阀等组成。内转子固定在机油泵转子轴上，其外端装有机油泵链轮。外转子自由地安装在泵壳内，并与内转子啮合传动，泵壳上设有进油孔和出油孔。内、外转子之间有一定的偏心距。内转子有 4 个凸齿，外转子有 5 个凹齿。机油泵用螺栓安装在曲轴箱内，由中间轴通过传动链驱动。

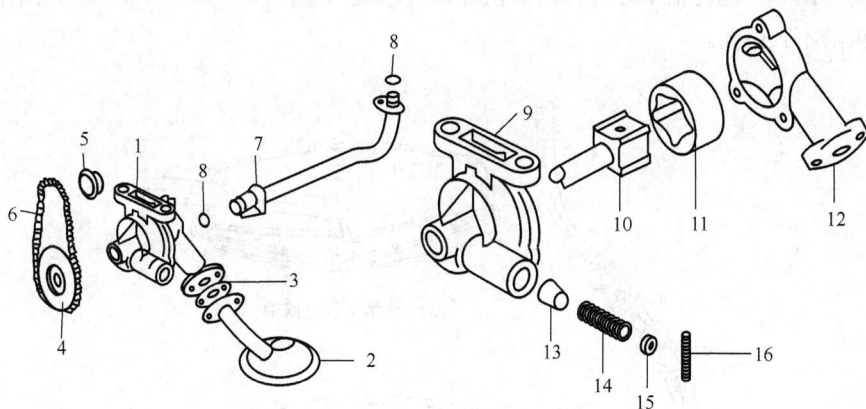

转子式机油泵的工作原理

图 7-46　转子式机油泵
1—机油泵总成　2—集滤器　3—衬垫　4—机油泵链轮　5—中间轴链轮　6—传动链　7—出油管
8—O 形密封圈　9—泵壳　10—内转子　11—外转子　12—泵盖　13—限压阀
14—限压阀弹簧　15—弹簧座　16—开口销

转子式机油泵的工作原理如图 7-47 所示。发动机工作时，内转子随转子轴一起旋转并带动外转子同向旋转。无论转子转到任何位置，在内转子与外转子的齿形轮廓线上总有接触点，这样，内、外转子间便形成 4 个工作腔。由于内转子与外转子的齿数不同，且存在一定的偏心距，4 个工作腔的位置和容积都在不断变化。当某一工作腔转至进油口时，容积增大，产生真空度，将润滑油从进油口吸入工作腔。当该工作腔转至出油口时，容积减小，油压升高，润滑油经出油口排出。

转子式机油泵具有结构紧凑，供油量大而且油压均匀，工作噪声小，吸油真空度高等优点。所以当机油泵安装在曲轴箱以外或安装位置较高时，采用转子式机油泵比较合适。但内、外转子啮合表面的滑动阻力比齿轮泵大，功率消耗较大。

2．机油滤清器

润滑油在进入摩擦表面之前，所经过的滤清器滤芯越细密，过滤次数越多，润滑油的流动阻力就越大。因此，在润滑系统中一般装有几个不同过滤能力的滤清器，如集滤器、粗滤器和细滤器等，它们分别并联和串联在油道中。这样，既能使润滑油得到良好的过滤，又不致造成过大的流动阻力。

（1）集滤器

集滤器一般为滤网式，安装在机油泵进油口前端，防止较大的杂质进入机油泵。集滤器可分为浮动式和固定式两种。

① 浮动式集滤器。浮动式集滤器主要由浮子、滤网、网罩、吸油管和固定管组成，如图 7-48 所示。浮子是中空的，始终浮在油面上。固定管与机油泵进油口连接，安装后固定不动。吸油管与固定管活动连接，使浮子能随油面变化而自由升降。浮子下面装有金属丝滤网，滤网具有一定弹性，中央有环口，平时借助滤网本身的弹性使环口压紧在网罩上。网罩边缘有缺口，与浮子装合后形成进油狭缝。

机油泵工作时，润滑油从油底壳经进油狭缝、吸油管进入机油泵。在流经滤网时，较大的杂质被滤除，如图 7-48（a）所示。若滤网堵塞，其上部产生真空，从而克服滤网弹性将滤网吸起，使其环口离开网罩，润滑油不经过滤网而由环口直接进入机油泵，如图 7-48（b）所示，保证了润滑油的供给不致中断。

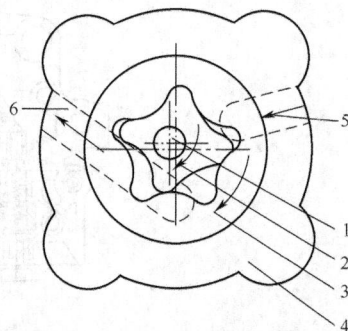

图 7-47　转子式机油泵的工作原理
1—转子轴　2—内转子　3—外转子
4—泵壳　5—进油孔　6—出油孔

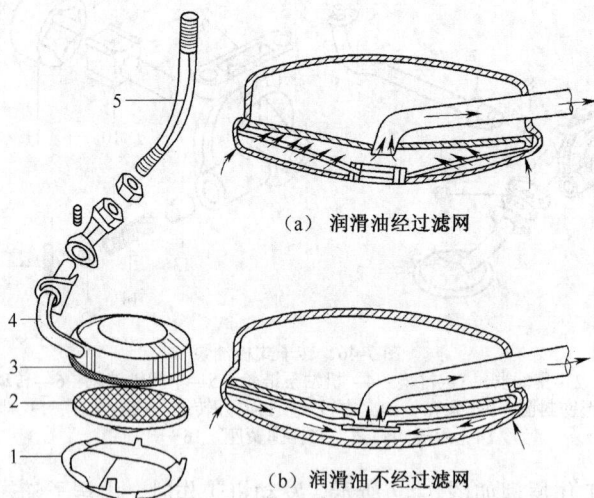

（a）润滑油经过滤网

（b）润滑油不经过滤网

图 7-48　浮动式集滤器
1—网罩　2—滤网　3—浮子　4—吸油管　5—固定管

② 固定式集滤器。固定式集滤器主要由吸油管、滤网和网罩组成，如图 7-49 所示。吸油管上端用螺栓与机油泵连接，下端与滤网支座连成一体。网罩利用翻边安装在滤网支座外缘凸台上，滤网夹装在支座与网罩之间。网罩的边缘有 4 个缺口，形成进油通道。机油泵工作时，润滑油从网罩的缺口处经过滤网滤除较大的杂质后，通过吸油管进入机油泵。

与浮动式相比，固定式集滤器结构简单，并可防止油面上的泡沫被吸入润滑系统中，所以应用广泛，但吸入润滑油的清洁度稍差。

（2）机油滤清器

机油滤清器用来滤除润滑油中的金属屑、机械杂质和润滑油氧化物等。

若机油滤清器串联安装在机油泵与主油道之间，所有润滑油经过滤清器过滤，则该滤清器称为全流式滤清器，如图 7-50（a）所示。目前，轿车发动机上均采用全流式滤清器。若滤清器与主油道并联安装，只有一部分润滑油经过滤清器过滤，则该滤清器称为分流式滤清器，如图 7-50（b）所示。有的重型货车发动机则安装此两种滤清器。相对而言，全流式滤清器为粗滤器，滤除润滑油中直径为 0.05mm 以上的较大杂质后，再进入主油道，润滑各运动零件表面；分流式滤清器为细滤器，滤除润滑油中直径为 0.001mm 以上的细小杂质后，再返回油底壳。

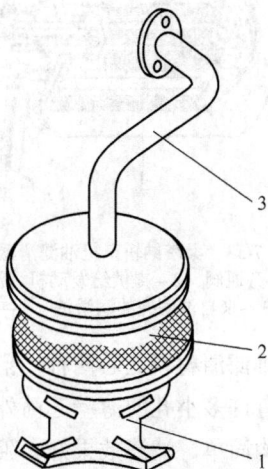

图 7-49 固定式集滤器
1—网罩 2—滤网 3—吸油管

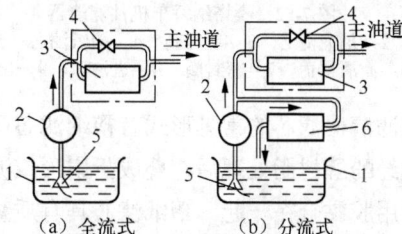

（a）全流式　　　（b）分流式
图 7-50 机油滤清器的布置方式
1—油底壳 2—机油泵 3—全流式机油滤清器 4—旁通阀
5—集滤器 6—分流式机油滤清器

轿车上普遍采用纸质全流式滤清器，如图 7-51 所示，且一般采用整体式滤清器，即将滤芯与壳体制成不可拆卸的一个整体。滤清器壳体用薄钢板冲压而成，壳体内装有带金属骨架的纸质滤芯，滤芯下部设有旁通阀。发动机工作时，来自机油泵的润滑油进入滤清器壳体与滤芯之间，经滤芯滤除杂质后，清洁的润滑油由滤芯内腔，经出油孔进入主油道。当滤芯堵塞时，旁通阀开启，润滑油不经过滤芯而通过旁通阀直接进入主油道。

纸质全流式机油滤清器在使用中不需维护，这种滤清器不能重复使用，需要定期更换。由于各种发动机使用的润滑油类型是不同的，所以更换周期也有所不同，一般汽车每行驶 5000～15000 km 需进行更换。

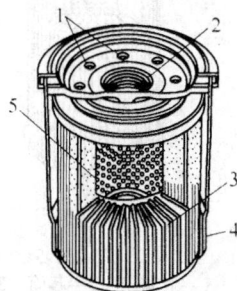

图 7-51 纸质全流式滤清器
1—进油孔 2—出油孔 3—滤芯
4—壳体 5—旁通阀

桑塔纳轿车发动机机油滤清器采用粗滤器和细滤器为一体，如图 7-52 所示，即尼龙细滤芯与褶纸粗滤芯串联在同一壳体内，滤清器出油口是螺纹孔，滤清器通过该螺纹孔安装在缸体上的螺纹接头上，螺纹接头与缸体主油道相通。滤清器与缸体安装平面之间用密封圈密封。其工作原理如图 7-53 所示，润滑油从滤清器盖周围的进油口进入滤清器内，从外向内流过褶纸滤芯和尼龙滤芯，滤除杂质后进入滤清器中心油腔。当润滑油压力大于单向阀的弹簧力时，顶开单向阀，润滑油经出油口进入缸体主油道。单向阀的作用是当发动机停止工作时，将滤清器的进油口关闭，防止润滑油从滤清器流回油底壳，保持油道内具有足够的润滑油，以利于发动机再次起动。滤清器内设有旁通阀，如果使用中滤芯堵塞，润滑油压力升高。当油压达到规定值时，旁通阀开启，润滑油不经过滤芯，由旁通阀通过中心油腔直接进入主油道，保证了润滑油的供给不致中断。

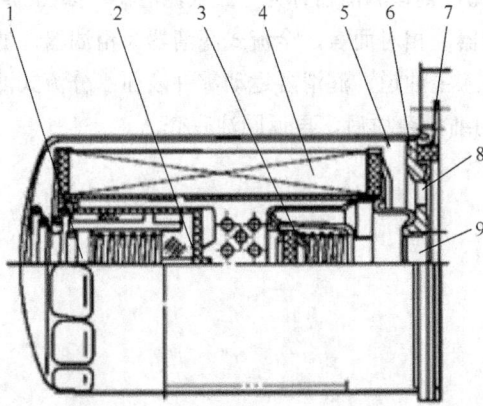

图 7-52　桑塔纳轿车机油滤清器
1—旁通阀　2—尼龙滤芯　3—单向阀　4—褶纸滤芯　5—滤清器壳体
6—滤清器盖　7—密封圈　8—进油口　9—出油口

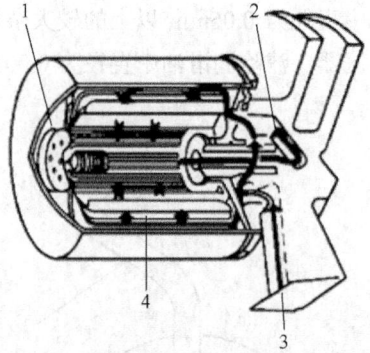

图 7-53　桑塔纳轿车机油滤清器工作原理
1—旁通阀　2—提供给发动机清洁的润滑油
3—来自油底壳的润滑油　4—褶纸滤芯

机油滤清器滤芯的常见形式有褶纸滤芯（见图 7-54）和纤维滤清材料滤芯两种。褶纸滤芯由微孔滤纸经酚醛树脂处理后，叠成折扇形或波纹形，包围在冲有许多小孔的薄壁芯筒外，滤纸和盖板之间用胶黏合在一起。褶纸滤芯具有质量轻、体积小、结构简单、滤清效果好、阻力小、成本低的优点，因此应用广泛。有的轿车发动机为了提高褶纸滤芯的过滤性能，采用双网孔纸质滤芯，如图 7-55 所示，在润滑油流入的一侧为网孔直径较大的粗层面，而在润滑油流出的一侧为网孔直径较小的细层面。这种滤芯润滑油流动阻力更小，且不易阻塞。

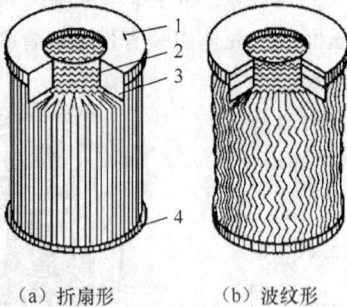

（a）折扇形　　　　（b）波纹形

图 7-54　褶纸滤芯
1—上端盖　2—芯筒　3—微孔滤纸　4—下端盖

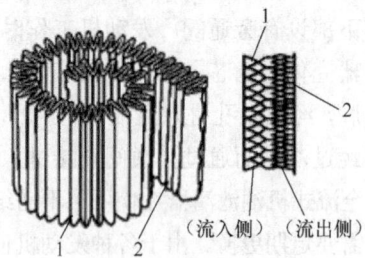

（流入侧）　（流出侧）

图 7-55　双网孔纸质滤芯
1—粗层面　2—细层面

3．机油散热器

发动机工作时，润滑油在发动机机体内循环，其温度可达 95℃ 左右。若润滑油温度过高，则会使其油黏度下降，甚至会失去润滑性能。因此，在一些热负荷较大的发动机上，装有机油散热器。

机油散热器进油管路中一般设有手动开关阀和限压阀，控制机油散热器的主油路。当环境温度较低时，关闭手动开关阀，使润滑油不流经散热器。限压阀在油压较低时，自动关闭散热器油路。

机油散热器可分为风冷式和水冷式两种类型。

风冷式机油散热器如图 7-56 所示，它一般安装在发动机前方且与主油道并联，利用空气流经散热器时将热量带走，使散热器内的润滑油得以冷却，其结构原理与冷却系统的散热器基本相同。

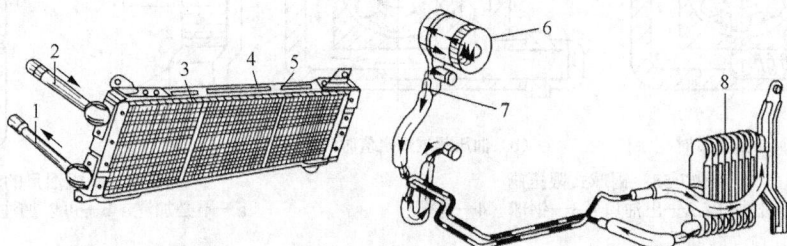

（a）风冷式机油散热器的结构　　（b）风冷式机油散热器的工作原理

图 7-56　风冷式机油散热器

1—出油管　2—进油管　3—散热片　4—扁管　5—框架　6—机油滤清器　7—溢流阀　8—机油散热器

水冷式机油散热器如图 7-57 所示，它一般安装在发动机一侧，串联在主油道之前，润滑油经滤清器过滤后直接进入散热器并在散热器芯内流动。来自冷却系统的冷却液经流经散热器芯外围时将热量带走，使散热器芯内的润滑油得以冷却。由于水冷式机油散热器的尺寸小，布置方便，且润滑油温度稳定，因此广泛应用在轿车发动机上。

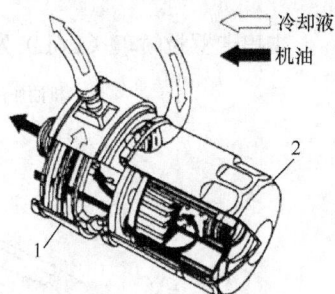

图 7-57　水冷式机油散热器

1—机油散热器　2—机油滤清器

4．限压阀

限压阀又称安全阀或减压阀。机油泵供油压力必须适当，压力过低，使润滑不良，机件磨损严重；压力过高，容易使气门关闭不严，甚至引起缺缸现象，影响到发动机动力性。机油泵供油压力随着发动机转速的提高而增大；当润滑油路阻塞时，供油压力也增大。因此，为控制润滑系统润滑油的工作压力，在机油泵、机油滤清器或主油道中装有限压阀。

钢球式限压阀

限压阀有钢球式和柱塞式两种类型。

钢球式限压阀的结构如图 7-58 所示，它主要由钢球和弹簧等组成，安装在机油泵上。当油压正常时，由于弹簧力的作用而使钢球压紧在球座上，回油道关闭。当油压超过规定值时，润滑油压力克服弹簧力作用，使钢球左移，回油道开启。这样，机油泵输出的部分压力油经回油道流回进油口，使机油泵的供油压力控制在规定值以内。

5．机油尺

机油尺是一个细长的金属杆，其下端加工成扁平状，上有"min"与"max"刻线。使用中应经常检查润滑油油面高度，油面高度应处于"min"与"max"刻线之间。油面过低，影响润滑效果，易使机件磨损严重；油面过高，容易引起润滑油消耗增加，燃烧室积炭严重。机油尺的油位标记如图 7-59 所示，其中 a 刻线表示不可加注润滑油；b 位表示可加注润滑油，加注后油位允许达到 a 刻线；c 刻线表示必须加注润滑油，使油位处于区域 b 某一位置即可。

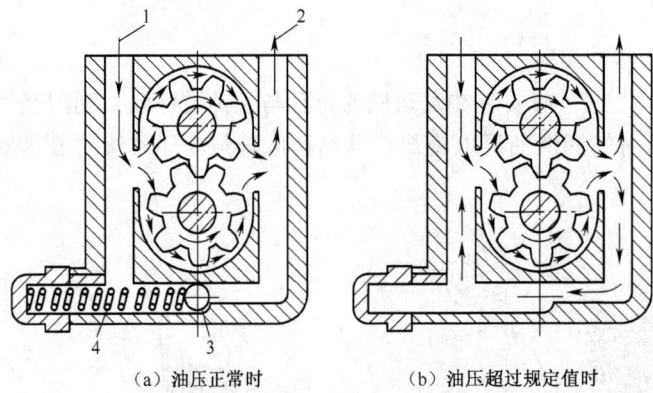
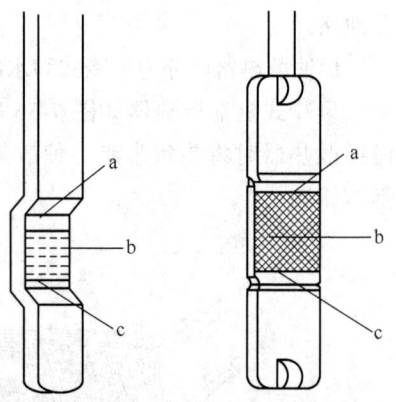

（a）油压正常时	（b）油压超过规定值时

图 7-58　钢球式限压阀

1—进油口　2—出油口　3—钢球　4—弹簧

图 7-59　机油尺的油位标记

a—不必加注　b—可以加注　c—必须加注

实操技能训练

一、机油滤清器的更换

丰田卡罗拉轿车（1.6L）发动机机油滤清器的相关零部件分解图如图 7-60 所示。

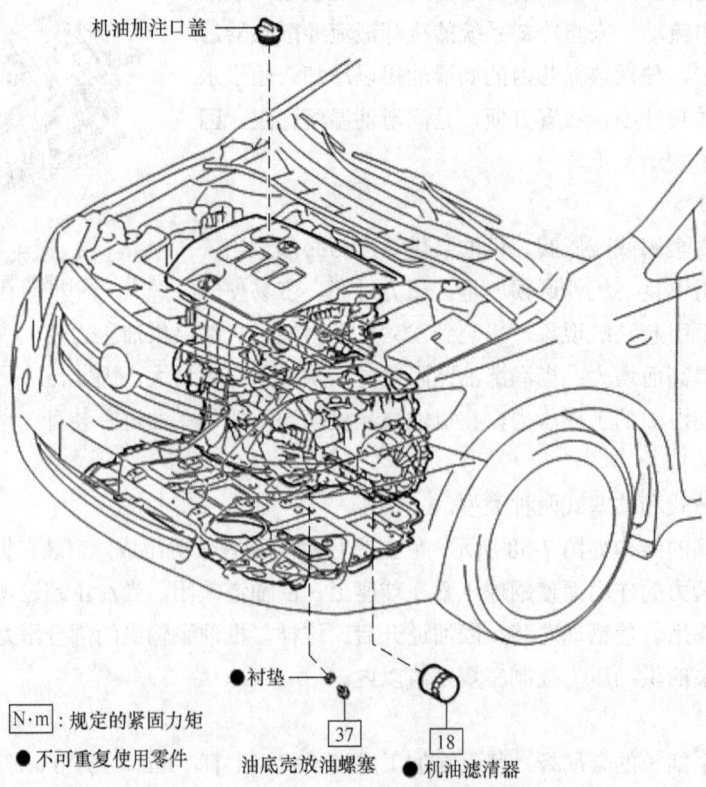

机油加注口盖

●衬垫

N·m：规定的紧固力矩

●不可重复使用零件

37　油底壳放油螺塞

18　机油滤清器

图 7-60　机油滤清器的相关零部件分解图

（1）排空发动机机油。

① 拆下机油加注口盖。

② 拆下放油螺塞，并将机油排放到一个容器中。

③ 清洗放油螺塞，用新衬垫加以安装（扭矩：37N·m）。

（2）拆卸机油滤清器。

用 SST 09228-06501 拆下机油滤清器。

（3）安装机油滤清器。

① 检查并清洗机油滤清器的安装面。

② 在新机油滤清器的衬垫上涂抹一层干净的发动机润滑油。

③ 将机油滤清器轻轻地旋到位并拧紧，直到衬垫开始接触机油滤清器底座。

④ 用 SST 09228-06501 紧固机油滤清器。

⑤ 根据可利用的工作空间，从以下各项中选择：如果有足够的空间，用 SST 紧固机油滤清器（扭矩：18N·m）；如果没有足够的空间，则使用 SST，用手将机油滤清器紧固 3/4 圈。

（4）添加发动机润滑油。

添加新的发动机润滑油并安装润滑油加注口盖。更换机油滤清器时放空后的重新加注量为 4.2L，而不更换机油滤清器时放空后的重新加注量为 3.9L。

（5）检查润滑油是否泄漏。

二、机油泵的拆解与装配

丰田卡罗拉轿车（1.6L）发动机机油泵的相关零件分解图如图 7-61 所示。

1. 拆解

（1）拆卸机油泵减压阀

用 27mm 套筒扳手拆下螺塞。拆下机油泵减压阀弹簧和减压阀。减压阀的结构如图 7-62 所示。

（2）拆卸机油泵盖

拆下 5 个螺栓和机油泵盖，如图 7-63 所示。将机油泵主动转子和从动转子从机油泵拆下。

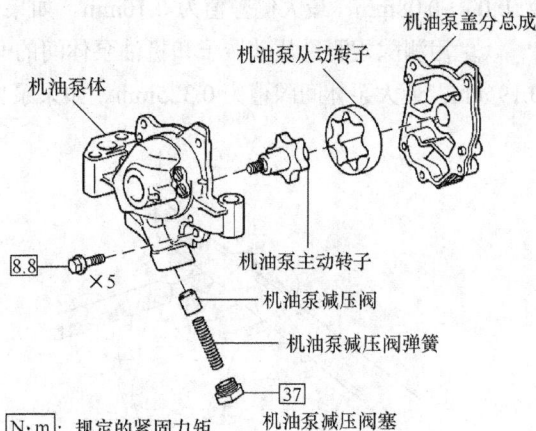

图 7-61　机油泵的相关零件分解图

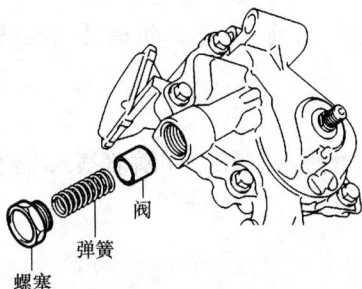

图 7-62　减压阀的结构

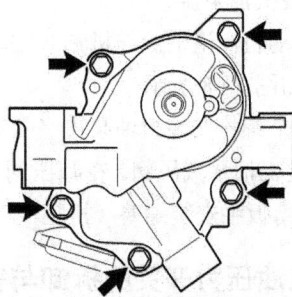

图 7-63　拆卸机油泵盖

2. 检查

（1）检查机油泵减压阀

在机油泵减压阀上涂抹一层发动机润滑油，检查并确认该阀能依靠自身重量顺畅地滑入阀孔中，如图 7-64 所示。如果情况不是这样，则更换机油泵。

（2）检查机油泵转子

① 用测隙规测量主动转子和从动转子的顶部间隙，如图 7-65 所示。顶部间隙标准值为 0.08～0.16mm；最大顶部间隙值为 0.35mm，如果顶部间隙大于最大值，则更换机油泵。

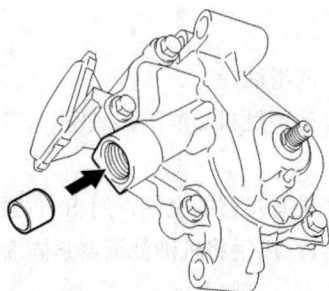

图 7-64　检查机油泵减压阀

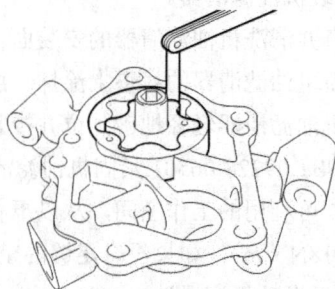

图 7-65　检查机油泵转子

② 用测隙规和精密直尺，测量 2 个转子和精密直尺间的间隙，如图 7-66 所示。标准侧隙值为 0.03～0.08mm；最大侧隙值为 0.16mm。如果侧隙大于最大值，则更换机油泵。

③ 用测隙规测量从动转子和机油泵体间的间隙，如图 7-67 所示。标准泵体间隙值为 0.12～0.19 mm；最大泵体间隙值为 0.325mm。如果泵体间隙大于最大值，则更换机油泵。

图 7-66　检测转子侧隙

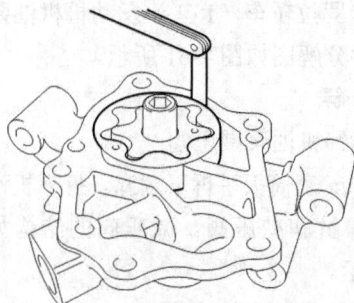

图 7-67　检测转子和泵体间隙

3．重新装配

（1）安装机油泵盖。

① 用发动机润滑油涂抹机油泵主动转子和从动转子，并将它们放入机油泵，使其标记朝向机油泵盖侧，如图 7-68 所示。

② 用 5 个螺栓安装机油泵盖（扭矩：8.8N·m）。

（2）安装机油泵减压阀。在减压阀上涂抹发动机润滑油。将减压阀和弹簧插入机油泵体孔中。用 27 mm 套筒扳手安装螺塞（扭矩 37N·m）。

三、机油压力开关的拆卸与安装

1．拆卸

（1）拆卸右前轮。

（2）拆卸发动机机油压力开关总成。

① 断开机油压力开关连接器。

② 用 24 mm 长套筒扳手，拆下机油压力开关，如图 7-69 所示。

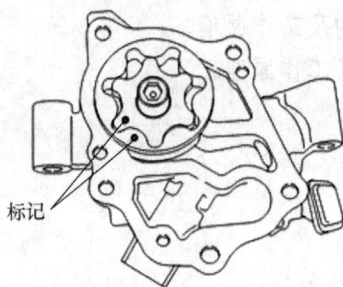

图 7-68　机油泵安装标记

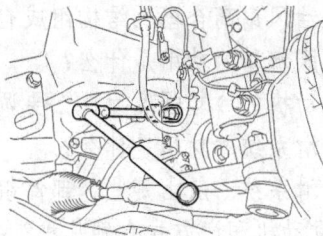

图 7-69　拆卸机油压力开关

2．检查

检查发动机机油压力开关总成。

① 断开机油压力开关连接器。

② 起动发动机。

③ 测量电阻值，如图 7-70 所示。怠速运转时，电阻值为 10kΩ 或更大；发动机停机时，电阻值小于 1Ω。

④ 重新连接机油压力开关连接器。如果结果不符合规定，则更换机油压力开关总成。

3．安装

（1）安装发动机机油压力开关总成。

① 在机油压力开关的 2 或 3 个螺纹上涂抹黏合剂，如图 7-71 所示。黏合剂：丰田原厂黏合剂 1344、THREE BOND 1344 或同等产品。

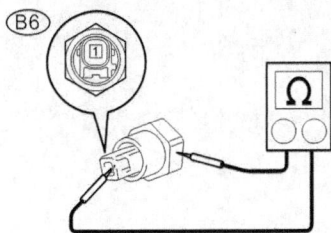

图 7-70　测量电阻值

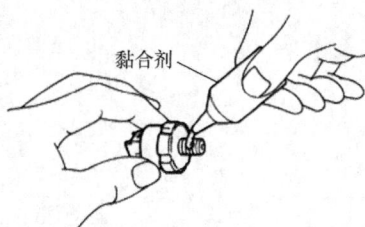

图 7-71　在机油压力开关螺纹上涂抹黏合剂

② 用 24 mm 长套筒扳手，安装机油压力开关（扭矩：15N·m）。注意：安装后至少 1h 内不要起动发动机。

③ 连接机油压力开关连接器。

（2）检查润滑油是否泄漏。

（3）安装右前轮（扭矩：103N·m）。

练 习 题

1. 冷却系统的功用是什么？其基本组成主要包括哪些？

2. 散热器盖上一般装有空气阀和蒸汽阀，它们各起什么作用？

3. 水泵的功用是什么？水冷却系统常用水泵是什么类型？它是怎样工作的？

4. 节温器的功用是什么？描述蜡式节温器的结构及工作原理。

5. 硅油风扇离合器的结构组成有哪些？并说明其工作原理。

6. 膨胀水箱的功用是什么？

7. 发动机的冷却强度为什么要调节？如何调节？

8. 润滑系统的功用是什么？

9. 润滑系统一般由哪些零部件组成？各有何功用？

10. 发动机润滑方式有哪几种？各应用在何种场合？

11. 润滑系统中常用的液压阀有哪些？各有何功用？

12. 描述齿轮式机油泵的结构及工作原理。

13. 描述转子式机油泵的结构及工作原理。

14. 机油滤清器有几种类型？它们是如何工作的？

项目八
汽油机点火系统

本项目主要介绍汽油机点火系统的功用、基本组成、各主要零部件的结构及其拆装等内容。

概　述

点火系统的基本功用是在发动机各种工况和使用条件下，在气缸内及时、可靠地产生电火花，以点燃气缸内的可燃混合气。点火及时是要求点燃混合气的时间适当，汽油机最佳的点火时间应保证气缸内最高压力点出现在压缩上止点后 $10°\sim15°$，此时发动机的性能最好。点火可靠是要求产生的电火花有足够的能量，以保证能点燃气缸内的可燃混合气。

汽油机工作中，点火系统点燃混合气的时间一般用点火提前角表示。点火提前角是指某气缸从火花塞跳火到该气缸活塞运动至压缩上止点时曲轴转过的角度。

按所用电源不同，点火系统可分为蓄电池点火系统和磁电机点火系统。由蓄电池或发电机向点火系统提供电能的点火系统称为蓄电池点火系统；由磁电机向点火系统提供电能的点火系统称为磁电机点火系统。车用汽油机都采用蓄电池点火系统。

按储存能量元件不同，点火系统可分为电感储能式和电容储能式两种类型。电感储能式点火系统是将点火能量以磁场能量的方式储存在点火线圈中；电容储能式点火系统是将点火能量以电场能量的方式储存在电容中。车用汽油机一般属于电感储能式点火系统。

按对点火提前角的控制方式不同，点火系统可分为传统点火系统、普通电子点火系统和电控电子点火系统。

| 任务一　普通电子点火系统 |

【学习目标】

1. 能够正确描述普通电子点火系统的基本组成。
2. 能够正确描述普通电子点火系统各主要零部件的结构与工作原理。

相 关 知 识

传统点火系统又称机械触点式点火系统，它利用机械触点控制点火提前角，并利用机械离心装置和真空装置对点火提前角进行自动调节。发动机工作时，为保证点火顺序，传统点火系统利用分电器给各缸配电。而对于普通电子点火系统，其功能和工作原理与传统点火系统基本相同，只是控制点火提前角的元件用电子点火器取代了断电器，它利用晶体管的导通和截止来控制点火线圈一次绕组回路的通断，而晶体管的导通与截止则用点火信号发生器产生的信号来控制。普通电子点火系统仍保留了机械离心式和真空式点火提前角自动调节装置。

一、普通电子点火系统的基本组成

普通电子点火系统的基本组成如图 8-1 所示，主要由电源、点火开关、点火线圈、点火信号发生器、电子点火器、分电器、高压线及火花塞等组成。电源为蓄电池或发电机，其功用是向点火系统提供点火能量；点火开关的功用是接通或断开电源电路；电子点火器内的大功率晶体管与点火线圈的一次绕组串联，并与电源、点火开关和搭铁构成点火线圈一次绕组的低压回路。点火信号发生器安装在分电器总成内，其转子由分电器轴驱动。

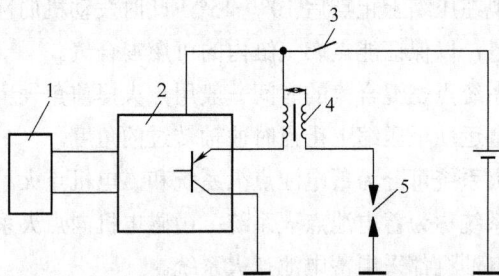

图 8-1　普通电子点火系统的组成（电感储能式）
1—点火信号发生器　2—电子点火器　3—点火开关　4—点火线圈　5—火花塞

发动机工作时，点火信号发生器产生脉冲信号输送给电子点火器，脉冲信号控制点火器内晶体管的导通与截止。当输入点火器的脉冲信号使晶体管导通时，点火线圈一次绕组回路接通，储存点火所需的能量；当输入点火器的脉冲信号使晶体管截止时，点火线圈一次绕组回路断开，二次绕组便产生高压，此高压经配电器和高压线分送到各缸火花塞，将火花塞的电极间隙击穿，产生电火花，点燃可燃混合气。

二、点火线圈

点火线圈是将电源的低压电转变成高压电的基本元件，按磁路的结构形式的不同，点火线圈分为开磁路点火线圈和闭磁路点火线圈两种。

1. 开磁路点火线圈

开磁路点火线圈的结构如图 8-2 所示。根据低压接线柱数目的不同，开磁路点火线圈分为两接线柱式和三接线柱式两种。三接线柱式点火线圈配有附加电阻器，其低压接线柱分别标有"－""开关""＋开关"的标记，附加电阻器接在"开关"与"＋开关"两接线柱之间；两接线柱式点火线圈无附加电阻器，只标有"＋""－"标记的两个接线柱。

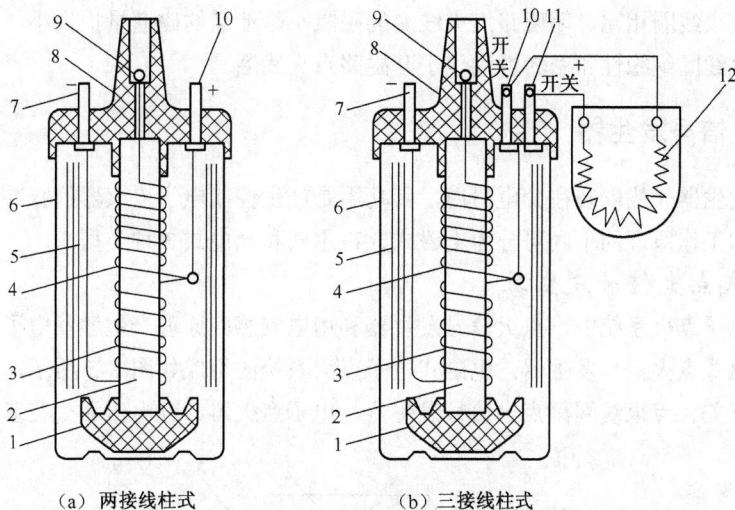

（a）两接线柱式 （b）三接线柱式

图 8-2 开磁路点火线圈

1—绝缘座 2—铁心 3——次绕组 4—二次绕组 5—导磁钢套 6—外壳 7—低压接线柱"－" 8—胶木盖
9—高压接线柱 10—低压接线柱"＋"或"开关" 11—低压接线柱"＋开关" 12—附加电阻器

　　无论是两接线柱式还是三接线柱式的开磁路点火线圈，其内部结构是相同的。点火线圈的中心是用硅钢片叠成的铁心，在铁心外面套有绝缘的纸板套管，点火线圈的一次绕组和二次绕组分层绕在套管上。二次绕组用直径为 0.06～0.10mm 的漆包线绕 11 000～23 000 匝，一次绕组用直径为 0.5～1.0mm 的高强度漆包线绕 230～270 匝。由于一次绕组的通过电流大，产生的热量多，所以将其绕在二次绕组的外面，以利于散热。点火线圈绕组与外壳之间装有导磁钢套，上部有绝缘胶木盖，下部有瓷质绝缘座。为加强绝缘并防止潮气浸入点火线圈，外壳内一般充满沥青或变压器油，所以这种开磁路点火线圈也称为湿式点火线圈。

　　当点火线圈的一次绕组电路接通时，铁心被磁化，其磁路如图 8-3 所示。由于磁路的上、下部分需经过空气，外围需经过壳体内的导磁钢套才能形成回路，铁心本身不能构成回路，所以称开磁路点火线圈。开磁路点火线圈的磁阻大，漏磁损失多，能量转换效率低。

2．闭磁路点火线圈

　　闭磁路点火线圈的结构和磁路如图 8-4 所示。闭磁路点火线圈的铁心为"日"字形，一次绕组在铁心中产生的磁通通过铁心形成闭合的磁路。为减少铁心的磁滞现象，在磁路中留有一个微小空气隙。闭磁路点火线圈的壳体内，采用热固性树脂作为填充物，所以又称之为干式点火线圈。

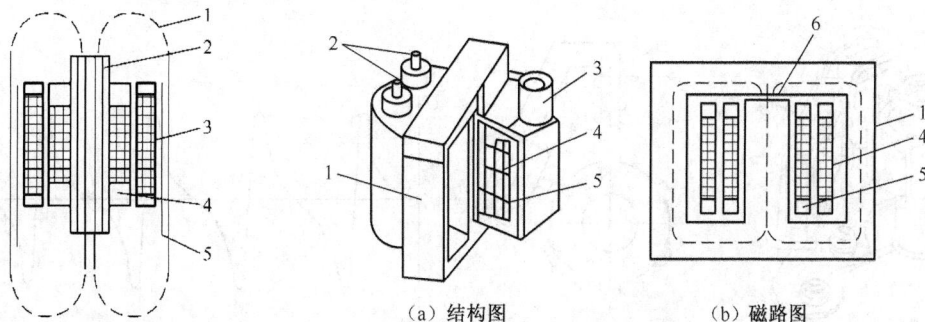

（a）结构图 （b）磁路图

图 8-3 开磁路点火线圈的磁路
1—磁力线 2—铁心 3——次绕组
4—二次绕组 5—导磁钢套

图 8-4 闭磁路点火线圈的结构和磁路
1—铁心 2—低压接线柱 3—高压接线柱
4——次绕组 5—二次绕组 6—空气隙

与开磁路点火线圈相比，闭磁路点火线圈的磁阻小，泄漏的磁通量损失小，转换效率高。此外，闭磁路点火线圈绝缘性和密封性均优于开磁路点火线圈。

三、点火信号发生器

点火信号发生器一般安装在分电器内，其功用是产生控制电子点火器的脉冲信号。点火信号发生器按结构和工作原理的不同可分为电磁式、霍尔式和光电式 3 种类型。

1. 电磁式点火信号发生器

在电磁式电子点火系统中，点火信号发生器利用电磁感应原理产生触发电子点火器的信号，所以称之为电磁式点火信号发生器。电磁式电子点火系统的组成如图 8-5 所示，该点火系统主要由电源、点火开关、点火线圈、点火信号发生器、电子点火器、分电器和火花塞等组成。

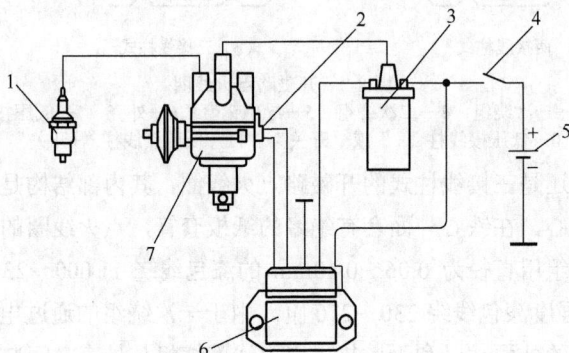

图 8-5　电磁式电子点火系统
1—火花塞　2—点火信号发生器　3—点火线圈　4—点火开关
5—蓄电池　6—电子点火器　7—分电器总成

电磁式点火信号发生器的结构如图 8-6（a）所示，主要由永久磁铁、转子、铁心、感应线圈等组成。永久磁铁、铁心、感应线圈等组成电磁感应式点火信号发生器的定子总成，它通常安装在分电器内的活动底板上。转子上有与发动机气缸数相同的凸齿，由分电器轴驱动。

电磁式点火信号发生器的工作原理如图 8-6（b）所示，永久磁铁的磁路为：N 极→空气隙→转子→空气隙→铁心→S 极。当发动机工作时，分电器轴带动信号发生器的转子旋转，使转子与铁心之间的空气隙发生有规律的变化，因此穿过感应线圈的磁通量也发生有规律的变化，从而在感应线圈中产生感应电动势，如图 8-6（c）所示。

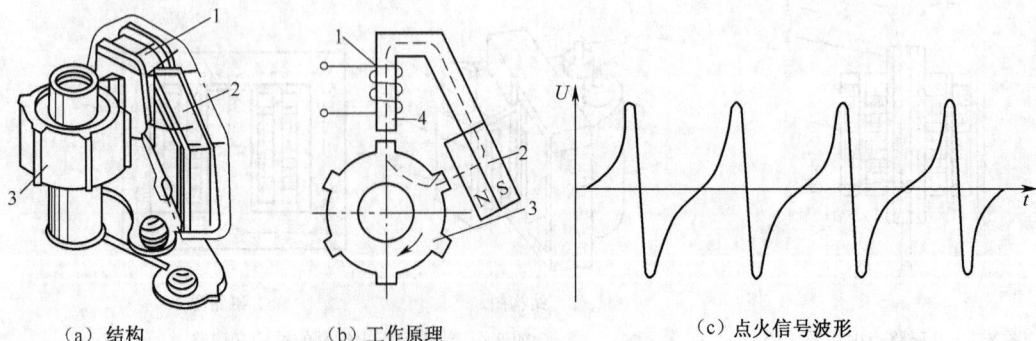

（a）结构　　　　（b）工作原理　　　　（c）点火信号波形
图 8-6　电磁式点火信号发生器
1—感应线圈　2—永久磁铁　3—转子　4—铁心

2．霍尔式点火信号发生器

在霍尔式电子点火系统中，点火信号发生器利用霍尔效应原理产生触发电子点火器的信号，所以称之为霍尔式点火信号发生器。霍尔式电子点火系统的组成如图8-7所示，其组成与电磁式电子点火系统基本相同，主要由电源、点火开关、点火线圈、电子点火器、霍尔式点火信号发生器和分电器、火花塞等组成。

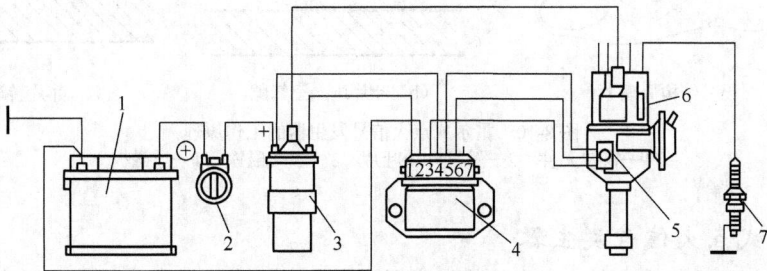

图 8-7　霍尔式电子点火系统
1—蓄电池　2—点火开关　3—点火线圈　4—电子点火器　5—点火信号发生器　6—分电器　7—火花塞

霍尔式点火信号发生器的结构如图8-8所示，主要由触发叶轮、永久磁铁、霍尔元件等组成。分火头与触发叶轮制成一体，由分电器轴驱动，触发叶轮上的叶片数与发动机的气缸数相等。

霍尔元件实际上是一个霍尔集成电路，内部集成电路原理如图8-9所示。由于霍尔元件输出的霍尔电压很小（一般为20mV），所以必须将其放大整形后才能用来触发电子点火器。

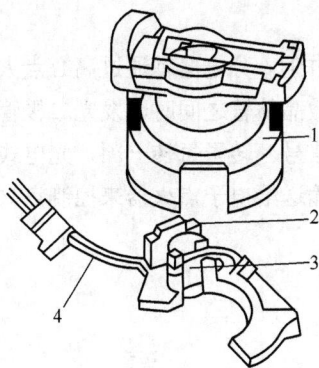

图 8-8　霍尔式点火信号发生器
1—分火头与触发叶轮　2—霍尔元件
3—永久磁铁　4—线束

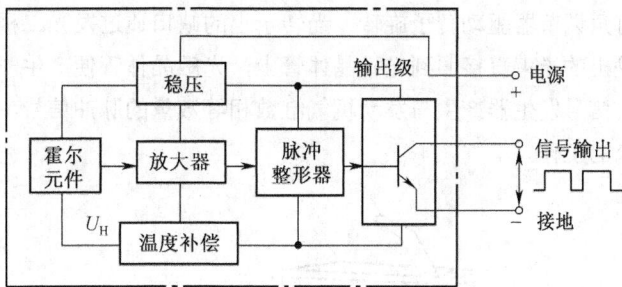

图 8-9　霍尔元件内部集成电路原理

霍尔式点火信号发生器的工作原理如图8-10所示。当发动机工作时，分电器轴带动触发叶轮转动，当触发叶轮的叶片进入永久磁铁和霍尔元件之间的空气隙时（见图8-10（b）），原来垂直进入霍尔元件的磁力线即被触发叶轮的叶片遮住，霍尔元件的磁路被触发叶轮的叶片旁路，因此霍尔元件不产生霍尔电压，霍尔集成电路输出级的晶体管处于截止状态，其集电极电位为11～12V的高电位，此时点火信号发生器的输出信号为11～12V。当触发叶轮的叶片转过空气隙后，永久磁铁的磁力线则可垂直进入霍尔元件（见图8-10（c）），在霍尔元件中便会产生霍尔电压，霍尔集成电路输出级的晶体管处于导通状态，其集电极电位为0.3～0.4V的低电位，此时点火信号发生器输出的信号电压为0.3～0.4V。由于触发叶轮有4个叶片，所以每转一周点火信号发生器便可产生4个脉冲信号，将此信号输送给电子点火器以控制点火系统工作。

（a）结构原理 　　　　（b）叶片进入空气隙 　　　　（c）叶片转过空气隙

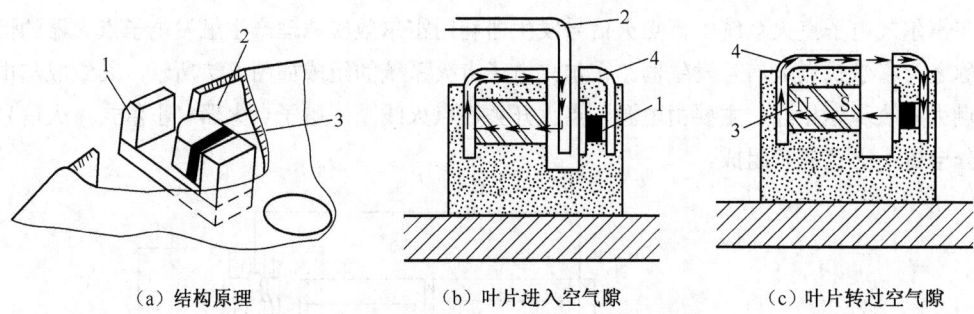

图 8-10　霍尔式点火信号发生器的工作原理
1—霍尔元件　2—触发叶轮叶片　3—永久磁铁　4—导磁板

3．光电式点火信号发生器

在光电式电子点火系统中，点火信号发生器利用光电效应原理产生触发电子点火器的信号，所以称之为光电式点火信号发生器。

光电式电子点火系统的组成与电磁式、霍尔式电子点火系统基本相同，主要由蓄电池、点火开关、点火线圈、电子点火器、光电式点火信号发生器、分电器和火花塞等组成。

光电式点火信号发生器的结构如图 8-11 所示，主要由发光二极管、光敏晶体管和转子三部分组成。作为光源的发光二极管可发出红外线光束，光敏晶体管则为光接收器，当红外线光束照射到光敏晶体管上时，光敏晶体管导通。转子位于发光二极管与光敏晶体管之间，转子的外缘上有与发动机气缸数相等的缺口。

光电式点火信号发生器的工作原理如图 8-12 所示。发动机工作时，分电器轴通过离心点火提前角调节器驱动转子旋转，当转子上的缺口通过发光二极管与光敏晶体管之间时，发光二极管所发出的光束直接照到光敏晶体管上，光敏晶体管便产生一个脉冲信号。转子每转一圈，光电式点火信号发生器产生与发动机气缸数相等数量的脉冲信号，此信号输送给电子点火器来控制点火系统的工作。

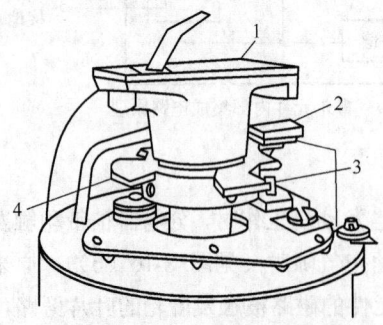

图 8-11　光电式点火信号发生器
1—分火头　2—发光二极管　3—光敏晶体管　4—转子

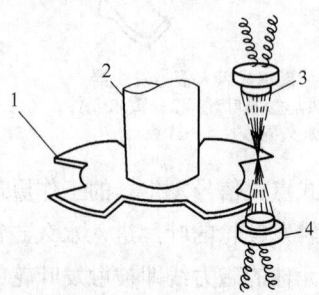

图 8-12　光电式点火信号发生器的工作原理
1—转子　2—转子轴　3—发光二极管　4—光敏晶体管

四、电子点火器

在电子点火系统中，电子点火器的功用是控制点火线圈一次绕组中电流的通与断。电子点火器组装在一个小盒内，安装在分电器外部，其内部电路多种多样，在此仅介绍两种典型电子点火器。

1．上海桑塔纳轿车发动机电子点火器

桑塔纳轿车发动机电子点火器的内部电路如图 8-13 所示。该电子点火器采用意大利 SGS-THOMSON 公司生产的 L497 集成块组成电子点火电路，其功能除基本点火控制外，还具有一次电流上升率控制、闭合角控制、一次电流限制、停车断电保护和过电压保护功能。

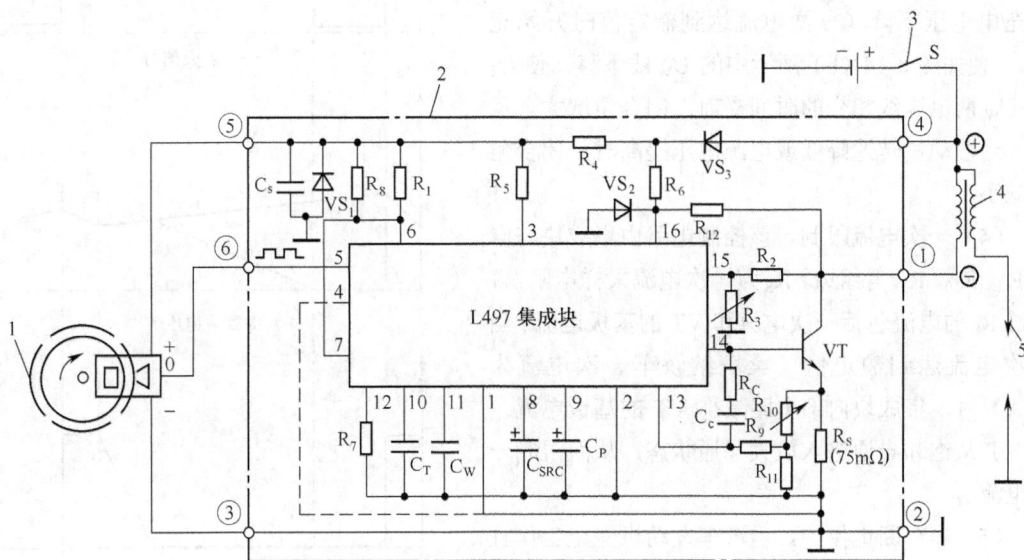

图 8-13　桑塔纳轿车发动机电子点火器的内部电路
1—点火信号发生器　2—电子点火器　3—点火开关　4—点火线圈　5—火花塞

（1）基本点火控制。发动机工作时，点火信号发生器产生的脉冲信号从电子点火器的③和⑥两端子输入。当点火信号发生器输入正脉冲信号时，集成块的 5 号脚为高电位，内部电路使 14 号脚输出高电位，VT 导通，接通点火线圈一次绕组回路；当点火信号发生器输出负脉冲信号时，集成块的 5 号脚为低电位，内部电路使 14 号脚输出低电位，VT 截止，断开点火线圈一次绕组回路，点火线圈二次绕组产生高压。

（2）一次电流上升率控制。集成块与其 8 号脚的 C_{SRC}、12 号脚的 R_7 组成一次电流上升率控制电路，其功用是控制点火线圈一次绕组回路中电流上升的速率。当点火器检测到一次电流小于额定电流一定值时，一次电流上升率控制电路便迅速提高一次电流的上升率，以迅速提高一次电流，保证点火能量。

（3）闭合角控制。闭合角是指电子点火器中 VT 的导通时间。闭合角的大小决定点火线圈一次绕组的通电时间，通电时间过短或电源电压过低，容易导致点火能量不足，但通电时间也不能过长，否则会使点火线圈温度升高、电能损失增加。电子点火器内设置闭合角控制电路，目的就是根据发动机转速的变化和电源电压的波动，适当调整闭合角以控制点火线圈一次绕组的通电时间，从而保证点火系统正常工作。

闭合角控制电路由两部分组成：一部分是由集成块与其 10 号脚的 C_T、12 号脚的 R_7 组成的闭合角基准定时电路，另一部分是集成块与其 11 号脚的 C_W、12 号脚的 R_7 组成的闭合角控制和调整电路。C_T 与 C_W 两端的电压均随点火信号发生器输出的信号波形周期性变化，如图 8-14 所示。当 C_T 两端的电压 U_T 与 C_W 两端的电压 U_W 相等（在图 8-14（b）中两电压线相交）时，集成块立

即使 VT 导通，以接通点火线圈一次绕组回路，一次电流 I_p 开始增加直到最大值。可见，点火线圈一次绕组回路接通的开始时刻取决于 C_T 与 C_W 两端电压达到相等的时刻，闭合角控制电路就是通过改变这一时刻的早晚来调整闭合角的。

当发动机转速升高或电源电压下降时，电容 C_W 的充电电压下降（一次电流达到额定值时开始充电），使如图 8-14（b）所示中的 U_W 线下移，使 U_T 与 U_W 两电压线相交的时间提前，闭合角增大。反之，当发动机转速降低或电源电压提高时，闭合角则减小。

（4）一次电流限制。该控制电路由集成块与电阻 R_S、R_{10}、R_{11} 等组成，R_S 为一次电流采样电阻器，通过 R_S 的电流包括一次电流和 VT 的基极电流。当一次电流达到额定值（桑塔纳轿车一次电流为 7.5A）时，集成块内部电路减小 VT 的基极电流，使 VT 从饱和导通进入放大导通状态，从而限制一次电流。

（5）停车断电保护。当汽车发动机停止工作且点火开关仍接通时，若点火信号发生器输出的是高电位，这时点火线圈一次绕组就会持续通电，这样不仅造成电能的无端损耗，而且会使点火线圈过热。

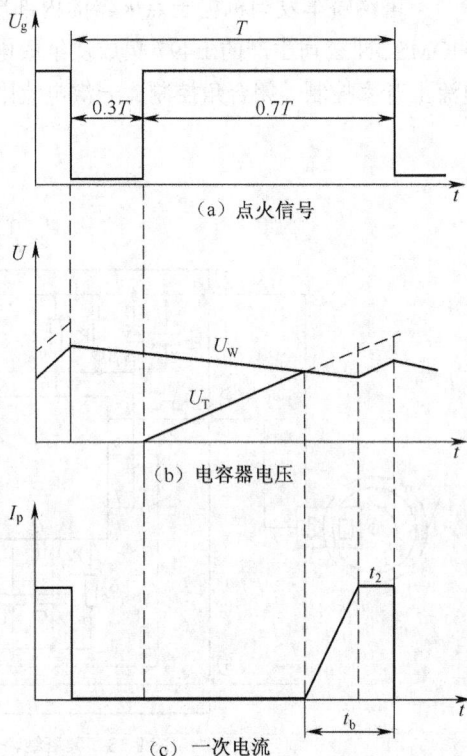

图 8-14　闭合角控制电路波形
t_b——一次绕组通电时间　t_2—最大一次电流持续时间

为避免此种情况的发生，点火控制器内设有停车断电保护控制电路，其功用就是当点火信号发生器输送给电子点火器的高电位时间超过设定时间（$1\sim2$s）时，停车断电保护电路将自动切断点火线圈一次绕组回路。

停车断电保护电路由集成块与其 9 号脚的 C_P、12 号脚的 R_7 组成。电路工作时，停车断电保护电路不断地检测信号发生器输入的点火信号，点火信号为高电位时对 C_P 充电，点火信号为低电位时 C_P 放电。当 C_P 的充电时间超过设定时间，C_P 两端的电压达到一定值时，停车断电保护电路就会使点火线圈一次绕组中的电流逐渐减小到 0。

（6）过电压保护。过电压保护电路主要由集成块与 R_2、R_3 等组成，它主要是对 VT 进行电流过载保护和瞬间反向过电压保护。

2．光电式电子点火系统电子点火器

光电式电子点火系统电子点火器内部电路如图 8-15 所示。当 VL 发出光线照射到 VT 上时，VT 导通，则 VT_1 导通→VT_2 导通→VT_3 截止，由于电子点火器内 R_6 和 R_8 的分压为 VT_4 提供偏置电压，使 VT_4 导通，从而接通点火线圈一次回路。当 VL 发出的光线不能照射到 VT 上时，VT 截止，则 VT_1 截止→VT_2 截止，VT_3 经 R_5 获得偏流而导通，使 VT_4 截止，从而切断点火线圈一次回路，而在点火线圈二次绕组中产生高压电。

VS 的作用是使发光二极管的工作电压维持在 3V 左右；R_7 的作用是当 VT_4 截止时，短路点火线圈一次绕组电路中的自感电动势；C_1 对 VT_2 正反馈，使 VT_2 和 VT_3 加速翻转。

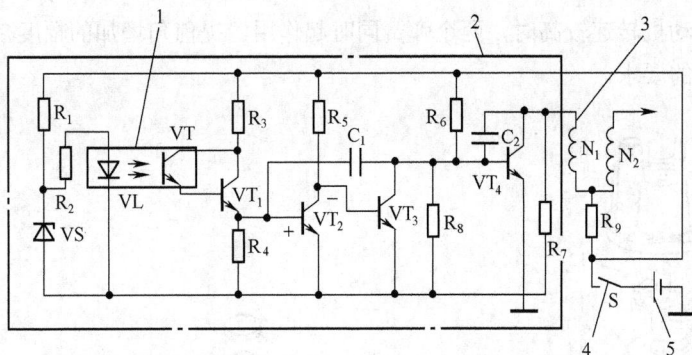

图 8-15　光电式电子点火系统电子点火器的内部电路
1—点火信号发生器　2—电子点火器　3—点火线圈　4—点火开关　5—蓄电池

五、分电器

普通电子点火系统中的分电器与传统点火系统中的分电器不同，主要区别在于普通电子点火系统取消了断电器（触点和凸轮）和电容器，增加了点火信号发生器。有些分电器内部仍保留有传统的配电器、机械离心式点火提前角自动调节器和真空式点火提前角自动调节器。分电器一般由配电器、离心式点火提前角调节器和真空式点火提前角调节器等组成，桑塔纳轿车分电器的结构如图 8-16 所示。

1. 配电器

配电器的功用是将点火线圈中产生的高压，按照发动机各缸的工作次序轮流分配到各缸的火花塞。它主要由分电器盖和分火头组成。

分电器盖上有一个深凹的中央高压线插孔，插孔内装有带弹簧的电刷，电刷靠其弹簧压在分火头的导电片上。中央高压线插孔的周围均布若干个深凹的分高压线插孔，插孔内有金属套连接着分电器盖内的旁电极，通过分高压线将各旁电极分别与各缸火花塞连接。分火头安装在点火信号发生器转子上。发动机工作时，分火头随点火信号发生器转子一起旋转，分火头导电片在距离旁电极 0.2～0.8mm 的平面内转过，当点火线圈一次绕组断路时，点火线圈二次绕组产生的高压电由分火头导电片跳至与其相对的旁电极，再经分高压线分配到各缸的火花塞。

2. 离心式点火提前角调节器

离心式点火提前角调节器安装在分电器内的底板下部，其功用是根据发动机的转速变化自动调节点火提前角。离心式点火提前角调节器的结构如图 8-17 所示。

托板固定在分电器轴上，托板上安装着两个离心飞块，离心飞块的一端套在托板上的销轴上，离心飞块可绕其销轴转动，飞块的另一端与托板之间装有飞块回位弹簧。两个离心飞块上各有一个拨板销，可以与拨板上的孔插接以驱动点火信号发生器转子。

当发动机转速提高时，离心飞块在离心力作用下绕其销轴向外甩开，离心飞块上的拨板销推动拨板连同点火信号发生器转子顺其旋转方向相对分电器轴转过一定角度，使点火信号发生器产生脉冲信号的时刻自动提前，即点火提前角增大。反之，当发动机转速降低时，由于离心飞块的离心力减小，回位弹簧将离心飞块拉拢，点火信号发生器转子逆其旋转方向相对分电器轴转过一定角度，点火提前角自动减小。

离心式点火提前角调节器的工作特性取决于两个弹簧的总刚度（两个弹簧的刚度可以相同，也可不同）。如果两个弹簧的刚度不同，那么在发动机转速较低时，刚度小的弹簧先起作用，提前角增加较快；在发动机转速较高时，两个弹簧同时起作用，提前角增加的幅度减慢，以更好地满足汽油机使用性能的要求。

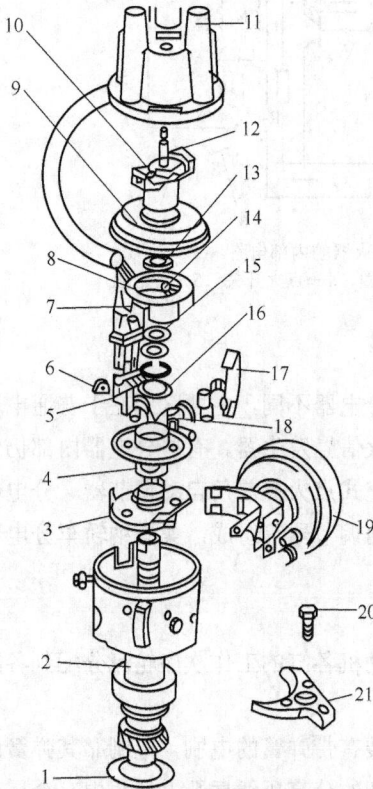

图 8-16　桑塔纳轿车分电器

1、4、15、16—垫圈　2—分电器壳　3—底板　5—插座
6、14—定位销　7—插头　8—叶轮　9—防尘罩
10—分火头　11—分电器盖　12—电刷　13—挡圈
17—固定夹　18—点火信号发生器　19—真空
式点火提前角调节器　20—固定螺栓　21—压板

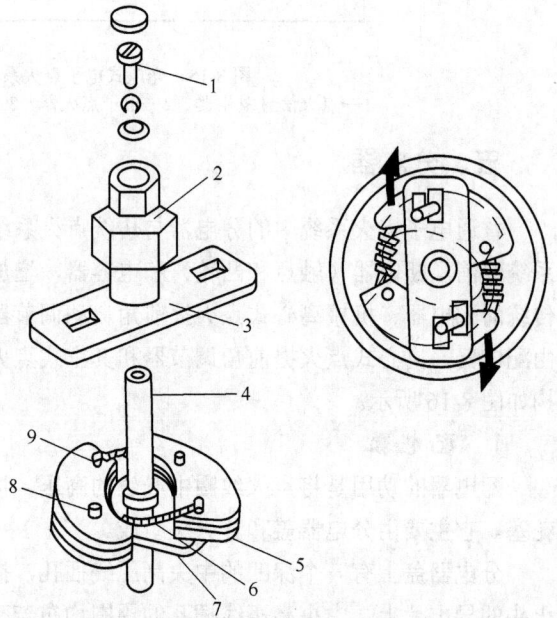

图 8-17　离心式点火提前角调节器

1—点火信号发生器转子固定螺钉　2—点火信号发生器转子
3—拨板　4—分电器轴　5—离心飞块　6—飞块回位弹簧
7—托板　8—拨板销　9—飞块销轴

3．真空式点火提前角调节器

真空式点火提前角调节器安装在分电器壳的侧面，其功用是根据发动机负荷的变化自动调节点火提前角，它是随着发动机负荷增大自动地减小点火提前角。真空式点火提前角调节器的结构和工作原理如图 8-18 所示。真空式点火提前角调节器的壳体内装有膜片，膜片左侧气室通大气，并用拉杆将膜片与分电器内的活动底板连接；膜片右侧气室装有膜片回位弹簧，并通过真空管与节气门附近的取真空口相通。发动机负荷减小时，取真空口的真空度增大，使膜片克服膜片回位弹簧作用力向右拱曲，并通过推杆拉动分电器内的活动底板使其逆时针方向转过一定角度。由于分电器内的活动底板连同点火信号发生器的定子总成一起转动，且转动方向与点火信号发生器转子旋转方向相反，所以点火信号发生器产生脉冲信号的时刻提前，点火提前角增大。反之，发动机负荷增大时，膜片在膜片弹簧作用力下向左拱曲，点火提前角减小。

发动机怠速运转时，节气门接近关闭，发动机的负荷几乎为零，这时取真空口位于节气门上方，其真空度几乎为零，膜片回位弹簧的张力使膜片拱曲到最左的位置，使真空点火提前调节量最小或为零，满足了发动机怠速工况点火提前角小或不提前的要求。

六、火花塞

1. 火花塞的结构

火花塞的功用是将点火线圈产生的高压电引入燃烧室，并在两个电极之间产生电火花，以点燃可燃混合气。火花塞的结构如图 8-19 所示，主要由中心电极、侧电极、壳体和绝缘体等组成。

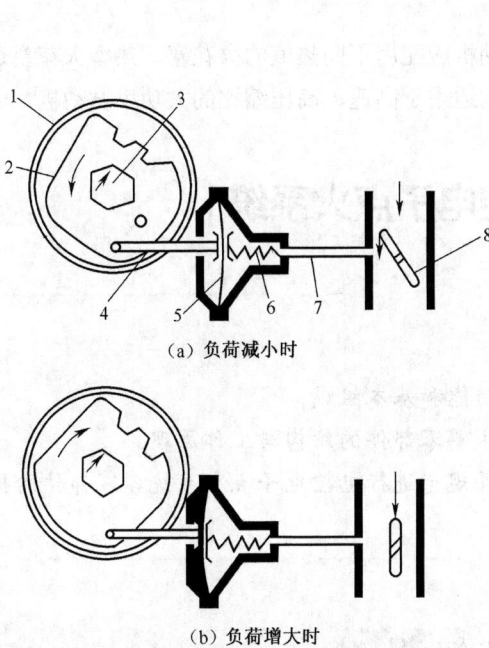

（a）负荷减小时

（b）负荷增大时

图 8-18　真空式点火提前角调节器的结构和工作原理
1—分电器壳　2—分电器活动底板　3—信号发生器转子　4—推杆
5—膜片　6—膜片回位弹簧　7—真空管　8—节气门

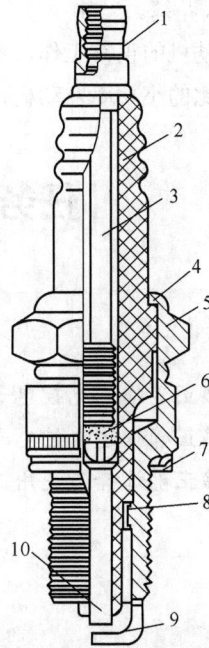

图 8-19　火花塞
1—插线螺母　2—绝缘体　3—金属杆　4、8—内垫圈
5—壳体　6—导体玻璃　7—密封垫圈　9—侧电极
10—中心电极

火花塞的绝缘体固定在钢制壳体内，保证了中心电极与侧电极之间绝缘。在绝缘体中心孔中装有金属杆和中心电极，金属杆顶端与分高压线插线螺母相连，金属杆底端与中心电极之间用导体玻璃密封。中心电极用镍-锰合金制成，具有良好的耐高温、耐腐蚀和导电性能。壳体下端是弯曲的侧电极，它与中心电极之间保持一定的间隙。火花塞通过壳体上的螺纹安装在气缸盖上，铜制密封垫圈可起到密封和传热作用。火花塞中心电极与侧电极之间的间隙，称为火花塞间隙。火花塞间隙对火花塞及发动机的工作性能都有很大影响。间隙过小，火花微弱，并容易产生积炭而漏电；间隙过大，火花塞击穿电压增高，发动机不容易起动，且在高速时容易发生"缺火"现象。因此，火花塞间隙的大小应适当。在传统点火系统中，火花塞间隙一般为 0.6～0.7mm；若采用电子点火时，则间隙增加到 1.0～1.2mm。

2. 火花塞的热特性

发动机工作时，火花塞发火部位吸收热量并向冷却系统散发的性能，称为火花塞的热特性。试验表明，发动机工作时火花塞绝缘体裙部的温度若保持在 500℃～700℃时，能使落在绝缘体裙部的油粒立即燃烧，不容易产生燃烧室积炭，这个温度称为火花塞的自洁温度。若裙部温度低于自洁温度，落在绝缘体上的油粒不能立即烧掉，形成积炭，导致火花塞漏电而不跳火；若裙部温度过高，容易引起发动机早火和爆燃等不正常现象。

火花塞绝缘体裙部的温度取决于其受热情况和散热条件。火花塞绝缘体裙部越长，受热面积大而传热距离长，火花塞裙部的温度越高；火花塞绝缘体裙部越短，则受热面积小而传热距离短，火花塞裙部的温度越低。

国产火花塞的热特性是以火花塞绝缘体裙部的长度来标定的，并分别用热值（1～11 之间的自然数）来表示，热值代号为 1～3 称热型火花塞，热值代号为 4～6 称中型火花塞，热值代号为 7～11 称冷型火花塞。

为保证发动机的正常工作，不同类型的发动机应配用不同热值的火花塞。热型火花塞适用于低速、低压缩比的小功率发动机，冷型火花塞则适用于高速、高压缩比的大功率发动机。

任务二　电控电子点火系统

【学习目标】

1. 能够正确描述电控电子点火系统的功能和基本组成。
2. 能够正确描述电控电子点火系统各主要零部件的结构与工作原理。
3. 能够正确选择与使用工具、设备，并规范进行电控电子点火系统各零部件的拆卸与装配。

相 关 知 识

电控电子点火系统是现代汽车发动机集中控制系统中的一个子系统，因此又称电控点火系统（ESA 系统），与传统点火系统和普通电子点火系统相比，电控点火系统彻底取消了断电器、离心式点火提前角调节器、真空式点火提前角调节器等机械装置，完全实现了电子控制，而且控制功能更强大、控制精度更高。

一、电控点火系统的功能

汽油机电控点火系统的功能主要包括点火提前角控制、通电时间控制及爆燃控制三个方面。

1. 点火提前角控制

对应于发动机每一工况都存在一个最佳点火提前角，最佳点火提前角应能保证发动机的动力性、经济性和排放性等综合性能达到最佳。点火提前角过大（或点火过早），则大部分混合气在压缩过程中燃烧，压缩消耗功增加，且缸内燃烧最高压力升高，末端混合气自燃所需的时间缩短，爆燃倾向增大；点火提前角过小（或点火过迟），则燃烧延长到膨胀过程，燃烧最高压力和温度下降，传热损失增多，排气温度升高，功率、热效率降低，但爆燃倾向减小，NO_x 排放量降低。试验证明，最佳的点火提前角，应使燃烧最高压力出现在上止点后 10°～15° 曲轴转角内，如图 8-20 所示。此时，发动机每循环所做的机械功最多（C 曲线下阴影部分）。

发动机的最佳点火提前角必须通过试验来确定。在电控点火系统中，将发动机各种工况下的最佳点火提前角都预先存储在 ECU 内。发动机工作时，ECU 根据各种传感器的信号来分析发动机的工况，并确定最佳的点火提前角，再通过执行元件以最佳点火提前角来控制发动机工作。

电控点火系统对点火提前角的控制方法，在发动机起动时和起动后是不同的。

在发动机起动过程中，发动机转速变化大，且由于转速较低（一般低于 500r/min），进气管绝对压力传感器信号或空气流量计信号不稳定，ECU 无法正确计算点火提前角，一般将点火时刻固定在设定的初始点火提前角。此时的控制信号主要是发动机转速信号（Ne 信号）和起动开关信号（STA 信号）。发动机起动过程中，设定的初始点火提前角预先存储在 ECU 内，设定值随发动机而异，一般为 10°左右。

发动机起动后正常运转时，ECU 首先根据发动机的转速信号和负荷信号确定基本点火提前角，再根据其他有关信号进行修正，最后确定实际点火提前角，并向执行元件（点火器）输出点火控制信号，以控制点火系统的工作。ECU 确定基本点火提前角时，在发动机怠速工况与非怠速工况下是不同的。

（1）怠速工况基本点火提前角的确定

发动机处于怠速工况时，ECU 根据节气门位置传感器信号（IDL 信号）、发动机转速传感器信号（Ne 信号）和空调开关信号（A/C 信号）确定基本点火提前角。为保证发动机怠速工况运转稳定，空调工作时的基本点火提前角比不工作时大，如图 8-21 所示。

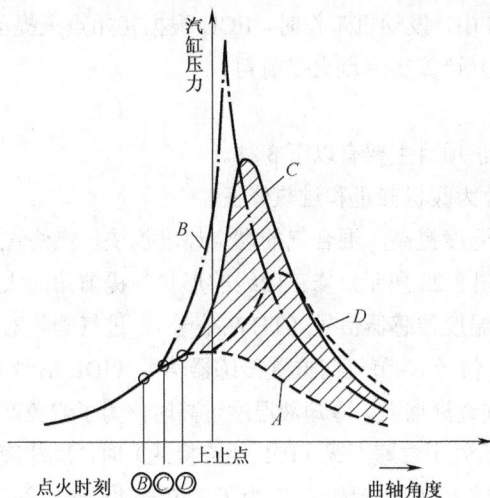

图 8-20　点火提前角对发动机性能的影响
A—不点火　B—点火过早　C—点火适当　D—点火过迟

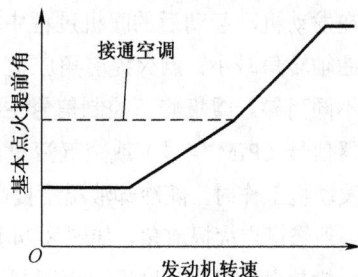

图 8-21　怠速工况基本点火提前角的确定

（2）非怠速工况基本点火提前角的确定

发动机起动后处于怠速以外的其他工况时，ECU 根据发动机的转速信号和负荷信号确定基本点火提前角，不同转速和负荷时的基本点火提前角数据存储在 ECU 内的存储器中，基本点火提前角控制模型如图 8-22 所示。此时，控制点火提前角的信号主要包括进气管绝对压力传感器信号或空气流量计信号、发动机转速信号、节气门位置传感器信号、燃油选择开关信号、爆燃信号等。按燃油的辛烷值不同，在 ECU 存储器中存有两张基本点火提前角的数据表格时，驾驶员可根据使用燃油的辛烷值，通过燃油选择开关或插头进行选择。具有爆燃控制功能的电控点火系统中，ECU 内还存有专用于爆燃控制点火提前角的数据。

（3）发动机起动后对点火提前角的修正方法

不同的发动机控制系统中，对点火提前角的修正方法是不同的，主要有以下两种。

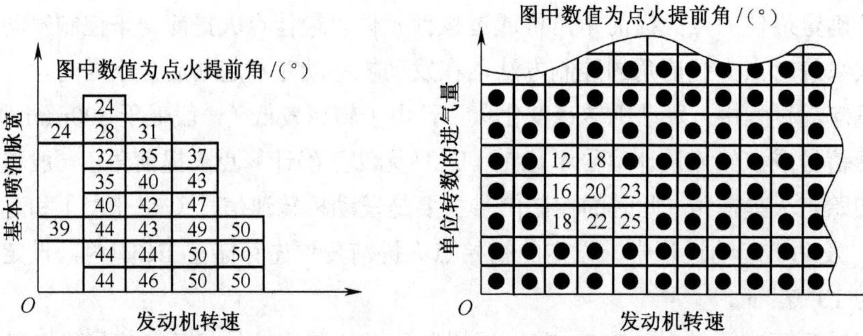

图中数值为点火提前角 /(°)

（a）按喷油量和转速确定 （b）按进气量和转速确定

图 8-22　基本点火提前角控制模型

① 修正系数法。如在日本日产车系 ECCS 系统中，实际点火提前角等于基本点火提前角与点火提前角修正系数之积，即

$$实际点火提前角 = 基本点火提前角 \times 点火提前角修正系数$$

② 修正点火提前角法。如在日本丰田车系 TCCS 系统中，实际点火提前角等于初始点火提前角、基本点火提前角和修正点火提前角之和，即

$$实际点火提前角 = 初始点火提前角 + 基本点火提前角 + 修正点火提前角$$

修正系数或修正点火提前角都是存储在 ECU 中，发动机工作时，ECU 根据初始点火提前角、基本点火提前角和修正系数（或修正点火提前角）计算实际点火提前角。

（4）起动后点火提前角的修正项目

发动机起动后正常运转时，点火提前角的修正项目主要有以下 3 种。

① 冷却液温度修正。冷却液温度修正又可分为暖机修正和过热修正。

在发动机冷起动后的暖机过程中，随冷却液温度提高，混合气的燃烧速度加快，燃烧过程所占的曲轴转角减小，点火提前角应适当减小，如图 8-23 所示。修正曲线的形状与提前角的大小随车型不同而异。暖机修正控制信号主要有冷却液温度传感器信号（THW 信号）、进气管绝对压力传感器信号（PIM 信号）或空气流量计信号（VS 信号）、节气门位置传感器信号（IDL 信号）等。

发动机工作时，随冷却液温度提高，爆燃倾向逐渐增大。冷却液温度过高时，为了避免产生爆燃，必须修正点火提前角，如图 8-24 所示。发动机处于怠速工况（IDL 触点接通）时，冷却液温度过高一般是由于燃烧速度慢、燃烧过程占的曲轴转角过大所导致，所以为了避免发动机长时间过热，应增大点火提前角，以提高燃烧速度，减小散热损失。而发动机处于怠速工况以外的其他工况（IDL 触点断开）时，如果冷却液温度过高，为了避免产生爆燃，则应适当减小点火提前角。过热修正控制信号主要有冷却液温度传感器信号（THW 信号）、节气门位置传感器信号（IDL 信号）等。

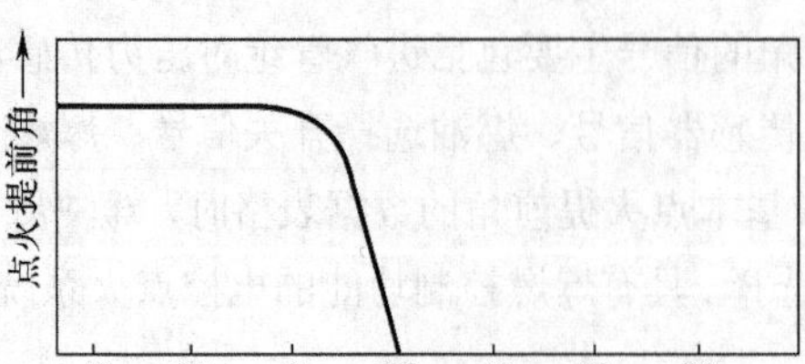

图 8-23　点火提前角的暖机修正曲线

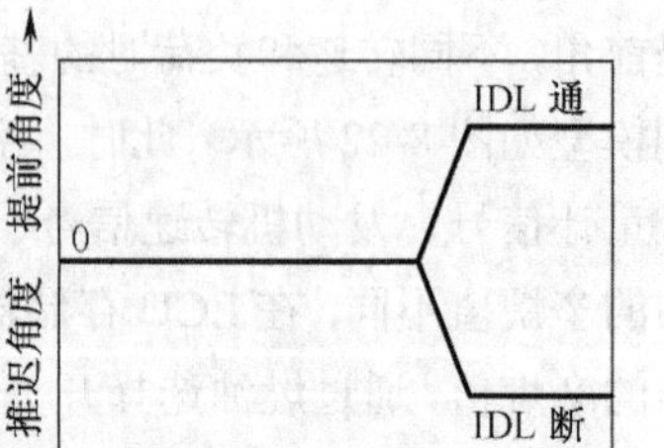

图 8-24　点火提前角的过热修正曲线

② 怠速稳定修正。发动机在怠速运转过程中，由于负荷等因素的变化会导致转速改变，所以 ECU 必须根据实际转速与目标转速的差值修正点火提前角，以保持发动机在规定的怠速转速下稳定运转，如图 8-25 所示。怠速稳定修正控制信号主要有发动机转速信号（Ne 信号）、节气门位置传感器信号（IDL 信号）、车速传感器信号（SPD 信号）、空调开关信号（A/C 信号）等。

③ 空燃比反馈修正。由于空燃比反馈控制系统是根据氧传感器的反馈信号调整喷油量的多少来实现最佳空燃比控制的，所以这种喷油量的变化必然带来发动机转速的变化。为了稳定发动机转速，点火提前角需根据喷油量的变化进行修正，如图 8-26 所示。

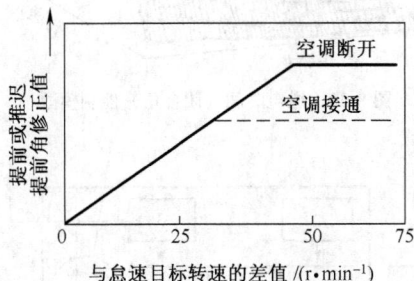

图 8-25　点火提前角的怠速稳定修正曲线　　　　图 8-26　点火提前角的空燃比反馈修正曲线

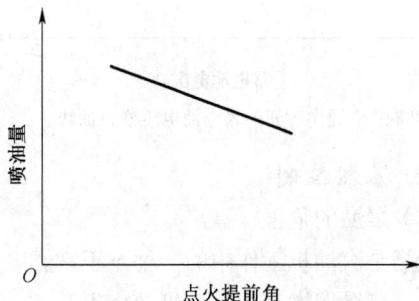

2．通电时间控制

（1）通电时间对发动机工作的影响

对于电感储能式电控点火系统，点火线圈一次绕组回路接通后，其一次电流是按指数规律增长的，必须有足够的通电时间才能使一次电流达到饱和。如果一次绕组通电时间不足，点火线圈一次绕组回路被断开瞬间，一次电流达不到额定值，将导致点火线圈二次绕组产生的最高电压下降，影响点火系统工作的可靠性；但点火线圈一次绕组的通电时间也不能过长，否则会导致点火线圈发热并增大电能消耗。要兼顾上述两方面的要求，就必须对点火线圈一次绕组的通电时间进行控制。

此外，由于随蓄电池电压的降低，在相同的通电时间里，点火线圈一次电流所达到的峰值将会减小，因此对通电时间进行控制时，应随蓄电池电压的下降，适当增加通电时间，以保证断开点火线圈一次绕组回路时，能有足够大的一次电流。通电时间的蓄电池电压修正曲线如图 8-27 所示。

（2）通电时间的控制方法

在电控点火系统中，由 ECU 控制点火线圈一次绕组的通电时间，通电时间控制模型如图 8-28 所示。通电时间控制模型存储在 ECU 内，发动机工作时，ECU 根据发动机转速信号（Ne 信号）和电源电压信号确定合适的通电时间，并向点火器输出指令信号（IG_t 信号），以控制点火器中晶体管的导通时间。通电时间应随发动机转速提高和电源电压下降而增长。

在电控点火系统中，为了减小转速对二次电压的影响，提高点火能量，采用了一次绕组电阻很小的高能点火线圈，其一次电流最高可达 30A 以上。为了防止一次电流过大烧坏点火线圈，在部分电控点火系统中，除对点火线圈一次绕组的通电时间进行控制外，还增加了对其一次电流进行控制的恒流控制电路，以保证在任何转速下的一次电流均为规定值（7A）。

恒流控制电路如图 8-29 所示，恒流控制的基本方法是：在点火器功率晶体管的输出回路中增设一个电流检测电阻器，用电流在该电阻器上形成的电压降反馈控制晶体管的基极电流，只要这种反馈为负反馈，就可使晶体管的集电极电流稳定，从而实现恒流控制。

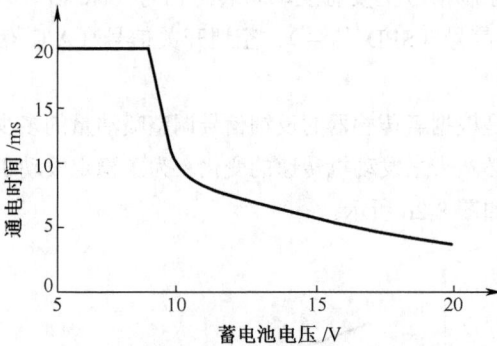

图 8-27　通电时间的蓄电池电压修正曲线

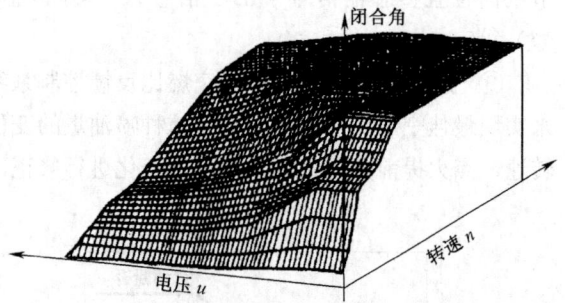

图 8-28　通电时间（闭合角）控制模型

3. 爆燃控制

（1）爆燃的危害

爆燃是汽油机工作中的一种不正常燃烧现象。轻微爆燃可使发动机功率上升，油耗下降，但严重爆燃时，气缸内发出尖锐的金属敲击声，且会导致发动机过热，功率下降，油率上升，成为汽油机运行中最有害的一种故障现象。

爆燃产生的原因是在正常火焰传播的过程中，处在最后燃烧位置上的那部分未

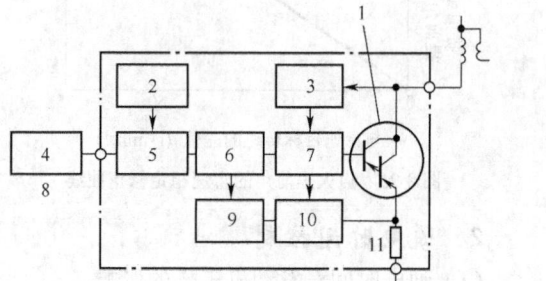

图 8-29　恒流控制电路

1—功率晶体管　2—偏流回路　3—过压保护回路　4—传感器
5—波形整形回路　6—通电率发生回路　7—放大回路　8—点火器
9—通电率控制回路　10—恒流控制回路　11—电流检测电阻器

燃混合气（常称末端混合气），进一步受到压缩和热辐射的作用，加速了先期反应。如果在正常火焰前锋尚未到达之前，末端混合气已经自燃，这部分混合气燃烧速度极快，火焰速度可达每秒百米甚至数百米以上，使燃烧室内的局部压力、温度很高，并伴随有冲击波。严重爆燃时，产生的压力冲击波反复撞击气缸壁，发出尖锐的敲击声；冲击波还会破坏附着在气缸壁表面的气膜和油膜，使传热增加，发动机过热，功率下降，油率增加，甚至造成活塞、气门烧坏，轴瓦破裂，火花塞绝缘体破坏，润滑油氧化成胶质，活塞环卡死在环槽内等故障。因此，汽油机工作时，应对爆燃加以控制。

（2）爆燃的控制方法

点火提前角是影响爆燃的主要因素之一，减小点火提前角（推迟点火）是消除爆燃的最有效措施。在电控点火系统中，ECU 根据爆燃传感器信号，判定有无发生爆燃及爆燃的强度，并根据其判定结果对点火提前角进行反馈控制，使发动机处于爆燃的边缘工作，既能防止爆燃发生，又能有效地提高发动机动力性和经济性。

爆燃控制过程如图 8-30 所示。爆燃传感器安装在气缸体或气缸盖上，其功用是将爆燃时传到气缸体上的机械震动转换成电压信号输送给 ECU，ECU 则根据此电压信号判断发动机是否发生爆燃及爆燃的强度。有爆燃时，则逐渐减小点火提前角（推迟点火），直到爆燃消失为止。无爆燃时，则逐渐增大点火提前角（提前点火），当再次出现爆燃时，ECU 又开始逐渐减小点火提前角，爆燃控制过程就是对点火提前角进行反复调整的过程。

爆燃控制实质就是对点火提前角的反馈控制，爆燃控制过程中点火提前角的变化如图 8-31 所示。爆燃传感器向 ECU 输入爆燃信号时，电控点火系统采用闭环控制模式，并以固定的角度使点火提前角减小，若仍有爆燃存在，则再以固定的角度减小点火提前角，直到爆燃消失为止。爆燃消失后的一定时间内，电控点火系统使发动机维持在当前的点火提前角下工作，此时间内若无爆燃发生，则以一个固定的角度逐渐增大点火提前角，直到爆燃再次发生，然后又重复上述过程。

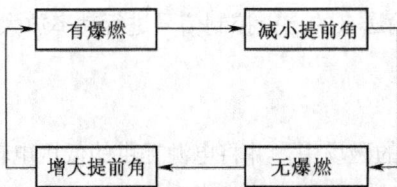

图 8-30　爆燃控制过程

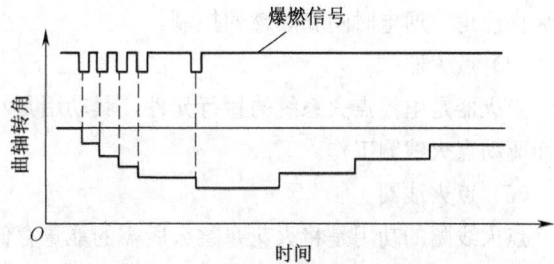

图 8-31　爆燃控制过程中点火提前角的变化

发动机负荷较小时，发生爆燃的倾向几乎为零，所以电控点火系统在此负荷范围内采用开环控制模式。而当发动机的负荷超过一定值时，电控点火系统自动转入闭环控制模式。发动机工作时，ECU 根据节气门位置传感器信号判断发动机的负荷大小，从而决定点火系统采用开环控制还是闭环控制。

二、电控点火系统的基本原理

1. 电控点火系统的基本组成

电控点火系统的基本组成如图 8-32 所示，主要由电源、传感器、ECU、点火器、点火线圈、分电器（有分电器电控点火系统）和火花塞等组成。

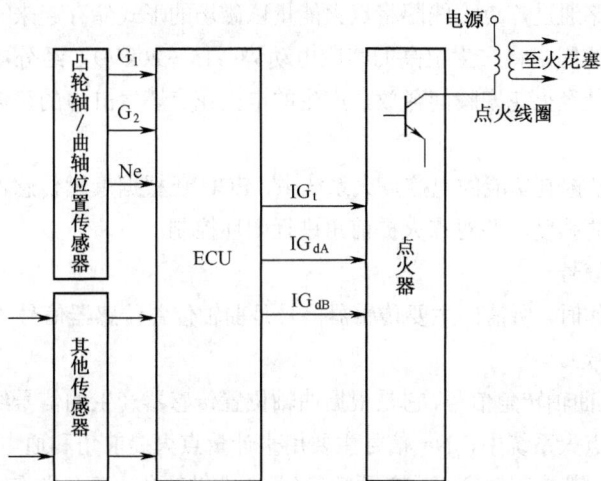

图 8-32　电控点火系统的基本组成

（1）电源

电控点火系统的电源为蓄电池和发电机，其功用是给点火系统提供所需的电能。

（2）传感器

电控点火系统的传感器主要用于检测发动机各种运行参数的变化，为 ECU 提供点火控制所需的信号。传感器主要有凸轮轴位置传感器、曲轴位置传感器、爆燃传感器、进气管绝对压力传感器（或空气流量计）、节气门位置传感器和冷却液温度传感器等。

（3）ECU

ECU 是电控点火系统的中枢。发动机工作时，ECU 不断地接收各传感器输送来的信号，并按内存的程序对接收到的信号进行运算、存储和分析处理，最后向点火器发出控制信号，以完成对点火提前角、通电时间和爆燃的控制。

（4）点火器

点火器是电控点火系统的执行元件，其功用是对 ECU 输送来的点火控制信号进行功率放大，从而驱动点火线圈工作。

（5）点火线圈

点火线圈的功用是将火花塞跳火所需的能量存储在线圈的磁场中，并将电源提供的低压电转变为足以在电极间产生击穿点火的 15～20kV 高压电。在有分电器的电控点火系统中，只有一个点火线圈，而在无分电器的电控点火系统中则有多个点火线圈。

（6）分电器

在有分电器的电控点火系统中，分电器根据发动机的点火顺序，将点火线圈产生的高压电依次输送给各缸火花塞。

（7）火花塞

火花塞的功用是利用点火线圈产生的高压电产生电火花，点燃气缸内的可燃混合气。

2．电控点火系统的基本原理

发动机工作时，ECU 根据接收到的各传感器信号，按存储器中存储的有关程序和相关数据，确定出该工况下最佳点火提前角和点火线圈初级电路闭合角（通电时间），并以此向点火器发出指令。点火器则根据 ECU 的指令，控制点火线圈初级电路的导通和截止。当电路导通时，有电流从点火线圈中的初级电路通过，点火线圈将点火能量以磁场的形式储存起来。当初级电路中的电流被切断时，在其次级线圈中将产生很高的感应电动势（15～20kV），经分电器或直接送至工作气缸的火花塞。点火能量经火花塞瞬间释放，产生的电火花点燃气缸内的可燃混合气，从而完成做功过程。

此外，在具有爆燃控制功能的电控点火系统中，ECU 还根据爆燃传感器的输入信号来判断发动机有无爆燃及爆燃的强度，并对点火提前角进行闭环控制。

（1）主要传感器信号

电控点火系统工作时，所需的主要传感器信号是曲轴位置传感器信号（Ne 信号）和凸轮轴位置传感器信号（G 信号）。

Ne 信号指发动机曲轴转角信号，它是根据曲轴位置传感器产生的信号经过整形和转换而获得的脉冲信号。在电控点火系统中，Ne 信号主要用来计量点火提前角和通电时间。ECU 计算点火提前角或通电时间时，其控制精度要求必须精确到 1° 曲轴转角，而目前车用汽油发动机的最高转速高达 6 000r/min 以上，发动机正常工作时，1° 曲轴转角所用的时间相当短，用传感器产生 1° 曲轴转角信号有一定的困难。以安装在分电器内的电磁感应式曲轴位置传感器为例，其转子一般为 24 个齿，曲轴每转 720° 只能向 ECU 输送 24 个 Ne 信号，其信号周期为 30° 曲轴转角，显然以此信号来直接控制点火提前角和通电时间是不能满足要求的。为此，在发动机电控系统中，通常利用具有高速运算功能的微型计算机系统，将曲轴位置传感器产生的 Ne 信号分频转换成 1° 信号。

G 信号是指活塞运行到压缩上止点位置的判别信号，它是根据凸轮轴位置传感器产生的信号经过整形和转换而获得的脉冲信号。在电控点火系统中，G 信号主要用来确定计量点火提前角的基准。G 信号一般为周期等于做功间隔角的脉冲信号，而且 G 信号发生时，并不是各气缸活塞运行到压缩上止点的时刻，而是在压缩上止点前某一固定的曲轴转角，一般为上止点前 70°。部分发动机的凸轮轴位置传感器，曲轴每转两圈产生两个信号，两个信号分别对应第一缸的压缩上止点和排气上止点，两个信号分别称为 G_1 信号和 G_2 信号。

发动机工作时，ECU 如果收不到 G 信号，因无法确定计量点火提前角的基准，则无法对点火提前角进行控制。为防止造成燃油浪费或其他事故，失效保护系统将自动停止电控燃油喷射系统工作，发动机无法起动。曲轴每转两圈凸轮轴位置传感器产生两个信号的发动机，只要有一个 G 信号（G_1 信号或 G_2 信号）正常，其电控点火系统就能正常工作，所以此种发动机工作可靠性较高。

（2）点火提前角控制原理

点火提前角控制是电控点火系最主要的控制功能，在此以日本日产公司 ECCS 系统为例，说明其控制原理。

假设发动机在某工况下，ECU 计算出的最佳点火提前角为上止点前 40°，点火提前角的控制原理如图 8-33 所示。根据凸轮轴位置传感器转换得到 G 信号为间隔 120° 曲轴转角（六缸发动机）的脉冲信号，G 信号设定在各气缸活塞压缩上止点前 70°，ECU 设定的基准信号比 G 信号滞后 4°，所以实际控制点火提前角的基准为上止点前 66°。ECU 从接收到间隔 120° 的 G 信号开始，即确认某气缸活塞位于压缩上止点前 70°，由于点火基准信号滞后 G 信号 4°，所以 ECU 从压缩上止点前 66° 开始，计数 26（66−40＝26）个 1° 信号，此时 ECU 向点火器发出控制信号，使点火线圈一次绕组断电、二次绕组产生高压并输送给火花塞，即可保证火花塞在压缩上止点前 40° 点火。

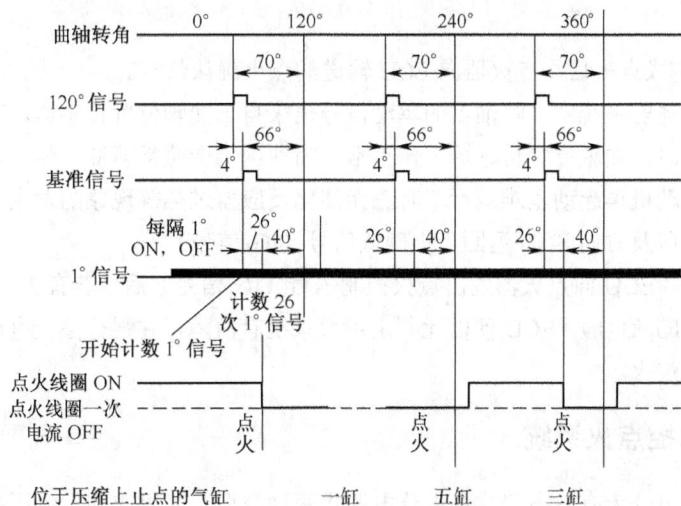

图 8-33 点火提前角的控制原理

（3）控制信号

电控点火系统工作中，ECU 向点火器发出的控制信号有 IG_t 和 IG_d 两个信号。

IG_t 信号是 ECU 向点火器中功率晶体管发出的通断控制信号。

IG_d 信号是在无分电器的电控点火系统中，为保证点火顺序，ECU 向点火器输送的判别气缸的信号，以便与 G 信号共同决定需点火的气缸。IG_d 信号存储在 ECU 内的存储器中，实际就是点火顺序信息。在采用同时点火方式的无分电器电控点火系统中，IG_d 信号又分为 IG_{dA} 信号和 IG_{dB} 信号。同时点火方式是指给接近压缩上止点的气缸与接近排气上止点的气缸同时点火的方式，这种点火方式应用在部分无分电器电控点火系统中，给接近压缩上止点的气缸点火是有效的，给接近排气上止点的气缸点火是无效的（即不起作用）。

ECU 根据 G 信号和 Ne 信号选择 IG_d 信号状态，以确定给哪个气缸点火。日本丰田车系采用无分电器电控点火系统，ECU 输出的点火控制信号如图 8-34 所示，IG_{dA} 和 IG_{dB} 信号状态见表 8-1。

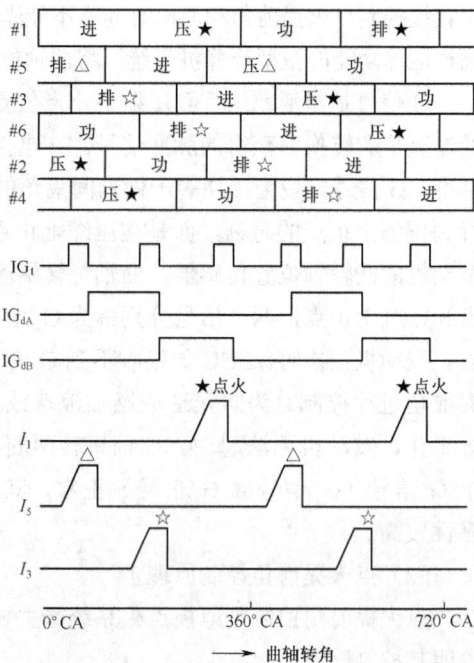

图 8-34　ECU 输出的点火控制信号

表 8-1　IG_{dA} 和 IG_{dB} 信号状态

序号	信号状态		点火的气缸
	IG_{dA} 信号	IG_{dB} 信号	
1	0	1	一、六缸点火
2	0	0	二、五缸点火
3	1	0	三、四缸点火

（4）IG_f 信号

IG_f 信号是指完成点火后，点火器向 ECU 输送的点火确认信号。

由于电控燃油喷射系统中，喷油器的驱动信号也来自于曲轴位置传感器，若点火系统出故障使火花塞不能点火时，曲轴位置传感器工作正常，喷油器仍会照常喷油。为了防止因喷油过多，导致燃油浪费、发动机再起动困难或行车时三元催化反应器过热等现象的发生，特设定当完成点火过程后，点火器应及时向 ECU 返回点火确认信号（IG_f 信号）。

发动机工作时，ECU 向点火器发出点火控制信号（IG_t 信号）后，若有 3～5 次均收不到返回的点火确认信号（IG_f 信号），ECU 便以此判定点火系统有故障，并强行停止电控燃油喷射系统继续喷油，使发动机熄火。

三、典型电控点火系统

电控点火系统可分为有分电器式和无分电器式两种类型，其组成和控制原理基本相同。

1. 有分电器式电控点火系统

有分电器式电控点火系统的主要特点是：只有一个点火线圈，点火线圈产生的高压电通过分电器按照发动机的做功顺序依次输送给各气缸火花塞。有分电器式电控点火系统的组成如图 8-35 所示。

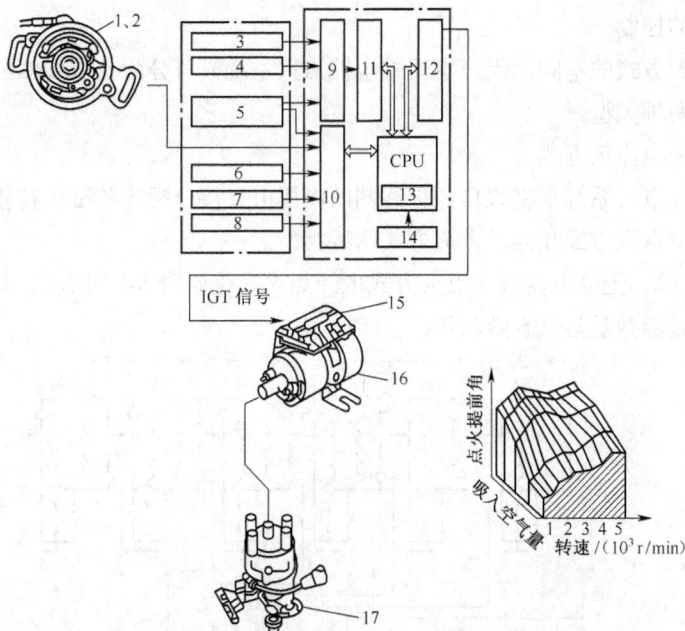

图 8-35 有分电器式电控点火系统

1、2—凸轮轴/曲轴位置传感器 3—空气流量计或进气管绝对压力传感器 4—冷却液温度传感器 5—节气门位置传感器
6—起动开关 7—空调开关 8—车速传感器 9、10—输入回路 11—A/D 转换器 12—输出回路 13—存储器
14—恒定电压电源 15—点火器 16—点火线圈 17—分电器

电控点火系统中的 ECU 和传感器都是与汽油机电控燃油喷射系统共用的。凸轮轴/曲轴位置传感器信号、空气流量计或进气管绝对压力传感器信号、起动开关信号是点火提前角控制和通电时间控制的主要信号，而冷却液温度传感器信号、节气门位置传感器信号、空调开关信号和车速传感器信号用于修正点火提前角。

有分电器式电控点火系统，保留了分电器这一机械装置，由于存在机械装置的磨损，必然会对点火提前角的控制精度、稳定性和均匀性产生影响。此外，分火头与旁电极这一中间跳火间隙也存在能量损耗及由此产生的射频干扰。

无分电器式点火系统
的组成及工作原理

2．无分电器式电控点火系统

无分电器式电控点火系统又称直接点火系统，其主要特点是用电子控制装置取代了分电器，利用电子分火控制技术将点火线圈产生的高压电直接送给火花塞进行点火，点火线圈的数量比有分电器式电控点火系统多。无分电器式电控点火系统的组成如图8-36所示。

无分电器式电控点火系统与有分电器式电控点火系统的工作原理及各元件功能基本相同，不同的是无分电器式电控点火系统具有电子配电功能，即在发动机工作时，ECU除向点火器输出 IG_t 点火控制信号外，还必须输送 ECU 内存储的气缸判别信号 IG_d，以便控制多个点火线圈的工作顺序，按做功顺

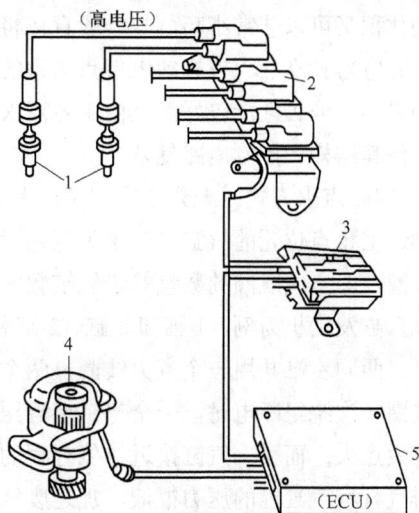

图 8-36 无分电器式电控点火系统
1—火花塞 2—点火线圈 3—点火器 4—传感器 5—ECU

序完成各气缸点火的控制。

根据高压电分配方式的不同，无分电器式电控点火系统又可分为点火线圈配电点火方式和二极管配电点火方式两种类型。

（1）点火线圈配电点火方式

无分电器式电控点火系统是将来自点火线圈的高压电直接分配给各缸火花塞。点火线圈配电点火方式又分为独立点火方式和同时点火方式两种类型。

① 独立点火方式。无分电器独立点火方式电控点火系统如图 8-37 所示。其特点是每缸一个点火线圈，即点火线圈数量与气缸数相等。

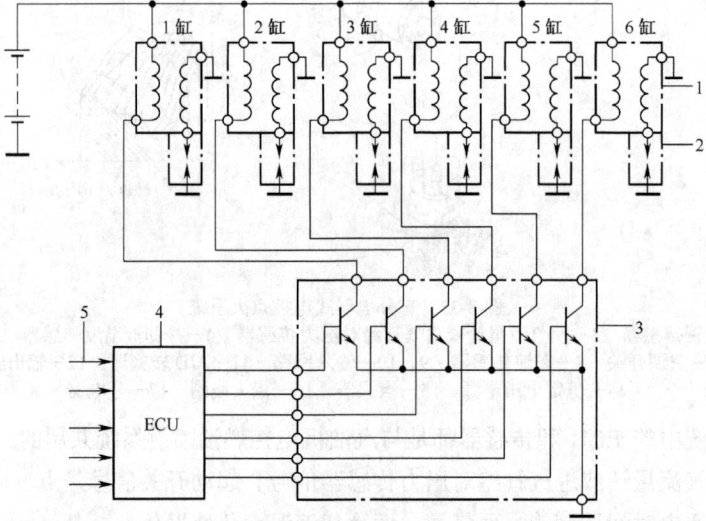

图 8-37　无分电器独立点火方式电控点火系统
1—点火线圈　2—火花塞　3—点火器　4—ECU　5—各种传感器

由于每缸都有各自独立的点火线圈，所以即使发动机的转速很高，点火线圈也有较长的通电时间，可提供足够高的点火能量。与有分电器电控点火系统相比，在发动机转速和点火能量相同的情况下，单位时间内通过点火线圈一次绕组回路的电流要小得多，点火线圈不易发热，且点火线圈的体积又可以非常小巧，故一般直接将点火线圈压装在火花塞上。

无分电器独立点火方式的电控点火系统，由于取消了分电器和高压线，所以能量传导损失、漏电损失小，分火性能较好，且由于各点火线圈和火花塞均由金属层包覆，故对无线电干扰大大减少，但其结构和控制电路复杂。

② 同时点火方式。无分电器同时点火方式电控点火系统如图 8-38 所示。其特点是两个活塞同时到达上止点位置的气缸（一个为压缩行程的上止点，另一个为排气行程的上止点）共用一个点火线圈，即点火线圈的数量等于气缸数的一半。

以六缸发动机为例，1 缸和 6 缸、2 缸和 5 缸、3 缸和 4 缸的活塞分别同时到达上止点，称为同步缸，两同步缸共用一个点火线圈，两个缸的火花塞与共用的点火线圈中的二次绕组串联。当点火线圈一次绕组断电时，一个气缸接近压缩行程的上止点，火花塞跳火可点燃该缸的混合气，称为有效点火；而另一气缸接近排气行程的上止点，火花塞跳火不起作用，称为无效点火。由于处于排气行程气缸内的压力很低，加之废气中导电离子较多，其火花塞很容易被高压电击穿，消耗的能量就非常少，所以不会对压缩行程气缸点火产生影响。

这种点火方式采用两个火花塞共用一个点火线圈且同时点火，故只能用在缸数为双数的发动机上。与独立点火方式相比，采用同时点火方式的电控点火系统的结构和控制电路较简单，所以应用也比较多。但由于保留了点火线圈与火花塞之间的高压线，能量损失略大。此外，串联在高压回路的二极管，可用来防止点火线圈一次绕组通电开始的瞬间，在二次绕组内产生的互感电动势（1000～2000V）加在火花塞上发生误点火。

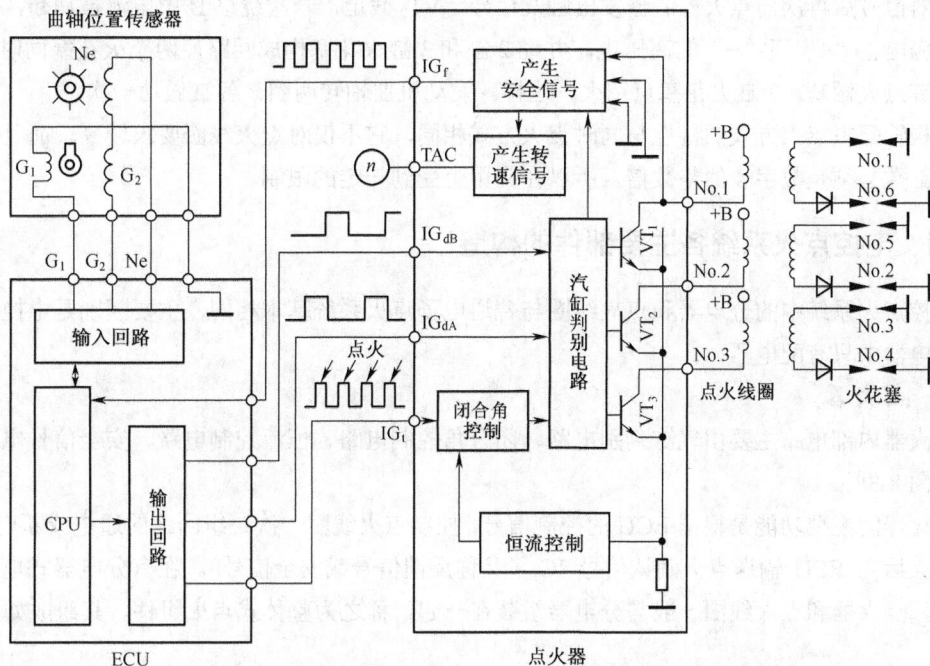

图 8-38　无分电器同时点火方式电控点火系统

（2）二极管配电点火方式

二极管配电点火方式电控点火系统如图 8-39 所示，其特点是：4 个气缸共用 1 个点火线圈，点火线圈为内装双一次绕组、双二次绕组的特制点火线圈，利用 4 个二极管的单向导电性交替完成对 1 缸和 4 缸、2 缸和 3 缸的配电过程。

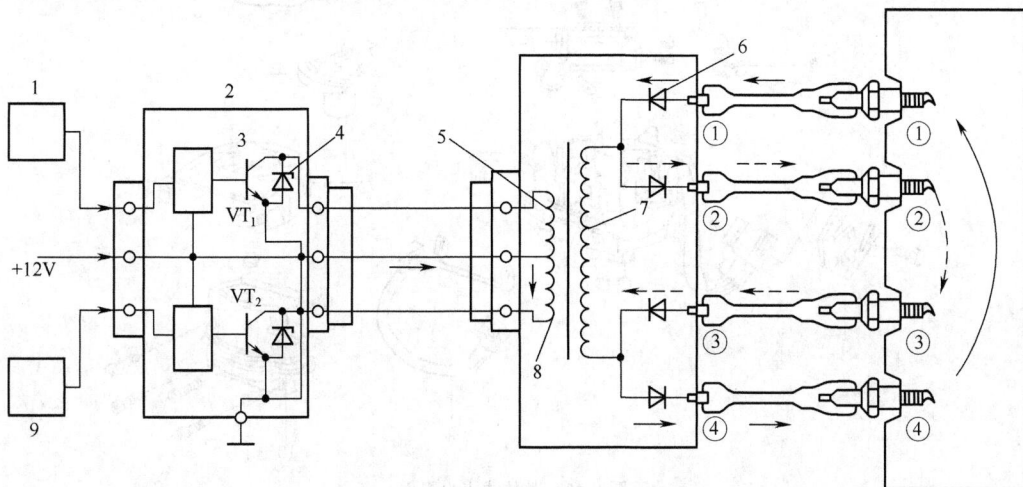

图 8-39　无分电器二极管配电点火方式电控点火系统
1—1、4 缸触发信号　2—点火器　3—控制部分　4—稳压器　5—一次绕组 A
6—高压二极管　7—二次绕组　8—一次绕组 B　9—2、3 缸触发信号

如点火次序为 1—3—4—2 的四缸发动机，当 ECU 接收到曲轴位置传感器相应信号时，向点火控制器发出触发信号，控制器的控制回路使 VT_1 截止，一次绕组 A 中的电流被切断，在二次绕组中感应出下"+"上"−"的高压电，经 4 缸和 1 缸火花塞构成回路，两个火花塞均跳火，此时 1 缸接近压缩终了，混合气被点燃，而 4 缸正在排气，火花塞点空火。曲轴转过 180° 后，ECU 接到传感器信号后再次向点火控制器发出触发信号，VT_2 截止，一次绕组 B 中电流被切断，二次绕组中感应出上"+"下"−"的高压电，并经 2 缸和 3 缸火花塞构成回路，两个火花塞同时跳火，此时 3 缸点火做功，2 缸火花塞点空火。这样。发动机曲轴转两圈，各缸做功一次。

二极管配电点火方式的特性与同时点火方式相同，它不仅对点火线圈要求较高，而且要求发动机气缸数必须是数字 4 的整数倍，所以在应用上受到一定的限制。

四、电控点火系统各主要部件的构造

电控点火系统中的分电器和点火线圈与普通电子点火系统基本相同，主要区别是电控点火系统的分电器中只有配电器。

1. 点火器

点火器内部电路主要由气缸判别电路、闭合角控制电路、恒流控制电路、安全信号电路等组成（见图 8-38）。

点火器的主要功能是根据 ECU 的控制信号，控制点火线圈一次绕组回路的通电或断电，并在完成点火后向 ECU 输送点火确认信号 IG_f（又称反馈信号或安全信号）。在有分电器式电控点火系统中，点火器和点火线圈一般与分电器组装在一起，称之为整体式点火组件，其组成如图 8-40 所示。

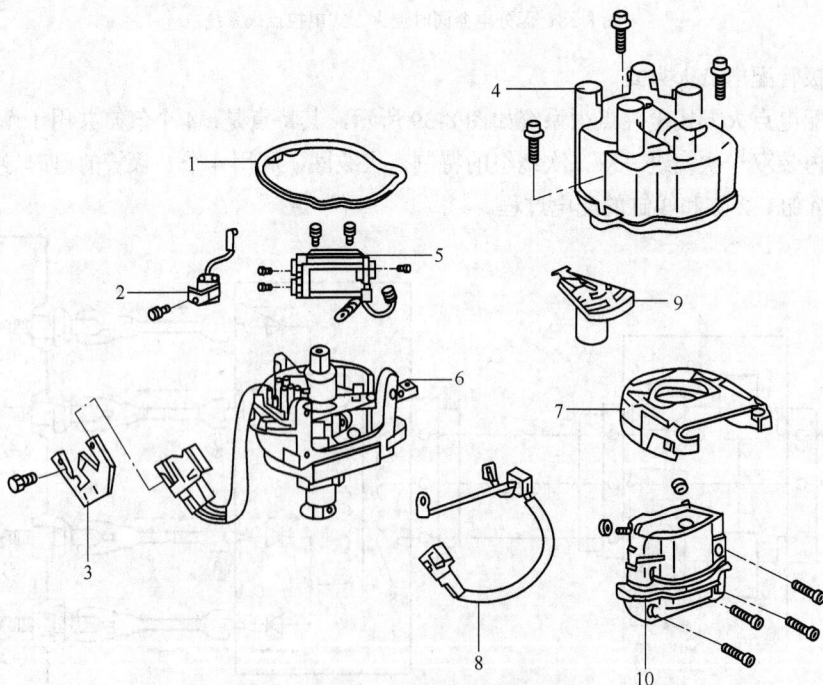

图 8-40　整体式点火组件

1—垫片　2—电容器　3—导线夹　4—分电器盖　5—点火器　6—分电器壳体
7—点火线圈防尘罩　8—分电器电缆　9—分火头　10—点火线圈

在无分电器电控点火系统中，点火器一般单独安装在点火线圈附近，如图 8-41 所示。在此系统中，点火器除需根据 ECU 的控制信号控制点火线圈一次绕组回路通或断，并向 ECU 发回点火确认信号外，还必须根据 ECU 的控制信号控制各点火线圈的工作顺序，以保证点火顺序与各缸做功次序相一致。

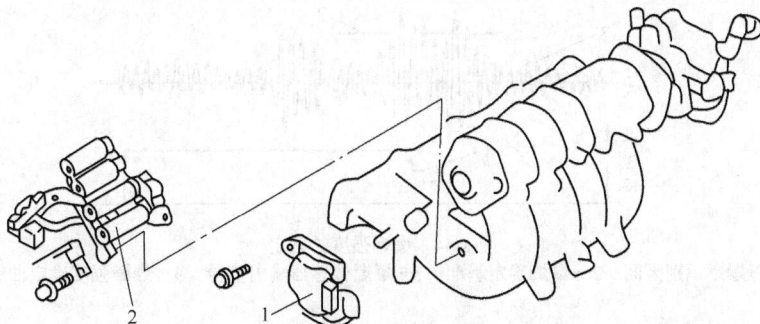

图 8-41　无分电器电控点火系统点火器位置
1—点火器　2—点火线圈

2．爆燃传感器

爆燃传感器是爆燃控制系统的主要部件，其功能是检测发动机有无爆燃发生。

发动机工作时，由于爆燃所引起气缸体的机械震动是不可避免的，为了精确地控制混合气的燃烧过程，提高控制系统的工作可靠性，在 ECU 内设有爆燃信号识别电路，以判定发动机是否发生爆燃和爆燃强度，从而实现对点火提前角的反馈控制，如图 8-42 所示。

爆燃传感器安装在气缸体或气缸盖上，用来检测发动机工作时在不同频率范围内的机械震动，发生爆震燃烧时爆燃传感器产生电压信号的振幅较大，如图 8-43 所示。爆燃传感器将信号输送给 ECU，经滤波电路过滤后，将滤波后的信号峰值电压与爆燃强度基准值进行比较。若信号峰值电压值大于爆燃强度基准值，则判定发生爆燃；反之，则判定未发生爆燃。

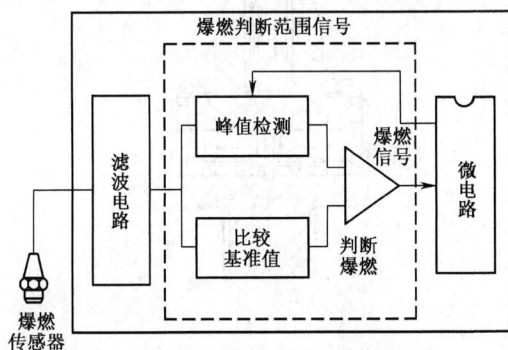

图 8-42　爆燃信号识别电路

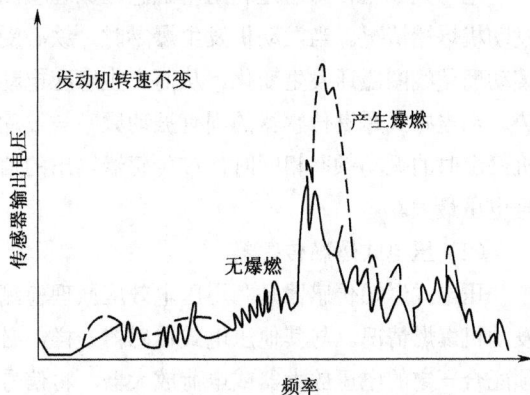

图 8-43　爆燃传感器信号

ECU 根据爆燃信号超过基准值的次数来判别爆燃强度，其次数越多，爆燃强度越大；次数越少，则爆燃强度越小，如图 8-44 所示。

按工作原理不同，爆燃传感器可分为电感式和压电式两种类型。

（1）电感式爆燃传感器

电感式爆燃传感器的结构及输出信号如图 8-45 所示，主要由铁心、永久磁铁、线圈及壳体等组成。

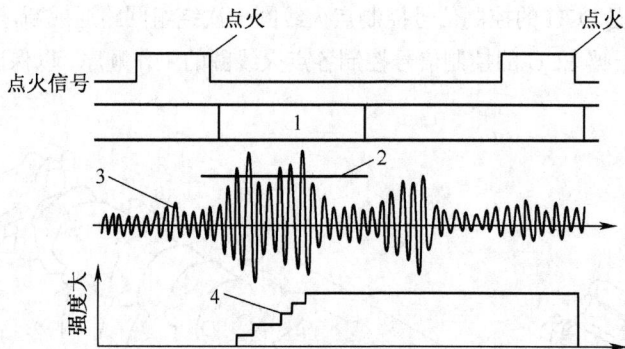

图 8-44　爆燃强度的确定
1—爆燃识别区间　2—爆燃确定基准　3—爆燃传感器输出信号　4—爆燃强度确定曲线

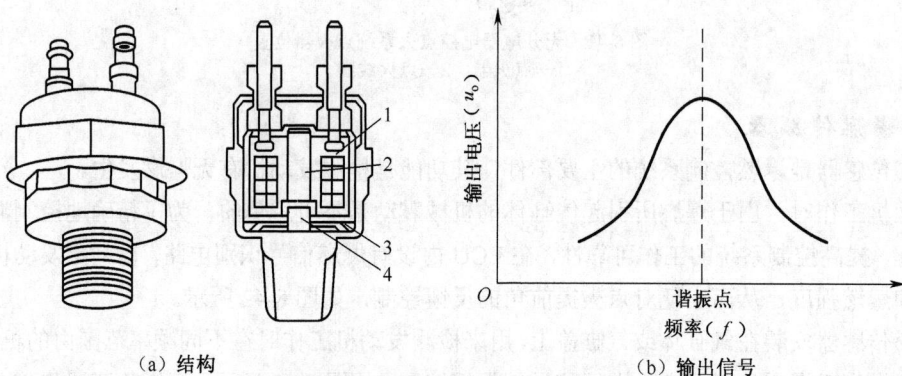

（a）结构　　　　　　　　　　　　　（b）输出信号

图 8-45　电感式爆燃传感器及输出信号
1—线圈　2—铁心　3—壳体　4—永久磁铁

电感式爆燃传感器是利用电磁感应原理检测发动机爆燃情况。当发动机发生爆燃时，铁心受震动而使线圈磁通发生变化，从而产生感应电动势。当电感式爆燃传感器的固有振动频率与发动机爆燃时的振动频率相同时，该传感器输出的信号电压最大。

（2）压电式爆燃传感器

压电式爆燃传感器是利用压电效应原理检测发动机爆燃情况。与其他压电式传感器一样，必须配合一定的电压放大器或电荷放大器，将信号放大并将高阻抗输入变换为低阻抗输出。按结构不同，压电式爆燃传感器又分为共振型、非共振型和垫圈压力型 3 种类型。

压电式共振型爆燃传感器的组成如图 8-46所示，该传感器主要由压电元件、振子、基座、壳体等组成。压电元件紧贴在振子上，振子则固

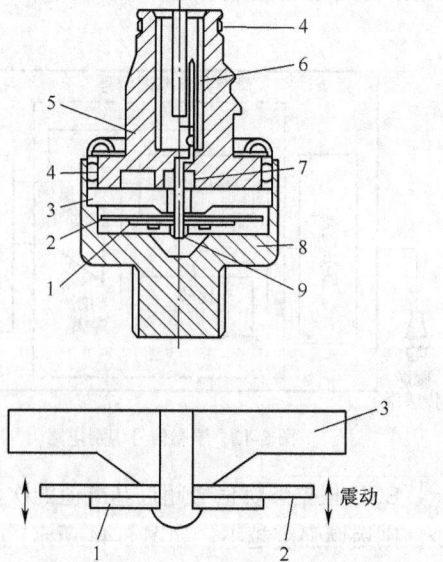

图 8-46　压电式共振型爆燃传感器
1—压电元件　2—振子　3—基座　4—O 形密封圈
5—连接器　6—接头　7—密封剂　8—壳体　9—引线

定在基座上。压电元件检测振子的震动压力，并将此压力转换成电压信号输送给 ECU，输出信号与电感式爆燃传感器相似。由于共振型爆燃传感器振子的固有频率与发动机爆燃时的振动频率一致，所以必须与发动机配套使用，通用性差。但当爆燃发生时，振子与发动机共振，压电元件输出的电压信号明显增大，易于测量。

压电式非共振型爆燃传感器的组成如图 8-47 所示，与共振型爆燃传感器相比，非共振型爆燃传感器内部无振荡片，但设置了一个配重块，配重块以一定预应力压紧在压电元件上。压电式非共振型爆燃传感器是以接收加速度信号的形式来检测爆燃的。当发动机发生爆燃时，配重块以正比于振动加速度的交变力施加在压电元件上，压电元件则将此压力信号转变成电信号输送给ECU。压电式非共振型爆燃传感器输出的信号电压，在爆燃时与无爆燃时没有明显增加，爆燃是否发生是靠滤波器检测出传感器输出信号中有无爆燃频率来判别的，爆燃信号的检测比较复杂。但此种传感器用于不同发动机时，只需调整滤波器的频率范围，通用性强。

压电式垫圈压力型爆燃传感器如图 8-48 所示，这种爆燃传感器是将压电元件安装在火花塞垫圈和气缸盖之间，每个气缸安装一个，燃烧压力作用在火花塞上，经过火花塞垫圈再传递给传感器，从而检测燃烧压力。发动机工作时，各缸的燃烧压力通过压电元件检测各缸的爆燃信息，并转换成电压信号输送给 ECU。

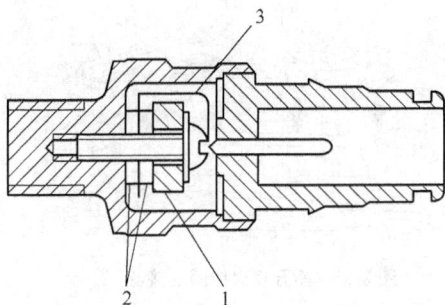

图 8-47　压电式非共振型爆燃传感器
1—配重块　2—压电元件　3—引线

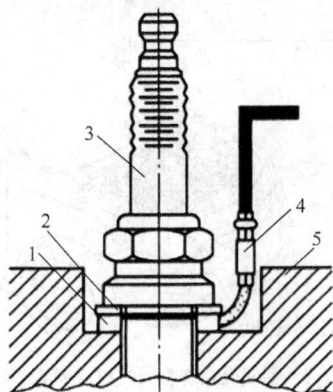

图 8-48　压电式垫圈压力型爆燃传感器
1—爆燃传感器　2—垫圈　3—火花塞　4—线束插头　5—气缸盖

3．点火控制电路

各车型的点火控制电路基本相同，日本丰田皇冠 3.0 轿车点火控制电路如图 8-49 所示。点火开关接通后，蓄电池经 30A 熔体和点火开关向点火器的"＋B"端子和点火线圈的"＋"端子供电，点火线圈的"－"端子和点火器的"C－"端子经点火器内的晶体管搭铁，从而形成回路。ECU根据各种传感器的信号，通过"IG_t"端子控制点火器内晶体管

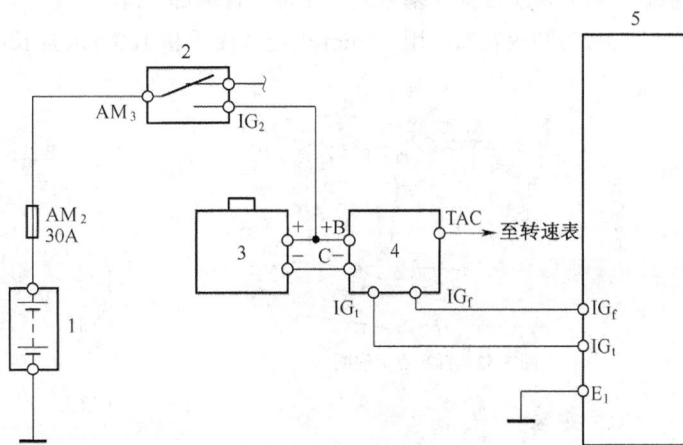

图 8-49　日本丰田皇冠 3.0 轿车点火控制电路
1—蓄电池　2—点火开关　3—点火线圈　4—点火器　5—ECU

的导通与截止。点火后，点火器通过"IG_f"端子向 ECU 反馈点火确认信号。

实操技能训练

一、点火线圈和火花塞总成的拆卸与安装

丰田卡罗拉轿车（1.6L）发动机点火线圈和火花塞总成的相关零部件分解图如图 8-50 所示。

1．拆卸

（1）拆卸 2 号气缸盖罩。

（2）拆卸点火线圈总成。

① 断开 4 个点火线圈连接器，如图 8-51 所示。

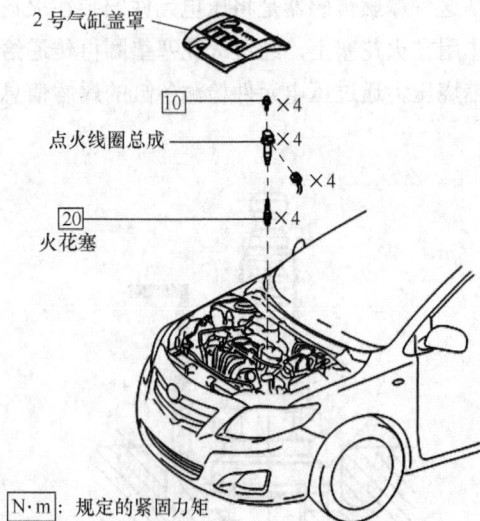

图 8-50　点火线圈和火花塞总成的相关零部件分解图

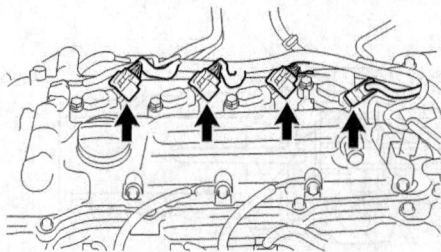

图 8-51　断开点火线圈连接器

② 拆下 4 个螺栓和 4 个点火线圈，如图 8-52 所示。注意：拆下点火线圈时，不要损坏发动机缸盖罩开口上的火花塞盖或火花塞套管顶部边缘。

（3）拆卸火花塞。用 14 mm 火花塞扳手和 100 mm 加长杆拆下 4 个火花塞，如图 8-53 所示。

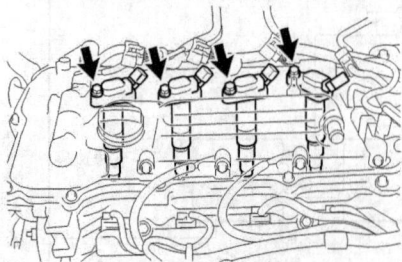

图 8-52　拆卸点火线圈

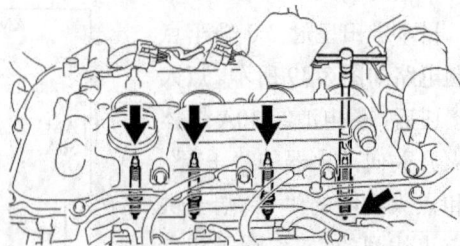

图 8-53　拆卸火花塞

2．安装

（1）安装火花塞。用 14mm 火花塞扳手和 100 mm 加长杆安装 4 个火花塞（扭矩：20 N·m）。

（2）安装点火线圈总成。用 4 个螺栓安装 4 个点火线圈（扭矩：10 N·m）。注意：安装点火线

圈时，不要损坏发动机缸盖罩开口上的螺塞盖或火花塞套管顶部边缘。连接 4 个点火线圈连接器。

（3）安装 2 号气缸盖罩。

二、爆燃传感器的拆卸与安装

丰田卡罗拉轿车（1.6L）发动机爆燃传感器的相关零部件分解图如图 8-54 和图 8-55 所示。

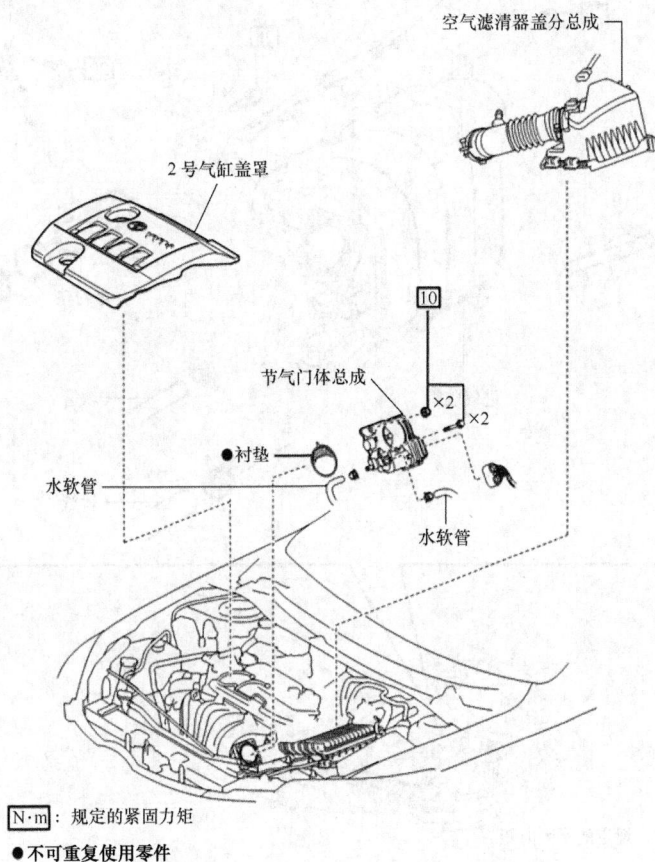

图 8-54　爆燃传感器的相关零部件分解图（一）

1．拆卸

（1）排净发动机冷却液。

（2）拆卸 2 号气缸盖罩。拆卸空气滤清器盖分总成。

（3）拆卸节气门体总成。

（4）拆卸进气歧管。

（5）拆卸爆燃传感器。

① 断开爆燃传感器连接器。

② 拆下螺栓和爆燃传感器，如图 8-56 所示。

2．安装

（1）安装爆燃控制传感器。

① 用螺栓安装爆燃传感器（扭矩：20N·m），如图 8-56 所示。注意：确保爆燃传感器在正确位置。

② 连接爆燃传感器连接器。

（2）安装进气歧管。

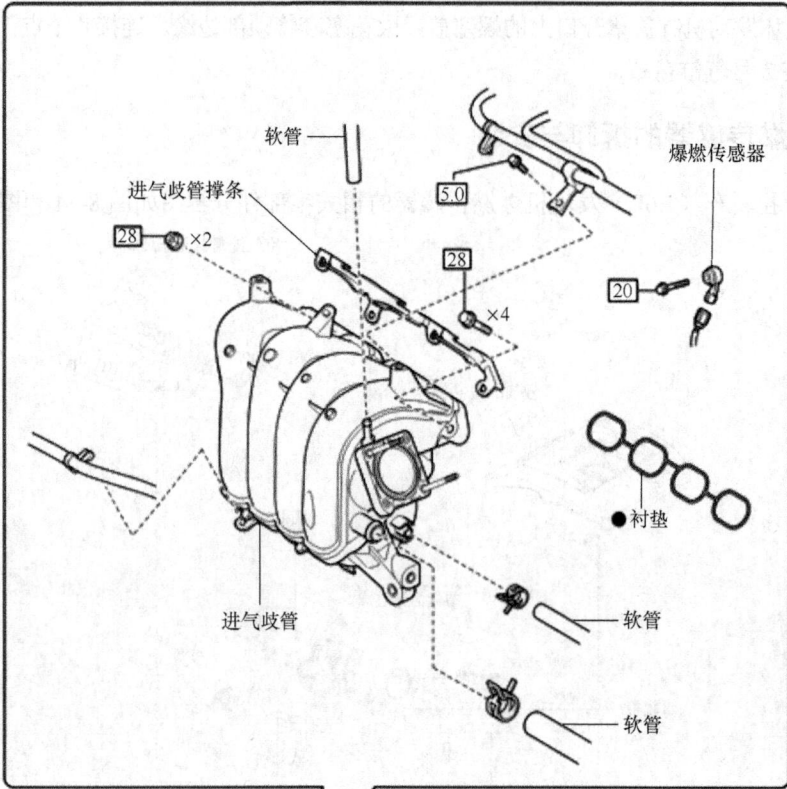

图 8-55　爆燃传感器的相关零部件分解图（二）

N·m：规定的紧固力矩

●不可重复使用零件

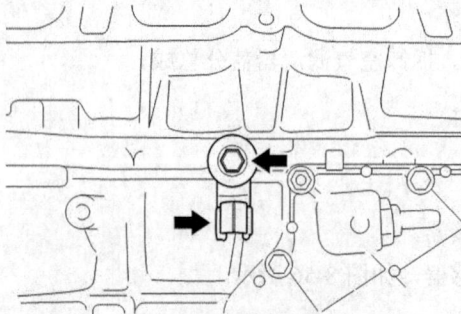

图 8-56　拆卸爆燃传感器

（3）安装节气门体总成。

（4）安装空气滤清器盖分总成。安装 2 号气缸盖罩。

（5）添加发动机冷却液。检查冷却液是否泄漏。

|练　习　题|

1. 汽油机点火系统有何功用？它有几种类型？
2. 普通电子点火系统的点火信号发生器有几种？各有何特点？
3. 电控点火系统有哪些功能？
4. 电控点火系统由哪些基本元件组成？各组成部分有何功用？是如何工作的？
5. 电控点火系统有几种类型？各有何特点？
6. 爆燃传感器有何功能？有哪几种类型？它们是怎样工作的？

[1] 惠有利，沈沉. 汽车构造 [M]. 北京：北京理工大学出版社，2016.

[2] 张西振. 汽车发动机构造与维修 [M]. 北京：机械工业出版社，2014.

[3] 田有为. 发动机机械系统检修 [M]. 北京：北京理工大学出版社，2014.

[4] 杨洪庆. 汽车发动机电控系统检测与修复 [M]. 北京：机械工业出版社，2010.

[5] 张西振. 汽车发动机电控技术 [M]. 北京：机械工业出版社，2009.